Interdisziplinarität als Herausforderung musikpädagogischer Forschung

Musikpädagogische Forschung

Herausgegeben vom Arbeitskreis
Musikpädagogische Forschung e.V.

Band 30

Norbert Schläbitz
(Hrsg.)

Interdisziplinarität als Herausforderung musikpädagogischer Forschung

Bibliografische Information Der Deutschen Bibliothek

Die Deutsche Bibliothek verzeichnet diese Publikation
in der Deutschen Nationalbibliografie;
detaillierte bibliografische Daten sind im Internet über
http://dnb.ddb.de abrufbar.

ISBN 978-3-89924-270-6
© Copyright Verlag DIE BLAUE EULE, Essen 2009
Alle Rechte vorbehalten
Nachdruck oder Vervielfältigung, auch auszugsweise,
in allen Formen, wie Mikrofilm, Xerographie, Mikrofiche, Mikrocard,
Offset und allen elektronischen Publikationsformen, verboten
Gedruckt auf alterungsbeständigem Papier
Printed in Germany

Inhalt

Norbert Schläbitz:
Obligat: Interdisziplinarität 7

Maria Luise Schulten, Kai Lothwesen:
Musikpädagogik und Systematische Musikwissenschaft. Beziehungen 13
der Disziplinen aus fach- und forschungshistorischer Perspektive

Stefanie Rhein, Renate Müller:
Auf dem Weg zu einer Musikpädagogischen Jugendsoziologie 31

Lars Oberhaus:
„… an den Fransen erkennt man das Gewebe". Potenziale künstleri- 49
scher Transformationsprozesse im fächerübergreifenden (Musik-)Unterricht

Alexander Cvetko, Daniel Meyer:
Problemlösen im Musikunterricht – Interdisziplinarität als Ausgangs- 67
punkt für eine kompetenzorientierte Perspektive

Susanne Naacke, Andreas Lehmann-Wermser:
MUKUS – Studie zur musisch-kulturellen Bildung an Ganztagsschulen. 97
Qualitative Fallstudien

Sonja Nonte, Andreas Lehmann-Wermser:
Musisch-kulturelle Bildung in der Ganztagsschule 125

Immanuel Brockhaus, Bernhard Weber:
Inside the cut. Wahrnehmen digitaler Schnittmuster in populärer Musik 147

Michael Ahlers:

Zur Relevanz des Faktors Usability: Ergebnisse zur Bewertung der Ergonomie von Benutzerschnittstellen ausgewählter Sequenzer-Programme aus Schülersicht   153

Anja Herold:

„ … wie ein Stau auf der Autobahn …". Lust und Frust beim Instrumentalspiel – Abbrüche und Umbrüche im musikalischen Werdegang   173

Jutta Möhle:

Entwicklungsbegleitung durch Instrumentalunterricht bei Grundschulkindern mit chronischer Erkrankung – Eine Studie am Fallbeispiel   213

Julia von Hasselbach:

100 Jahre ‚Physiologic Turn' in der Streichinstrumentalpädagogik   239

Franziska Olbertz:

Musikalische Hochbegabung und ihre Beziehungen zu anderen Fähigkeitsbereichen   263

Christiane Liermann:

Auswirkungen des Zentralabiturs auf die Individualkonzepte von Musiklehrerinnen und Musiklehrern   283

Constanze Rora:

Erzähltheoretische Perspektiven auf das musikpädagogische Problem des Sprechens über Musik   309

Kerstin Wilke:

„Jungen machen doch keine Mädchensachen". Musikpräferenzen von Grundschulkindern als Mittel zur Konstruktion von Geschlechtlichkeit   323

Herbert Bruhn:

Einsatz von Musiktests in der empirischen Forschung   351

NORBERT SCHLÄBITZ

Obligat: Interdisziplinarität

Zu beginnen wären diese Zeilen mit einer ketzerischen These: Die Musikpädagogik ist eine Mangelwissenschaft. Dieser Mangel ist dadurch gekennzeichnet, dass sie einen wohldefinierten Gegenstand nicht kennt, denn musikpädagogisches Denken bewegt sich in dem unlösbaren Beziehungsgeflecht von *Musik ↔ Mensch*. Es würde einem Euphemismus gar gleichen dort, wo nicht feststellbare *Relationen* gegeben sind, die sich verschiedenartig ausnehmen können, von einem *Gegenstand* reden zu wollen. Wo Beobachtungen oft genug zu dem unhintergehbaren Trugschluss eines *Etwas* oder *Objektes* gerinnen und eine spezifische Realität generieren, liegt die Realitätsanzeige des *Gegenstandes* der Musikpädagogik im beziehungsträchtigen *Dazwischen*, das je nach Beobachtungsschwerpunkt Ankerpunkte erhält, ohne zum Objekt zu gerinnen. Das ist Folge dessen, dass das in sich komplexe Beziehungsgeflecht *Musik ↔ Mensch* sich dann unter forschungsrelevanten Gesichtspunkten in der Musikpädagogik entfaltet, bei denen beinahe jede wissenschaftliche Disziplin berücksichtigt werden kann. Wer sich bspw. Aneignungs- und Vermittlungsprozessen (von Musik) auf Seiten des Menschen zuwenden will, hat sich nichtsdestotrotz mit Wirkungs-, Analyse-/Interpretationsaspekten oder auch mit der Herkunft von Musik auseinander zu setzen. Wird umgekehrt die Musik (unter pädagogischen Fragestellungen) dominant in den Vordergrund gerückt, ist der Mensch bzw. das Bild vom Menschen, das gesellschaftlich kommuniziert wird, eine gleichermaßen relevante Größe, die die Auseinandersetzung mit der Musik bedingt.

Der Mangel in der Musikpädagogik kann auf den Begriff gebracht werden: *Interdisziplinarität*. Von Interdisziplinarität ist die Musikpädagogik prinzipiell ausgezeichnet. Dieser Mangel wiederum ist Folge von unscharfen Grenzen. Wo man gewohnt ist, Fachdisziplinen scharf voneinander abzugrenzen, etablieren sich für die Musikpädagogik immer wieder neue und relevante Mischungsverhältnisse. Dadurch allerdings kann sich die Gefahr oder der „Verdacht [ergeben], Musikpädagogik sei eine Disziplin zwischen den Stühlen der anderen, ‚richtigen' Wissenschaften, ein eklektisches Sammelsurium zu einzelnen musikbezogenen Aspekten"[1]. Mit Abel-Struth tritt Peter W. Schatt dieser Vermutung bzw. diesem Verdacht allerdings entgegen: „Das Spezifische Musikpädagogische artikuliert sich eben darin, dass immer von der pädagogischen Aufgabenstellung her nach den Faktoren der Bereiche Musik-Lernen, Musik-Lehren und Musikunterricht gefragt wird."[2] Darin drückt sich – so unscharf auch *diese* Bestimmung wieder ist – das selektive Moment von Kommunikation aus, das dann doch eine eigene (transdisziplinäre) Disziplinarität der Musikpädagogik begründen kann, die sich eben nicht im Interdisziplinären verliert, sondern die eine Grenze zieht zu anderen Wissenschaften. Die Operation der Musikpädagogik reproduziert diese kommunikative Einschränkung von „Musik-Lernen", „Musik-Lehren" und „Musikunterricht", zieht dabei die Grenze zu anderen Wissenschaftsdisziplinen und erhält so das Fach als eigenständiges Fach. Es ist befähigt, „im Schutze von Grenzen systemeigene Komplexität" aufzubauen.[3]

Der die Musikpädagogik auszeichnende Mangel führt zu dem Paradox des Überschusses (an Möglichkeiten). So wie ein Mehrwert von Sprache sich gerade darin dokumentiert, dass ein Wort nicht genau sagt, was es meint, sondern mit Unschärfen operiert, was aber eine prinzipiell unbestimmbare Vielfalt auf den Begriff bringen lässt, und so wie ein anderer Mehrwert von Sprache darin liegt, dass Worte zueinander immer wieder neu in Beziehungen gesetzt werden können, was zur Unerschöpflichkeit von Aussagen führt, so führt in der Musikpädagogik das Unscharfe zu mannigfaltigen Beziehungen und als Folge dessen zu einem Pluralismus an Forschungsansätzen. Diese allgemeingehaltenen Bezüge lassen sich konkretisieren:

- … Die Frage nach dem In-der-Welt-Sein *als* Mensch erscheint als Voraussetzung für das Interesse des Menschen an der Musik und berührt die Anthropologie.
- … die Frage nach der unterschiedlichen Rezeption von Musik und Disposition für Musik beschäftigt die Musikpsychologie,

---

[1] Schatt, Peter W.: Einführung in die Musikpädagogik. Darmstadt (Wiss. Buchgesellschaft) 2007, S. 27.

[2] Ebd., S. 27.

[3] Luhmann, Niklas: Die Gesellschaft der Gesellschaft. Frankfurt/M. (Suhrkamp) 1997, S. 135.

- ... die Frage nach der Eignung musikalischen Materials für Lernprozesse kann über Rekurs auf Ergebnisse der Musikwissenschaft beleuchtet werden,
- ... die Frage, unter welchen Voraussetzungen musikalisches Lernen geschieht, und die nach sich einstellenden Musikpräferenzen lässt soziologische Aspekte aufscheinen,
- ... die Frage, wie Wahrnehmungsprozesse sich vollziehen, nimmt die Neurophysiologie ins Blickfeld,
- ... die Frage nach Aneignungsprozessen von Musik lässt motorische als auch kognitiv-sprachliche Faktoren und so die entsprechenden Fachwissenschaften bedenken, mögen diese in der Sport- und Tanzpädagogik oder auch Linguistik und Philosophie lokalisiert werden.
- ... Mit Blick darauf, wie sich Lehren und Lernen vollziehen, ist die Erziehungswissenschaft angesprochen,
- ... wenn danach gefragt wird, in welchem zeitlich-übergreifenden Kontext sich Aneignungsprozesse und Lehr-/Lernprozesse von Musik abspielen, lohnt der Blick auf die Geschichtswissenschaft, schließlich ...
- ... ob und wie Musik Teil eines bildungspolitischen Auftrags ist, ist mit Bezug auf die Politikwissenschaft zu erörtern usf.[4]

Diese Verflechtung von Wissenschaftszweigen spiegelt die Aufhebung universalistischer Weltauffassungen und die Aufhebung teleologischer Weltmodelle, es gäbe *wahres* Wissen und *einen* richtigen Weg zu wahrer Erkenntnis. Interdisziplinarität in der Musikpädagogik bedeutet statt dessen, dass immer wieder andere Relationen zwischen Denkmodellen mit anderen Beobachtungsofferten möglich werden, sodass das Medium der Kommunikation selbst einen Zuwachs an Komplexität erfährt und zu neuen erkenntnisträchtigen Formbildungen einlädt. Der Grund dafür ist leicht einzusehen: Unscharfe Grenzen mit operativ implementierten Grenzüberschreitungen lassen in der Regel allzu leicht auftretende organisationsbedingte Routinen aufbrechen und neue Kommunikationsverhältnisse schaffen. Der jeweils eingenommene Standpunkt (Beobachter 1. Ordnung) dient folglich als Reflexionsinstanz für andere Standortbestimmungen, die als Beobachter 2. Ordnung beleuchtet und implizit/explizit kritisiert werden können und auch werden. Deutlich wird da-

---

[4] Vgl. hier Schatt, a.a.O., S. 24-27. vgl. auch Rudolf-Dieter Kraemer: Musikpädagogik. Eine Einführung in das Studium. Augsburg (Wißner) 2004, S. 41-43.

bei, dass Standortbestimmungen Beobachtungsgrößen geschuldet sind und keineswegs irgendwie *sind*. Sie sind Konstrukt einer Unterscheidung. Die damit einhergehende Umstellung von Notwendigkeit auf Kontingenz beschreibt die Anerkennung von Gesellschaft als komplexer Gesellschaft, die als Ganzes unbeobachtbar bleibt. Das führt zu etwas mehr Bescheidenheit angesichts einer Gesellschaft als Umwelt, die immer komplexer bleibt als die interdisziplinär arbeitende, dabei gleichwohl interne Komplexität aufbauende Fachdisziplin Musikpädagogik. Was zu Beginn als Mangel und Hang zur Unschärfe beschrieben wurde, ist also Folge dessen, dass in einem System mit wachsender Komplexität „Strukturen und Elemente [...] in höherem Maße kontingent"[5] werden. Das führt zu dem Vorteil, dass auf gesellschaftliche Systemzustände flexibler reagiert werden kann, denn „komplexere Systeme [sind] im allgemeinen fähig, mehr und verschiedenartige Beziehungen zur Umwelt zu unterhalten".[6] Der Gefahr, sich methodisch oder wissenschaftstheoretisch in ideologischen Einbahnstraßen zu verlieren, kann die Musikpädagogik daher nur schwer erliegen, wo andere Fachdisziplinen stets mitangesprochen sind.[7] Das grundsätzlich interdisziplinär arbeitende Fach Musikpädagogik zeigt sich so *irritierungsoffen* für Außeneinflüsse. So ist der interdisziplinäre Gestus, den die Musikpädagogik auszeichnet, ein Garant zum *Lernen*. Die Musikpädagogik kann so als lernoffenes System mit breiten Entwicklungsmöglichkeiten begriffen werden.

Eine zu enge Grenzziehung kann zu einem Mangel mit Folgen unter umgekehrten Vorzeichen führen, wie eine Bezugswissenschaft der Musikpädago-

---

[5] Luhmann, Niklas: Ökologische Kommunikation. Opladen (Westdeutscher Verlag) ³1990, S. 35.

[6] Ebd.

[7] Aber auch die Musikpädagogik ist natürlich nicht davor gefeit, dass in ihr zeitweise Theorien und Modelle sich prominent in den Vordergrund schieben können. Zum Zeitpunkt der Drucklegung erfährt bspw. die *Grounded theory* eine gewisse Popularität. Darin spiegelt sich der Versuch, mithilfe qualitativer Forschung *und* empirischer Datenerhebung zur Theoriebildung zu gelangen und auf dieser Weise gesellschaftliche Komplexität in ihren sozialen Strukturen besser erfassen zu können. Es bedarf keiner allzu großen Prophetie dass diese Forschungsmethodologie mit ihrer Datenerhebung des *theoretischen Samplings* in wenigen Jahren sich wieder einreiht in die Summe von Forschungsmethodologien, um (einer) anderen Platz zu machen, die für eine gewisse Zeit einen prominenten Status erwirbt.

gik – die Historische Musikwissenschaft – zeigt.[8] Deren Grenzziehungen führen zu einem objektbezogenen Arbeiten unter Diskriminierung weiter Bereiche der Gegenwartskultur und unter Verlust der Kommunikationsfähigkeit im Raum der gegenwärtigen Diskurskultur. Auf Offerten aus der Umwelt zur Veränderung reagiert die musikwissenschaftliche Fachdisziplin zwar irritiert, ohne die Irritation aber systemintern konstruktiv wenden zu können. Irritationen können aber nur auf zweierlei Weise verarbeitet werden: „Auf Irritation durch Umwelt bildet das System eigene Strukturen aus, um den autopoietischen Prozeß weiterhin zu ermöglichen, oder es hört auf zu existieren."[9] Ohne kommunikativen Anschluss muss man für die Historische Musikwissenschaft auf Dauer das Letztere befürchten.

Gleichwie. Für die Musikpädagogik geraten solche Forschungen mittlerweile zum Problem, weil sich die Waagschale im Zuge solcher Haltungen im Beziehungsgeflecht *Musik ↔ Mensch* zuungunsten des Menschen neigt und dabei ein Objekt hofiert, ohne indes Objekt zu sein. Im Zuge der Beobachtungsroutinen der Musikpädagogik bleibt stets offenbar, dass Objekt stets Konstrukt des wertschätzenden Beobachters ist, der seine eigene Beobachtungsleistung ausblendet, von sich absieht und Absichten verkennt. Ein Mehrwert gerinnt allein im Geiste und verselbstständigt sich zum *Wert an sich*. Der Mensch gerät dabei aus dem Blick. Eine globale Gesellschaft mit Beobachtern rundherum sieht ohnehin stets, wovon andere absehen, hat vom *Wert an sich* auf den *Wert von Fall zu Fall* umgestellt, und ist skeptisch gegenüber unhinterfragten axiomatischen Setzungen, die zur Ontologie neigen. Die Skepsis drückt sich im unauflöslichen Widerspruch aus. Ontologie versucht, Komplexität mit unterkomplexen, einfachen Antworten zu befrieden. Sie *trivialisiert*. Die Operation der Gesellschaft, die das Präfix „Inter" programmatisch implementiert hat, befördert in ihren rekursiven Vernetzungen, in denen die Kommunikation abläuft, dagegen den *nicht-trivialen* Prozess. Sie verfügt dabei das Paradox, dass in Kommunikationsroutinen, in denen der Mensch nur als Umweltereignis statthat, gleichwohl der Mensch mit seinen Absichten (wovon er absieht und was er beabsichtigt) in Szene gesetzt wird. Wo mit schärferen Grenzen umrissene Wissenschaften mitunter Gefahr laufen, an den immer gleichen Operationen anzuschließen, und weiter als zustandsdeterminiert gelten können, ist die Musikpädagogik eher zustandsvariabel und strukturdeter-

---

[8] Vgl. Schläbitz, Norbert: Für eine musikpädagogisch relevante Musikwissenschaft. In: Diskussion Musikpädagogik, Heft 41, 1. Quartal 2009, S. 23-30).
[9] Luhmann, Niklas, Ökologische Kommunikation, a.a.O., S. 36.

miniert, da die Anschlussmöglichkeiten durch das Bezugsfeld *Musik* ↔ *Mensch* immer neu ausgelotet werden müssen. Das der Gesellschaft eingeschriebene Präfix „Inter", das global verlaufender Kommunikation obligat ist, bewegt so auf einer anderen Ebene mit Komplexitätsgefälle auch die Musikpädagogik und lässt nicht-trivialen Prozessen forschungsrelevant begegnen.

Zusammenfassend: *Interdisziplinartät* in der Musikpädagogik lässt das Fach komplexitätsfest und kontingenzoffen erscheinen, da die im Gang der Kommunikation ausgebildeten Routinen stets von mehreren Orten beobachtet werden. Dabei wird immer wieder im Gang der Beobachtung herausgearbeitet, „mit Hilfe welcher Unterscheidung Beobachter beobachten und was sie damit sehen und was sie nicht sehen können."[10] Interdisziplinarität ist für die Musikpädagogik ein unverkennbares Qualitätsmerkmal, wo komplexe Phänomene einer zunehmend komplexer werdenden Gesellschaft forschungsrelevant beleuchtet werden sollen und wo zuletzt Forschung in der Musikpädagogik dann doch eine mitlaufende, voraussetzungsvolle Orientierung kennt: den *Lernenden*, dem Forschung genüge tun will. In dieser impliziten Engführung aber ist kein Mangel zu sehen.

Literatur

Kraemer, Rudolf-Dieter: Musikpädagogik. Eine Einführung in das Studium. Augsburg (Wißner) 2004

Luhmann, Niklas: Die Gesellschaft der Gesellschaft. 2 Bde. Frankfurt/M. (Suhrkamp) 1997

Luhmann, Niklas: Ökologische Kommunikation. Opladen (Westdeutscher Verlag) ^{3}1990

Luhmann, Niklas: Über die ethische Reflexion der Moral. Frankfurt/M. (Suhrkamp) ^{3}1996

Schatt, Peter W.: Einführung in die Musikpädagogik. Darmstadt (Wiss. Buchgesellschaft) 2007

Schläbitz, Norbert: Für eine musikpädagogisch relevante Musikwissenschaft. In: Diskussion Musikpädagogik, Heft 41, 1. Quartal 2009

---

[10] Luhmann, Niklas: Über die ethische Reflexion der Moral. Frankfurt/M. (Suhrkamp) ^{3}1996, S. 43.

MARIA LUISE SCHULTEN, KAI STEFAN LOTHWESEN

Musikpädagogik und Systematische Musikwissenschaft. Beziehungen der Disziplinen aus fach- und forschungshistorischer Perspektive

Einleitung

Systematische Musikwissenschaft und Musikpädagogik stehen derzeit in einem engen Kontakt zueinander, wobei sie beide als eigenständige Fächer in Forschung und Lehre etabliert sind. Durch allgemeine Entwicklungen in den Wissenschaften im 20. Jahrhundert, vor allem aber in den empirisch arbeitenden Disziplinen, haben sich die beiden Fächer eigenen Forschungsfragen gewidmet und eigene Forschungsmethoden entwickelt. Seit Guido Adler 1885 in seiner Abhandlung zu *Umfang, Methode und Ziel der Musikwissenschaft* die Musikpädagogik als Disziplin der Systematischen Musikwissenschaft rubriziert hat, lassen sich in beiden Fächern unabhängige aber auch abhängige Entwicklungen feststellen. Wie die Beziehung von Musikpädagogik und Systematischer Musikwissenschaft sich im Verlaufe der Zeit darstellt, welche Themen zu welcher Zeit von besonderer Bedeutung waren und sind, wird im Beitrag aus fachhistorischer Perspektive beleuchtet und empirisch untersucht. Dazu wurden musikpädagogische Fachzeitschriften im Hinblick auf Themen der Systematischen Musikwissenschaft inhaltsanalytisch ausgewertet und aus musikwissenschaftlicher und musikpädagogischer Sicht erklärt und kommentiert.

I. Allgemeine Entwicklungen der Interdisziplinarität zwischen Musikpädagogik und Systematischer Musikwissenschaft

1. Die musikwissenschaftliche Perspektive

Auf die fruchtvollen Möglichkeiten einer gemeinsamen Zielsetzung von Systematischer Musikwissenschaft und Musikpädagogik verwies bereits 1970 Hans-Peter Reinecke (vgl. Reinecke 1970, S. 150f). Auch nachfolgende Kritik setzt immer wieder an der Kommunikation der Fächer an, wobei die Bedingungen und Bedürfnisse von Wissenschaft und Schule als Gegensätze diskutiert werden (vgl. Kleinen 1985, 337). An die Unterscheidung der Fächer und deren spezifischer Gegenstandsbereiche und Erkenntnisinteressen anschließend, konstatiert Helmut Rösing ein generelles Interesse der Musikpädagogik an grundsätzlichen Inhalten und Methoden Systematischer Musikwissenschaft (vgl. Rösing 1986, 97). Wie Reinecke sieht auch Rösing die musikpraktischen Bedürfnisse der Musikpädagogik nicht als handicap per se, doch warnt er vor einer Vereinnahmung der Systematischer Musikwissenschaft durch die Musikpädagogik (Rösing 1986, 99). Der Hauptunterschied der Disziplinen liegt in der unterschiedlichen Gewichtung des Theorie-Praxis-Verhältnisses und der Frage nach einer unmittelbaren praktischen Anwendung wissenschaftlicher Erkenntnis (vgl. Oerter/Bruhn 2005, 564).

2. Die musikpädagogische Perspektive

Die Musikpädagogik als wissenschaftliche Disziplin steht im Kontext allgemeiner wissenschaftlicher Entwicklungen einerseits und hat andererseits eigene Professionalität erreicht. Sehr grob lassen sich allgemeine Entwicklungen skizzieren: Bereits in den 20er Jahren des vorigen Jahrhunderts lassen sich u.a. bei Hildegard Hetzer, Sophie Belajew-Exemplarski, Heinz Werner musikpädagogisch relevante Themen finden. Vor allem in den 1970er Jahren trugen die Sozialwissenschaften zur Entwicklung empirischer Forschungsmethoden und sozialwissenschaftlicher Ansätze in der Musikpädagogik bei. In den folgenden Jahren erfolgte eine Ausdifferenzierung empirischer Forschungsmethoden in den Sozial- und Erziehungswissenschaften, die jedoch erst in den späten 80er Jahren und 90er Jahren in der Musikpädagogik rezipiert und adaptiert wurde. Wesentliche Einflüsse gingen demnach von solchen Wissenschaften aus, die über die Ansätze und Forschungsmethoden verfügten mit deren Hilfe Kenntnisse über die Voraussetzungen und Bedingungen von Musikunterricht gewonnen werden konnten. Die Systematische Musikwissenschaft stellte dies alles bereit. Über die 'Szientistische Wende' (de la Motte-Haber) der 70er Jahre hinaus musste die Musikpädagogik auf die Veränderungen der Unterrichtsbedingungen, das veränderte Rezeptionsverhalten der Schüler und die Entwicklungen der Neuen Musik, vor allem aber der Rock- und Popmusik reagieren. Auch hierzu lieferte die Systematische Musikwissenschaft neue Themen für die Forschung und den Musikunterricht. Konstanz und Wandel der Beziehung zwischen Systematischer Musikwissenschaft und Musikpädagogik lassen sich an Hand der Veröffentlichungen in Fachzeitschriften empirisch belegen.

II. Empirische Untersuchungen zur Forschungshistorie

1. Systematische Musikwissenschaft in musikpädagogischen Fachzeitschriften

Fragestellung und Zielsetzung

Untersucht werden Verbindungen der Fächer in vorliegenden musikpädagogischen Forschungsbeiträgen. Die Forschungshypothese geht von einer prinzipiellen Autonomie der Fächer aus, wie sie von Sigrid Abel-Struth (1985) dargelegt wurde. Das Ziel dieser Untersuchung ist, die Beziehungen von Forschungsinhalten offen zu legen, um eine forschungspraktisch wie fachhistorisch orientierte Perspektive zu erschließen.[1]

Methode

Die Forschungsschwerpunkte und historische Wandlungen des Faches Musikpädagogik und deren Beziehungen zu Inhalten Systematischer Musikwissenschaft wurden über eine inhaltsanalytische Auswertung ausgewählter Publikationen aufgedeckt; die dafür gebildete Stichprobe umfasst zentrale Periodika westdeutscher Musikpädagogik der Jahre 1969 bis 2007. Dabei wurde die Institutionalisierung des Fachs als Indikator regelmäßiger wissenschaftsorientierter Forschungsaktivität verstanden (vgl. hierzu Antholz 1989). Die Auswertung selbst erfolgte nicht automatisiert, da der Fokus auf semantische Bedeutung und nicht auf Schlagworte gerichtet war. Dazu wurden die Titelbezeichnungen der ausgewerteten Beiträge herangezogen, die den jeweils thematisierten Inhalt anzeigen. In nicht eindeutigen Fällen wurde der Artikel selbst bemüht, um Aufschluss über die Inhalte zu erhalten. Mehrfachkodierungen wurden zugelassen, um die thematische Breite der Publikationen angemessen

---

[1] In Ihrer Dissertation untersuchte Silvana Klavinius musikpädagogische Konzeptionen auf ihre theoretischen Beziehungen zu Musikwissenschaft (Klavinius 1984). In unserer Studie werden nun Forschungsthemen untersucht und forschungspraktische Beziehungen der Fächer fokussiert. Hermann J. Kaisers (Kaiser 1989) Ansatz, den wissenschaftlichen Charakter der Musikpädagogik zu erfassen, ist wiederum anders gelagert: mit einem hermeneutischen Ansatz zielt Kaiser auf praktische Aspekte, nicht auf wissenschaftliche Forschung.

abzubilden und eine inhaltliche Unterscheidung der spezifischen Perspektiven von Musikpädagogik und Systematischer Musikwissenschaft zu ermöglichen. Das Vorgehen war theoriebasiert angelegt, das so konstruierte Kategoriensystem wurde im Analyseprozess verfeinert (vgl. Früh 2004, Mayring 2003).

Die als Grundlage der Kategorienbildung herangezogenen Modellentwürfe von Inhalten der Musikpädagogik (Richter 1997, Colwell/Richardson 2002) sind nicht als taxonomische Systeme anzusehen und wurden für die Untersuchung überprüft. Die Revision der Modelle sowie das Vorgehen zur Kategorienbildung wurde bereits an anderer Stelle eingehend erörtert (Lothwesen 2008, 273ff). Insgesamt wurden zwölf Kategorien gebildet, die Interessenfelder von Musikpädagogik und Systematischer Musikwissenschaft vermitteln (s.u.). Dabei wurden die Kategorien nach Colwell/Richardson als Oberkategorien definiert, auch um eine mögliche internationale Vergleichbarkeit zu eröffnen. Die aus Richters Erörterungen der Situation und Entwicklung bundesdeutscher Musikpädagogik abgeleiteten Kategorien wurden als Subkategorien eingesetzt und stellenweise um weitere spezifizierende Subkategorien ergänzt. Der von Richter benannte Bereich „Vergleichende Musikpädagogik" wurde auf die Ebene der Oberkategorien gerückt, die Kategorie „Populäre Musik" aufgrund eines häufigen Auftretens im Untersuchungsmaterial ergänzt.

Dieses Verfahren wird exemplarisch anhand der Kategorie „Pädagogischer Kontext und Curriculum" nachgezeichnet, die mit den häufigsten Codierungen versehen ist und demzufolge als zentrales Feld musikpädagogischer Forschung aufgefasst werden kann. Die Kategorie vereint wichtige von Richter (1997, Sp. 1455) angeführte Aufgaben und Interessensgebiete musikpädagogischer Erforschung von Unterricht. Richter folgend, sind die zwei zentralen Subkategorien benannt als „Umgang mit Musik", einer Erörterung der Inhalte musikalischen Unterrichts unter didaktischer Perspektive, die auch unterschiedliche musikwissenschaftliche Zugänge mit einbezieht, sowie als „Unterrichtsforschung", einer Analyse formaler Bedingungen und inhaltlicher Aspekte musikalischen Unterrichts, die eine genuin musikpädagogische Perspektive einnimmt. Diese bezieht sich auf die Erforschung der Rollen und Anforderungen von Lehrkräften, Lehrkonzepten und Lehrplänen und bemühen sie erziehungswissenschaftliche Perspektiven. Im Verlauf der Auswertung wurden diese Grundpositionen ergänzt um Beiträge zu Schülerinteressen im Musikunterricht und Angeboten außerschulischer Musikvermittlung. So ergab sich eine Struktur aus stabilen Oberkategorien und flexiblen Subkategorien, die dem Untersuchungsmaterial genügen konnte (s. Abb. 1).

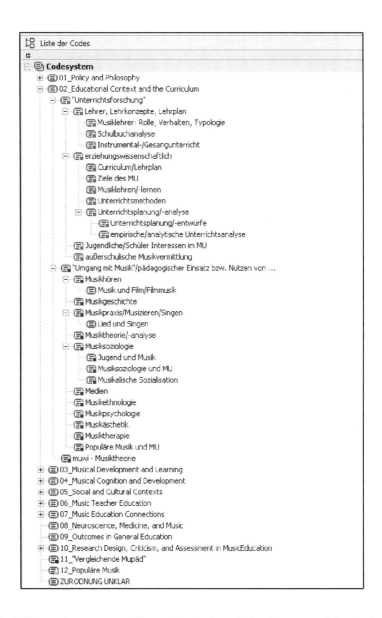

*Abb. 1: Kategoriensystem und Kategorie „Pädagogischer Kontext und Curriculum"
(screenshot aus MaxQDA)*

Stichprobe

Angesichts der langen Forschungsgeschichte und der vielfältigen Publikationsmöglichkeiten schien es nicht möglich, alle Veröffentlichungen musikpädagogischer Forschung zusammenzutragen. Daher wurde eine Stichprobe gebildet, die sich auf fachspezifische Forschungsperiodika konzentriert. Diese Stichprobe umfasst alle bis zum Untersuchungszeitraum vorliegenden Ausgaben (west)deutscher Periodika der Musikpädagogik, als Analyseeinheiten wurden eigenständige Forschungsbeiträge angenommen; Rezensionen und Tagungsberichte wurden somit ausgeschlossen. Die so erstellte Stichprobe setzt sich zusammen aus folgenden Periodika: *Forschung in der Musikerziehung* (FidME, ausgewählter Veröffentlichungszeitraum: 1969-1981, zur Untersuchung aufgenommene Beiträge: 180), *Musikpädagogische Forschung* (AMPF: 1980-2006, 465 Beiträge), *Forum Musikpädagogik* (ForumMP: 1992-2004, 207 Beiträge), *Diskussion Musikpädagogik* (DiskMP: 1999-2007, 406) und *Zeitschrift für kritische Musikpädagogik* (ZfKMP: 2002-2007, 44).

Ergebnisse

1. Das Untersuchungsmaterial. Aus der Stichprobe von 1.302 Beiträgen wurden insgesamt 1.579 Untersuchungseinheiten (inkl. Mehrfachkodierungen) extrahiert. Die einzelnen Periodika haben jeweils unterschiedlichen Anteil an der Verteilung der Kodierungen: Die meisten Kodierungen wurden *AMPF* entnommen (588 Kodierungen; 37%), gefolgt von *DiskMP* (487; 31%); etwa gleiche Anteile weisen *Forum MP* (237; 15%) und *FidME* (221; 14%) auf, den geringsten Anteil hat *ZfkMP* (46; 3%).[2] Die ausgewerteten Periodika unterscheiden sich zudem hinsichtlich inhaltlicher Akzente und deren Bezug zu Themen Systematischer Musikwissenschaft (s. Abb. 2).[3]

---

[2] Beachtenswert ist der Zusammenhang des Publikationszeitraums und der Anzahl ausgewerteter Beiträge; eine Überprüfung mittels Varianzanalyse (MANOVA) unterstreicht signifikante Unterschiede ($p = .003$).

[3] Bezüglich der Beziehung zwischen der Verteilung der Kategorien und der Verteilung der Publikationen sind signifikante Unterschiede festzuhalten ($p = .003$); diese Signifikanz scheint durch die Kategorie *Populäre Musik* bestimmt (vgl. Lothwesen 2008, 277).

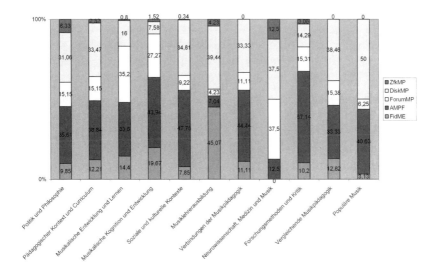

Abb. 2: „Verteilung der Kategorien nach Periodika" einfügen

2. Das Kategoriensystem. Die zwölf Kategorien des Kategoriensystems umfassen die Bereiche bildungspolitischer und bildungsphilosophischer Beiträge (Kategorie *Politik und Philosophie*), Beiträge zu pädagogischen Fragen, Inhalten und Bedingungen musikalischen Unterrichts (*Pädagogischer Kontext und Curriculum*), entwicklungspsychologische Aspekte (Kategorien *Musikalische Entwicklung und Lernen* sowie *Musikalische Kognition und Entwicklung*)[4], (musik)soziologische und (musik)kulturelle Zusammenhänge (*Soziale und kulturelle Kontexte*), Fragen der *Musiklehrerausbildung*, interdisziplinäre *Verbindungen der Musikpädagogik*, Beziehungen zu humanwissenschaftlichen Erkenntnissen (*Neurowissenschaft, Medizin und Musik*), den Austausch fachspezifischer Erkenntnisse in allgemeinpädagogischen Zusammenhängen (*Erkenntnisse für allgemeine Pädagogik*), forschungsmethodische Erörterungen (*Forschungsmethoden und Kritik*), interkulturelle Ansätze (*Vergleichende Musikpädagogik*), und den Bereich *Populärer Musik*.

---

[4] Diese Kategorien wurden übernommen aus Colwell/Richardson. Die inhaltliche Differenzierung orientiert sich an der Akzentuierung kognitionspsychologischer Aspekte bzw. an pädagogischen Interventionsmöglichkeiten durch Unterweisung.

Die Verteilung dieser Kategorien und zugleich eine Unterscheidung nach Themenbereichen von Musikpädagogik bzw. Systematischer Musikwissenschaft veranschaulicht Abb. 3.

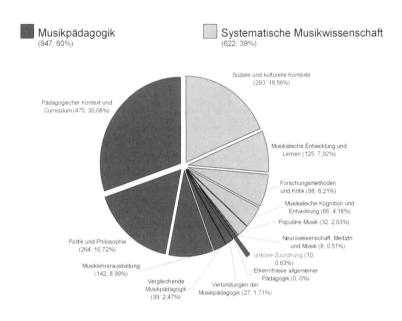

Abb 3: Verteilung der Themenbereiche (absolute Häufigkeiten, Prozente)

Der inhaltliche Schwerpunkt der kodierten Untersuchungseinheiten liegt klar im Bereich pädagogischer Themen (30,08% der Gesamtanzahl kodierter Einheiten) und versammelt Beiträge zur theoretischen Unterrichtsforschung (Bedingungen des Lehrens und Lernens) und praktischen Unterrichtsbeispielen. Ein zweites wichtiges Themenfeld gründet sich in soziokulturellen Themen (18,56%), gefolgt von Beiträgen zu (bildungs)politischen und wissenschaftstheoretischen Voraussetzungen (16,72%). Aspekte der Musiklehrerausbildung (inkl. Musikpädagogik als Magisterstudiengang) machen etwa 9% aus, sozial-psychologische Aspekte zu musikalischer Entwicklung und Lernen (7,92%) und musikalischer Kognition (4,18%) beschließen die Verteilung (s. Abb. 3).

3. Die Themenbereiche. Die evaluierten Themenbereiche musikpädagogischer Forschung weisen Überschneidungen mit den Inhalten Systematischer Musikwissenschaft in verschiedenen Kategorien auf (*Musikalische Entwicklung und Lernen*; *Musikalische Kognition*; *Soziale und kulturelle Kontexte*; *Neurowissenschaft, Medizin und Musik*, die Subkategorie *Forschungsmethoden* sowie Studien zu *Populärer Musik*). Im historischen Verlauf sind markante Zeitpunkte erkennbar (in Abb. 4 markiert durch Pfeile).

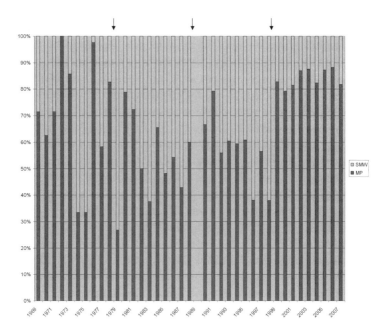

Abb. 4: *Relationale Entwicklung der Themenbereiche von Musikpädagogik und Systematischer Musikwissenschaft*

Auffällig ist zunächst, dass für das Jahr 1989 keine Codierungen zu verzeichnen sind – in diesem Jahr wurde keine Ausgabe der als Stichprobe ausgewählten Periodika publiziert. Einen weiteren Einschnitt offeriert der Übergang der Jahre 1978/1979, in dem das Verhältnis von Beiträgen der beiden Disziplinen wechselt: Nach einem Hoch der Musikpädagogik im Jahr 1978, zeigt sich sodann eine deutliche Mehrzahl an Beiträgen aus dem Bereich Systematischer Musikwissenschaft. Der dritte markante Punkt ist schließlich 1999 erreicht: Von nun an scheint das Verhältnis der Disziplinen zueinander stabil, der Anteil musikpädagogischer Themen überwiegt deutlich. Die Anteile Systematischer Musikwissenschaft variieren stark über die untersuchte Zeitspanne; ab den 1990er Jahren ist ein Absinken zu verzeichnen, das sich schließlich auf einem geringen Niveau stabilisiert (s. Abb. 4).

Diese Besonderheiten im historischen Verlauf legen eine Gruppierung nahe, um möglicherweise fachinterne Entwicklungen der Musikpädagogik als Erklärungen heranziehen zu können. Tatsächlich differiert das Verhältnis der Kategorien zueinander dekadenweise. Unterschieden wird der Untersuchungszeitraum nun in vier Dekaden, ein Vergleich der statischen Kennwerte der Verteilung deckt zudem deren Eigenheiten auf: Der Anteil von Themenbereichen Systematischer Musikwissenschaft in musikpädagogischer Forschung liegt in der ersten Dekade (berechnet von 1969 bis einschließlich 1978) bei durchschnittlich 30,35% (SD = 23,47%), steigt in der zweiten Dekade (1979-1988) auf 46,42% im Durchschnitt und manifestiert sich gegenüber den 970er Jahren bei einer geringeren Streuung (SD = 15,99%). In der dritten Dekade (1989-1998) zeigen sich bereits rückläufige Tendenzen (AM = 38,54%, SD = 18,23%) und in der vierten Dekade (1999-2007) hat sich der Anteil Systematischer Musikwissenschaft stark reduziert (AM = 15,81%, SD = 3,32%). Die Entwicklung musikpädagogischer Themenbereiche ist entsprechend komplementär zu lesen: Der zunächst große Anteil (AM = 69,64%, SD 23,46%) sinkt in der zweiten und dritten Dekade ab (Dekade 1980: AM = 53,58%, SD = 15,99; Dekade 1990: AM = 51,46%, SD = 21,82%) und erreicht in der letzten einen enormen Höhepunkt (AM = 84,18%, SD = 3,31%). Gemessen an den gruppierten Mittelwerten der Dekaden ist eine hohe und gegenläufige Korrelation der Anteile von Musikpädagogik und Systematischer Musikwissenschaft erkennbar (r = -.950); ein zweiseitiger t-Test für gepaarte Stichproben ergab jedoch keine signifikanten Unterschiede (p = .107).

Die Verteilung der einzelnen Themenbereiche über den Untersuchungszeitraum ist ebenso Wandlungen unterworfen. Bestimmte Themen sind – als grundsätzliche Bedürfnisse der Musikpädagogik – immer präsent, andere wechseln (auch historisch-bildungspolitisch bedingt) in ihrer Auftretenshäufigkeit.[5] Soziologisch und psychologisch orientierte Kategorien dominieren die Verteilung, einzelne Themenbereiche korrelieren in unter-

---

[5] So sind beispielsweise Beiträge zur Kategorie *Musiklehrerausbildung* in der Regel gebunden an die Diskussion neuer Studienreformen und finden Höhepunkte in den späten 1970er Jahren, den frühen 1980er Jahren sowie nach kontinuierlichem Anstieg seit Ende der 1990er Jahre schließlich im Jahr 2006.

schiedlichem Maß. Eine Korrelation der Kategorie *Musikalische Entwicklung* mit *Musikalischer Kognition* (r = .473**) war aufgrund der ähnlich gelagerten Inhalte zu erwarten, die Korrelation mit Forschungsmethoden ist gar noch stärker (r = .517**). Die Kategorie *Sozialer und kultureller Kontext* korreliert mit *Forschungsmethoden* (r = .385*) und *Neurowissenschaft, Medizin und Musik* (r = .319*) – dies ist möglicherweise aus der kontinuierlichen Thematisierung soziokultureller Fragen über den Untersuchungszeitraum zu erklären und wäre somit als statistisches Artefakt anzusehen. In gleicher Weise sind Korrelationen der Kategorie *Populäre Musik* zu deuten, die jedoch als weitgehend autonomes Forschungsfeld erscheint. Hier sind geringe Korrelationen mit *Forschungsmethoden* (r = .030), *Musikalischer Kognition* (r = .096), *Musikalischer Entwicklung* (r = -.064) und *Neurowissenschaft* (r = -.161) aufzuzeigen.

2. Chronologie einer Beziehung in Dekaden

Der Blick auf die Themenagglomerationen genuin musikpädagogischer Artikel und solcher mit dem Schwerpunkt im Bereich der Systematischen Musikwissenschaft, offenbart einen Entwicklungsverlauf, der sich chronologisch in Dekaden abbildet. Die Abbildungen 5 und 6 zeigen die Themenbereiche nach Disziplinen geordnet und ihren zeitlichen Verlauf anhand der gruppierten Mittelwerte (s. Abb. 5+6: Themenbereiche der Disziplinen nach Dekaden).

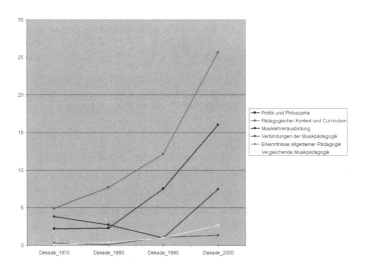

Abb. 5: Themenbereiche der Musikpädagogik nach Dekaden (gruppierte Mittelwerte)

Im Bereich der Musikpädagogik (Abb. 5) fällt ein steiler Anstieg der Zahl von Veröffentlichungen zum Themenkomplex „Pädagogischer Kontext und Curriculum", „Politik und Philosophie" und „Musiklehrerausbildung" auf. Besonders markant ist das Ansteigen ab 1990. Dagegen fallen vom Umfang her die Themenfelder „Erkenntnisse allgemeiner Pädagogik" und „vergleichende Musikpädagogik" kaum ins Gewicht.

Anders verhält es sich bei der Entwicklung der Themen aus dem Bereich Systematischer Musikwissenschaft innerhalb der musikpädagogischen Forschung (Abb. 6).

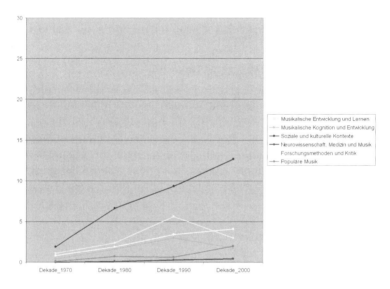

Abb 6: Themenbereiche der Systematischen Musikwissenschaft nach Dekaden (gruppierte Mittelwerte)

Hier zeigt sich ein deutlicher Anstieg bei der Kategorie „soziale und kulturelle Kontexte", während die Zahl der Artikel zu musikpsychologisch ausgerichteten Themen der musikalischen Entwicklung und Kognition abnimmt. Im Unterschied zu den musikpädagogischen Themen, nimmt die Zahl von Artikeln aus der Systematischen Musikwissenschaft innerhalb der Musikpädagogik seit 1990 deutlich ab.

Betrachtet man die inhaltliche Ausgestaltung der Dekaden, so werden die Bezüge zwischen den beiden Disziplinen besonders augenfällig.

Im Folgenden werden wesentliche Entwicklungen, wie sie sich in den Daten darstellen fokussiert und die Beziehung der beiden Disziplinen pointiert beschrieben. Durch diese Perspektive werden Entwicklungen benennbar, wenngleich jedoch damit eine Reduktion der Komplexität der dekadenimmanenten thematischen Vielfalt verbunden ist.

- 1970 „Szientistische Wende" in der Musikpädagogik: gegenseitige Impulse

Die Gründung des *Arbeitskreises Forschung in der Musikerziehung* 1965 bildet eine Zäsur in der Geschichte der Musikpädagogik, die erste Veröffentlichung erfolgte 1969 als Beiheft zu *Musik und Bildung*. Anliegen des Arbeitskreises war die wissenschaftliche Grundlegung des Musikunterrichts und damit zugleich die Möglichkeit sich damit von der musischen Erziehung zu distanzieren. (vgl. Michael Alt im ersten Heft: Aufgaben des Arbeitskreises „Forschung in der Musikerziehung"). Die sog. Szientistische Wende (Helga de la Motte-Haber) Ende der 1960er, Anfang der 1970er Jahre bedeutet nicht nur eine allgemeine Wissenschaftsorientierung aller Fächer und somit auch der Musikpädagogik, sondern impliziert auch, sich mit den Grundlagen und Bedingungen des Musikunterrichtes auseinanderzusetzen. Auf Forschungsebene hieß dies, sich mit wissenschaftstheoretischen Ansätzen zu befassen und Position im Diskurs zu beziehen. Diese Entwicklung in den Wissenschaften teilt die Musikpädagogik mit anderen Fächern ebenso wie die Wiederentdeckung, Einführung und Weiterentwicklung von Forschungsmethoden, vor allem quantitativer empirischer Sozialforschung.

Im Rahmen dieser Entwicklungen im Bildungsbereich spielt die Bildungsreform, dokumentiert u.a. im Gutachten des Deutschen Bildungsrates und die Reform der Lehrerbildung, die sich nun stärker an der Wissenschaft orientiert, eine nicht zu unterschätzende Rolle für die Etablierung der Musikpädagogik als Wissenschaft. Zeitlich einher mit der Überleitung der Lehrerausbildungen an Universitäten geht die Einführung des Promotions- und Habilitationsrechtes. Dies bedeutet, dass die nun geforderte Wissenschaftlichkeit auf Forschungsebene eingelöst werden konnte.

Die Nähe zwischen Musikpädagogik und Systematischer Musikwissenschaft erklärt sich u.a. durch die Ähnlichkeit des Musikbegriffes der beiden Disziplinen, die das Verhältnis von Mensch und Musik im Zentrum sieht. Eine Besonderheit in den Veröffentlichungen, die für die vorliegende Studie herangezogen wurden, zeigt sich allerdings darin, dass Beforschung Populärer Musik ihren Ort überwiegend im ASPM (*Arbeitskreis Studium Populärer Musik*) gefunden hat, also weniger im Kontext musikpädagogischer Veröffentlichungen.

- 1980   Entwicklung der Musikpädagogik zusammen mit der Systematischen Musikwissenschaft als Wissenschaft: Entwicklung und Konsolidierung

Die Dekade von 1980 bis 1990 zeugt innerhalb der Musikpädagogik von ambitionierter wissenschaftlicher Forschung, wobei der Anteil der Themen, die einen Schwerpunkt in der Systematischen Musikwissenschaft haben, erheblich erscheint.

So vereint der erste AMPF-Band mit dem Titel Einzeluntersuchungen ein breites Spektrum an Untersuchungen zur musikalischen Sozialisation, zu Methoden im Musikunterricht, zur populären Musik im Unterricht. Der Band wird eingeleitet von Carl Dahlhaus, herausgegeben vom Vorsitzenden Klaus-Ernst Behne. Der AMPF als damals wichtigste Vereinigung für die Förderung wissenschaftlicher Musikpädagogik wurde im Wechsel von verschiedenen Forschern aus der Systematischen Musikwissenschaft geleitet. (Helga de la Motte-Haber, Günter Kleinen, Ernst-Klaus Behne).

- 1990   Differenzierung der Wissenschaften: Spezialisierung und Konzentration auf jeweils eigene Zielvorstellungen und Aufgaben

In den 1990er Jahren ist ein steiler Anstieg der Veröffentlichungen zu genuin musikpädagogischen Themen zu verzeichnen. Von den Themenbereichen der Systematischen Musikwissenschaft bleiben mit einem deutlichen Zuwachs solche erhalten, die soziale und kulturelle Kontexte zum Gegenstand haben. Selbst die Beiträge zu musikalischer Entwicklung und Lernen nehmen ab. Die Musikpädagogik hat dabei keineswegs das Interesse an diesen Themen verloren, forscht zu diesen Themen in eigenen Kontexten wie z.B. im Rahmen der Unterrichtsforschung. Die Arbeiten der Systematischen Musikwissenschaft werden überwiegend in den Bänden der *Deutschen Gesellschaft für Musikpsychologie* veröffentlicht.

- 2008   Musikpädagogik als eigene grundlagen- und handlungsorientierte Wissenschaft: Lösung von der Systematischen Musikwissenschaft

Die Dekade bis heute zeigt eine Sattelbildung im Bereich der Musikpädagogik bei gleichzeitiger Minimierung der Themenbereiche der Systematischen Musikwissenschaft. Dies kann gedeutet werden als Etablierung und Sicherung eigener Fragestellungen und Methoden innerhalb musikpädagogischer Forschung. Deutlich zeigt sich die Loslösung von der Systematischen Musikwissenschaft, die ihrer Aufgabe als Zulieferwissenschaft enthoben wird und in eigenen Kontexten Forschung betreibt. Bedeutend bleibt die Systematische Musikwissenschaft jedoch für die musikpädagogische Forschung insofern, als die Forschungsergebnisse rezipiert werden und wesentlich die musikpädagogische Forschung beeinflussen.

III. Diskussion

Die inhaltsanalytischen Untersuchungen musikpädagogischer Zeitschriften erbrachten in Bezug auf die Entwicklung des Verhältnisses zwischen Systematischer Musikwissenschaft und Musikpädagogik folgende Einsichten:

1. Die behandelten Themen differenzieren sich in ihrer Häufigkeit nach Dekaden, die mit fachhistorischen Entwicklungen korrelieren.
2. Die seit 1990 festzustellenden Spezialisierungstendenzen lassen die Konzentration der beiden Wissenschaften auf genuine Fragestellungen und Methoden beobachten.
3. Die gegenwärtige Situation ist gekennzeichnet durch das Ende der Interdisziplinarität innerhalb der Musikpädagogik und den Beginn einer kooperativen Interdisziplinarität mit der Systematischen Musikwissenschaft.

Insgesamt zeigt sich eine deutliche Abnahme der Themen aus der Systematischen Musikwissenschaft in musikpädagogischen Zeitschriften. Dies kann als Auseinanderdriften und als Professionalisierung der Fächer gedeutet werden: Die Musikpsychologie für Musikpädagogen wird von den Musikpädagogen selbst bearbeitet, die Musikpsychologen orientieren sich eher an der psychologischen Forschung. Die Musikpädagogik verfügt 40 Jahre nach 1969 (Untersuchungszeitraum) oder 44 Jahre nach der Gründung des *Arbeitskreises Forschung in der Musikerziehung* inzwischen über eigene Fragestellungen und Forschungsmethoden. Der Systematischen Musikwissenschaft ist jedoch immer noch die Aufgabe übertragen, zwischen den Disziplinen zu vermitteln und Erkenntnisse musikpsychologischer (Grundlagen-)Forschung zu 'übersetzen' (vgl. de la Motte-Haber 1976, 257).

Literatur

Abel-Struth, Sigrid (1985). *Grundriß der Musikpädagogik*, Darmstadt: Wissenschaftliche Buchgesellschaft / Mainz: Schott.

Adler, Guido (1885). Umfang, Methode und Ziel der Musikwissenschaft, in: *Vierteljahrsschrift für Musikwissenschaft*, hrsg. von Friedrich Chrysander, Philipp Spitta, Guido Adler, 1. Jg., 1. Heft, Leipzig: Breitkopf & Härtel, S. 5-20.

Antholz, Heinz (1989). Musikpädagogik – institutionelle Aspekte einer wissenschaftlichen Hochschuldisziplin, in: *Musikpädagogik. Institutionelle Aspekte einer wissenschaftlichen Disziplin*, hrsg. von Hermann J. Kaiser, Mainz: Schott, S. 8-27.

Colwell, Richard / Richardson, Carol (Hrsg.)(2002). *The new handbook of research on music teaching and learning*, Oxford University Press.

Früh, Werner (2004): *Inhaltsanalyse. Theorie und Praxis*, Konstanz: UVK Verlagsgesellschaft.

Gruhn, Wilfried (1987). Musikwissenschaft in den vorliegenden Curricula. Eine kritische Bestandsaufnahme, in: *Musikpädagogik und Musikwissenschaft*, hrsg. von Arnfried Edler, Siegmund Helms, Helmuth Hopf, Wilhemshaven: Noetzel, S. 61-81.

Kaiser, Hermann J. (1989). Der Wissenschaftscharakter der Musikpädagogik im Spiegel musikpädagogischer Zeitschriften, in: *Musikpädagogik. Institutionelle Aspekte einer wissenschaftlichen Disziplin*, hrsg. von Hermann J. Kaiser, Mainz: Schott, S. 83-95.

Klavinius, Silvana (1984). *Musikwissenschaft und Musikvermittlung Eine Inhaltsanalyse des musikdidaktischen Schrifttums*, Frankfurt am Main u.a.: Lang.

Kleinen, Günter (1985). Musik als Mittel der Erziehung, in: *Musikpsychologie. Ein Handbuch in Schlüsselbegriffen*, hrsg. von Herbert Bruhn, Rolf Oerter, Helmut Rösing, München: Urban & Schwarzenberg, S. 331-338.

Lothwesen, Kai Stefan (2008). Systematic Musicology and Music Education. An Empirical Investigation of Research Topics in German Music Education, in: *Systematic and Comparative Musicology. Theory, Concepts, Findings*, (= Hamburger Jahrbuch für Musikwissenschaft, Bd. 24), hrsg. von Albrecht Schneider, Frankfurt/Main: Lang, S. 265-293.

Mayring, Philipp (2003). *Qualitative Inhaltsanalyse. Grundlagen und Techniken*, Weinheim und Basel: Beltz (achte Aufl.).

Motte-Haber, Helga de la (1976). Systematische Musikwissenschaft in der Lehrerausbildung, in: *Musikpädagogik in der Studienreform* (= Forschung in der Musikerziehung 1976), Mainz: Schott, 252-262.

Oerter, Rolf / Bruhn, Herbert (2005). Musikpsychologie in Erziehung und Unterricht, in: *Spezielle Musikpsychologie* (= Enzyklopädie der Psychologie, Serie VII, Themenbereich D, Musikpsychologie Bd. 2), hrsg. von Rolf Oerter and Thomas Stoffer, Göttingen et al.: Hogrefe, S. 555-624.

Reinecke, Hans-Peter (1970). Musikwissenschaft und Musikerziehung, in: *Jahrbuch des Staatlichen Instituts für Musikforschung Preußischer Kulturbesitz*, Kassel: Merseburger / Berlin: de Gruyter, 1970, S. 14-151.

Richter, Christoph (1997). Art. Musikpädagogik, A. Versuch einer Systematik der Musikpädagogik, in: *Die Musik in Geschichte und Gegenwart*, zweite Aufl., hrsg. von Ludwig Finscher, Kassel et al.: Bärenreiter, Sp.1439-1473.

Rösing, Helmut (1986). Systematische Musikwissenschaft im Spannungsfeld von Historischer Musikwissenschaft und Musikpädagogik, in: *Musicologica Austriaca*, 6. Jg., S. 89-105.

Vogt, Jürgen (2002). Praxisbezug als Problem. Zur Professionalisierung der Musiklehrerausbildung, in: *Zeitschrift für kritische Musikpädagogik*, 1. Jg., August 2002 (URL: http://home.arcor.de/zfkm/vogt4.pdf, 18.12.2008).

STEFANIE RHEIN, RENATE MÜLLER

Auf dem Weg zu einer Musikpädagogischen Jugendsoziologie

Musikpädagogische Jugendsoziologie *ist eine musikpädagogisch relevante Jugendsoziologie – das Verhältnis von Jugendkultursoziologie und Musikpädagogik in ständiger gegenseitiger Herausforderung.*

1 Einleitung

Wenn über Interdisziplinarität nachgedacht wird, gerät die Wechselseitigkeit des Dialogs zwischen Disziplinen häufig aus dem Blick; oft fallen sogar eher die Kollisionen ins Auge. So lässt sich das Verhältnis von Jugendkultursoziologie und Musikpädagogik auf den ersten Blick als vornehmlich divergent betrachten: Es kollidieren die jeweiligen Perspektiven der beiden Disziplinen auf Musikaneignung und -vermittlung sowie ihre unterschiedlichen Sichtweisen von Jugendkultur und Bildungskultur, von populärer Musik und Kunstmusik. Die jugendkultursoziologisch verwurzelte Theorie musikalischer und medialer Selbstsozialisation kollidiert mit einer Bildungskanon-Konzeption ebenso wie mit einer Pädagogik, die mit der Selbstsozialisationsthese die eigene Überflüssigkeit assoziiert. Eine noch grundsätzlichere Unvereinbarkeit scheint in der soziologischen Perspektive auf Musik zu liegen, die streng genommen gleichermaßen musikpädagogischen Perspektiven der Autonomie der Musik und dem musikpädagogischen Primat der Musik wie der generellen Perspektive der pädagogischen Autonomie diametral entgegensteht. Die Betrachtung von Interdisziplinarität unter dem Vorzeichen der Kollision würde zu einem eher konventionellen Gang der Argumentation führen: Der Darstellung einer musikpädagogisch relevanten Jugendsoziologie, sowohl ihrer Theorien und Befunde als auch ihrer – mehr oder weniger impliziten – musikpädagogischen Konsequenzen, würde die Konfrontation dieser soziologischen Perspektiven mit einer Musikpädagogik folgen, die wichtige soziologische Theorien und Befunde – aufgrund der oben genannten Kollisionen – nicht ausreichend wahrnimmt und integriert. Das zugrunde liegende Paradigma der Interdisziplinarität wäre das der Einseitigkeit gepaart mit Unvereinbarkeit.

Konstruktiver erscheint ein Weg, der – das ist unsere These – bereits seit ca. 40 Jahren beschritten wird, interdisziplinär und transdisziplinär zugleich. Es ist der Weg zu einer musikpädagogischen Jugendsoziologie – einer keineswegs neuen Disziplin im Schnittfeld von Jugendsoziologie und Musikpädagogik, von Musiksoziologie, Kultursoziologie, Sozialisations- und Identitätstheorie. Indem wir diesen Weg gehen, versuchen wir, einer langen musik- und jugendbezogenen Forschungsrealität gerecht zu werden, die etwa seit den 1960er Jahren die sozialen Bedeutungen von Musik für Jugendliche in den Blick nimmt. Diese Forschungstradition vereinigt in sich so unvereinbar erscheinende Wegstrecken wie beispielsweise die ersten musikpädagogischen Überlegungen darüber, wie Musiklehrerinnen und -lehrer ihren Schülerinnen und Schülern die Wertlosigkeit der Rock und Popmusik beweisen können (z. B. Rauhe 1968), die Entwicklung einer Didaktik der Rock- und Popmusik (Lugert 1975, Schütz 1982), die Erforschung des Musikerlebens im Jugendalter (z. B. Behne 1997), die These „unsichtbarer Bildungsprogramme in Jugendszenen" (Hitzler/ Pfadenhauer 2005), die Theorie der Selbstsozialisation und Identitätskonstruktion mit und durch Musik (z. B. Müller 1995, Rhein 2000, Rhein/ Müller 2006), das Backdoor-Projekt „Begabung und Kreativität in der populären Musik" (Kleinen 2003).

Der Beitrag argumentiert aus wissenschaftstheoretischer und metatheoretischer sowie aus theoretischer – musikpädagogischer und soziologischer – Perspektive. Zunächst wird das Verhältnis der Disziplinen mit einem Blick auf die *Pädagogische Soziologie* und die *Musikpädagogische Psychologie* skizziert. Sodann werden Themenfelder und Forschungsfragen der *Musikpädagogischen Jugendsoziologie* beispielhaft angeführt. Anhand einer Auswahl der o.g. Stationen auf dem Weg zu einer *Musikpädagogischen Jugendsoziologie* werden Spielarten des Verhältnisses beider Disziplinen einschließlich ihrer aktuellen Bedeutung und ihrer musikpädagogischen Konsequenzen mehr oder weniger ausführlich vorgestellt: die Anfänge in den 1960er und 1970er Jahren, die Didaktik der Rock- und Popmusik der 1980er Jahre, die Ludwigsburger Jugendsoziologie sowie das Forschungsprogramm zu den unsichtbaren Bildungsprogramme in Jugendszenen. Der Beitrag schließt mit einem Ausblick auf aktuelle Herausforderungen an die *Musikpädagogische Jugendsoziologie*, wie sie sich aus der Migrationsproblematik ergeben.

2. *Musikpädagogische Jugendsoziologie*: Musikpädagogik oder Soziologie oder beides?

In der *Musikpädagogischen Jugendsoziologie* treffen verschiedene Fragestellungen aus verschiedenen Perspektiven und Disziplinen zusammen, in unterschiedlicher Nähe und Ferne zur Soziologie und zur Pädagogik und mit verschiedenen musikpädagogischen Konsequenzen. Wie Beate Krais (2008) für die Bildungssoziologie konstatiert, ist auch die *musikpädagogische Jugendsoziologie* von einem „Zustand der inneren Festigkeit, der eindeutigen Abgrenzung von anderen Fächern und der Unbestrittenheit ihres Forschungsterrains weit entfernt [...]." Insofern befindet sich die *musikpädagogische Jugendsoziologie* in guter Gesellschaft, zumal die Entgrenzung von Professionen und Disziplinen generell zu beobachten ist. Auch scheinen unscharfe Fächergrenzen der Fruchtbarkeit und der gegenseitigen kritischen Auseinandersetzung von Disziplinen eher förderlich zu sein als ein Denken in „wissenschaftlichen Schrebergärten": Letzteres ist dadurch gekennzeichnet, dass jede Disziplin ihr eigenes Feld – und nur dieses – beackert. Wissenschaftlicher Fortschritt wird als kumulativer bzw. additiver Erkenntnisgewinn verstanden, das Ziel ist eine große allgemeine Theorie die alle einzelnen Schrebergärten zu einer Landkarte der Wissenschaft bruchlos ineinander fügt. Weiße Flecken auf der wissenschaftlichen Landkarte werden nach und nach entdeckt, zugeordnet und „eingemeindet". Eine der Konsequenzen der Schrebergartenmentalität ist die Immunisierungsstrategie, mit der Kritik an Theorien und Wissensständen des eigenen Forschungsfeldes wie beispielsweise das Aufzeigen „blinder Flecken" geahndet wird: durch den Ausschluss des Kritikers aus der Disziplin: „Du bist ja gar kein Pädagoge bzw. Soziologe, sondern ein ‚selbsternannter'." Das Fernhalten ungebetener Zaungäste setzt Zäune (eindeutige Fächergrenzen) und unstrittige Forschungsterrains – das (jugend-)soziologische Wesen und das (musik-)pädagogisch Eigentliche – voraus. Über-den-Zaun-Lugen oder gar - Klettern, um zu stibitzen, ist hier verboten. Fragestellungen, die aus anderen Welten kommen, werden nicht als Herausforderung und als kritische Impulse verstanden, sondern als Störung. Dem steht ein Wissenschaftsverständnis gegenüber, das wissenschaftlichen Fortschritt an die gegenseitige Kritik, über Fächergrenzen hinweg, bindet: Im fremden Terrain zu wildern, Fehler und blinde Flecken in „fremden" Theorien und Wissensbeständen zu entdecken, Forschungsinstrumentarien zu „klauen", um sie auf eigene Gegenstände und Fragestellungen anzuwenden und sie weiter zu entwickeln, und die eigenen Theorien und Wissensbestände an der Herausforderung zu stärken und zu schärfen, dass andere Fehler und blinde Flecken in ihnen herausarbeiten, machen wissenschaftliches Arbeiten aus (Feyerabend 1976; 1981). Perspektiven- und Methodenvielfalt im Sinne Feyerabends widersprechen der Suche nach einem Haus der Wissenschaft, in dem es sich jeder gemütlich machen kann und in dem jeder in seinen vier Wänden vor den Blicken anderer (my home is my castle) sicher ist.

Der Name *musikpädagogische Jugendsoziologie* drückt die Analogie zur *Pädagogischen Soziologie* aus (Böhnisch 2003), einer interdisziplinären Disziplin, die sich sowohl in der Pädagogik als auch in der Soziologie verorten will. „[...] das Spezifische einer Pädagogischen Soziologie [...] besteht in der Kunst, die pädagogische Gestaltungsaufforderung im sozialen Geschehen, in dem Erzieherisches passiert, herauszuarbeiten und soziologisch zu transformieren" (Böhnisch 2003, 70). Mit anderen Worten: Pädagogische Soziologie arbeitet gleichzeitig aus pädagogischer und aus soziologischer Perspektive. So lassen sich in der hier verfolgten Jugendsoziologie implizite pädagogische Ziele auffinden wie: Ernstnehmen der jugendlichen Akteure und ihrer Sichtweisen, Erweiterung der Erfahrungs- und Handlungsmöglichkeiten, Ausgrenzungen abfedern und Empowerment, Reflexionsfähigkeit und Integration. Eine weitere, ähnliche Wurzel des hier vorgeschlagenen Namens ist die Konzeption einer musikpädagogischen Psychologie (Kraemer/ Schmidt-Brunner 1982). Kraemer und Schmidt-Brunner führen den „Begriff *Musikpädagogische Psychologie* (in Anlehnung an die Pädagogische Psychologie) für jene Teildisziplin ein [...], die musikpsychologische Probleme unter pädagogischem Aspekt auswählt und betrachtet."(ebd., 14) *Musikpädagogische Jugendsoziologie* ist eine musikpädagogisch relevante, d.h. auch praktisch brauchbare Jugendsoziologie; man kann sie ansehen als das Verhältnis von Jugendkultursoziologie und Musikpädagogik, das in ständiger gegenseitiger Herausforderung existiert.

3 Themenfelder und Forschungsfragen der musikpädagogischen Jugendsoziologie

Der pädagogische Blick ermöglicht zum einen die Analyse des Bildungspotenzials von Jugendkulturen und legt zum anderen den Finger auf jugendsoziologisch relevante oder jugendsoziologisch erklärbare Probleme. Aus der pädagogischen Perspektive ergeben sich Forschungsfragen wie etwa die nach der Bedeutung, die Heranwachsende bei der Lösung ihrer Entwicklungsaufgaben – sei es die Ablösung vom Elternhaus, die Integration in Peer Groups, die Anknüpfung erster Liebesbeziehungen, die Entwicklung einer Berufsperspektive, Identitätskonstruktion – der Musik zuschreiben

(Münch 2002). Desgleichen ergeben sich Forschungsfragen danach, wie sich in der geschlechtsspezifischen musikalischen Sozialisation Präferenzen und Kompetenzen ausbilden, die Berufswege eröffnen und verstellen, beispielsweise bei der Instrumentenwahl und im Hinblick auf das Ziel der Professionalisierung als Popmusiker oder Rockmusikerin. Diese kleine, unsystematische Auswahl von Forschungsfragen ließe sich fortführen und systematisieren – dafür ist hier nicht der Ort. Ein Teil der genannten Themenfelder spiegelt sich wider in den Themenstellungen der Jahrestagungen (meist einhergehend mit Jahresbänden) einschlägiger Verbände, insbesondere des Arbeitskreises für musikpädagogische Forschung (AMPF), auch der Deutschen Gesellschaft für Musikpsychologie (DGM): Musik und Identität (DGM-Tagung 2007), Musikalische Sozialisation (AMPF 2/1981, AMPF 19/1998), Musik und Medien (AMPF 9/1998, AMPF 23/2002), Musik und Gender (AMPF 17/1996), Interkulturalität und Musik (AMPF 21/2000, AMPF 28/2007), um nur einige zu nennen. Jugendsoziologie bzw. Jugendkulturforschung wird in der Musikpädagogik explizit in musikpädagogische Überlegungen einbezogen, beispielsweise wenn es darum geht, wie jugendkulturelle Musik im Musikunterricht zu berücksichtigen ist (Wallbaum 2007). Wo „Musikpädagogik vor neuen Forschungsaufgaben" gesehen wird (AMPF 20, 1999), wo es um eine Neukonzeptionierung der „Lehr- und Lernforschung in der Musikpädagogik" (AMPF 27, 2006) geht, wird explizit gewünscht, dass sich die Musikpädagogik stärker an der Erforschung außerschulischer Lernprozesse Jugendlicher orientiert. „Nach wie vor wissen wir wenig über Jugendliche [...] als *Subjekte* – nicht als Objekte – der Aneignung und des Gebrauchs musikalischer Alltagskultur" (Knolle 2006, 7). Es wird sogar von der Chance einer „Vernetzung der musikpädagogischen Forschung mit Ansätzen und Ergebnissen der Jugendsoziologie einerseits und andererseits der Erforschung des Musiklernens [...] in der Lebensspanne" (Knolle 2006, 9) gesprochen. Dabei geht es u.a. um die Frage, wie außerschulisch praktizierte Aneignungsformen musikalischer Kompetenzen in der Musikpädagogik aufgegriffen werden können. Entsprechend finden sich Annäherungen an die Soziologie der Kindheit, wenn sich die Musikpädagogik mit dem Musiklernen im Vor- und Grundschulalter auseinandersetzt (AMPF 26, 2005; Fölling-Albers 2005, 17). Die musikpädagogische Perspektive, außerschulische Aneignungs- und Produktionsformen von Kindern und Jugendlichen zu erforschen, um sie dann zum Ausgangspunkt des Musikunterrichts zu machen, hat eine lange Tradition, von Orff (1950, 1951, 1952, 1953, 1954) über Segler (1990, 1992) bis hin zu Stroh (2007), Imort (2002), Knolle und Münch (1999) und Wallbaum (1998). Allerdings bleibt es oftmals bei derartigen Absichtserklärungen der jeweiligen Herausgeber der AMPF-Bände, wohingegen die Artikel selbst sich kaum mit den angesprochenen Themenstellungen befassen und nur in Einzelfällen (z. B. Knolle/ Münch 1999) auf entsprechende Forschungen und Theorien musikpädagogischer Jugendsoziologie eingegangen wird. Auch erschöpfen sich die Beiträge oft in Begriffsdefinitionen (z. B. „Kultur" in AMPF 21/2000 und AMPF 28/2007), ohne Forschungsfragen zu stellen, Forschungsbefunde zu verarbeiten bzw. sich selbst der musikpädagogischen Jugendforschung zu widmen.

4 Stationen auf dem Weg zu einer musikpädagogischen Jugendsoziologie

4.1 Die Anfänge und ihre musikpädagogischen Folgen

Bereits sehr früh, nämlich seit in den 1960er Jahren die Musikpädagogik begriffen hatte, dass so etwas wie eine Musik der Jugend entstanden war, beschäftigte sich Musikpädagogik mit der Musik der Heranwachsenden, jedoch ohne bereits eine Rezeptionsforschungsperspektive oder eine jugendkultursoziologische Perspektive einzunehmen wie die, dass die Musik der Jugend in Jugendkulturen eingebettet ist, in denen jugendliche Identitäten konstruiert werden. So waren die ersten musikpädagogischen Überlegungen zur Popmusik Beschäftigungen mit der Musik selbst, um Lehrer dazu anzuleiten, die Minderwertigkeit dieser Musik ihren Schülerinnen und Schülern gegenüber nachweisen zu können (z. B. Rauhe 1968, zit. bei von Appen 2007, 23), um ihnen dann höher wertige Musik und angemessenes Hörverhalten nahezubringen (Terhag 1998, 440 ff).

Ausgangspunkte waren musikpädagogische Probleme und Fragestellungen: Wie kann der Musikunterricht Schülerinnen und Schüler angesichts dessen noch erreichen, dass ihre Musik nicht die des Kanons der musikalischen Meisterwerke ist? Wir können nicht darauf warten, dass wissenschaftliche Disziplinen wie die Musikwissenschaft, die Soziologie, die Psychologie, die Erziehungswissenschaft, sich in die „Niederungen der Rock- und Popmusik" begeben – steigen wir selbst hinab. Die Entwicklung der musikpädagogischen Auseinandersetzung mit Rock- und Popmusik hatte es aufgrund ihrer fachlichen Traditionen enorm schwer, sich von ihren ästhetischen und bildungsbürgerlichen Vorstellungen zu lösen (von Appen 2007, 23 ff). So wurden den Jugendlichen Rezeptionsbarrieren attestiert, z. B. Vorurteile und Intoleranz gegenüber E-Musik, Festgelegtsein auf U-Musik und Beschränkung auf die der U-Musik – angeblich – adäquaten Rezeptionsweisen Stimulation,

Entgrenzung, Rausch, Eskapismus, Regression, Identifikationsbereitschaft, Hör-Einseitigkeit (Wiechell 1977, 177 f). Die Geringschätzung der von Jugendlichen präferierten Musik durch die Rezeptionsbarrierenforschung fließt zum einen in die Beschreibungen jugendlichen Hörverhaltens ein, zum anderen dient sie der Erklärung jugendlicher Rezeptionsweisen, die der Objektgestalt der Popmusik vermeintlich korrespondierten (Wiechell 1977, 83, 170 f).[1] Dass die Umgehensweise dem jeweiligen kulturellen Objekt inhärent sei, dass die strukturellen Eigenschaften musikalischer Werke die Hörerreaktionen determinieren, ist zentrale Aussage der Musiksoziologie Adornos (Adorno 1962, 16), die der Rezeptionsbarrierenforschung zu Grunde liegt.[2] Gravierende musikpädagogische Konsequenzen der hier skizzierten Perspektive auf jugendliches Musikverhalten bestehen u. a. in der Ignorierung, Nicht-Akzeptierung, Diffamierung jugendlicher musikkultureller Orientierungen. Insbesondere aber fehlt dieser Perspektive die Sensibilität dafür, dass das im Musikunterricht erwartete Schülerverhalten, beispielsweise Wohlverhalten gegenüber klassischer Musik, kulturelle Identitäten Jugendlicher und ihre Gruppenzugehörigkeiten gefährden kann (Müller 1998). Die musikpädagogischen Folgen spiegeln sich von den 1970er Jahren bis heute in der Unzufriedenheit von Kindern und Jugendlichen mit einem Schulmusikunterricht wider, in dem sie weder ihre Musik noch ihre Umgehensweisen mit Musik angemessen berücksichtigt sehen (Eckhardt/ Lück 1976; Harnitz 2002).

Bevor auf diesen Aspekt der musikpädagogischen Konsequenzen näher eingegangen wird, sei kurz erwähnt, dass zur selben Zeit Dieter Baacke (1968) als Pädagoge – aus einer eher jugendsoziologischen, jedoch nicht empirischen Perspektive – die ästhetischen Vorbehalte der Musikpädagogik und Musikwissenschaft gegenüber der Rock- und Popmusik nicht teilte, sondern sowohl den Kunstcharakter des Beat wie auch die Bedeutung für jugendliche Identität, für die ästhetische und ethische Erziehung Jugendlicher herausarbeitete und sich explizit gegen die Perspektive Adornos abgrenzte.

Dass Kinder und Jugendliche mit einem Schulmusikunterricht, in dem sie, ihre Musik und ihr musikalisches Verhalten gar nicht vorkommen, unzufrieden sind, wird durch den folgenden Befund einer kleinen Untersuchung aus

---

[1] Zur methodologischen Kritik der Rezeptionsbarrierenforschung vgl. Müller 1990, 21 ff.

[2] Zur Auseinandersetzung mit der musiksoziologischen Position Adornos und ihren musikpädagogischen Konsequenzen vgl. Müller 1990, 2004.

dem Jahr 2007 verdeutlicht. An der Fragebogenerhebung nahmen N=119 Schüler unterschiedlicher Schularten und Klassenstufen ab Klasse 5 teil[3]: Je stärker populärmusikalisch ausgeprägt der Musikgeschmack dieser Jugendlichen ist, desto eher erscheint ihnen ihr musikalisches Wissen und Können für den Musikunterricht wertlos, desto schwerer fällt es ihnen, im Musikunterricht mitzukommen, desto weniger haben sie den Eindruck, dass sie im Musikunterricht etwas Wichtiges lernen und desto weniger Spaß macht ihnen der Musikunterricht (vgl. Tab. 1).

Ausrichtung des Musikgeschmacks (Faktoren)	Musikrichtungen (Items in der Faktorenanalyse)	Mein persönliches musikalisches Wissen und Können ist für den Musikunterricht wertlos.	Mir fällt es leicht, im Musikunterricht gut mitzukommen.	Ich habe das Gefühl, im Musikunterricht etwas Wichtiges zu lernen.	Der Musikunterricht macht mir Spaß.
	jeweils 5-stufige Zustimmungsskala	5-stufige Zustimmungsskala	5-stufige Zustimmungsskala	5-stufige Zustimmungsskala	5-stufige Zustimmungsskala
Populärmusikalischer Mainstream	Pop/Rock (Radio), Techno/ House, HipHop/ Soul	0,19*	-0,253**	-0,28**	-0,19*
Alternative/ Indie	Alternative/ Indie	-0,20*	-	-	-
Classics	Klassik, Jazz, Oldies	-0,23*	0,31**	0,42***	0,36***

Tab. 1: Musikgeschmack und Musikunterricht (N=119); Korrelationen (Spearman-Rho)

Auch wenn die Korrelationen nur schwach ausgeprägt sind, bietet dieser Befund einen Anhaltspunkt dafür, dass es dem Musikunterricht nicht gelingt, gerade Jugendliche, deren musikalische Identitäten populärkulturell orientiert sind und die über entsprechende Wissensbestände und Kompetenzen verfügen, zu integrieren. Dass Schülerinnen und Schüler eine Ausgrenzung und Miss-

---

[3] Durchgeführt wurde die Studie „Musikgeschmack und Musikunterricht" im Rahmen des Seminars „Musikpädagogische Praxisforschung" im Wintersemester 2006/2007 an der Hochschule für Musik und Darstellende Kunst Stuttgart durch die Seminarteilnehmer/innen: Michael Eggensberger, Jana Haege, Gabriel Keeser, Evelyn Pfister, Matthias Rudolph, Adina Schattel und Isabella Turni.

achtung ihrer kulturellen Identitäten von Seiten der Schule auch als solche wahrnehmen, zeigt eine Studie von Harnitz (2002): Die Unzufriedenheit mit dem Musikunterricht ist hoch, und im Unterrichtsgeschehen treten vermehrt Konflikte auf, wenn Schülerinnen und Schüler keine Möglichkeit sehen, ihre musikalische Identität (z. B. als HipHopper) und ihre ästhetischen Orientierungen zu präsentieren und einzubringen.

4.2 Die 1980er Jahre: Didaktik der Rock- und Popmusik

Demgegenüber wurde bereits Anfang der 1980er Jahre der jugendsoziologische Diskussionsstand in Deutschland für die Musikpädagogik aufgearbeitet und in Beziehung gesetzt zu den Jugend- und Subkulturstudien der Cultural Studies (Schütz 1982). Dabei wurde erstmals eine Didaktik der Rock- und Popmusik aus den verschiedenen Bedeutungen entwickelt, die diese Musik für Jugendliche hat. Institutionell war diese Didaktik angesiedelt im 1980 von Lugert und Schütz gegründeten „Institut für Didaktik Populärer Musik" in Lüneburg. Dies ging einher mit der Gründung der Zeitschrift „Populäre Musik im Unterricht", in der Lehrerinnen und Lehrer ihre Unterrichtsversuche anderen Lehrern vermittelten. Nach Terhag (1998, 453 ff) kann erst in den 1990er Jahren davon gesprochen werden, dass die musikpädagogische Berücksichtigung populärer Musik in den Hochschulen bzw. in der etablierten Musikpädagogik angekommen ist. Die in Kap. 4.1 vorgestellten Befunde deuten jedoch darauf hin, dass Terhags Einschätzung womöglich zu optimistisch ist bzw. nicht für sämtliche Formen jugendlicher Musik und musikalischer Identität gleichermaßen Geltung hat.

4.3 Die „Ludwigsburger Jugendsoziologie"

Die Ludwigsburger Jugendsoziologie ist zum einen in der Sozialisations- bzw. Identitätstheorie, zum anderen in der Kultur- bzw. Musiksoziologie angesiedelt – in der Erforschung des sozialen Gebrauchs von Musik bzw. Kultur durch Jugendliche. Sie beschäftigt sich mit der theoretischen Konzeptionierung und der empirischen Erforschung jugendlicher Aneignungs- und Umgehensweisen mit Musik und Medien bzw. mit Ästhetik.

Die musiksoziologische Perspektive des sozialen Gebrauchs von Musik geht davon aus, dass die Umgehensweisen mit Ästhetik nicht in deren Gestalt liegen sondern in den sozialen Bedeutungen, die ästhetischen Objekten in soziokulturellen Kontexten bzw. in Kulturen zugeschrieben werden. Musik- und Medienästhetik werden als Mittel der soziokulturellen Verortung, der Identitätskonstruktion bzw. der sozialen und symbolischen Inklusion und Exklusion verstanden. Distinktionsgewinne bzw. Zugehörigkeit und Abgrenzung gegenüber denen, die nicht dazu gehören, gibt es aber nicht umsonst: Gerade diejenigen, denen Musik und Medien wichtig sind, die hier eindeutig soziokulturelle Stellung beziehen wollen, die Musik und Kultur als zentralen Ankerpunkt ihrer Identität betrachten und entsprechende Zugehörigkeiten zu musikalischen und medienbezogenen Kulturen anstreben, investieren viel Zeit und Mühe in die notwendigen Aneignungsprozesse: weil sich die Symbolwelten nicht von allein erschließen, weil Anerkennung und Prestige innerhalb dieser Kulturen auch vom Engagement des Einzelnen für die Szene abhängen und eben nicht (mehr) nur davon, dass man weiß, welche Bands oder welche Games in dem jeweiligen Kontext als „hip" gelten oder welche Hosen bzw. T-Shirts „angesagt" sind.

Die hier skizzierte Jugendsoziologie untersucht die sozialen Gebrauchsweisen von Musik wie soziokulturelle Verortung, Identitätsarbeit und Distinktion mit Musik, Aneignungsweisen musikbezogener Codes, Kompetenzen, Wissensbestände und Objekte sowie ästhetische Urteilsprozesse. Dies geschieht in thematischen Schnittfeldern mit der Musikpädagogik wie Musik und Identität, musikalische Sozialisation, Fantum, musikalische Jugendkulturen, Musik und Medien, Musik und Lebensspanne. Nicht nur aufgrund ihrer Forschungsthemen sondern auch aufgrund ihrer theoretischen Orientierungen, die ebenso zum Inventar der Pädagogik wie der Soziologie gehören, steht die Ludwigsburger Jugendsoziologie der Musikpädagogik nahe. Darüber hinaus teilt sie ihre Forschungsinstrumentarien mit der Sozial- wie mit der Musikforschung. Zu nennen sind als theoretisches und methodisches Instrumentarium

- die identitätstheoretische Perspektive, die an das Identitätskonzept des Symbolischen Interaktionismus anknüpft (Krappmann) und neuere (postmoderne) Identitätskonzepte (Keupp) einbezieht,
- die Sozialisationsperspektive, indem der Selbstsozialisationsansatz das „produktiv realitätsverarbeitende Subjekt" (Hurrelmann) ins Zentrum stellt und Sozialisation als das Mitglied werden in sozialen Kontexten begreift (Hurrelmann/ Ulich) sowie als einen Prozess, der in Peer-Kontexten kooperativ und/oder autodidaktisch stattfindet (Zinnecker),
- die kultursoziologischen Perspektiven, die sich aus der Individualisierungsthese (Schulze, Beck/ Beck-Gernsheim) und aus der These der Reproduktion sozialer Ungleichheit durch Kulturgebrauch (Bourdieu) ergeben,

- die Übernahme und Weiterentwicklung der präsentativen Forschungsinstrumentarien der Sozial- und der Musikforschung, d.h. der musikpsychologischen, musikpädagogischen, musikethnologischen und musikhistorischen Forschung, die sich mit dem Umgehen mit Musik beschäftigt: Audiovisuelle Fragebögen.

4.4 Jugendszenen als unsichtbare Bildungsprogramme

Jugendliche sozialisieren sich nicht nur zu Experten ihrer Musik oder ihrer Szene, sondern erwerben dort auch Kompetenzen, die nicht nur innerhalb, sondern auch außerhalb der Szene relevant sind, die zum Teil sogar den Berufseinstieg begünstigen und so der Selbstprofessionalisierung dienen. Für die einzelnen Jugendszenen lassen sich spezifische „unsichtbare Bildungsprogramme" rekonstruieren (Hitzler/Pfadenhauer 2005), die szeneintern relevante Kompetenzen wie Umgangsformen und Rituale der Jugendkultur, allgemein alltagspraktisch relevante Kompetenzen wie Konfliktvermeidung oder Netzwerkbildung und berufspraktisch relevante Kompetenzen wie Konzert- und Event-Organisation umfassen können. „Unsichtbar" sind diese Bildungsprogramme deshalb, weil sie sich Außenstehenden (z.B. Eltern, Pädagogen oder Bildungspolitikern) in der Regel kaum erschließen und oft auch von den Szenemitgliedern selbst kaum bewusst als „Bildungsprogramm" wahrgenommen werden. Im Vordergrund für die Mitglieder steht der Spaß an der (kompetenten) Teilhabe und Teilnahme am Szeneleben und -geschehen sowie an der sozialen Anerkennung, die sie für ihre „Szenebildung" innerhalb der Szene gewinnen – z. T. auch darüber hinaus. Jugendszenen werden damit als alternative Bildungsorte verstanden, die pädagogisch interessant und relevant sind, gleichzeitig aber auch in Konkurrenz zu den gesellschaftlichen Bildungsinstitutionen stehen können.

5 Musikpädagogische Konsequenzen neuerer *musikpädagogischer Jugendsoziologie*

Brauchen Jugendliche überhaupt noch (Musik-)Pädagogik, wenn sie sich ohnehin selbst sozialisieren? Werden nicht die (musik-)pädagogischen Aufgaben unterschätzt, wenn Sozialisations- und Lernprozesse sowie kulturelle Aneignungsprozesse Jugendlicher, die sich oft abseits der Bildungsinstitutionen vollziehen und als „unsichtbare Bildungsprogramme" aufgefasst werden, für so bedeutsam gehalten werden wie in diesem Beitrag? Dass die Einführung einer Disziplin namens „musikpädagogische Jugendsoziologie" nicht die Abschaffung der Pädagogik im Sinn hat, liegt auf der Hand. Was sind also die musikpädagogischen Konsequenzen der neueren musikpädagogischen Jugendsoziologie?

1. Es ergeben sich neue Definitionsmöglichkeiten des *pädagogischen Bezugs*: Eine Pädagogik, die die Jugendlichen als Experten ihrer Kulturen behandelt, stärkt die kulturellen Identitäten ihrer Klientel.
2. (Musik-)Pädagogik kann den Jugendlichen diejenigen Aspekte ihrer (musikalischen) Umwelt erhellen, die ihnen unvertraut sind. Dies gilt z.B. für die hinter aktuellen Jugendkulturen stehenden kulturellen Wurzeln und Traditionen, für die wiederum (Musik-)Lehrerinnen und Lehrer die Experten sein können.
3. Pädagogische Unterstützung und Aktivierung von Aneignungspotenzialen sind auch da gefordert, wo Chancen bzw. Ressourcen zur Selbstsozialisation eher nicht gegeben sind. Ein sozialpädagogisches Ressourcenangebot in diesem Sinne stellen beispielsweise Rockmobile bereit.
4. Für die Entwicklung musikalischer bzw. kultureller Toleranz reicht es nicht aus, wenn sich Jugendliche in ihren je eigenen Jugendkulturen auskennen. Auf Einblicke in die Vielfalt (musik-) kultureller Erscheinungen können sich Jugendliche leichter einlassen, wenn ihre Kulturen in den Bildungsinstitutionen akzeptiert sind.
5. Wenn Musikpädagogik Zugänge zur Musik schaffen will, sollte sie die sozialen Bedingungen kennen, die Zugänge öffnen oder verschließen – handelt es sich nun um Rezeptionsbarrieren gegenüber Musiken oder um Vorbehalte gegenüber musikalischen Umgehensweisen. Neue musikalische Erfahrungen werden verhindert, wenn sie in den relevanten soziokulturellen Kontexten der Schülerinnen und Schüler (Familie, Peers, Subkultur, Schulklasse, Schule) sozial unerwünscht sind, wenn sie den Zugehörigkeitswünschen und Identitätsentwürfen der Schülerinnen und Schüler zuwiderlaufen. Je nach musikalischer Sozialisation variieren dabei die angestrebten musikalischen Erfahrungen zwischen den Polen *vertraut* und *fremd*. Je nach der Bedeutung, die der Musik bei der Identitätskonstruktion zugeschrieben wird, variiert das Risiko, Identität durch das Sich-Einlassen auf unvertraute Musik zu gefährden.
6. Ohne, dass die Pädagogen ihre eigenen – sozial bedingten – Zugänge und Barrieren reflektieren, lassen sich die genannten Konsequenzen nicht umsetzen.

Zum einen lassen sich die genannten Konsequenzen einer musikpädagogischen Jugendsoziologie in verschiedenen Positionen der Musikpädagogik – seien sie explizit oder nur implizit berücksichtigt – wiederfinden (hier könnte man eine ganze Reihe aufzählen). Zum anderen werden nach wie vor aus der o.a. „Adorno-Perspektive" musikpädagogische Ansätze als unemanzipatorische Gefälligkeitspädagogik kritisiert und der Normativität des Faktischen bezichtigt, die die Musik Jugendlicher und ihre musikalischen Umgehensweisen als fruchtbaren musikpädagogischen Ausgangspunkt ansehen (vgl. beispielsweise Vogt 2003, sowie die Entgegnung von Müller 2003).

6 Aktuelle Herausforderungen der musikpädagogischen Jugendsoziologie

Zukünftige Aufgaben einer musikpädagogischen Jugendsoziologie bestehen darin, „unterbelichtete Bereiche" musikalischer Sozialisationsprozesse aus dem Blickwinkel sozialer Ungleichheit dezidierter in den Blick zu nehmen. Für geschlechtsspezifische (vgl. z. B. AMPF 17/1996), nicht jedoch für schichten- oder ethniespezifische musikalische Aneignungsprozesse und Umgehensweisen gibt es dazu bereits eine Forschungstradition sowie musikpädagogische Umsetzungskonzepte. Zur ethniespezifischen musikalischen Sozialisation folgen zum Abschluss einige Anmerkungen.

In der musikpädagogischen Diskussion um Interkulturalität in der Musikpädagogik (AMPF 28, 2007) taucht mit der Frage nach der Identitätsfindung in transkulturellen Räumen (Schläbitz 2007, 11) ein musikpädagogisches Forschungsdesiderat auf, gewissermaßen eine musikpädagogische Hausaufgabe für die Jugendsoziologie. „In der (musikpädagogischen) Jugendkulturforschung werden jugendliche Migrantenkulturen in der Regel nicht beachtet. Für Migrantenkulturen fühlt sich immer noch allein die Migrationsforschung zuständig. Dass aber auch Jugendliche mit Migrationshintergrund in die Pubertät kommen mit all ihren „Abgrenzungsmechanismen" und „Zugehörigkeitswünschen" und korresponsiven ästhetischen Praxen wie alle anderen Jugendlichen auch, wird nicht beachtet. Hier ist dann eher die Rede von Radikalisierungen, von Integrationsunwilligkeit [...]." (Barth 2007, 43) Die genannte Thematik gehört nicht nur angesichts der aktuellen Integrationsdebatte auf die Agenda aktueller *musikpädagogischer Jugendsoziologie*: So existiert mindestens eine sehr interessante (kulturanthropologische) Arbeit, die empirisch (qualitativ) zeigen möchte, dass das Bewahren von musikalischen Aspekten ihrer Herkunftskultur durch türkische Jugendliche ihrer soziokulturellen Verortung im

Migrationskontext, in ihrer ethnic community, ebenso zuträglich ist wie ihrer Integration in der Aufnahmegesellschaft (Wurm 2006). Bedauerlicherweise setzt sich die Autorin nicht mit anderen „Beobachtungen zur kulturellen Artikulation türkischer Jugendlicher in Deutschland" (so der Untertitel) auseinander, etwa mit den Arbeiten verschiedener Disziplinen von der Soziolinguistik (Androutsopoulos 2003) über die Jugendsoziologie (Eckert, Reis, Wetzstein 2000) und die Kultursoziologie (Klein/ Friedrich 2003) bis hin zur Pädagogik (Nohl 2003), die sich mit HipHop in Deutschland als künstlerische Praxis der Bearbeitung jugendlicher Problemlagen, insbesondere bei Jugendlichen mit Migrationshintergrund, beschäftigen. Einschlägige Forschungen der hier dargelegten *musikpädagogischen Jugendsoziologie* zum Umgehen Jugendlicher mit populärer Musik werden ebenfalls kaum (beispielsweise Flenders/ Rauhe aus den oben skizzierten Anfängen in den 1970er Jahren) herangezogen. Vielmehr beklagt Wurm explizit, dass es keine Forschungen zum Umgehen Jugendlicher mit populärer Musik gäbe, da die Musikwissenschaft populäre Musik als U-Musik für nicht-wissenschaftswürdig halte (69). Auch die interkulturelle Musikpädagogik wird nicht konsultiert. Insofern nimmt Wurm „Interdisziplinarität als Herausforderung" ihres Themas nicht an, das im Rahmen einer *musikpädagogischen Jugendsoziologie* der weiteren Forschung harrt: Eine solche Forschung würde beispielsweise nach der Rolle der Musik in der Konstruktion hybrider Identitäten von Jugendlichen mit und ohne Migrationshintergrund fragen sowie danach, welche Rolle die musikalische Identität Zugewanderter wie Einheimischer in Integrationsprozessen spielt. Zugleich stellt sich damit die Frage nach der Rolle der Musikpädagogik in einer Einwanderungsgesellschaft. Ebenso wie Integration nur als wechselseitiger Prozess funktionieren kann, kommt Interdisziplinarität ohne Dialog nicht aus.

Literatur

Adorno, Theodor W. (1962): Einleitung in die Musiksoziologie. Zwölf theoretische Vorlesungen. 7. Aufl. 1989, Frankfurt am Main: Suhrkamp.

Androutsopoulos, Jannis (Hg.) (2003): HipHop: Globale Kultur – lokale Praktiken, Bielefeld: transcript.

Baacke, Dieter (1968): Beat – die sprachlose Opposition. München: Juventa.

Barth, Dorothee (2007): Nicht Ethnie, nicht Bildung, sondern Bedeutungszuweisung. Plädoyer für einen bedeutungsorientierten Kulturbegriff. In: Schläbitz, Norbert (Hg.): Musikpädagogische Forschung, Bd. 28. Essen: Die Blaue Eule, 31-51.

Behne, Klaus-Ernst (1997): The development of „Musikerleben" in adolescence – How and why young people listen to music. In: Deliège, Irène/ Sloboda, John (Hg.): Perception and Cognition of Music, Hove: Psychology Press, 143-159.

Böhnisch, Lothar (2003): Pädagogische Soziologie. Eine Einführung. 2. überarbeitete und erweiterte Aufl., Weinheim und München: Juventa.

Eckert, Roland/ Reis, Christa/ Wetzstein, Thomas A. (2000): „Ich will halt anders sein wie die anderen!" Abgrenzung, Gewalt und Kreativität bei Gruppen Jugendlicher. Opladen: Leske+ Budrich.

Eckhardt, Josef/ Lück, Helmut E. (1976): Jugend und Musik. Drei musiksoziologische Untersuchungen in Nordrhein-Westfalen. Duisburg: Sozialwissenschaftliche Kooperative.

Feyerabend, Paul (1976): Wider den Methodenzwang. Skizze einer anarchistischen Erkenntnistheorie. Frankfurt am Main: Suhrkamp.

Feyerabend, Paul (1981): Erkenntnis für freie Menschen. Veränderte Ausgabe. 2. Aufl., Frankfurt am Main: Suhrkamp.

Fölling-Albers, Maria (2005): Nicht nur Kinder sind verschieden. Kindheiten unter generationaler und (grundschul-)pädagogischer Perspektive. In: Vogt, Jürgen (Hg.): Musikpädagogische Forschung, Bd. 26. Essen: Die Blaue Eule, 17-36.

Harnitz, Matthias (2002): Musikalische Identität Jugendlicher und Konflikte im Musikunterricht. Eine empirische Studie in der Sekundarstufe I. In: Müller, Renate/ Glogner, Patrick/ Rhein, Stefanie/ Heim, Jens (Hg.): Wozu Jugendliche Musik und Medien gebrauchen. Jugendliche Identität und musikalische und mediale Geschmacksbildung. Weinheim und München: Juventa, 181-194.

Hitzler, Ronald/ Pfadenhauer, Michaela (2005): Unsichtbare Bildungsprogramme? Zur Entwicklung und Aneignung praxisrelevanter Kompetenzen in Jugendszenen. Expertise zum 8. Kinder- und Jugendbericht der Landesregierung NRW.

Imort, Peter (2002): „Der Song sprach in Rätseln, so wie unser bisheriges Leben verlaufen war." Zur medialen Konstruktion musikalischer Lebenswelten in eigenproduzierten Musikvideos Jugendlicher. In: Müller, Renate/ Glogner, Patrick/ Rhein, Stefanie/ Heim, Jens (Hg.): Wozu Jugendliche Musik und Medien gebrauchen. Jugendliche Identität und musikalische und mediale Geschmacksbildung. Weinheim und München: Juventa, 232-241.

Klein, Gabriele/ Friedrich, Malte (2003): Is this real? Die Kultur des HipHop. Frankfurt am Main: Suhrkamp.

Kleinen, Günter (Hg.) (2003): Begabung und Kreativität in der populären Musik. Münster: Lit.

Knolle, Niels (2006): Vorwort. In: ders. (Hg.): Musikpädagogische Forschung, Bd. 27. Essen: Die Blaue Eule, 9-12.

Knolle, Niels/ Münch, Thomas (1999): „Dann trigger ich den einfach an ..." Erscheinungsformen musikalischer Selbstsozialisation am Beispiel jugendlichen Erwerbs von Kompetenz mit Neuen Musiktechnologien. Überlegungen zu einem Forschungsdesign. In: Knolle, Niels (Hg.): Musikpädagogische Forschung, Bd. 20. Essen: Die Blaue Eule, 196-213.

Kraemer, Rudolf-Dieter/ Schmidt-Brunner, Wolfgang (Hg.) (1983): Musikpsychologische Forschung und Unterricht. Eine kommentierte Bibliographie zu den Forschungsbereichen musikpädagogischer Psychologie. Mainz: Schott.

Krais, Beate (2008): Perspektiven und Fragestellungen der Soziologie der Bildung und Erziehung. Steckbrief der Sektion Bildungssoziologie der DGS. http://bildungssoziologie.de/ (zuletzt aktualisiert am 12.08.2008.)

Lugert, Wulf-Dieter (1975): Grundriss einer neuen Musikdidaktik. Stuttgart: Metzler.

Müller, Renate (1990): Soziale Bedingungen der Umgehensweisen Jugendlicher mit Musik. Theoretische und empirisch-statistische Untersuchung zur Musikpädagogik. Essen: Die Blaue Eule.

Müller, Renate (1995): Selbstsozialisation. Eine Theorie lebenslangen musikalischen Lernens. In: Jahrbuch Musikpsychologie, 11, 63-75.

Müller, Renate (1998): Erfolgstyp Musiklehrer. Dimensionen der Interaktionskompetenz. In: Musikunterricht in der Hauptschule, Handreichung für Musiklehrer. Hg. Staatsinstitut für Schulpädagogik und Bildungsforschung, Abt. Grund- und Hauptschule. München, 9-16.

Müller, Renate (2003): Soziokulturelle Musikpädagogik – unreflektiert? Eine Entgegnung auf Vogts Frage „Empirische Forschung in der Musikpädagogik ohne Positivismusstreit?" In: Zeitschrift für Kritische Musikpädagogik. http://home.arcor.de/zf/zfkm/mueller1.pdf

Müller, Renate (2004): Zur Bedeutung von Musik für Jugendliche. In: merz 48:2, 2004, 9-15.

Münch, Thomas (2002): Musik, Medien und Entwicklung im Jugendalter. In: Müller, Renate/ Glogner, Patrick/ Rhein, Stefanie/ Heim, Jens (Hg.): Wozu Jugendliche Musik und Medien gebrauchen. Jugendliche Identität und musikalische und mediale Geschmacksbildung. Weinheim und München: Juventa, 70-83.

Nohl, Arnd-Michael (2003): Interkulturelle Bildungsprozesse im Breakdance. In: Androutsopoulos, Jannis (Hg.): HipHop: Globale Kultur – lokale Praktiken, Bielefeld: transcript, 297-320.

Orff, Carl/ Keetmann, Gunild (1950-1954): Musik für Kinder. (Orff Schulwerk). Bände 1–5. Mainz: Schott.

Rauhe, Hermann (1968): „Zum Wertproblem der Musik. Versuch einer Ästhetik der Trivialität als Grundlage für eine Didaktik der Popularmusik. In: Didaktik der Musik 1967. Vorträge und Referate der 14. Arbeitstagung des Arbeitskreises für Schulmusik und Allgemeine Musikpädagogik. Hamburg: Verlag der Gesellschaft der Freunde des Vaterländischen Schul- und Erziehungswesens Hamburg, 24-44.

Rhein, Stefanie (2000): Teenie-Fans: Stiefkinder der Populärmusikforschung. Eine Befragung Jugendlicher am MultiMediaComputer über ihre Nutzung fankultureller Angebote. In: Heinrichs, Werner/ Klein, Armin (Hg.). Deutsches Jahrbuch für Kulturmanagement 1999. Baden-Baden: Nomos, 165-194.

Rhein/ Stefanie/ Müller, Renate (2006): Musikalische Selbstsozialisation Jugendlicher: Theoretische Perspektiven und Forschungsergebnisse. In: Diskurs Kindheits- und Jugendforschung 1:6, S. 551-568.

Schläbitz, Norbert (2007): Vorwort – Interkulturelle Begegnungen oder: Vom konstruktiven Befremden. In: ders. (Hg.): Musikpädagogische Forschung, Bd. 28. Essen: Die Blaue Eule, 7-12.

Schütz, Volker (1982): Rockmusik – eine Herausforderung für Schüler und Lehrer. Oldenburg: Isensee.

Segler, Helmut (1990/1992): Tänze der Kinder in Europa. Untersuchung und Dokumentation in zwei Bänden. Mit einer Analyse des sozialen Kontextes von Günther Batel. Celle: Moeck.

Stroh, Wolfgang Martin (2007): „Aus Fehlern wird man klug" Zum Verhältnis von alltäglichem und schulischem Musiklernen. In: Knolle, Niels (Hg.): Musikpädagogische Forschung, Bd. 27. Essen: Die Blaue Eule, 223-237.

Terhag, Jürgen (1998): Die Vernunftehe. Vierzig Jahre Populäre Musik und Pädagogik. In: Baacke, Dieter (Hg.): Handbuch Jugend und Musik. Opladen: Leske + Budrich, 439-456.

Vogt, Jürgen (2003): Empirische Forschung in der Musikpädagogik ohne Positivismusstreit? Zum 100. Geburtstag Theodor W. Adornos. In: Zeitschrift für Kritische Musikpädagogik.

http://home.arcor.de/zf/zfkm/vogt5.pdf

von Appen, Ralf (2007): Der Wert der Musik. Zur Ästhetik des Populären. Bielefeld: transkript.

Wallbaum, Christopher (1998): Mit fremden Ohren hören oder: Den Geschmack mit dem Hemd wechseln? - Ein Projekt. In: Musik & Bildung 30:4, 10-15.

Wallbaum, Christopher (2007): Jugend-Kultur und ästhetische Praxis im Musikunterricht. In: Zeitschrift für Kritische Musikpädagogik. http://home.arcor.de/zfkm/07-wallbaum1.pdf

Wiechell, Dörte (1977): Musikalisches Verhalten Jugendlicher. Frankfurt am Main: Diesterweg.

Wurm, Maria (2006): Musik in der Migration. Beobachtungen zur kulturellen Artikulation türkischer Jugendlicher in Deutschland. Bielefeld: transkript.

LARS OBERHAUS

„… an den Fransen erkennt man das Gewebe"

Potenziale künstlerischer Transformationsprozesse im fächerübergreifenden (Musik-)Unterricht

„Alles Schaffen ist Umschaffen" (Nietzsche 1991 [1882], 136).

1 Einleitung

Der Begriff Transformation findet sich sowohl im geisteswissenschaftlichen (Transformationsgesellschaft) als auch im naturwissenschaftlichen Kontext (Metamorphose) und bezeichnet verschiedene Prozesse der Umwandlung. Aus ästhetischer Sicht werden hierbei Ähnlichkeiten der Künste sowie die damit verbundene Methode angesprochen, ein Werk von einer Kunstform in eine andere zu übertragen. Diese bietet sich besonders im Zuge der Tendenz zur Auflösung von Gattungsgrenzen in der Kunst des 20./21. Jahrhunderts an und besitzt auch aus musikpädagogischer Sicht didaktisches Potenzial, insofern als aus fächerübergreifender Sicht verschiedene Künste miteinander in Bezug treten (Visualisierung, Verklanglichung oder Verkörperung).[1]

Die mit der Transformation verbundene Bezugnahme auf Ähnlichkeiten der Künste gewinnt derzeit zudem aus bildungspolitischer Sicht an Brisanz, denn das angeblich hohe interdisziplinäre Potenzial künstlerischer Fächer verleitet zu deren Vereinheitlichung. In Baden-Württemberg hat sich im neuen Bildungsplan ein solcher Zusammenschluss in Form von Fächerverbünden (‚Musik, Sport, Gestalten' (Hauptschule), ‚Mensch, Natur und Kultur' (Grundschule)) bereits vollzogen.[2] Ohne voreilige Kritik bieten sie gerade im Hinblick auf die Annäherung der Künste im 20./21. Jahrhundert eine große Herausforderung und verlangen besondere Qualifikationen der Lehrenden und

---

[1] Vgl. z.B. Brandstätter 2004; 2008
[2] Vgl. Bildungsplan Baden-Württemberg 2004

Lernenden im Hinblick auf die Organisation des Unterrichts. Konträr zu solchen Ansprüchen ist jedoch zu befürchten, dass Fächerverbünde aus bildungspolitischer Perspektive eher zur Fachkräfte einsparenden Summierung von Randfächern und zur Kürzung von Stunden im Fachunterricht dienen.

Durch die damit verbundene fehlende Transparenz von Einzelfächern besitzt v.a. der Musikunterricht in den Kompetenzforderungen des Bildungsplans nur eine untergeordnete Rolle. Er wird „dem Belieben der einzelnen Schulen und Lehrkräfte anheim gestellt" (Fuchs 2005, 13), so dass indirekt der Anschein geweckt wird, dass keine qualifiziert ausgebildeten MusiklehrerInnen mit fachspezifischer musikpädagogischer Ausbildung mehr benötigt werden.

Im Rahmen dieser sich abzeichnenden bildungspolitischen Veränderungen erscheint aus fachdidaktischer Sicht die zentrale Aufgabe umso wichtiger, die Grenzen künstlerischer Fächer zu erhalten. Hierbei stellt sich die Frage, inwieweit sich die Methode der Transformation als eine spezifische fächerübergreifende Verfahrensweise anbietet, die Besonderheiten der Fächer und Künste trotz der Tendenz zu deren Vereinheitlichung zu bewahren.

Diese bildungspolitische Bezugnahme bildet den Ausgangspunkt für die folgenden ästhetischen und musikdidaktischen Überlegungen, die auf drei Argumentationssträngen basieren. In einem ersten Schritt lassen sich anhand der ‚Verfransung der Künste' (Theodor W. Adorno) als eine kritische Zeitdiagnose der Kunst am Ende des 20. Jahrhunderts spezifische Charakteristika der Entgrenzung der Künste gewinnen. Anschließend werden didaktische Überlegungen in Bezug auf Potenziale des Interdisziplinären im fächerübergreifenden Musikunterricht aufgezeigt. In einem dritten Schritt wird die Methode der künstlerischen Transformation vorgestellt und mit Aspekten der Verfransungstheorie in Bezug gesetzt. Diese Vorgehensweise bewegt sich demnach auf einer zu unterscheidenden historisch ästhetischen (Verfransung & Transformation) und fachdidaktisch-methodischen Ebene (Transformationen im fächerübergreifenden Unterricht).

So wird eine Konzeption von Musikunterricht deutlich, die sich weniger an der Vereinheitlichung von Fächern in Verbünden orientiert, sondern die Verfransung der jeweils eigenen Fachgrenzen als Potenzial begreift, um Spielräume (negativer) ästhetischer Erfahrungen im fächerübergreifenden Musikunterricht zu ermöglichen.

Zur Verfransung der Künste

Spätestens Ende der 1960er Jahre haben die Künste eine Schwelle erreicht, auf der sich ihre Grenzen immer mehr auflösen und sich miteinander vermischen. Von diesen Tendenzen zeugt der erweiterte Kunstwerkbegriff, wie z.b. die Konzeptkunst und multimediale Kunstformen. Durch diese Annäherung der Künste ließe sich entweder die langersehnte ‚Einheit der Künste' erhoffen oder das ‚Ende der Kunst' als Auflösung der jeweiligen Gattungen erahnen. Ästhetisch gesehen ist insbesondere der Begriff des Fortschritts und mit ihm ein ganzes Geschichtsmodell in die Krise geraten.

In einer Art skeptischen Zeitdiagnose widmete sich Adorno in seiner späten Ästhetik dem Phänomen der Verfransung der Künste. Durch die Annäherung von Musik, bildender Kunst, Literatur und Architektur „fließen die Grenzen zwischen den Kunstgattungen ineinander oder, genauer: ihre Demarkationslinien verfransen sich" (Adorno 1998a, 432). Schon Walter Benjamin hatte die ästhetischen Potenziale der Verfransung hervorgehoben: „Die Fransen sind wichtig, an den Fransen erkennt man das Gewebe" (Benjamin 1980c, 614). Dieser plastische Begriff suggeriert „neben Assoziationen der Verstrickung, Verzettelung und Überlagerung – ähnlich wie bei einem Pullover – auch die Vorstellungen der Auflösung und des Auftrennens, durch die die ursprüngliche Substanz der Künste verloren gehen könnte" (Sanio 1999, 81).

Durch die Verfransung werden implizit auch Möglichkeiten der Interdisziplinarität angesprochen, die aus der Übertragung bestimmter Methoden und Techniken auf andere Künste erfolgt und weitestgehend von der Verräumlichung der Musik und der Prozessualisierung der Malerei bestimmt ist.[3] Adorno bezieht sich z.b. auf die Ähnlichkeiten von Graphik und Graphischer Notationen (Sylvano Bussotti) sowie serieller Kompositionstechnik und moderner Prosa (Karlheinz Stockhausen und Hans Georg Helms). Dabei werden auch die Klangmontagen von György Ligeti und Edgar Varèse erwähnt.

---

[3] Christine Eichel sieht in der Verfransung Perspektiven einer interdisziplinären Ästhetik. Vgl. Eichel 1994; Adorno nimmt kritisch Stellung zu Rudolf Borchardts *Über den Dichter und das Dichterische* sowie auf Kandinskys *Über das Geistige in der Kunst*. Vgl. Borchardt 1975 [1923]; Kandinsky 2006 [1910]; zudem verweist er auch auf räumliche Malerei, bewegte Plastik sowie architektonische Skulptur. Als Vorbilder der Verfransung gelten die Werke Arnold Schönbergs und Paul Klees.

Diese Bezugnahme ist insofern bemerkenswert, da Adorno seine tendenziell an der Autonomie des (musikalischen) Kunstwerks orientierte Ästhetik interdisziplinär korrigiert bzw. weiterentwickelt. Das noch in der *Philosophie der Neuen Musik* an Strawinsky auf Schärfste kritisierte Montage-Verfahren wird zum „Urphänomen der Verfransung" (Adorno 1998a, 450).

Die wechselseitige Annäherung der Künste dient als Kontrastfolie gegenüber dem Vorrang der Gattungsästhetik, in der Kunst ihre volle Bedeutung nur innerhalb der einzelnen Künste haben kann.[4] Diese einseitige Einteilung scheint jedoch jenen Konventionen zu unterliegen, von denen sie Adorno um ihrer Autonomie willen befreien will. Wo Traditionalisten einen Bruch mit der modernen Kunst diagnostizieren, sieht Adorno deren konsequente Weiterentwicklung.

Die Verfransung der Künste erfolgt zeitgleich zur Befreiung von ihrer Darstellungsfunktion und Annäherung spezifischer Techniken, wie z.B. von Sprache und Klang (Konkrete Poesie) oder Graphik und Notation (Graphische Notation). Das entscheidende Merkmal ist, dass die spezifischen Darstellungsmittel durch diese Überschreitung nicht verschwinden, sondern in dialektischer Sicht neu hervortreten.[5] Die Verfransung führt also nicht zur Abschaffung der Künste, sondern zu deren Emanzipation aus der Gattungsgeschichte und zur Weiterentwicklung des Materials.[6] Die Pointe in Adornos Argumentation lautet, dass (interdisziplinäre) ‚Kunstwerke' ihrem Begriff einzig durch den Konflikt mit der (disziplinären) Gattungsdefinition gerecht werden. Die Überschreitung der Gattungsgrenzen ist also nur dann legitim, wenn sie immanent durch die Auseinandersetzung mit den spezifischen Problemen der eigenen Kunst motiviert ist.

Im Zuge der Verfransung der Künste erscheinen zwei Aspekte aus Adornos Ästhetik in einem neuen Licht.

---

[4] *Die Kunst und die Künste* lässt sich als implizite Auseinandersetzung mit der New Yorker Kunstdebatte der 1960er Jahre verstehen, v.a. in Bezug auf die zeitgleich entstandene Kunstkritik Michael Frieds. Vgl. Fried 1995

[5] Hier liegt auch der zentrale Unterschied zur Konzeption des Gesamtkunstwerks. Vgl. Adorno 1998b, 692

[6] Die Verfransung wird von der ‚Vergeistigung der Kunst' abgegrenzt. Siehe Kandinsky 2006 [1910]

1.) Der schillernde Begriff Mimesis (μίμησις, griech.: „Nachahmung") wird für die Verfransung der Künste in Anspruch genommen.[7] Der Ort an dem sich mimetische Verhaltensweisen erhalten haben und weiterhin gestalten, ist – nach Adorno – zweifelsohne die Kunst. Als Kontrastfolie zur entfremdeten Erkenntnis bietet das ‚mimetische Vermögen' einen alternativen Weg der Erkenntnis. Mimesis ist aber keine Nachahmung (imitatio) der entfremdeten Wirklichkeit oder Widerspiegelung der äußeren Realität, sondern basiert auf der Rätselhaftigkeit von Kunst.[8] Sie ist als spezifische Interpretationsleistung des Subjekts eine Fähigkeit „mehr an den Dingen wahrzunehmen als was sie sind" (Adorno 1998c, 488). Hierauf basiert die Mehrdeutigkeit von Kunstwerken. Die Verfransung verweist auf einen nicht mehr erreichbaren ‚Urzustand' der Kunst, der vor der Trennung in Einzelgattungen lag.

Im Rahmen der Verfransungstheorie erhalten auch das wahrnehmende Subjekt und die damit verbundenen ästhetischen Erfahrungen eine Aufwertung. Die wiederkehrende Metapher des ‚Anschmiegsamen' verdeutlicht die Überschreitung der Spaltung zwischen künstlerischem Objekt und wahrnehmendem Subjekt. Der Vorwurf, Adorno verträte eine dogmatische kunstwerkorientierte Ästhetik muss in diesem Zusammenhang deutlich relativiert werden. Das „unvermindert Aktuelle der Position Adornos besteht nun gerade darin, dass er ästhetische Erfahrung als einen dialektischen Vorgang bestimmt, der durch die Vermitteltheit von Subjekt und Objekt überhaupt erst entsteht" (Vogt 2004, 308).

2.) Adornos wiederkehrende Forderung, Kunstwerke zum Sprechen zu bringen, verdeutlicht, dass Kunstwerke ‚etwas sagen' und es zugleich ‚verbergen'. Im Rahmen ihrer Interpretierbarkeit verweisen sie auf ihre Mehrdeutigkeit. War dieser „Rätselcharakter unter dem Aspekt der Sprache" (Adorno 1998c, 182) für jede Kunst separiert, scheint über die „Konvergenz der Medien" (Adorno 1998b, 634) eine universelle Sprachähnlichkeit der Künste denkbar.[9] So kann Adorno die Autonomie der Künste auch als Vollendung eines

---

[7] Ausführlich zum komplexen Begriff Mimesis vgl. Vogt 2008; Früchtl 1986; Wellmer 1985

[8] „Alle Kunstwerke, und Kunstwerke insgesamt, sind Rätsel" (Adorno 1998c, 182).

[9] Adorno knüpft hier an Benjamins früher von der romantischen Kunsttheorie beeinflussten Sprachtheorie an. Vgl. Benjamin 1980a; 1980b

Sprachcharakters deuten, der auf mehrdeutigen Botschaften basiert und sich von der ideologisierten Sprache der Kommunikation absetzt.

Im Rahmen seiner scharfsinnig abwägenden Diagnose sieht Adorno die Autonomie der Künste gefährdet und neigt im Hinblick auf die Zersplitterung der disziplinären Zuständigkeit und dem damit verbundenen Verlust des Materialbegriffs zu einer tendenziell abwehrenden Haltung: „Die Verfransung der Künste ist ein falscher Untergang der Kunst" (Adorno 1998a, 452). Vierzig Jahre nach der skeptischen Feststellung scheint sich seine Prophezeiung bewahrheitet zu haben. Im Rahmen der Klang- und Konzeptkunst hat sich die Annäherung zwischen Raum und Zeit radikalisiert. Die Demarkationslinien zwischen den einzelnen Künsten sind verschwunden. Künstlerische Entwürfe der multimedialen Möglichkeiten bewegen sich zwischen allen Stühlen. Die immanente Auseinandersetzung und Weiterentwicklung mit den Formbildungskonventionen innerhalb der einzelnen Künste ist der „Immaterialisierung der Künste" (Sanio 1999, 96) gewichen. Allerdings findet sich die Idee einer Überschreitung der Gattungsgrenzen durch Auseinandersetzung mit den Problemen der eigenen Kunst in den Anliegen vieler hybrid intermedial arbeitenden KünstlerInnen wieder, um die Differenzen zwischen den jeweiligen Medien verstärkt voranzutreiben.

Verfransung im Fächerübergreifenden (Musik-)Unterricht

Aus didaktischer Perspektive stellt sich die Frage, ob und wie sich die Verfransung der Künste auf künstlerische Unterrichtsfächer ausgewirkt hat, die – trotz der Berücksichtigung des Wechselverhältnisses von Musik, Kunst und Literatur – von ihrer eigenen Disziplin im Sinne spezifischer Methoden, Materialien und Umgangsweisen geleitet sind.[10] Die thematische und organisatorische Behandlung von ‚Ähnlichkeitskonzeptionen' (z.B. Musik und Kunst) in Fächerverbünden wird der Verfransungstheorie im Sinne der Überschreitung der Gattungsgrenzen nicht gerecht, sofern hierunter einzig eine wechselseitige disziplinäre Beeinflussung oder Ergänzung verstanden wird.

Die Verfransung der Künste verweist aus didaktischer Sicht auf Formen des fächerübergreifenden Unterrichts. Zwar sind Interdisziplinarität und fä-

---

[10] In Dethlefs-Forsbachs systematischer Darstellung fächerübergreifender Themen des Musikunterrichts finden sich wenige Bezüge zur zeitgenössischen Kunst. Vgl. Dethlefs-Forsbach 2005, 247

cherübergreifender Unterricht nicht identisch, lassen sich aber hinsichtlich der Forderung nach der Vernetzung von Wissens- und Erfahrungsgebieten durchaus vergleichen.[11]

Drei Organisationsformen lassen sich im Rahmen der ‚Verbindung der Fächer' voneinander unterscheiden: Im fachübergreifenden Unterricht werden in einem Fach auch Erkenntnisse anderer Fächer eingebracht. Der fächerverbindende Unterricht beinhaltet die Beteiligung mehrerer Fächer, die ein fachspezifisches Thema behandeln. Im fächerübergreifenden Unterricht werden verschiedene Informationen auf ein fachunabhängiges Thema bezogen. Hinsichtlich der damit verbundenen Gleichwertigkeit der Schulfächer lässt sich die Verfransungstheorie im fächerübergreifenden Unterricht im Bereich der künstlerischen Fächer thematisieren.[12]

Der fächerübergreifende Unterricht hebt als ‚mittlere Organisationsform' zwischen durchgehend gefächertem und ungefächertem Unterricht den Fachunterricht nicht auf, sondern setzt ihn vielmehr voraus.[13] Interdisziplinäres Arbeiten versteht sich hierbei als Ergänzung und Vertiefung fachlichen Arbeitens im Sinne der Möglichkeit zum Perspektivenwechsel. Im Hinblick auf die Anknüpfung an das Verfransungsphänomen scheint der fächerübergreifende Unterricht aufgrund des grundlegend integrativen Organisations- und Lernprinzips dazu prädestiniert, die Grenzen einzelner Fachperspektiven gezielt zu überschreiten.

Die Thematisierung der Verfransung der Künste im Bereich fächerübergreifenden künstlerischen Arbeitens erinnert an die ‚Polyästhetische Erzie-

---

[11] Das Verständnis von Disziplinen steht in enger Verbindung zu den septem artes liberales, jenen sieben Freien Künsten, die in der Artistenfakultät der mittelalterlichen Universitäten die Grundvoraussetzung für weiterführende Studien darstellten. Der gefächerte Unterricht basiert auf dieser Unterscheidung, da er auf das Studium der Disziplinen vorbereitet. Erst in der Reformpädagogik entstanden Alternativkonzepte zum gefächerten Unterricht, wie z.B. die Arbeitsschule.

[12] Anfang des 20. Jahrhunderts treten erste Ansätze des künstlerisch-fächerübergreifenden Unterrichts als Element der Schul- und Unterrichtsreform in Erscheinung. Fast immer gehen die Konzepte einher mit den Prinzipien der Schüler- und Handlungsorientierung sowie mit den Arbeitsformen des ganzheitlichen und des selbstbestimmten Lernens. Ausführlich hierzu vgl. Dethlefs-Forsbach 2005, 27-42

[13] Vgl. Dethlefs-Forsbach 2005; 2008

hung'. Die sinnliche Mehrwahrnehmung (poly-aisthesis) verdeutlicht das „Wechselspiel der Klänge, Texte, Bilder, Szenen – als Anregung für gesamtkünstlerisches Planen, Verarbeiten und Aufnehmen" (Roscher 1976, 10). Polyästhetische Erziehung kann „nur interdisziplinär [...] innerhalb mehrerer Schulfächer" (Roscher 1976, 23) durchgeführt werden. Wolfgang Roscher setzt also Arbeitsformen und Themenfelder verschiedener Kunstdisziplinen mit den Aufgabenfeldern künstlerischer Fächer gleich. Unter schwerpunktmäßiger Berücksichtigung der Neuen Musik werden zeitgenössische Kunstformen (Improvisatorisches Musiktheater, Klangskulpturen) aufgegriffen.

Konträr zum Autonomieverständnis der Kunst konzentriert sich die polyästhetische Erziehung auf den (kritischen) Aufgriff des ästhetischen Verhaltens in einer hör-, seh- fühl- und bewegbaren Welt, um die „Einübung in expressives und kritisches Kunstverhalten" (Roscher 1976, 25) zu ermöglichen. Sinnliche Wahrnehmung (aisthesis) wird mit sittlicher Verantwortung (ethos) verknüpft. Die polyästhetischen Erfahrungen an alltäglichen Lernorten sollen in Form interdisziplinärer künstlerischer Arbeit kritisch reflektiert werden, damit Ästhetik und Didaktik „nicht in die Scheinsachlichkeit der voneinander abgeschiedenen Schulfächer" fliehen (Roscher 1976, 9).

Im Anschluss an Roscher hat v.a. Hans-Jürgen Feurich dessen Vorstellung von einer politischen Emanzipation der Künste relativiert, da sie den autonomen Ansprüchen der Avantgardebewegung entgegen läuft. In Anlehnung an Adorno versteht er den „Rückzugscharakter autonomer Kunst" als ein „polemisches Apriori ästhetischer Autonomie" (Feurich 1976, 48) im Sinne einer bewussten Abkehr gegenüber manipulativen Mechanismen der entfremdeten Wirklichkeit. Die materialimmanente Verfransung der Künste korrespondiert also nicht mit der kritischen Revision der Ästhetisierung der Wirklichkeit.

Künstlerische Transformationsprozesse

Im Rahmen interdisziplinärer künstlerischer Arbeit unter Berücksichtigung der Verfransungstheorie bietet sich die Möglichkeit an, ‚Kunstwerke' in ein anderes Medium zu übertragen. Diese Methode lässt sich als Transformation bezeichnen. Sie basiert auf der engen Verbindung ästhetischer Zeichenprozesse (Inhalt, Medium, Form) und verdeutlicht die Ähnlichkeit der Künste. Der Transformationsbegriff findet sich auch in der Musikdidaktik. Heinz Lemmermann versteht hierunter das „Umsetzen eines Höreindrucks in ein anderes Ausdrucksmedium: eben Spiel, Bewegung, Tanz, Bild, Sprache. Hierbei kann es sich sowohl um einen produktiven, wie um einen reproduktiven Vorgang handeln" (Lemmermann 1977, 110), wie z.b. das Malen nach Musik (produktiv) oder das Nachtanzen von Choreographien (reproduktiv). Ohne konkrete fächerübergreifende Bezugnahme stehen die praktische Gestaltungsarbeit und die Entwicklung von Ähnlichkeitsbeziehungen zwischen den künstlerischen Medien im Mittelpunkt des Musikunterrichts. Auch Hermann Josef Kaiser und Eckhard Nolte verdeutlichen, dass „im Transformationsvorgang ein musikalischer Zusammenhang in ein anderes, *selbstwertiges Ausdrucksmedium* überführt wird" (Kaiser/Nolte 1989, 37, kursiv im Original). Im Rahmen der musikpädagogischen Bezugnahmen wird explizit hervorgehoben, dass Transformationen nur in dem Maße denkbar sind, wie die Künste ein spezifisches Medium besitzen (Bild, Musik, Sprache, Körper), in dem sie sich ausdrücken können. Im strengen Sinne sind Übertragungen im selben Medium (ein Musikstück wird stilistisch verfremdet) sowie unter Beibehaltung des Mediums (Vertonung eines Textes oder eines Films) keine Transformationen, da keine Übertragung in ein anderes Ausdrucksmedium erfolgt. Durch Transformationen werden die Grenzen der Künste nicht aufgehoben, sondern durch Gegenüberstellung und vergleichendes Überlagern einander angenähert.

In letzter Zeit hat sich Ursula Brandstätter intensiv mit einer Ästhetik der Transformation auseinandergesetzt.[14] Sie definiert Kunst als „bewusst gestaltete ästhetische Transformation kognitiver und emotionaler Energie unter Verwendung ästhetischer Medien" (Brandstätter 2008, 70). Neben der oben bereits erwähnten Medienspezifik bezieht sie sich verstärkt auf wahrnehmungspsychologische sowie zeichentheoretische Ansätze und berücksichtigt die Besonderheiten und Ähnlichkeiten zeitgenössischer Kunst. Auch aus didaktischer Perspektive setzt sie sich mit der „Chance eines kunstübergreifenden, intermedialen Kunstunterrichts" (Brandstätter 2004, 13) auseinander und nutzt die Unterschiede und Gemeinsamkeiten künstlerischer Ausdrucksformen als Basis eines interdisziplinären ästhetischen Bildungskonzepts. Transformation ist ein „methodisches Instrument" (Brandstätter 2004, 235), das auf dem „Vergleich als didaktisches Prinzip" beruht (Brandstätter 2004, 239).

Brandstätter unterscheidet innerhalb eines tendenziell dualistischen zeichentheoretischen Bezugssystems verschiedene Wirklichkeitsbezugnahmen

---

[14] Brandstätter widmet sich den medienspezifischen Besonderheiten von Bild, Musik, Sprache und Körper. Sie plant in Zukunft eine Publikation zur Ästhetik der Transformation. Vgl. Brandstätter 2004; 2008 sowie Haase 2006; Busch 2006

der Künste. Unter dem Kriterium der Ähnlichkeit ergibt sich erstens eine Unterscheidung zwischen ‚bildhaften oder aussagenartigen Kodierungen'. Während bildhafte Ähnlichkeiten (z.b. das Bild eines Apfels) auf der grundlegenden Analogie zwischen Zeichen und Bezeichneten beruhen, basieren aussagenartige Kodierungen auf einer konventionalisierten Kopplung von Zeichen und Bezeichneten. Diese Unterscheidung findet sich auch im Bereich des ‚Sagens oder Zeigens'. Basiert das Zeigen auf der Grundlage der repräsentierenden bzw. exemplifizierenden Ähnlichkeit, so fungiert das Sagen als denotativer Verweisungszusammenhang von Zeichen und Bezeichneten. Am deutlichsten wird die Unterscheidung im Bereich ‚buchstäblicher oder metaphorischer Repräsentationen'. Im buchstäblichen Sinn werden Eigenschaften wiedererkannt und zugeordnet (das Bild des Apfels verfügt über dessen Eigenschaften), wogegen in einer metaphorischen Bedeutung die Ähnlichkeit nur angedeutet und „der ursprüngliche Sinnesbereich, aus dem ein Zeichen stammt, verlassen wird" (Brandstätter 2008, 92). Grundsätzlich dient dieses dualistische Deutungssystem dazu, um offene und vieldeutige Ähnlichkeitsbeziehungen gegenüber konventionellen und stereotypen Verweisungszusammenhängen aufzuwerten und der Interpretation von Kunstwerken den entsprechenden interdisziplinären Raum zuschreiben zu können.[15]

Dieser Bruch mit der Aufrechterhaltung eindimensionaler und vertrauter Wahrnehmungs- und Deutungsweisen ist das entscheidende Kriterium künstlerischer Transformationsprozesse und erweist sich für die didaktische Arbeit als fruchtbar. Der im Transformationsprozess ‚vorprogrammierte Verlust' ästhetischer Zeichen ermöglicht gleichsam einen Gewinn an möglichen Interpretationsansätzen im Sinne der Dechiffrierung von Bedeutungs- und Verweisungszusammenhängen. Paradox formuliert schärft das Scheitern einer vollständigen oder adäquaten Transformation das Bewusstsein für die je eigenen Grenzen der Disziplin und dient als Basis für interdisziplinär-fächerübergreifenden (Musik-)Unterricht.

Aus didaktischer Sicht bietet gerade diese Unerfüllbarkeit einer adäquaten und vollständigen Transformation besondere Chancen: Offene Transformationsaufträge, welche die Analyse- und Abstraktionsprozesse nicht festlegen, eröffnen im fächerübergreifenden Unterricht potenzielle Zugänge zur ästhetischen Erfahrung, die in einem bestimmten Sinne als ‚negativ' bezeichnet wer-

---

[15] Ausführlich hierzu vgl. Brandstätter 2004, 95-103 sowie Brandstätter 2008, 82-97; im Bereich der Beziehung zwischen Darstellung und Ausdruck greift Brandstätter auch auf den Mimesisbegriff zurück.

den kann.[16] Da die Transformationen nicht nahtlos aufeinander aufbauen, erscheinen sie im Rahmen ihrer jeweiligen Medienspezifik nicht-identisch, denn es bleibt eine grundlegende Differenz zwischen ‚Original und Bearbeitung' bestehen. Wie bereits Jürgen Vogt in Bezug auf Fremdheitserfahrungen in der interkulturellen Musikpädagogik aufgezeigt hat, ist auch die Methode der Transformation durch eine „spezifische, eben negative Logik ihres Vollzugs gekennzeichnet" (Vogt 2005, 307). Zudem entzieht sich der anschließende Vergleich der Transformationen einer eindeutigen verallgemeinerbaren Klassifikation. Diese scheiternde Bezugnahme führt aber nicht zur Frustration über misslungene Übertragungen, sondern verdeutlicht, dass „die Negation selbst Merkmale einer ‚Position' sichtbar macht" (Ehrenforth 1999, 9). Die damit verbundene „Begründung der Frage, ob Nicht-Verstehen lehrbar sei" (Ott 1999, 18) kann zwar auch in diesem Zusammenhang nicht eindeutig beantwortet werden. Sie erhält aber ein neues Gewicht, wenn Produktionen und Re-Konstruktion von Transformationsprozessen als ‚offene' Interpretationen im Unterricht thematisiert sowie intersubjektive Bedeutungsspielräume initiiert werden. Hierbei erhält auch die Reflexion als verbale Kommunikation über Transformationen eine Leit- und Reflexionsfunktion sowie die Aufgabe, den Austausch zwischen begrifflichen und begriffslosen Denken anzuregen.

‚Alles bleibt anders' – Ein fächerübergreifendes Schulprojekt über ästhetische Transformationsprozesse

Zu den didaktischen Möglichkeiten, ästhetische Transformationsprozesse in der Schule zu thematisieren, bietet sich eine Anknüpfung an das bekannte Kinderspiel ‚Stille Post' an.[17] Es basiert auf der Weitergabe geflüsterter Botschaften, die missverstanden bzw. verfälscht und abschließend in Form einer humorvollen Pointe aufgedeckt werden. Der Reiz des Spiels liegt im produktiven Missverständnis, wobei im Nachvollzug der einzelnen Beiträge durchaus sinnvolle Bezüge erkennbar sein können, die aber nicht unmittelbar in einem logisch-kausalen und interpretierbaren Zusammenhang stehen. Die Methode

---

[16] Ausführlich hierzu vgl. Menke 1991; 2000 sowie Rebentisch 2003; 2006; aus musikdidaktischer Sicht vgl. Ott 1991; Ehrenforth 1999; Ott 1999; Stöger 2005

[17] Die Idee, das Spiel *Stille Post* im Bereich verschiedener künstlerischer Disziplinen umzusetzen, stammt von einem Kollektiv von 11 Künstlerinnen, die in 11 Disziplinen in 22 Wochen 33 Transformationen konzipierten. Vgl. Haase 2006

ist im Grunde simpel und knüpft durch die ‚geheime' und oftmals unvollständige Weitergabe von Botschaften unmittelbar an Transformationsprozesse an.

Hinsichtlich des produktiven Missverstehens werden bewusst traditionelle didaktische Grundprinzipien, wie z.b. verständliche und geschlossene Vermittlung, außer Geltung gesetzt. Originalität ergibt sich gerade in der interdisziplinären Brechung des Gewohnten und im Spiel mit dem Zufall und dem Fragment. ‚Kunst' wird zunächst hinsichtlich ihres semantischen Gehalts dechiffriert und dann im eigenen Medium umgesetzt.

Diese Idee wurde 2007 von vier Schulen, sieben Lehrer und 143 Schüler in Form eines ungewöhnlichen fächer-, jahrgangs- und schulübergreifenden Projekts unter dem Titel ‚Alles bleibt anders' umgesetzt.[18] In den Fächern Musik, Kunst, Darstellendes Spiel und Deutsch wurden in verschiedenen Klassenstufen (5.-12. Klasse; Gymnasien) und Arbeitsgemeinschaften künstlerische Produkte erstellt und nach einem festgelegten Zeitplan an andere Lerngruppen/Schulen weiter gereicht. Diese ‚Werke' wurden dann in ein anderes Medium (Klang, Text, Szene, Bild) transformiert und wieder an eine andere künstlerische Disziplin weiter gegeben. Ähnlich wie bei dem Spiel ‚Stille Post' waren einzig das zu transformierende Produkt und die Bearbeitungszeit bekannt. Im Vorfeld wurden zentrale Regeln vereinbart: Der von den Lehrenden gestaltete Ablauf und die am Projekt beteiligten Klassen sollten geheim bleiben. Nur den Lehrenden waren der Ablauf sowie die Übergabezeitpunkte bekannt. In den Transformationen sollte möglichst das ursprüngliche Medium nicht weiterverwendet werden (z.B. Musik im Darstellenden Spiel). Der Gesamtverlauf wurde in einer Aufführung/Performance präsentiert, in der die Schüler ihre Ergebnisse ausgestellt und vorgestellt haben.

Folgende Ergebnisse der Transformationsprozesse lassen sich festhalten:

- Von der 5. bis zur 12. Klasse sind kaum qualitative Unterschiede zu erkennen. Niveauunterschiede lassen sich hinsichtlich des Abstraktionsgrades festmachen.

- Alle Produkte sind originelle Auseinandersetzungen auf hohem Niveau. Das betrifft die Ernsthaftigkeit/Intensität der Gestaltung von experimenteller Musik sowie die Dokumentation der Ergebnisse (Tonstudio, Schneiden, Videoschnitt) und deren abschließender Präsentation.

---

[18] Der Titel alles bleibt anders spielt auf Ovids Metamorphosen an: „omnia mutantur, nihil interit" (Buch 15, 165).

- Alle Arbeiten sind Teamarbeiten, d.h. sie sind von der ganzen Klasse erarbeitet und präsentiert worden.
- Auffallend viele Transformationen werden adäquat im Sinne der vollständigen Verklanglichung, Verkörperung oder Visualisierung realisiert. Nur vereinzelt werden z.b. Atmosphären oder Werkabschnitte als Basis für Transformationen gewählt. Es gibt auch keinen Spielverderber, der bewusst falsche Informationen ‚weiterflüstert'.
- Zwischen den einzelnen Arbeiten ergeben sich auffällige Gemeinsamkeiten. Es wird auffällig viel mit Verfremdungen und Collagen gearbeitet.

Zwischen Verfransung und Transformation – Eine Annäherung

Eine grundlegende Gemeinsamkeit zwischen Verfransung und Transformation liegt in der Aufrechterhaltung der medialen Funktion der Künste (Bild, Musik, Sprache, Körper). Hierdurch wird deren Autonomie bewahrt. Ist die Verfransung der Künste stark von den materialen Weiterentwicklungen des (musikalischen) Kunstwerks geleitet, so erhält in der Methode der Transformation die wahrnehmungs- und zeichentheoretische Perspektive einen besonderen Stellenwert. Beide verbindet tendenziell eine Vermittlerposition zwischen dem Objekt als zentrale Bezugsquelle und Subjekt als Erfahrungsmedium. Während diese bei Adorno als (Nach-)Vollzug des Kunstwerks gedacht ist, liegt sie im Bereich der Transformation zwischen einer produktionsorientierten und vergleichenden Dimension. Kunst ist „nur möglich als durchs Subjekt hindurch gegangene" (Adorno 1998c, 253).

Transformationen lassen sich nicht adäquat und vollständig in ein anderes Medium übertragen. Die ‚Frage nach dem Fremden' markiert den entscheidenden Scheidepunkt in den Theorien künstlerischer Transformation. Fremd ist es, weil es sich der eigenen Aneignung als heteronome Erfahrung widersetzt. Transformationen verweisen so auf den Rätselcharakter von Kunstwerken. Hierbei handelt es sich nicht um Wiedererkennungen. Das Verwandelte ist zwar ähnlich, verdeutlicht aber immer auch die Differenz zwischen den Künsten. Transformationen sind demnach mimetische Besinnungen auf das Verhältnis der Disziplinen zueinander und eröffnen durch diese Ähnlichkeit eine Übertragung der zur Verfügung stehenden Verfahrensweisen.

Die Verfransung der Künste und die Methode der Transformation basieren auf Ähnlichkeiten zwischen den Disziplinen. Die in keinem Kunstwerk „zu schlichtende Divergenz des Konstruktiven und des Mimetischen" (Adorno 1998c, 180) findet sich im Bereich der Transformation in der Herausstellung analoger, zeigender und metaphorischer Zusammenhänge.

Resümee und Fazit

Die Argumentation konzentrierte sich, ausgehend von bildungspolitischen Tendenzen der Vereinheitlichung künstlerischer Fächer in Fächerverbünden, auf die drei Argumentationsstränge Verfransung der Künste, Fächerübergreifender Unterricht und Transformation. Anhand dieser Ebenen lassen sich auch drei Ergebnisdimensionen festhalten.

1. Fächerübergreifender interdisziplinärer Unterricht darf werden bei einer bloßen Addition von Fächern noch bei einer Gegenüberstellung künstlerischer Gattungen stehenbleiben. Jedes Fach hat als eigenständige Disziplin spezifische Inhalte, Methoden, Ziele und Medien. Eine Bezugnahme auf die Verfransung der Künste vollzieht sich daher nicht in ‚Fächerverbünden', sondern in der bewussten fächerübergreifenden Übertragung spezifischer Methoden und Materialentwicklungen. Diese besonderen Anforderungen verlangen eine noch zu leistende spezifische didaktische Fundierung.

2. Die Verfransungstheorie eröffnet Perspektiven einer interdisziplinären Ästhetik im Spätwerk Adornos und erscheint für aktuelle Fragestellungen zeitgenössischer Ästhetik relevant.

3. Transformation ist eine grundlegende methodische Arbeitsform des Fächerübergreifenden Musikunterrichts, insofern hierbei auf das Wechselverhältnis der Künste Bezug genommen wird (Bild, Musik, Sprache, Körper). Hierzu gehört die Bedingung, dass sich Transformationen nur im Mediumwechsel realisieren lassen. Im Rahmen der Forderung nach Verfransung darf das Ursprungsmedium nicht weiterverwendet werden. Diese definitorische und terminologische Konkretisierung eines immer auch umgangssprachlich verwendeten ‚Transformationsbegriffs' gewinnt für musikdidaktische Überlegungen an Relevanz. Die Unzugänglichkeit von Transformationen eröffnet im Sinne der Unerfüllbarkeit vollständiger und adäquater Übertragungen ein breites Feld offener Interpretationsmöglichkeiten zur Konstitution (negativer) ästhetischer Erfahrungen.

Trotz der ästhetischen und didaktischen Inkompatibilität der drei Argumentationsstränge (Verfransung, Fächerübergreifender Unterricht, Transformation) findet sich ein gemeinsamer Ansatz. Dieser liegt in der, auch aus bildungspolitischer Perspektive bedeutenden, Überschreitung der Gattungsgrenzen im Bewusstsein der Bewahrung der je spezifischen Medialität der eigenen Disziplin.

Literatur

Adorno, Theodor W. (1998a [1966]): Die Kunst und die Künste, In: Ohne Leitbild. Parva Aesthetica, Gesammelte Schriften 10.1, Darmstadt: Wiss. Buchges., S.432-453.

Adorno, Theodor W. (1998b [1967]: Über einige Relationen zwischen Musik und Malerei, In: Adorno, Theodor W.: Musikalische Schriften III, Gesammelte Schriften 16, Darmstadt: Wiss. Buchges., S.628-642.

Adorno, Theodor W. (1998c [1970]): Ästhetische Theorie, Gesammelte Schriften 7, Darmstadt: Wiss. Buchges.

Benjamin, Walter (1980a): Lehre vom Ähnlichen. In: Gesammelte Schriften Bd. II/1, Frankfurt/M.: Suhrkamp, S.204-210.

Benjamin, Walter (1980b): Über das mimetische Vermögen. In: Gesammelte Schriften Bd. II/1, Frankfurt/M.: Suhrkamp, S.210-213.

Benjamin, Walter (1980c): Briefe 1938-1940, Gesammelte Schriften Bd. VI, Frankfurt/M.: Suhrkamp.

Bildungsplan Realschule 2004, hg. vom Ministerium für Kultus, Jugend und Sport Baden-Württemberg: http://www.bildung-staerkt-menschen.de

Borchardt, Rudolf (1957 [1923]): Über den Dichter und das Dichterische. Drei Reden von 1920 und 1923, In: Gesammelte Werke Bd. 4, hg. von Marie Luise Borchardt, Stuttgart: Klett-Cotta.

Brandstätter, Ursula (2004): Bildende Kunst und Musik im Dialog. Ästhetische, zeichentheoretische und wahrnehmungspsychologische Überlegungen zu einem kunstspartenübergreifenden Konzept ästhetischer Bildung, Augsburg: Wißner.

Brandstätter, Ursula (2008): Grundfragen der Ästhetik. Bild, Musik, Sprache Körper, Böhlau: Utb.

Busch, Kathrin (2006): Umschaffen umdenken, In: Stille Post! 11 Disziplinen, 22 Wochen, 33 Transformationen. Ein Ausstellungsprojekt in Zusammenarbeit mit der UdK Berlin und der Karl-Hofer-Gesellschaft, hg. von Sigrid Haase, Berlin: Universität der Künste Berlin, S.29-35.

Dethlefs-Forsbach, Beate (2005): Fächerübergreifender Unterricht aus der Sicht des Faches Musik. Eine historisch-systematische Untersuchung von Theorien und Praxen sowie der Entwurf eigener Modelle und einer Konzeption des fächerübergreifenden Unterrichts mit Musik, Baltmannsweiler: Schneider-Verlag Hohengehren.

Forsbach, Beate (2008): Fächerübergreifender Musikunterricht. Konzeption und Modelle für die Unterrichtspraxis, Augsburg: Wißner.

Eichel, Christine (1993): Vom Ermatten der Avantgarde zur Vernetzung der Künste, Frankfurt/M.: Suhrkamp.

Ehrenforth, Karl-Heinrich (1999): Verstehen und Nichtverstehen. Erfahrungen an einer Grenze, in: Erlebnis und Erfahrung im Prozess des Musiklernens. (Fest-)Schrift für Christoph Richter, hg. von Franz Niermann, Augsburg: Wißner, S.9-14.

Fried, Michael (1998): Art and Objecthood: Essays and Reviews, Chicago: University of Chicago Press.

Früchtl, Josef (1986): Mimesis. Konstellation eines Zentralbegriffs bei Adorno, Würzburg: Königshausen & Neumann.

Fuchs, Mechthild (2005): ‚Mensch, Natur und Kultur' statt Musik. Der neue Fächerverbund in Baden-Württemberg, In: AfS-Magazin 20/2005, S.12-15.

Haase, Sigrid (Hg.) (2006): Stille Post!, 11 Disziplinen, 22 Wochen, 33 Transformationen, Berlin: Universität der Künste

Kaiser, Hermann Josef; Nolte, Eckhard (1989): Musikdidaktik. Sachverhalte – Argumente – Begründungen; ein Lese- und Arbeitsbuch, Mainz: Schott.

Kandinsky, Wassily (2006 [1910]): Über das Geistige in der Kunst. Insbesondere in der Malerei, Bern: Benteli.

Lemmermann, Heinz (1977): Musikunterricht. Hinweise – Bemerkungen – Erfahrungen – Anregungen, Bad Heilbronn: Klinkhardt.

Menke, Christoph (1991): Umrisse einer Ästhetik der Negativität, In: Perspektiven der Kunstphilosophie, hg. von Franz Koppe, Frankfurt/M., S.191-216.

Menke, Christoph (2000): Die Souveränität der Kunst. Ästhetische Erfahrung nach Adorno und Derrida, Frankfurt/M.: Suhrkamp.

Nietzsche, Friedrich (1991 [1882]): Werke. Kritische Gesamtausgabe VI4, Nachbericht zum ersten Band der sechsten Abteilung, hg. von Giorgio Colli und Marie-Luise Haase, Berlin: de Gruyter.

Ott, Thomas (1991): Zur Didaktik des Interpretierens, Die Offenheit des Ästhetischen und der Musikunterricht, in: Musikwissenschaft als Kulturwissenschaft. Festschrift zum 65. Geburtstag von Hans-Peter Reinecke, Regensburg: Bosse, S.117-128.

Ott, Thomas (1999): Zur Begründung der Frage, ob Nicht-Verstehen lehrbar ist, in: Erlebnis und Erfahrung im Prozess des Musiklernens. (Fest-)Schrift für Christoph Richter, hg. von Franz Niermann, Augsburg: Wißner, S.18-21.

Rebentisch, Juliane (2003): Ästhetik der Installation, Frankfurt/M.: Suhrkamp.

Rebentisch; Juliane (2006): Fortschritt nach seinem Ende. Adorno und die Kunst der Postmoderne, In: Kunst, Fortschritt, Geschichte, hg. von Christoph Menke und Juliane Rebentisch, Berlin: Kadmos, S.229-241.

Sanio, Sabine (1999): Autonomie, Intentionalität, Situation, In: Klangkunst. Tönende Objekte und klingende Räume, hg. von Helga de la Motte-Haber, Laaber: Laaber, S.67-118.

Stöger, Christine (2005): Planungen des Ungewissen. Aktuelle Herausforderungen für die Musikpädagogik? in: Diskussion Musikpädagogik 26/2005, S.18-26

Vogt, Jürgen (2004): Ästhetische Erfahrung als Fremdheitserfahrung oder: Was kann die Interkulturelle Musikpädagogik von Adorno lernen? In: welt@musik – Musik interkulturell, hg. v. Institut für Neue Musik und Musikerziehung Darmstadt, Bd. 44, Mainz: Schott, S.304-321.

Vogt, Jürgen (2005): „Adorno revisited" oder: Gibt es eine ‚Kritik des Klassenmusikanten' ohne kritische Theorie der Musikpädagogik?, In: Klassenmusizieren als Musikunterricht!? Theoretische Dimensionen unterrichtlicher Praxis, hg. v. Hans-Ulrich Schäfer-Lembeck, München 2005, S.13-24.

Vogt, Jürgen (2008): Starke Gefühle. Zu den prärationalen Grundlagen ästhetischer Erfahrung. Teil 2: Adornos Idiosynkrasie, In: Zeitschrift für Kritische Musikpädagogik. www.zfkm.org/08-vogt.pdf., S.6-21.

Wellmer, Albrecht (1985): Wahrheit, Schein, Versöhnung. Adornos ästhetische Rettung der Modernität, In: Adorno-Konferenz 1983, hg. von Ludwig Friedeburg und Jürgen Habermas, Frankfurt/M.: Suhrkamp, S.9-47.

ALEXANDER J. CVETKO, DANIEL MEYER

Problemlösen im Musikunterricht – Interdisziplinarität als Ausgangspunkt für eine kompetenzorientierte Perspektive[*]

Relevanz

Anknüpfend an Sokrates wird das »Problem« als das »Wissen vom Nichtwissen« beschrieben. Etymologisch kommt es vom griechischen *próblema* und meint »das Vorgelegte« oder »die gestellte Aufgabe«. Während die Philosophen das »Problem« nunmehr seit Jahrtausenden im Sinne einer Fragehaltung beschäftigt, geistert es unüberhörbar in der aktuellen Kompetenzdebatte durch die bildungspolitische Forschungslandschaft: Unter dem „... Kompetenzbegriff verstehen die Bildungsforscher die kognitiven Fähigkeiten und Fertigkeiten, um bestimmte Probleme zu lösen und diese Problemlösungsmöglichkeiten in unterschiedlichen Situationen erfolgreich zu nutzen".[1] Neben dieser unmittelbaren Verknüpfung des Problemlösens mit dem Kompetenzbegriff trifft man im Zusammenhang mit dem aktuell erforschten Kompetenzmodell für das Fach Musik auf den expliziten Wunsch nach einem Vergleich mit weiteren Fachdidaktiken. Andreas Lehmann-Wermser konstatiert, das Problemlösen habe bisher in seiner Bilanz zu den Bildungsstandards im Fach Musik unberücksichtigt bleiben müssen, da „... die gegenwärtigen Erkenntnisse für das Lernen in Musik noch nicht ausreichen, auch nur ansatzweise nach Parallelen

---

[*] Für wertvolle Hinweise und Anregungen danken wir Prof. Dr. Werner Jank (Staatliche Hochschule für Musik und Darstellende Kunst Mannheim), Prof. Dr. Andreas Lehmann-Wermser (Universität Bremen), PD Dr. Anne Niessen (Universität zu Köln), Prof. Dr. Hans Christian Schmidt-Banse (Universität Osnabrück) und Prof. Dr. Christopher Wallbaum (Hochschule für Musik und Theater »Felix Mendelssohn Bartholdy« Leipzig).

[1] ECKHARD KLIEME u. a., Zur Entwicklung nationaler Bildungsstandards. Eine Expertise, hg. vom Bundesministerium für Bildung und Forschung (BMBF), Referat Öffentlichkeitsarbeit (= Bildungsforschung, Bd. 1), Bonn u. a. 2007 [unveränderte Auflage].

und/oder Anknüpfungspunkten zu suchen". Ausgehend etwa von den Studien des Autorenteams um Eckhard Klieme zur Definition und Erfassung der Problemlösekompetenz im Rahmen der PISA-2000-Studie, erscheint es ihm „... sinnvoll, bei der Erarbeitung von Aufgaben gerade auch im ästhetischen Bereich in diese Richtung zu denken".[2] Damit ist ein Ausgangspunkt für unsere Überlegungen zum Problemlösen benannt, den wir im Folgenden zunächst außerhalb der musikpädagogischen Disziplin beleuchten und anschließend auf musikdidaktische Perspektiven lenken wollen, um den schillernden Begriff »Problemlösen« mit Inhalt zu füllen. Dabei geht es uns keineswegs darum, die hier nicht dargestellten Problemgenres zu negieren, sondern um die Exemplifikation von (aufgabenbezogenen) Problemlösekonstellationen im Musikunterricht – wohlwissend, dass sich aus Schülersicht im Zusammenhang mit musikalischen Umgangsweisen andere (wichtigere?) Probleme ergeben, die der Lösung bedürfen. Schon allein deswegen kann hier nicht der Anspruch bestehen, eine allgemeingültige Definition zu formulieren, in welcher freilich auch bildungsphilosophische Entwürfe Eingang finden müssten.

Problemlösen in der Pädagogischen Psychologie

Das »Problemlösen« wurde originär als Teil der Fachdisziplin Psychologie wissenschaftlich erschlossen. Um dem Begriff in Richtung Musikdidaktik folgen zu können, umreißen wir seine wesentlichen Aspekte innerhalb der Subdisziplin Pädagogische Psychologie, um später die Adaption des Problemlösens durch die Pädagogik zu betrachten.

In der Pädagogischen Psychologie zeigt sich der Begriff des Problemlösens konsistent. Üblich ist hier die Definition aus den drei Konstituenten *Ausgangssituation*, *Barriere* und *Zielsituation*, die bereits 1935 bei Karl Duncker zu finden ist.[3] Manfred Tücke etwa greift diese Begriffserklärung auf, indem er ein Problem als eine solche Situation darlegt, in der sich ein Individuum einem Ausgangszustand ausgesetzt sieht, der nicht ohne großen Denkaufwand – eine

---

[2] JENS KNIGGE / ANDREAS LEHMANN-WERMSER, Bildungsstandards für das Fach Musik – Eine Zwischenbilanz, in: Zeitschrift für Kritische Musikpädagogik, Sonderedition 2 (2008), S. 88 ff. et passim in Verbindung mit ECKHARD KLIEME u. a., Problemlösekompetenz von Schülerinnen und Schülern: Diagnostische Ansätze, theoretische Grundlagen und empirische Befunde der deutschen PISA-2000-Studie, Wiesbaden 2005.

[3] KARL DUNCKER, Zur Psychologie des produktiven Denkens, Berlin 1935.

Barriere – in den gewünschten Zielzustand zu überführen ist.[4] Charakteristisch für das Problemlösen ist daher das Bewältigen solch einer Barriere unter bewusster Anwendung von Wissen und Heuristiken in Abgrenzung zu routinierten oder automatisierten Aufgabenlösungen.

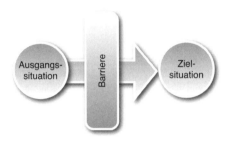

Abbildung 1: Barriere beim Problemlösen

Tücke differenziert darüber hinaus verschiedene Arten von Problemen, indem er klar definierte von offenen Ausgangssituationen, Lösungsheuristiken und Zielsituationen unterscheidet. Durch die systematische Variation bekannter und unbekannter Problemkomponenten – z.B. bekannter Ausgangs- und Zielzustand, unbekannte Heuristik – erhält er insgesamt acht verschiedene Problemtypen.

Er unterscheidet aus der Perspektive des Problemlösers solche Problemstellungen, deren Zielsituation unvollständig definiert ist (Fixationsprobleme), von solchen, deren Ziel bekannt ist (Anordnungsprobleme). Er differenziert die verschiedenen Probleme nach ihren Lösungsstrategien. Anordnungsprobleme erfordern konvergentes, zielgerichtetes Denken, während die Fixationsprobleme ein divergentes Denken und damit Kreativität voraussetzen. Eine ähnliche Klassifizierung, die ebenso nach der Öffnung des Zielzustandes und des „Operatorinventars" unterscheidet, findet sich bei Dörner. Er bezeichnet

---

[4] MANFRED TÜCKE, Psychologie in der Schule – Psychologie für die Schule. Eine themenzentrierte Einführung in die Pädagogische Psychologie für (zukünftige) Lehrer (= Osnabrücker Schriften zur Psychologie, Bd. 4), 4. Auflage, Münster 2005.

drei der acht möglichen Problemkonstellationen mit den Begriffen „Interpolationsbarriere", „Synthesebarriere" bzw. „dialektische Barriere".[5]

Ein weithin bekanntes Beispiel für eine Problemlöseaufgabe ist »der Turm von Hanoi«: Durch sukzessives Umlegen je einer Scheibe soll der Turm von Position 3 auf 1 gebracht werden. Dabei darf niemals eine größere auf eine kleinere Scheibe gelegt werden.

*Abbildung 2: Der Turm von Hanoi, Ersteller: André Karwath
(Creative Commons-Lizenz)*

Das Problemlösen erscheint innerhalb der Pädagogischen Psychologie als erschlossenes Gebiet. Es gilt nun festzustellen, wie sich unser Sujet in der Pädagogik darstellt.

Problemlösen in der Pädagogik/Didaktik

Das Problemlösen findet sich zwar in der Pädagogik wieder, jedoch oft ohne dass es dort explizit entfaltet wird. Im Folgenden werden Bezüge der Pädagogik zum Problemlösen im chronologischen Modus aufgezeigt, ohne eine Sys-

---

[5] DIETRICH DÖRNER, Problemlösen als Informationsverarbeitung (= Kohlhammer-Standards Psychologie. Studientext: Teilgebiet Denkpsychologie), Stuttgart u. a. 1976.

tematik daraus zu entwickeln und den Anspruch auf Vollständigkeit zu erheben. Etwa in Heinrich Roths weit verbreitetem allgemeindidaktischen *Stufenschema* des Unterrichts aus dem Jahre 1957 erscheint für die Artikulation des Unterrichts eine (funktionale) „Phase des Motivierens und Problematisierens". Roth rekurriert auf die „Pädagogische Psychologie des Lernens" und unterscheidet zwischen einer Lernart der Ausgangslage und der einer Endlage.[6] Erwähnenswert ist auch das *genetische Lernen*, das eng mit dem *exemplarischen Lernen* Martin Wagenscheins (1965) – bekannt auch durch den sog. Wagenschein-Effekt oder durch die Redewendung „Mut zur Lücke" – verbunden ist. Es kommt hier darauf an, Schüler (durch originale Begegnungen ganz im Sinne H. Roths) mit Problemen statt mit Lösungen zu konfrontieren, damit sie zu eigenen Lösungen angeregt werden.[7] Überdies steckt auch in der Idee des *entdeckenden Lernens* die Einübung von Problemlösungsverhalten, denn hier ist die Zielsituation nicht vom Lehrer determiniert. Darin enthalten ist zumeist das Prinzip des *exemplarischen Lernens* im Sinne Wagenscheins. Gelernt wird hier, indem sich die Lernenden das Wissen durch eigene Aufgabenlösungen erarbeiten oder indem sich die Lernenden die Aufgaben selbst suchen, um Antworten zu Problemen ihrer Lebenswelt allein oder gemeinsam zu finden. Dieser Ansatz reicht zwar bis in die Antike zurück, geprägt wurde er indessen auf der Grundlage neuerer kognitionspsychologischer Lerntheorien von Jerome S. Bruner (1961).[8] Das zeigt, dass etwa der problemlösende Mathematikunterricht

„*... keine Erfindung der achtziger Jahre ist. Viele genannte Aspekte werden bereits seit Beginn des letzten Jahrhunderts propagiert und finden sich unter verschiedenen Bezeichnungen wieder. Das*

---

[6] HEINRICH ROTH, Pädagogische Auswertung der Psychologie des Lernens, in: H. Roth (Hg.), Pädagogische Psychologie des Lehrens und Lernens, Hannover 1957, S. 179 – 296. Zu Roth s. a. den Lehrtext 3 (*Die pädagogische Psychologie des Lernens von H. Roth*) bei GERALD A. STRAKA / GERD MACKE, Lehren und Lernen in der Schule. Eine Einführung in Lehr-Lern-Theorien, Stuttgart u. a. 1979, S. 57 – 64.

[7] MARTIN WAGENSCHEIN, Ursprüngliches Verstehen und exaktes Denken (= Erziehungswissenschaftliche Bücherei), Stuttgart 1965 (Bd. 1) und 1970 (Bd. 2).

[8] JEROME S. BRUNER, Der Prozeß der Erziehung (= Sprache und Lernen, Bd. 4), ins Deutsche übertragen von A. Harttung [ursprünglich *The process of education*, 1961], Berlin u. a. 1970. Zum entdeckenden Lernen s. a. HEINZ NEBER, Entdeckendes Lernen (= Beltz-Studienbuch Bd. 56), Weinheim u. a. 1973.

entdeckenlassende **Lernen** *betont vor allem die Bedeutung der Problemfindungsphase ...*"[9]

Auch in Robert M. Gagnés Klassifikation der Lerntypen (1969) findet sich als Typ 8 das Problemlösen: „Problemlösen ist eine Art des Lernens, die innere Vorgänge, normalerweise Denken genannt, erforderlich macht. Zwei oder mehr zuvor erworbene Regeln werden auf irgendeine Weise miteinander kombiniert und ergeben neue Leistungsmöglichkeiten, deren Abhängigkeit von einer Regel ‚höherer Ordnung' gezeigt werden kann".[10] Schließlich ist für Hans Aebli die Grundform 9 des Lehrens das „problemlösende Aufbauen", die von ihm theoretisch und praktisch dargestellt wird.[11] Einschlägige Schriften zum Problemlösen im Unterricht existieren etwa von Otto Lange in umfangreichen vier Bänden oder auch von Elisabeth Fuhrmann.[12] Insgesamt zeigt der Befund, dass die Autoren der Pädagogik allzu häufig zu den benachbarten wissenschaftlichen Disziplinen greifen, die ursprünglich nicht für Unterrichtszwecke, sondern vielmehr für wissenschafts-analytische Zwecke konzipiert worden sind.[13]

---

[9] TIMO LEUDERS, Problemlösen, in: T. Leuders (Hg.), Mathematik-Didaktik – Praxisbuch für die Sekundarstufe I und II (= Cornelsen Scriptor), 3. Auflage, Berlin 2003, S. 121.

[10] ROBERT MILLS GAGNÉ, Die Bedingungen des menschlichen Lernens (= Beiträge zu einer neuen Didaktik, Reihe A: Allgemeine Didaktik), aus dem Amerikanischen übersetzt von H. Skowronek, Hannover u. a. 1969, S. 51 f.

[11] HANS AEBLI, Zwölf Grundformen des Lehrens. Eine Allgemeine Didaktik auf psychologischer Grundlage, Stuttgart 1983, S. 277 – 309. Grundlegend für das Problemlösen ist auch dessen folgende Schrift: HANS AEBLI, Psychologische Didaktik. Didaktische Auswertung der Psychologie von Jean Piaget, die Übersetzung besorgte Hans Cramer, 4. Auflage, Stuttgart 1970.

[12] OTTO LANGE /ZENTRUM FÜR PÄDAGOGISCHE BERUFSPRAXIS DER UNIVERSITÄT OLDENBURG (Hg.), Problemlösender Unterricht und selbständiges Arbeiten von Schülern (= Materialien / Universität Oldenburg), Bd. 1- 4, Oldenburg 1982 – 1987. ELISABETH FUHRMANN / AKADEMIE DER PÄDAGOGISCHEN WISSENSCHAFT, Problemlösen im Unterricht (= Ratschläge für Lehrer, Bd. 13), Berlin (DDR), 1986.

[13] HILBERT MEYER, Unterrichts-Methoden, Bd. 1: Theorieband, 2. Auflage, Frankfurt am Main 1988, S. 160.

Problemlösen in der musikpädagogischen und –didaktischen Literatur

Auch die Musikpädagogen verweisen nicht selten auf die benachbarten Disziplinen, am häufigsten jedoch auf allgemeinpädagogische Erkenntnisse. Das gilt auch für das hier dargestellte Thema: In der Musikdidaktik werden im Hinblick auf das Problemlösen die entsprechenden Autoren und Darstellungen aus der allgemeinpädagogischen Literatur lediglich aufgegriffen. Besonders zeigt sich dies in den grundlegenden Arbeiten, wie denen von Wilfried Gruhn / Wilhelm Wittenbruch oder von Hermann J. Kaiser / Eckhard Nolte: Hier finden sich gelegentlich Andeutungen durch Begriffe wie »Problemlösen« oder »Problemorientierung« o. ä. Dabei wird auch auf die Darstellungen der Konzeptionen der o. g. Autoren von H. Roth bis H. Aebli verwiesen – zu einer Taxonomie des Problemlösens mit fachwissenschaftlicher Zielrichtung kommt es indessen nicht.[14] In der einschlägigen musikpädagogischen und -didaktischen Literatur wurde dem Problemlösen bisher (fast) keine Aufmerksamkeit geschenkt, es existieren keine einschlägigen Forschungen, also weder theoretische Fundierungen noch praktische Arbeiten, die sich bewährt hätten.[15]

Indes lassen sich im Rahmen der musikpädagogischen Literatur nur wenige Ausnahmen finden, die das Problemlösen durchblicken lassen oder etwas konkreter beleuchten. Fünf Fundorte seien hier in Auswahl genannt:

Erstens: In der Methodenkonzeption, die Ernst Klaus Schneider 1980 publizierte, wird eine Form des Problemlösens angedeutet, ohne sie als solche zu deklarieren:

---

[14] WILFRIED GRUHN / WILHELM WITTENBRUCH, Wege des Lehrens im Fach Musik. Ein Arbeitsbuch zum Erwerb eines Methodenrepertoires (= Schwann-Didaktik), Düsseldorf 1983 und HERMANN J. KAISER / ECKHARD NOLTE, Musikdidaktik. Sachverhalte – Argumente – Begründungen. Ein Lese- und Arbeitsbuch (= Schott-Musikpädagogik), 2. Auflage, Mainz u. a. 2003.

[15] Trotz der Aktualität des Themas »Problemlösen« fehlt es (noch) in der aktuellen Musik-Didaktik oder Musik-Methodik. Siehe WERNER JANK (Hg.), Musik-Didaktik. Praxishandbuch für die Sekundarstufe I und II (= Cornelsen Scriptor), Berlin 2005 und NORBERT HEUKÄUFER (Hg.), Musik-Methodik. Handbuch für die Sekundarstufe I und II (= Cornelsen Scriptor), Berlin 2007. Schließlich fehlt in den allgemeinpädagogischen Literaturlisten zum Problemlösen in auffälliger Weise das Fach Musik. Auch in Hilbert Meyers Auflistung der Fächer gibt es keinen Verweis auf musikdidaktische Konzeptionen zum problemorientierten oder -lösenden Unterricht. H. MEYER, Unterrichts-Methoden, S. 211.

„Das *ganzheitlich-analytische Verfahren* thematisiert komplexe Unterrichtsgegenstände (**Probleme**, Gesamteindruck), die von den Schülern als Thema gewählt oder vom Lehrer vorgeschlagen sein können. Aus ihnen werden unter initiativer Mitwirkung der Schüler **Teilprobleme** herausgelöst, die in ihren Aspekten differenziert bzw. geklärt werden. Der Weg führt über die Analyse zur bewussten Synthese. Dieses Verfahren entspricht als Typ dem schülerzentrierten projektorientierten Lernen bis hin zum Lernen in Projekten. Der Unterricht ist von der Anlage her fächerübergreifend, sein Fortgang ist in inhaltlicher wie methodischer Hinsicht **offen**; die Schüler können ihre eigenen Erfahrungen einbringen, die selbst wiederum Gegenstand der Reflexion werden. Das Verfahren setzt beim Schüler intrinsische Motivation (Neugier) und in seiner entwickelten Form die Beherrschung grundlegender Arbeitstechniken voraus. Es erfordert vom Lehrer ein flexibles, in der Regel auf punktuelle Impulse sich beschränkendes Rollenverhalten; es braucht motivationsschaffende Situationen und verlangt den Wechsel der Sozialformen. Es ist ein in Hinblick auf das Fach Musik und in Hinblick auf das Lernziel **Selbst- und Sozialkompetenz** anstrebenswerter Verfahrenstyp."

E. K. Schneider bezieht sich hier auf das Konzept von Wolfgang Schulz:

„Ganzheitlich-analytische Verfahren gehen von einem (oft diffusen) Gesamteindruck aus, von einem Filmerlebnis z. B. oder von einer Exkursion der Klasse, um ihn in seinen Aspekten zu klären und so zu einem präzisen und differenzierten Gesamtbild zu verhelfen."[16]

Ernst Klaus Schneider spricht bei dem *ganzheitlich-analytischen Verfahren* von „Problemen" und „Teilproblemen", bei denen die Zielsituation nicht definiert ist (Fixationsproblem); neben dem Problem mit offenem Zielzustand ist auch das Operatorinventar offen (Synthesebarriere und dialektische Barriere). Diese Konstellation ist eine sehr interessante Form des Unterrichtens, deren Prämisse Offenheit ist. So gut dieser Ansatz Schneiders auch erscheint, es stecken doch zwei Klippen darin:

---

[16] ERNST KLAUS SCHNEIDER, Sachwörter zur Musikpädagogik: Unterrichtsmethoden im Fach Musik, in: Musik und Bildung. Zeitschrift für Musikerziehung 12 (1980), Heft 4, S. 223 in Verbindung mit WOLFGANG SCHULZ, Unterricht – Analyse und Planung, in: P. Heimann u. a. (Hg.), Unterricht. Analyse und Planung (Auswahl. Reihe B: 1/2), 9. Auflage, Hannover 1977, S. 31.

1. Das *ganzheitlich-analytische Verfahren* – i. e. S. Problemlösen – wird hier (und häufig auch in den Lehrkonzepten der Studienseminare) unter dem Begriff »Methodik« subsumiert, dabei ist es vielmehr Sache der Didaktik. Wenn Schüler in der Lage sind, Probleme zu lösen, haben sie damit eine Kompetenz erworben (Schneider deutet das mit „Selbst- und Sozialkompetenz" an). Zu Recht bezeichnet Robert M. Gagné Problemlösen als Lerntyp, denn beim Problemlösen geht es weniger um die Methodenkunst des Lehrens, bedeutender ist die Perspektive auf das Lernen. Überhaupt liegt hier häufig der Nachteil in den Methodendarstellungen allgemein: Es dominieren ausgewählte Konzepte zu einzelnen Methodenfeldern wie fächerübergreifendes Arbeiten, Klassenmusizieren, Bewegung im Unterricht u. v. m. Dabei orientieren sich die Methodendarstellungen primär an den Handlungen der Schüler und Lehrer, sekundär nur an den (didaktischen) Denkprozessen und Lernformen.[17]

2. Weil sich die fachspezifischen Methodendarstellungen für den Musikunterricht überwiegend an übergeordnete Fachdidaktiken anlehnen, fehlt häufig eine Ausschärfung für den Musikunterricht.[18] Bereits 1975 konstatierte

---

[17] So wird etwa analog im Musikunterricht das „Musizieren nicht nur als Methode, sondern auch als Ziel des Musikunterrichts betrachtet". GEORG MAAS, Art. Methoden des Musikunterrichts an allgemein bildenden Schulen (historische), in: S. Helms u. a. (Hg.), Lexikon der Musikpädagogik, Kassel 2005, S. 153.

[18] Das 1977 erschienene Kompendium zur Musikdidaktik enthielt nur wenige befriedigende „Methodische Aspekte des Musikunterrichts", vgl. KLAUS FÜLLER, Kompendium Didaktik Musik (= Kompendium Didaktik), München 1977, S. 79 ff. – Gleiches gilt für das angebotene praxisorientierte „Methodenrepertoire" auf der 13. Bundesschulmusikwoche 1980 in Braunschweig, vgl. KARL HEINRICH EHRENFORTH (Hg.), Musikerziehung als Herausforderung der Gegenwart. Didaktische Interpretation von Musik. Beurteilungskriterien. Methodenrepertoire, Mainz u. a. 1981, S. 237 ff. – Ihr folgte eine Bestandsaufnahme der Methoden, vgl. WOLFGANG SCHMIDT-BRUNNER (Hg.), Methoden des Musikunterrichts. Eine Bestandsaufnahme (= Schott Musikpädagogik), Mainz u. a. 1982. – Walter Heimann bietet im Hinblick auf Methoden sehr allgemeine Beobachtungen und Anregungen, vgl. WALTER HEIMANN, Unterrichtsmethoden. Begriff und Bedeutungsfeld, in: S. Helms u. a. (Hg.), Handbuch des Musikunterrichts, Bd. 2: Sekundarstufe I, Kassel 1997, S. 21 ff. – Vgl. auch GEORG MAAS, Methoden des Musikunterrichts an allgemeinbildenden Schulen (historisch), in: S. Helms u. a. (Hg.), Kompendium der Musikpädagogik, 3. Auflage, Kassel 2004, S. 64 ff. – Rudolf-Dieter Krämer gibt einen kurzen historischen Abriss nebst einem Beispiel zu einem Liedeinstieg, vgl. RUDOLF-DIETER KRAEMER, Musikpädagogik.

Heinz Meyer das Fehlen eines musikspezifischen Methodenkatalogs. Werner Jank forderte, die Musikdidaktik müsse „stärker als bisher auf unterrichtsmethodischem Gebiet Handlungsanleitungen geben". Und noch heute sieht Hans-Joachim Erwe den Methodenbegriff als zu diffus und vielschichtig, schließlich konnte „die Erwartung an musikpädagogische Forschung, Hilfestellungen bei der Wahl von Lehrmethoden zu leisten, [...] bislang nicht eingelöst werden".[19] In diesem Zusammenhang ist auch zu verstehen, dass sich das Hamburger Modell um Wolfgang Schulz (und mit ihm auch Gunter Otto), auf das sich E. K. Schneider stützt, nicht durchsetzen konnte. So gut gemeint die Zieloffenheit des Unterrichts und das gleichrangige Gegenüberstellen von Schüler und Lehrer auf Augenhöhe auch sein mag – es fehle eine „präzise Durchformung eines neuen didaktischen Modells". Schulz bietet etwa für Werner Jank und Hilbert Meyer „kein übersichtliches Gesamtkonzept, [... das] der Profi [...] erst mühsam auf die Bedingungen seines Alltagsunterrichts übertragen muss. Das Buch skizziert die konkrete Utopie einer Schülerschule. Das Hamburger Modell wird damit zur ‚Feiertagsdidaktik', aber im besten Sinn".[20]

Wenig konkreter nur wird E. K. Schneider einige Jahre später im Zusammenhang mit seinen Überlegungen zur Musikanalyse im Unterricht. Schneider

---

[19] Eine Einführung in das Studium (= Forum Musikpädagogik, Bd. 55) (= Reihe Wißner-Lehrbuch, Bd. 6), 2. Auflage, Augsburg 2007, S. 185 ff.
HEINZ MEYER, Methodenprobleme im Musikunterricht der Sekundarstufe I, Wolfenbüttel u. a. 1975 (hier werden Methoden als »Arbeitsformen« bezeichnet). – WERNER JANK, Unterrichtsmethodische Aspekte des Lehrerbildes in musikdidaktischen Modellen, in: U. Günther / S. Helms (Hg.), Schülerbild, Lehrerbild, Musiklehrerausbildung (= Gegenwartsfragen der Musikpädagogik. Schriftenreihe der Bundesfachgruppe Musikpädagogik, Bd. 4), Essen 1992, S. 29. – G. MAAS, Art. Methoden des Musikunterrichts, S. 154 und HANS-JOACHIM ERWE, Art. Methoden des Musikunterrichts an allgemein bildenden Schulen (aktuelle), in: S. Helms u. a. (Hg.), Lexikon der Musikpädagogik, Kassel 2005, S. 156. – Erst in jüngster Zeit wurde dieser Forderung durch die 2007 erschienene Musik-Methodik stärker Rechnung getragen (s. Anm. 15).

[20] WERNER JANK / HILBERT MEYER, Didaktische Modelle (= Cornelsen Scriptor), 7. Auflage, Berlin 2005, 284. – Dieses Verfahren als „einseitige Festlegung erscheint aber problematisch", so auch W. WITTENBRUCH/W. GRUHN, Wege des Lehrens, S. 173.

rekurriert dabei auf Fritz Losers Gedanken zu einer offenen Unterrichtsplanung und schlägt für die Musikanalyse eine „Problemlandkarte" oder „Problemskizze" vor.[21]

Zweitens: Angelehnt an Heinrich Roths o. g. *Stufenschema* zeigt Heinz Lemmermann die Ausgestaltung einer Problem-, Lösungs-, Übungs- und Übertragungsstufe.[22] Dabei erscheint es ihm wichtig, dass die Schüler das Problem selbst entdecken, eine Problemfindungs-Hilfe soll also von Seiten des Lehrers nicht erfolgen. Ziel ist hier die Erreichung eines selbstständigen Problembewusstseins, auch der Lösungsprozess erfolge dann eher automatisch. Die Schüler müssen also den Ausgangszustand erkennen und verstehen und schließlich die Lösung selbst finden. Ausgangs- und Zielzustand sind demnach (dem Lehrer) bekannt, das Problem muss von den Schülern entdeckt und die Lösung selbst gefunden werden (Anordnungsproblem, je nach Vorwissen entsteht eine Interpolations- oder Synthesebarriere).

Drittens: In Rudolf-Dieter Kraemers Lehrwerk zur Einführung in die Musikpädagogik findet sich eine Seite zum „Lernen durch Versuch und Irrtum – problemlösendes Lernen".[23] Darin wird eine Unterrichtssituation geschildert, bei der ein Schüler den Weg zu einem vom Lehrer vorgegebenen Ziel finden muss. Das Ziel ist also bekannt (Anordnungsproblem). Der Weg soll ausprobiert werden, wobei der Lehrer bei seinen Hilfen auf das vorhandene Wissen des Schülers zurückgreift (Interpolationsbarriere); würde der Schüler blind ausprobieren, handelte es sich um eine Synthesebarriere. R.-D. Kraemer nennt als Nachteil dieses Problemlösens – er sieht es als eine Art des „entdeckenden Lernens" – den hohen Zeitaufwand. Die Vorzüge dagegen sind für ihn der selbstständige Einsatz des vorhandenen Wissens, die Nachhaltigkeit von

---

[21] ERNST KLAUS SCHNEIDER, Musikanalyse im Unterricht und in der Unterrichtsvorbereitung, in: S. Helms u. a. (Hg.), Handbuch der Schulmusik (= bosse musik paperback, Bd. 6), 3. Auflage, Regensburg 1985, S. 130 et passim in Verbindung mit FRITZ LOSER, Aspekte einer offenen Unterrichtsplanung, in: H. Geißler (Hg.), Unterrichtsplanung zwischen Theorie und Praxis. Unterricht – von 1861 bis zur Gegenwart, Stuttgart 1979, bes. S. 128.

[22] HEINZ LEMMERMANN, Musikunterricht. Hinweise – Bemerkungen. Erfahrungen – Anregungen (= Didaktische Grundrisse), 3. Auflage, Bad Heilbrunn/Obb. 1984, S. 171 ff.

[23] R.-D. KRAEMER, Musikpädagogik, S. 238. Erwähnt wird das „problemorientierte Lernen" noch im Zusammenhang mit den Unterrichtsmethoden, ohne es dort näher zu entfalten (s. S. 195).

Selbsterforschtem, die Anregung zu selbstständigen Fragen und produktivem Denken und schließlich die Motivation.

Viertens: Das Problemlösen findet sich auch im Zusammenhang mit musikpädagogischen Blickwinkeln auf Kreativität sowie musikdidaktischen Überlegungen zum Erfinden von Musik. Kürzlich setzte sich Christopher Wallbaum mit der Produktionsdidaktik im Musikunterricht auseinander. Dabei entfaltet er „prozess-produkt-didaktische Positionen" und spiegelt sie an Möglichkeiten musikalisch-ästhetischer Bildung. Von seiner Analyse zehn produktionsdidaktischer Konzeptionen fällt eine im Hinblick auf das Problemlösen besonders ins Auge: Die Arbeit von Nils Hansen zur Kreativität im Musikunterricht. Für ihn ist der musikalische Kreativitätsprozess sozusagen auch ein Problemlöseprozess, der in seiner Schrift mit zahlreichen Anregungen aus der Praxis verbunden wird. Wallbaum moniert Hansens von „reiner", also „absoluter" Musik ausgehendes Problemlöseverständnis, weil er damit die ästhetische Bedeutung des Außermusikalischen unterschlägt und Musik immer auch „erfahrungs- und damit auch welt- und kulturabhängige Bedeutungen" in sich trägt.[24]

Fünftens: Gründliche Überlegungen stellt auch Andreas Lehmann-Wermser vor dem Hintergrund kompetenzorientierten Musikunterrichts an. Um Bildungsstandards formulieren zu können, müssten Ziele in Form von Kompetenzen konkretisiert werden. Dabei unterscheidet er das „problemlösende Verhalten in realitätsnahem Kontext" mit eher prozesshaften Fähigkeiten und Fertigkeiten von „bloßen Wissensbeständen". Hierzu sei es nötig, dass der Lernende in konstruktivistischer Weise klärt, „was das Problem letztendlich zum Problem macht und welches Wissen für die Lösung des Problems herangezogen werden kann". Damit klingt bei Lehmann-Wermser die Idee der Problemfindung durch, von der noch die Rede sein wird. Auch unterscheidet er geschlossene von offenen Aufgaben, wobei gerade offene Aufgaben für den „Geist des Problemlösens" geeignet seien. Zwar kommt es hier noch nicht zu einer Systematisierung von Aufgabentypen sowie zur Ausschärfung des Begriffs »Problemlösen«, doch postuliert Lehmann-Wermser eine Variationsbreite von Aufgabenformaten und die Entwicklung einer neuen Aufgaben- und

---

[24] CHRISTOPHER WALLBAUM, Produktionsdidaktik im Musikunterricht. Perspektiven zur Gestaltung ästhetischer Erfahrungssituationen (= Perspektiven zur Musikpädagogik und Musikwissenschaft, Bd. 27), Kassel 2000, bes. S. 67 ff. und 248 ff. in Verbindung mit NILS HANSEN, Kreativität im Musikunterricht. Eine Einführung in die Praxis (= rote reihe, Bd. 66), Wien 1975.

Fragekultur. Er verweist hier auf möglicherweise gewinnbringende Anregungen aus der Mathematikdidaktik.[25]

Summa summarum stößt man bei der Spurensuche nur auf wenige Ausnahmen im Hinblick auf das Problemlösen im Musikunterricht. Sie sind zwar erwähnenswert, bieten jedoch nur wenig grundsätzliche Erkenntnisse. Wir wollen daher unseren Blick nun auf andere Fachdidaktiken lenken.

Problemlösen in der Mathematikdidaktik

Im Vergleich der Fächer scheint das Problemlösen – sowie auch der Kompetenzbegriff – innerhalb der Mathematikdidaktik am weitesten erforscht zu sein. Der Bezug von der psychologischen Definition zur fachdidaktischen Auffassung des Problemlösens zeigt sich widerspruchsfrei, und die Begriffsdefinitionen sind weitgehend kongruent. So wird unter einem Problem allenthalben eine Aufgabe mit kognitiver Barriere oder Transferanforderung verstanden und damit dem Begriff der pädagogischen Psychologie entsprochen.[26] Der Begriff der »Aufgabe« ist hier in einem weiten Sinne zu verstehen: Aufgaben sind „Aufforderungen zum Ausführen von Lernhandlungen".[27] Ob eine Aufgabe als Problem eingestuft werden kann, richtet sich also danach, ob sie für den jeweiligen Lerner eine kognitive Barriere enthält oder rein mechanisch ausgeführt werden kann.

Da Problemlösen unterrichtlich oft im Zusammenhang mit offenen Aufgabenstellungen und entdeckenlassendem Lernen umgesetzt wird, erweitert Timo Leuders in seiner Mathematikdidaktik 2003 die Definition des Problemlö-

---

[25] ANDREAS LEHMANN-WERMSER, Kompetenzorientiert Musik unterrichten?, in: H. U. Schäfer-Lembeck (Hg.), Leistung im Musikunterricht. Beiträge der Münchner Tagung 2008 (= Musikpädagogische Schriften der Hochschule für Musik und Theater München), München 2008, S. 112 ff.

[26] Ein ausführlicher Bezug der Mathematikdidaktik zu Gagnés Lerntypen ist zu finden bei FRIEDRICH ZECH, Grundkurs Mathematikdidaktik – Theoretische und praktische Anleitung für das Lehren und Lernen von Mathematik (= Beltz-Pädagogik), 10. Auflage, Weinheim u. a. 2002.

[27] REGINA BRUDER, Vielseitig mit Aufgaben arbeiten – Mathematische Kompetenzen nachhaltig entwickeln und sichern, in: R. Bruder u. a. (Hg.), Mathematikunterricht entwickeln – Bausteine für kompetenzorientiertes Unterrichten (= Cornelsen Scriptor), Berlin 2008, S. 20 ff.

sens um eine Begriffsdifferenzierung, die wir dem weiteren Verlauf unserer Betrachtungen zugrunde legen. Er trennt das »Problemlösen im engeren Sinne« von dem »Problemlösen im weiteren Sinne«.[28] Ersteres meint gemäß dem psychologischen Verständnis den eigentlichen Kern des Prozesses, welcher sich zwischen Ausgangs- und Zielzustand einer gegebenen Situation abspielt, während der zweite Ausdruck die unterrichtspraktische Einbettung eines Problemlöseprozesses mit einbezieht: »Problemlösen im weiteren Sinne« umfasst unter anderem die wichtige Phase der Problemfindung, in welcher Lernende eine Problemstellung überhaupt erst entdecken oder entwerfen. Die Begriffserweiterung ermöglicht deshalb auch in solchen Unterrichtssituationen – im weiteren Sinne – von Problemlösen zu sprechen, die zunächst mit keinem vorgegebenen Problem beginnen. Die Unterscheidung dieser beiden Termini ist insbesondere für die begriffliche Vereinbarkeit des Problemlösens über verschiedene Fachdidaktiken hinweg von Nutzen.

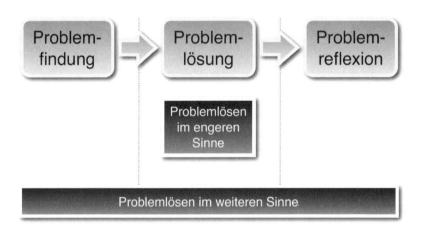

Abbildung 3: »Problemlösen im weiteren Sinne«

Innerhalb der aktuellen Mathematikdidaktik spielen Aufgaben (wieder) eine zentrale Rolle, so dass sich mehrere aktuelle Publikationen insbesondere mit der Unterscheidung verschiedener Aufgabentypen befassen. Da sich Aufgaben – und folglich auch Probleme – aus den Komponenten Ausgangssituation, Weg und Zielsituation konstituieren, erhält man durch die Variation be-

---

[28] T. LEUDERS, Problemlösen, S. 122.

kannter und unbekannter Komponenten dieselbe Klassifikation, wie wir sie oben im Zusammenhang mit der Pädagogischen Psychologie vorgestellt haben. Im Unterschied zu letztgenannter erfolgt die Klassifizierung hier jedoch im Hinblick auf *Aufgaben* (anstatt auf Situationen, Lösungsstrategien o. ä.), was sich für den Rückbezug auf Probleme als äußerst nützlich für eine widerspruchsfreie Systematik erweist.[29] Um die möglichst vollständige Verwendung aller verschiedenen Aufgabentypen im Mathematikunterricht zu fördern, systematisiert und benennt Regina Bruder alle acht „zentralen Aufgabentypen".[30] Sie variiert die drei Komponenten Ausgangszustand, Weg und Zielzustand und belegt sie mit Symbolen. Wir benutzen hier ein X für eine bekannte und ein O für eine unbekannte Komponente, wodurch sich die folgenden acht Typen ergeben (siehe unten, Tabelle 1).

	Ausgangs-zustand	Lösungs-weg	Ziel-zustand
1	X	X	X
2	X	X	O
3	X	O	X
4	X	O	O
5	O	X	X
6	O	X	O
7	O	O	X
8	O	O	O

Tabelle 1: Unterscheidung von acht Aufgabentypen

Mit Beispielen für jeden Typ belegt Regina Bruder anschaulich, dass jede dieser Konstellationen in ihrem Fach eine wichtige Rolle spielt. Eines für die Konstellation 7 (OOX) sei hier exemplarisch zitiert: „Ein Teich soll eine Fläche von 10 Quadratmetern haben."[31] In Bezug auf die gewöhnliche Bearbeitungsrichtung ist hier lediglich das Ziel determiniert. Ob es sich bei einer sol-

---

[29] Man vergleiche nach der Lektüre der im Folgenden vorgestellten Symbolik, welche Unklarheiten sich etwa bei der Konstellation OXX ergeben, wenn man die Perspektive eines Lerners berücksichtigt, für den die *Situation*, in der er sich befindet, ebenso als XXO aufzufassen wäre. Der ausschließliche Bezug der Symbolik auf eine Aufgabe ist hingegen von der Perspektive unabhängig.

[30] R. BRUDER, Vielseitig mit Aufgaben arbeiten, S. 20 ff.

[31] R. BRUDER, Vielseitig mit Aufgaben arbeiten, S. 29.

chen Aufgabe um ein Problem handelt, ist mitunter davon abhängig, wem sie gestellt wird, ob sie eine Barriere enthält, jedoch unabhängig vom Aufgabentyp. Die erstgenannte Konstellation (XXX) beschreibt eine vollständig gelöste Aufgabe, welche für sich genommen keine Barriere enthalten kann und deshalb für das Problemlösen keine Rolle spielt.

Sowohl die Unterscheidung der sieben verbleibenden Aufgaben- bzw. Problemtypen als auch der oben genannte Begriff des »Problemlösens im weiteren Sinne« werden an späterer Stelle für die musikdidaktischen Überlegungen aufgegriffen.

Problemlösen in der Geschichtsdidaktik

Einen sehr interessanten Einblick gibt die Geschichtsdidaktik, die, obwohl auch sie auf die „Problemlösepsychologie" und allgemeinpädagogische Darstellungen rekurriert, kaum von »Problemlösen«, sondern abgeschwächt von »Problemorientierung« spricht. Die Geschichtsdidaktiker scheinen diese Begriffswahl deswegen zu bevorzugen, weil die oben dargstellte, übliche Definition des Problemlösens in der pädagogischen Psychologie nicht mit typischen Artikulationen des Geschichtsunterrichts zu koinzidieren scheint: Uwe Uffelmann bezieht sich auf die Psychologie des Problemlösens Roland Arbingers, der den Prozess des Problemlösens in zwei Hauptphasen aufteilt, „dem Aufbau der Problem*repräsentation* oder eines sog. Problem*raumes* durch den Problemlöser und der eigentlichen Lösung des Problems, die eine *Suche* im Problemraum beinhaltet."[32] Daraus schließt Uffelmann: „Dabei muss das Individuum also den Ausgangszustand erkennen, das Ziel bestimmen und Lösungsmöglichkeiten diskutieren."[33] Was heißt aber für Uffelmann „den Ausgangszustand erkennen"? Leider bleibt auch Arbinger in seiner Terminologie unscharf. Er erläutert, der Problemlöser müsse versuchen, das Problem zu verstehen, er müsse sich klar machen, was der Ausgangszustand ist; danach

---

[32] UWE UFFELMANN, Problemorientierung, in: U. Mayer u. a. (Hg.), Handbuch Methoden im Geschichtsunterricht. Klaus Bergmann zum Gedächtnis (= Forum historisches Lernen) (= Wochenschau Geschichte), Schwalbach/Ts. 2004, S. 78 ff. in Verbindung mit ROLAND ARBINGER, Psychologie des Problemlösens: Eine anwendungsorientierte Einführung (= Die Psychologie), Darmstadt 1997, S. 31 ff.

[33] U. UFFELMANN, Problemorientierung, S. 81.

sollte die Frage nach dem Zielzustand und die nach den Lösungsmöglichkeiten folgen.

Uffelmann meint, die bloße Erkenntnis eines Problems sei für die Mathematik und für die Naturwissenschaften praktikabel, nicht jedoch (analog) für den Geschichtsunterricht. Hier würden die Schüler nämlich mit den historischen und gegenwärtigen Wirklichkeiten konfrontiert. Daraus könne – mit (geringem) Lehrerimpuls – eine Betroffenheit, ein Bedürfnis oder Interesse erwachsen, die ein Problembewusstsein entstehen lassen. Erst dann erfolge die Zielstellung. Folglich nutzt Uffelmann die Psychologie – ausgehend von Arbingers Problemaufbau –, um dem eigentlichen Problemlösen eine unabdingbare Phase der Problemfindung von Seiten der Schüler voranzustellen. Die Begrifflichkeiten bleiben bei Uffelmann nebulös, denn hier werden die Grenzen zwischen dem Ausgangszustand im Sinne einer (Problem-)Aufgabenstellung und dem Ausgangszustand einer unterrichtlichen Artikulation verwischt.

Es scheint gerade der im Abschnitt zur Mathematikdidaktik vorgestellte Begriff des »Problemlösens im weiteren Sinne« zu sein, der hier Abhilfe leisten könnte. Würde Uffelmann ein »Problemlösen im engeren Sinne« vom »Problemlösen im weiteren Sinne«, dem eine Problemfindungsphase inhärent ist, unterscheiden, ließe sich die scheinbare Widersprüchlichkeit zwischen der psychologischen Begrifflichkeit und der dem Geschichtsunterricht eigenen Akzentuierung des *entdeckenlassenden Lernens* ausräumen. Man müsste dann nicht die in der Geschichtsdidaktik üblichen Termini »Problemorientierung«, »entdeckenlassendes Lernen« oder »forschender Unterricht« als Unterrichtsverfahren *neben* dem Problemlösen betrachten, sondern könnte sie im weiteren Sinne mit Problemlösen bezeichnen, da sie in ihrem Kern ein „echtes" Problemlösen im engeren Sinne beinhalten.

Nach der Problemlösung selbst folgt die Reflexion; hier bezieht sich Uffelmann auf Hans Aebli: „Wenn Du ein Problem gelöst hast, gehe nicht zur Tagesordnung über, sondern blicke auf die Problemlösung zurück und versuche aus ihr zu lernen."[34] Die Schüler rekapitulieren also die Problemstellung/-findung, die Hypothesen (»Hypothesen« scheint uns hier zu weit gegriffen, man sollte eher von »Vermutungen« sprechen), den Lösungsweg und die Lösungsergebnisse. Der Aufbau ist also *Problemfindung – Problemlösung – Reflexion* und entspricht damit in etwa Timo Leuders Schema in der Mathema-

---

[34] U. UFFELMANN, Problemorientierung, S. 87. H. Aebli zit. nach U. Uffelmann.

tikdidaktik vom »Problemlösen im weiteren Sinne«, der als dritte Phase des »Problemlösens im weiteren Sinne« die Weiterentwicklung des Problems sieht.

Aufgabenbasiertes Problemlösen im Fach Musik

Eine Kompetenz sei eine Fähigkeit und Fertigkeit, Probleme zu lösen, so die aktuelle Klieme-Expertise. Allerdings wird weder eben dort noch aus den musikpädagogischen Schriften evident, was mit „Problemlösen" im Musikunterricht gemeint sein könnte. Hier wird ein Versuch unternommen, die Lücke in der Determination des Kompetenzbegriffs, also das Fehlen einer Theorie des Problemlösens in der Musikpädagogik, durch Konkretisierungen des Problemlösens im Musikunterricht zu schließen.

Die hier eingenommene interdisziplinäre Perspektive hat sich insofern gelohnt, als uns die Seitenblicke auf die Didaktiken anderer Fächer Aufschluss über das Problemlösen im Musikunterricht geben. Die in der Mathematikdidaktik weit ausgereiften Theorien und die mit der Geschichtsdidaktik angesprochenen begrifflichen Engpässe des Problemlösens sollen hier Modell stehen, um zu prüfen, wie ein Problemlösen im Musikunterricht aussehen kann. Daher gehen wir zunächst auf den Kern des Problemlösens, das »Problemlösen im engeren Sinne«, und später, um die damit verbundenen Einschränkungen aufzulösen, in Zusammenhang mit dem »Problemlösen im weiteren Sinne« auch auf die *Problemfindung* und *Reflexion* ein.

Um eine Untersuchung des Problemlösens im Musikunterricht möglichst systematisch und auf den Kern konzentriert zu beginnen, werden die Errungenschaften der Pädagogischen Psychologie und der Mathematikdidaktik genutzt, indem systematisch zu unterscheidende Beispiele für Probleme im Musikunterricht erstellt werden. Dazu ziehen wir die im Abschnitt zur Mathematikdidaktik beschriebene Klassifikation von Aufgaben heran und beginnen folglich mit einer Suche nach barrierehaltigen, musikalischen Problemen.[35]

---

[35] Es sei noch einmal betont, dass unter einer Aufgabe ein weit gefasster Begriff im Sinne einer „Handlungsaufforderung zu einer Lernhandlung" verstanden wird und dass die dargelegten Unterscheidungen mathematischer Aufgabentypen von eben diesem Begriff ausgehen. Daneben wird unter einem Problem eine Aufgabe mit besonderer Barriere oder Transferanforderung verstanden (siehe Abschnitt „Problemlösen in der Mathematikdidaktik").

Dabei werden bekannte und unbekannte Wege, Ausgangs- und Zielzustände variiert wie in der Tabelle 1. Wir konnten zu allen der oben genauer vorgestellten acht (bzw. sieben) Aufgaben- (bzw. Problem-) Typen zahlreiche Beispiele finden, von denen hier vier gezeigt werden:

Das erste Beispiel zeigt eine Aufgabe, die für Schülerinnen und Schüler der sechsten Klasse eine angemessene Barriere enthält. Lernenden, die das abgedruckte Lied bereits aus dem Vorunterricht gut singen und spielen können, wird die folgende Aufgabe gestellt:

Die zugehörige Symbolik XOX erklärt sich wie folgt: Der Weg, eine Transposition und die Korrektur der Intervalle mit Hilfe schwarzer Tasten, ist den Lernenden unbekannt. Dahingegen sind der Ausgangszustand, hier gegeben durch die Noten, sowie das Ziel bereits vorgegeben, da die Kinder die richtig klingende Intervallfolge der Melodie durch den Vorunterricht im Gedächtnis haben.

Zum Vergleich sei eine Aufgabe angeschlossen, die zwar für eine zehnte oder elfte Klasse noch ausreichend viele Schwierigkeiten enthalten kann, so dass man von einer zu überwindenden Barriere und demzufolge von Problemlösen sprechen kann, jedoch ist bei diesem Beispiel der Weg durch den Verweis auf bereits bekannte Variationstechniken vorgegeben (XXO).

Offener werden die Problemstellungen dadurch, dass mehr als eine Komponente unbekannt bleibt. So ist im folgenden Beispiel weder angegeben, wie die Untersuchung des Notenauszugs auf Zahlensymbolik durchzuführen ist, noch ob das Beispiel überhaupt versteckte Ziffern birgt und – falls ja – welche.

Aufgabenbeispiel 3	(XOO)
Untersuchen Sie, ob das folgende Notenbeispiel eine Zahlensymbolik enthält!	

Eine Lösung wäre hier der Nachweis der fünf chromatischen Schritte und des Zusammenhanges mit dem fünften Gebot nach Luthers Katechismus.

Das letzte hier angeführte Beispiel gibt lediglich die Endsituation vor. Für einen vorliegenden Harmonieverlauf gilt es herauszufinden, wo dessen Ursprünge liegen, ohne dass ein Hinweis auf eine Nachweistechnik gegeben wird.

Aufgabenbeispiel 4	(OOX)
Wie könnte man zu diesem Harmonieverlauf gekommen sein?	

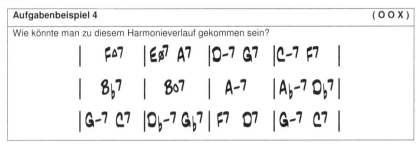

Die Begründung einer Verwandtschaft zum Harmonieschema des Blues enthält auch für Schülerinnen und Schüler der Oberstufe eine angemessene Barriere. Eine besonders interessante Form stellt in dieser Hinsicht eine Problemlösung (im engeren Sinne) mit den Komponenten OOO dar: Hier sind sowohl die Ausgangs- und Zielsituation als auch der Lösungsweg offen. Beispielhaft sind hier Aufgaben mit der Aufforderung, etwas zu komponieren.[36]

---

[36] Die Musikpsychologie klassifiziert einen solchen kreativen Schaffensprozess in vier Phasen: die Vorbereitungsphase (*Präparation*), bei der ein Problem erkannt wird, die Ansteckungsphase (*Inkubation*), in der eine Idee oder Lösung vorbewusst ausgebrütet wird, die Phase der Einsicht (*Illumination*), bei der die Lösungsidee in Form eines Geistesblitzes erfahren und schließlich die Ausarbeitungsphase (*Verifikation*), bei der das Produkt mit Hilfe von Versuch und Irrtum hergestellt und verfeinert wird. „Probleme können im Verlauf auch weitere Probleme erzeugen, die wiederum dem beschriebenen Muster folgen". ANDREAS C. LEHMANN, Komposition und Improvisation, in: H. Bruhn u. a. (Hg.), Musikpsychologie. Das neue Handbuch (= rowohlts enzyklopädie), Reinbek bei Hamburg 2008, S. 339. – Wie die musikalische Kreativität im pro-

Die mit Hilfe dieses Symbolschemas erstellten Aufgaben bringen einige Vor- aber auch Nachteile mit sich. Bereits beim Erstellen der Beispiele zeigte sich die Symbolik als ein praktisches Planungsinstrument, welches es ermöglicht, Aufgabenstellungen sehr bewusst und gezielt zu variieren. So kann die Symbolik für die Unterrichtsplanung aufgabenhaltiger Stunden ein gewinnbringendes Werkzeug sein. Umgekehrt lässt sich Problemlöseunterricht mit Hilfe des Symbolschemas didaktisch analysieren. Die Symbolik steuert bzw. zeigt sowohl bei der Planung als auch bei der Analyse von Unterricht prägnant dessen kognitive Vielfalt.

Als Nachteil dieses Aufgabenkonzeptes für den Musikunterricht fällt sofort die mathematisch-musiktheoretische Ausrichtung auf.[37] Wenngleich die Aufgaben per se maximal variabel gestaltet sind, so decken sie in der hier gezeigten Form lediglich einen kleinen Teil der Bandbreite von Musikunterricht ab. Lässt sich problemlösender Musikunterricht nur auf diese aufgabenzentrierte und gesteuerte Weise realisieren? Welche Probleme ergeben sich im Zusammenhang mit ästhetischer Praxis? Wo wird der Forderung nach offenem Unterricht Genüge getan? Zwar können unter dem vorgestellten Konzept durchaus offene Aufgaben verortet werden, doch die Öffnung und Schülerorientierung des Unterrichts im Ganzen bliebe durch die Lenkung mittels konkreter Aufgaben auf der Strecke. Ebenso muss man die Realitätsnähe der Aufgaben im Hinblick auf die Lebenswelt der Lernenden in Frage stellen, sofern die Aufgaben von der Lehrperson gestellt werden. Bisher lassen sich diese Fragen nicht beantworten – und eigentlich nicht einmal stellen: Wir zeigen hier lediglich, wie Probleme – definitionsgemäß Barriereaufgaben – im Fach Musik aussehen und in welchen Varianten sie auftreten können. Bislang implizieren dieserart Problemlöseaufgaben keine unterrichtliche Umsetzung, schon gar

---

duktionsdidaktischen Zusammenhang aussehen kann, zeigen N. Hansen und in ästhetischer Praxis C. Wallbaum (s. Anm. 24).

[37] Wenn sich daher, wie Christian Rolle es zu bedenken gibt, „in musikpädagogischen Zusammenhängen […] Unbehagen […] breit macht, hängt das auch damit zusammen, dass […] in der Regel nur die kognitive Dimension Berücksichtigung findet". CHRISTIAN ROLLE, Musikalische Bildung durch Kompetenzerwerb? Überlegungen im Anschluss an den Entwurf eines Kompetenzmodells „Musik wahrnehmen und kontextualisieren", in: Zeitschrift für Kritische Musikpädagogik, Sonderedition 2 (2008), S. 46.

kein fertiges Lehrverfahren. Die Fragen stellen sich erst beim Weiterdenken. Etwa diejenige nach der möglichst offenen Einbettung eines Problemlöseprozesses in einen realistischen Kontext, an dem ein Problem auf natürliche Weise entdeckt, anstatt durch eine Aufgabe vorgegeben wird. Diese wünschenswerte Qualität hat bereits die Geschichtsdidaktik mit dem eng gefassten Problemlösebegriff der Pädagogischen Psychologie nicht vereinbaren können. Wir stellen deshalb den Bezug zur Mathematikdidaktik her, die mit dem »Problemlösen im weiteren Sinne« ein Modell zur Einbettung des Kernbegriffes »Problemlösen im engeren Sinne« in fachspezifische Unterrichtssituationen erleichtert.

Musikalisches Problemlösen im weiteren Sinne

Das »Problemlösen im weiteren Sinne« beinhaltet im Kern das »Problemlösen im engeren Sinne« und wird erweitert durch die vorangestellte Problemfindungsphase und die nachgestellte Problemreflexion. Diese erweitere Form des Problemlösens löst Forderungen nach einem offenen, von Schülerimpulsen gesteuerten Unterricht ein, bei der eine konstruktivistische Dimension mitschwingt.[38] Sie birgt das Potential, eine vom Lehrer dominierte Kleinschrittigkeit zu meiden und einer Fokussierung auf lediglich musiktheoretisch-mathematische Aspekte insofern zu entgehen, als von Schülern gefundene Probleme in der Hauptsache realitätsnahe und schülerrelevante Probleme sein können. Das schließt grundsätzlich auch Möglichkeiten musikalisch-ästhetischer Bildung ein.

---

[38] Vgl. A. LEHMANN-WERMSER, Kompetenzorientiert Musik unterrichten?, S. 119, Anm. 18. – Konstruktivistisch gesehen ließe sich besonders durch Perturbation, die produktiv irritieren kann, die Problemfindung initiieren. Vgl. dazu MARTINA KRAUSE, Perturbation als musikpädagogischer Schlüsselbegriff?!, in: Diskussion Musikpädagogik 40 (2008), S. 46 ff. – Für Hans Christian Schmidt-Banse gibt es keine „schwere" Musik und auch keine „ganze" Klasse: „Viele abweichende und oft sehr positive Einstellungen zu unbekannter Musik müssen sich unter dem Druck eines herrschenden Meinungsdiktates schamhaft verstecken." HANS CHRISTIAN SCHMIDT[-BANSE], Methodenrepertoire im Musikunterricht der Hauptschule, in: K. H. Ehrenforth (Hg.), Musikerziehung als Herausforderung der Gegenwart. Didaktische Interpretation von Musik. Beurteilungskriterien. Methodenrepertoire, Kongressbericht 13. Bundesschulmusikwoche Braunschweig 1980, Mainz u. a. 1981, S. 263 und 270 f.

Redlich sei angemerkt, dass die Idee der schülerorientierten Problemfindung keineswegs ein Novum ist. Dieser Gedanke findet sich in zahlreichen Beiträgen zur Unterrichtsforschung und -praxis, wobei diese Konzepte unter andere fachdidaktische Termini subsumiert werden. In der oben erwähnten Methodenkonzeption tangiert Ernst Klaus Schneider namentlich das Problemlösen. Im *ganzheitlich-analytischen Verfahren* sollen die als „Probleme" oder „Gesamteindruck" verstandenen Unterrichtsgegenstände von den Schülern als Thema gewählt werden. Die Initiative zur Herausbildung von Teilproblemen geht hier von den Lernenden aus, die dann „über die Analyse zur bewussten Synthese" führt.[39] Während Schneider den Unterrichts- oder Lerngegenstand nicht näher konkretisiert, fokussiert Hans Christian Schmidt-Banse seine Methodenreflexionen auf den Gegenstand Musik und auf die vernachlässigte „Hörerziehung durch Werkhören", denn kein Medium fahre sinnlich derart pfeilschnell unter die Haut wie die Musik. Dennoch korreliere gerade die sensorische Unmittelbarkeit auf der einen Seite mit der Erklärungsbedürftigkeit von Musik als Artefakt auf der anderen Seite, „ihre abstrakte Unbegrifflichkeit ruft nach begrifflicher Hilfe und findet sie im Medium Sprache." Daher steht bei seiner Auflistung der methodischen Verfahrensweisen zu Beginn das „erkundende Verfahren", bei dem die Schüler zur Musik ein freies Hörprotokoll anfertigen. Damit ist auch Schmidt-Banse dem sehr nahe, was Schneider als „Problem" oder (diffusen) „Gesamteindruck" bezeichnet: Beide meinen gleichsam die Problemfindung – als Phase des »Problemlösens im weiteren Sinne« –, ohne von diesen Termini Gebrauch zu machen. Und Schmidt-Banse sagt es geradeheraus: „Lassen Sie mich, damit ich mein Thema nicht verfehle, einige Methoden aufzählen, wobei ich mir allerdings vor Augen halten muß, daß die Etiketts, die ich wähle, letztlich doch sehr abstrakt sind. Indessen müssen die ‚Kinder', die wir in die Welt gesetzt haben, einen Namen haben."[40]

---

[39] E. K. SCHNEIDER, Unterrichtsmethoden im Fach Musik, S. 223.

[40] HANS CHRISTIAN SCHMIDT-BANSE, Interkulturell beim Wort genommen: Musikalische Grenzüberschreitungen in eigenen vier Wänden, in: A. J. Cvetko / P. Graf (Hg.), Wege interkultureller Wahrnehmung. Grenzüberschreitungen in Pädagogik, Musik und Religion, Göttingen 2008, S. 153 und 154 f. – H. C. SCHMIDT[-BANSE], Methodenrepertoire, S. 262 ff.

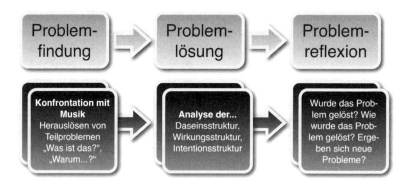

Abbildung 4: Beispiel für »Problemlösen im weiteren Sinne«

Sich dem Problem „Musik" als erklärungsbedürftigem Objekt zu stellen, ist – selbstredend mit intensiver Subjektorientierung – eine der Möglichkeiten der Problemfindung, die indessen schüler- und realitätsnahe Probleme keineswegs ausklammern soll.[41] Inspiriert durch Hans Christian Schmidt-Banses *Brief einer Unbekannten* (gesendet am 2. November 2003 im WDR 3 in der Reihe *ariadne: Ein Leitfaden durch die Musik*), in welchem Franz Schuberts Streichquartett Nr. 14 in d-moll (D 810) in Form eines Concerto recitativo durch Sprache vermittelt wird, lässt sich eine der vielen Potentiale des »Problemlösens im weiteren Sinne« exemplifizieren: Die Schüler können die Musik im Rahmen der Problemfindungsphase wahrnehmen und beschreiben. Dafür stehen viele Instrumente zur Verfügung, etwa mittels der o. g. Hörprotokolle oder der bekannten Polaritätsprofile. Ein Beschreibungsmoment könnte die Aussage sein, das Stück klinge traurig, aus der sich die Problemfrage formulieren lässt, *warum* es traurig klingt. Die Analyse der harmonischen Struktur und des Tongeschlechts liegt hier nahe, auch die Korrelation zum außermusikalischen Inhalt des Liedes „Der Tod und das Mädchen" gilt es zu entdecken. Die Probleme an sich haben zwangsläufig – je nach Anlage der Komponenten Ausgangssituation, Weg und Zielsituation – die Strukturen der o. g. Aufgabentypen (XXO, XOX, XOO…). Sie gehören zum Modus des »Problemlösens im engeren Sinne«. Bei Offenlegung der Daseins- und (unter Berücksichtigung

---

[41] Zu solchen „Lebensgestaltungs- und Orientierungsproblemen" der Schüler gehören auch Fragen wie „Welche CD soll ich mir kaufen und welche mp3s auf meinen iPod laden?" oder „Ich bin deprimiert: Welche Musik könnte mir gut tun?" C. ROLLE, Musikalische Bildung durch Kompetenzerwerb?, S. 46.

der ästhetischen Wahrnehmung) der Wirkungsstruktur ist das hier speziell gewählte Problem gelöst – oder auch nicht. Die der (engeren) Problemlösung nachgestellte Reflexion geht eben dieser Frage nach, ob das Problem überhaupt gelöst wurde oder ob sich aus der unzulänglichen Problemlösung eine neue Problemfindung ergibt. Bezogen auf Schuberts Streichquartett könnte sich die neue Problemfrage stellen, warum Schubert dieses Thema für sein Lied gewählt hat – *warum* überhaupt stirbt ausgerechnet ein Mädchen in diesem Lied? Einen interessanten Erklärungsversuch (= Problemlösung) gibt Hans Christian Schmidt-Banse in seinem *Brief einer Unbekannten*, auch wenn hier mit den Wesensqualitäten der Musikwerke aus wissenschaftlicher Sicht gelegentlich fahrlässig umgegangen wird, und das „mag mancher für unverzeihlich halten".[42] Wie auch immer, die abschließende Reflexionsphase beim »Problemlösen im weiteren Sinne« gibt die Möglichkeit zu fragen, ob das Problem gelöst wurde, wenn ja, wie es gelöst wurde und ob diese Heuristik bei einer neuen Problemlösung dienlich sein könnte. Spätestens hier entwickeln sich echte Problemlösekompetenzen. Gerade die Möglichkeiten und Anknüpfungspunkte zur weitergehenden Reflexion lösen den Anspruch auf Allgemeinbildung ein. Daher plädiert etwa Anne Niessen mit Verweis auf Klafkis Definition von Allgemeinbildung, nach welcher sich Menschen mit Aufgaben und (auch Schlüssel-) Problemen auseinandersetzen und sie lösen, besonders auch im „Sinne eines irritierenden Korrektivs" für die Reflexionsphase im Musikunterricht.[43]

Wird das Rad hier neu erfunden? Bei aufmerksamer Lektüre der Fachliteratur offenbart sich jetzt, dass das hier vorgestellte Problemlösen als musikdidaktisches Modell, insbesondere die *Problemfindung*, eine augenfällige Nähe zu anderen Entwürfen und Konzepten sowohl aus der Musikpädagogik als auch aus der Musikwissenschaft aufweist. Indessen soll hier kein Etikettenschwindel betrieben, sondern vielmehr gezeigt werden, unter welch günstigen

---

[42] H. C. SCHMIDT[-BANSE], Methodenrepertoire, S. 269. – Zum Problem des wissenschaftlichen Anspruchs im Musikunterricht vgl. auch ALEXANDER J. CVETKO, Musikgeschichte(n) unterrichten. Ein musikdidaktischer Rück- und Ausblick, in: Hartmuth Kinzler (Hg.), Musik – Geschichte(n) – Erzählen. Freundesgabe für Hans Christian Schmidt-Banse zur Emeritierung (= Beiträge zur Medienästhetik der Musik), Osnabrück 2009, S.33ff.

[43] ANNE NIESSEN, Allgemeinbildung in Musik? Ein Plädoyer für Reflexion im Musikunterricht, in: Zeitschrift für Kritische Musikpädagogik, Sonderedition 1 (2002), bes. S. 6 f., 10 et passim.

Bedingungen die Forderung nach problemlösendem Lernen (besonders dem »Problemlösen im weiteren Sinne«) eingelöst werden kann – ohne das Rad neu zu erfinden: So lassen sich Nuancen und Aspekte des Problemlösens in o. g. Konzepten finden, etwa im Methodenkonzept des *ganzheitlich-analytischen Verfahrens* Ernst Klaus Schneiders, in der erwähnten Methodenreflexion Hans Christian Schmidt[-Banses] oder in den von Heinz Lemmermann dargestellten Vorschlägen zum Artikulationsschema (Stufenschema), bei welchem die Schüler das Problem selbst entdecken und den Lösungsprozess selbst gestalten.

Zahlreiche Anmerkungen, die sich ebenfalls in Teilen als »Problemlösen im weiteren Sinne« ausmachen lassen, finden sich in der Darstellung zur Analyse von Musik aus Sicht der Musikpädagogik von Hans-Ulrich Fuß. Auch für ihn rückt der Objektivitätsanspruch insofern in den Hintergrund, als es nicht in erster Linie um den Nachvollzug von präexistentem Sinn, sondern um das Erzeugen von Sinn aus Schülerperspektive „zum Zwecke des Aufschließens von Musik für andere" geht. Die Analyse sei daher keineswegs festgelegt, sie habe vielmehr das Ziel, Individuelles und Unverwechselbares herauszuarbeiten. Gerade das ermöglicht das »Problemlösen im weiteren Sinne«, denn die „Analyse in pädagogischem Zusammenhang bleibt […] bewusst und gezielt eingestellt auf die spezifischen Interessen, Rezeptionsmöglichkeiten und Voraussetzungen eines konkreten ‚Musikempfängers'." Das allerdings setzt voraus, dass sich die musikpädagogische Analyse dem Risiko des Subjektiven aussetzen darf, ohne in subjektive Unverbindlichkeit zu verfallen. Fuß sieht die Analyse häufig eher als eine „Musikbeschreibung", für die Hörprotokolle im Sinne von freien Assoziationstests eingesetzt werden können. Aus den Fragen zur Produktion, Realisierung und der Rezeption – ganz im Sinne der o. g. „Problemlandkarte" und „Problemskizze" Ernst Klaus Schneiders als Hilfe für die Musikanalyse – ergibt sich eine Problemfindung, wenn Fuß sagt: „Von diesen Einstiegen aus können die meisten ‚klassischen' Gebiete der Analyse und Formenlehre erschlossen werden. Dabei bleibt allerdings zu bedenken, daß auch über rein musikalische Probleme Schülern die Musik aufzuschließen ist. […], Chaotischer Beginn; allmählich schält sich ein Ordnungsprinzip heraus…'."[44]

Blickpunkte auf das »Problemlösen im weiteren Sinne« zeigt auch die Musikwissenschaft in Schriften über die musikalische Analyse. Sie plädiert stets

---

[44] HANS-ULRICH FUß, Analyse von Musik, in: S. Helms u. a. (Hg.), Kompendium der Musikpädagogik, 3. Auflage, Kassel 2004, S. 118 ff., 125 et passim.

für den Zugang zum Kunstwerk zunächst für ein Beschreiben des musikalischen Materials und für eine insgesamt offene Analyse. Lesenswert ist in dieser Hinsicht etwa das Stufenmodell des Analyseprozesses von Bernd Redmann: Im ersten Schritt steht auch hier das unvoreingenommene Wahrnehmen und Beschreiben der Musik. Im zweiten Schritt werden, auch durch Sammlung von Hintergrundinformationen, die Verstehenshorizonte erschlossen (etwa der Kontext der Produktion); in den weiteren Phasen werden diese mit den deskriptiven Aussagen in Zusammenhang gebracht, Thesen formuliert und die Analyse schließlich dargestellt.[45] Schließlich klingen auch in Hans Heinrich Eggebrechts Ansätzen zum Musikverstehen Dimensionen des Problemlösens durch, wenn er im Hinblick auf die Musik fragt: „Was ist das?" Für ihn steht das ästhetische vor dem erkennenden Verstehen. Auch wenn der Begriff »Problemfindung« hier nicht explizit fällt, ist indes eben das gemeint: Weil die Analyse, die auf subjektiven Entscheidungen beruht, immer selektiv ist, kann es hier keine Unvoreingenommenheit geben. Dominierend sollte dabei nicht das zwar notwendige wissenschaftliche Handwerk sein, sondern ein im Hinblick auf Kompetenz wichtiges volitionales Verhalten: Weil nämlich ein Musikwerk nur insofern antworten kann, als es befragt wird, wird das Postulat, die musikalische Analyse habe vor dem Horizont übergeordneter Fragen stattzufinden, eingelöst, das ergibt sich sozusagen automatisch im Zuge der schülerorientierten Problemfindung. Die Entscheidung über den Wert einer Analyse (i. e. S. die Problemlösung) reflektieren die Rezipienten der Analyse – die Mitlernenden also – ganz im Sinne einer Problemreflexion.[46]

Ergebnis und Ausblick

Die Klieme-Expertise fordert die Fachdidaktiken zur Formulierung von Bildungsstandards mittels Kompetenzmodellierung auf, wobei eine Kompetenz die Fähigkeit sei, Probleme zu lösen. Aber was ist ein Problem im Musikunterricht? Die hier genannten Aufgaben zeigen, dass das Problemlösen im Musikunterricht möglich ist. Problemlösen im Musikunterricht meint die Bewältigung von Barrieren in verschiedenen Aufgabenkonstellationen, welche sich

---

[45] BERND REDMANN, Entwurf einer Theorie und Methodologie der Musikanalyse (= Schriften zur musikalischen Hermeneutik, Bd.9), Laaber 2002, S. 212 ff.

[46] HANS HEINRICH EGGEBRECHT, Verstehen durch Analyse, in: C. von Blumröder / W. Steinbeck (Hg.), Musik und Verstehen (= Spektrum der Musik, Bd. 8), 2. Auflage, Laaber 2007, S. 18 ff.

aus den Umgangsweisen mit Musik im Unterricht (und darüber hinaus) ergeben. Besonders vor dem Hintergrund der vielfältigen Umgangsweisen und der Tatsache, dass es sich bei Musik um eine Form der Kunst handelt,[47] ist das »Problemlösen im engeren Sinne« zu erweitern auf das »Problemlösen im weiteren Sinne«. Dieser Modus ermöglicht grundsätzlich die schülerorientierte, lebensweltliche und realitätsnahe Problemfindung, -lösung und -reflexion. Das aufgabenbasierte Problemlösen im engeren Sinne ist eine Art des Lernens – eine didaktische Dimension also, – das Problemlösen im weiteren Sinne folglich ein Arrangement, welches das Problemlösen im engeren Sinne in einen sinnvollen und hinreichend offenen Unterrichtszusammenhang stellt.

Ob die Autoren der Klieme-Expertise ebendieses Verständnis von Problemlösen haben, lässt sich nicht mit Bestimmtheit sagen. Die Mathematikdidaktiker Andreas Büchter und Timo Leuders bezweifeln das: „Der Begriff ‚Problemlösen' ist in dieser psychologischen Charakterisierung [von Franz E. Weinert] natürlich anders zu verstehen als der mathematikdidaktische Begriff – er meint so etwas wie ‚Anforderungen bewältigen'. Kompetenzen umfassen also neben Kenntnissen, Fertigkeiten und Fähigkeiten insbesondere auch Aspekte der Selbstregulation, z. B. die Bereitschaft, sich neuen Anforderungen zu stellen."[48] Möglicherweise ist es daher zu weit gegriffen, Problemlösen im Sinne der Pädagogischen Psychologie überhaupt auf Unterricht zu übertragen. Um dies aber beurteilen zu können, scheint es uns daher um so notwendiger, den schillernden Begriff »Problemlösen« in den Blick zu nehmen und ihn nicht vorschnell auf die Anforderungsbewältigung oder volitionale Aspekte zu reduzieren. Wie die Mathematikdidaktik möchten wir eine theoretische Fundierung des musikdidaktischen Problemlösens auf den Weg bringen, insofern als wir die Möglichkeiten des fachspezifischen Problemlösens untersuchen.

---

[47] Zuzustimmen ist Andreas Lehmann-Wermser, dass Musiklernen – allzu oft einseitig mit divergentem Denken assoziiert – im Unterricht gerade daher nicht rein formalistisch als Domäne der Pädagogischen Psychologie verstanden werden dürfe. Es sei allerdings auch eine verkürzte Sichtweise, den Musikunterricht mit ausschließlich divergentem Denken in Zusammenhang zu bringen und den Mathematikunterricht mit konvergentem, denn die Musik hat zum einen auch eine mathematische Seite. Zum anderen sind inzwischen auch divergentes Denken und Kreativität Teil der Mathematikdidaktik. A. LEHMANN-WERMSER, Kompetenzorientiert Musik unterrichten?, S. 115 f.

[48] ANDREAS BÜCHTER / TIMO LEUDERS, Mathematikaufgaben selbst entwickeln: Lernen fördern – Leistung überprüfen (= Cornelsen Scriptor), Berlin 2005, S. 188.

Die Variation, die sich aus der Systematisierung von Aufgabenkompetenzen ergibt, löst dabei die berechtigten Forderungen ein, „Aufgabenformate zu variieren" sowie eine Aufgaben- und Fragekultur weiterzuentwickeln.[49] Eine Antwort auf die Frage allerdings, um was für Probleme es sich überhaupt handeln sollte oder – übergeordnet betrachtet – welche Bildungsziele diesen zugrunde liegen sollten, steht noch aus.[50] Jedoch sind unsere grundlegenden Betrachtungen von Weichenstellungen allgemeiner musikalischer Bildungsziele unabhängig. Und dass das Problemlösen selbst nicht alleiniges Bildungsziel von Musikunterricht sein sollte, „bedeutet nicht zu bestreiten, dass das Lösen von Problemen im Unterricht einen wichtigen Stellenwert hat."[51]

Hier soll kein neuer Fluchtpunkt der Musikpädagogik gefunden werden, sozusagen als das Nonplusultra. Zu reflektieren wären – mit Blick auch auf die internationale Literatur und weitere Fachdidaktiken – vielmehr die Möglichkeiten, die Vorzüge und auch die Nachteile des Problemlösens im Musikunterricht. Das Problemlösen darf sicherlich nicht überschätzt werden, schließlich lässt sich etwa der umstrittene Mozart-Effekt als vermeintliche Folge von Wissenstransfer, zu dem Wissen und Problemlösestrategien nötig sind, bis heute nicht erklären.[52] Die theoretische Fundierung des Problemlösens im Mu-

---

[49] A. LEHMANN-WERMSER, Kompetenzorientiert Musik unterrichten?, S. 122 ff. et passim.

[50] Das ist einer der Kritikpunkte von Jürgen Vogt am aktuellen KoMus-Projekt zur Entwicklung eines Kompetenzmodells als Grundlage für die Erstellung von Bildungsstandards im Schulfach Musik (DFG-Projekt der Universität Bremen). JÜRGEN VOGT, Musikbezogene Bildungskompetenz – ein hölzernes Eisen? Anmerkungen zu den „Theoretischen Überlegungen zu einem Kompetenzmodell für das Fach Musik" in: Zeitschrift für Kritische Musikpädagogik, Sonderedition 2 (2008), S. 38. – Anzumerken ist jedoch, dass die Formulierung von musikalischen Bildungszielen noch immer ein allgemeines Anliegen der gesamten musikpädagogischen Zunft ist.

[51] C. ROLLE, Musikalische Bildung durch Kompetenzerwerb?, S. 46. – Trotzdem sehen wir im Musikunterricht durchaus das Potential, das (allgemeine) Bildungsziel der Vermittlung problemlösenden Denkens zu erreichen (neben dem Potential ästhetischer Bildung).

[52] RALPH SCHUMACHER, Macht Mozart schlau? Die Förderung kognitiver Kompetenzen durch Musik, hg. vom Bundesministerium für Bildung und Forschung (BMBF), Referat Öffentlichkeitsarbeit (= Bildungsforschung, Bd. 18), Bonn u. a. 2006, S. 13.

sikunterricht, dessen Ausschärfung im Rahmen der musikpädagogischen Unterrichtsforschung und die Systematisierung von Unterrichtsbeispielen in noch größerem Umfang könnten jedoch eine Basis liefern, um das problemlösende Lernen mit empirischen Methoden zunächst einmal auf seine Qualität und Nachhaltigkeit überprüfen zu können, denn es fehle, so Andreas Lehmann-Wermser, ein empirisch gegründetes Verständnis von Problemlöseprozessen, „… von dem wir in Bezug auf den Musikunterricht noch weit entfernt sind".[53]

---

[53] J. KNIGGE / A. LEHMANN-WERMSER, Bildungsstandards für das Fach Musik, S. 90 et passim.

SUSANNE NAACKE, ANDREAS LEHMANN-WERMSER

MUKUS – Studie zur musisch-kulturellen Bildung an Ganztagsschulen. Qualitative Fallstudien

Den Rahmen der MUKUS-Studie haben bereits Nonte und Lehmann-Wermser (in diesem Band) skizziert. Eine qualitative Vertiefung der in quantitativen Erhebungen gewonnenen Erkenntnisse war ausdrückliches Ziel des Förderprogramms der An-Studien im Rahmen der wissenschaftlichen Begleitung der durch IZBB-Mittel geförderten neuen Ganztagsschulen.

Das Forschungsdesign sah deshalb vor, in Ergänzung zur quantitativen Erhebung fünf Schulen in Fallstudien zu portraitieren. Diese sollten allerdings nicht im Sinne von *best-practice-Schulen* ausgewählt und dargestellt werden. Vielmehr ging es darum, im Interesse einer Antwort auf die bei Nonte und Lehmann-Wermser skizzierten Forschungsfragen bestimmte Aspekte vertiefend zu beobachten, zu analysieren und darzustellen.

Im Verlauf der Fallstudien sind mit verschiedenen Methoden unterschiedliche Daten gewonnen worden. In diesem komplexen Forschungsprozess – im Sinne eines sogenannten *multi-trait-multi-method-Designs* – sind die qualitativ gewonnenen Daten dann unter zusätzlicher Einbeziehung der quantitativen Daten analysiert worden.

Im Folgenden sollen zunächst das Verfahren der Schulauswahl begründet dargelegt werden, weiterhin einige methodische Erläuterungen gegeben werden, ehe schließlich das aus der Analyse erwachsene Schulmodell skizziert und an einigen Beispielen erläutert wird.

Auswahl der Schulen für die Fallstudien

Die Auswahl der Schulen erfolgte in drei Schritten und baute auf der Auswertung der quantitativ erhobenen Daten auf. Neben der Auswahl der Einzelschulen wurde außerdem die Auswahl von Personen, Ereignissen und Aktivitäten bedeutsam (Merkens 2008).

Ausgehend von den Schulleiterfragebögen wurden im Zuge einer ersten deskriptiven Auswertung Primärkriterien generiert, die geeignet schienen, für die Forschungsfrage wichtige Aspekte zum Stellenwert musisch-kultureller Bildung an Ganztagsschulen darzustellen. *Tabelle 1* gibt die Werte der später ausgewählten Schulen im Vergleich zum Mittelwert aller untersuchten Schulen wieder.

Tabelle 1: Strukturmerkmale (Primärkriterien) ausgewählter Einzelschulen anhand von Schulleiterangaben

	Schü-lerzahl	Migrationsanteil in %	Stundenvolumen muku pro Kopf	Schülerinteresse an muku (hoch)[1]	Bedeutung muku für Schulprofil (hoch)[2]	Teilnehmerquote muku in %	Etat muku pro Kopf
Schule A	921	5	0,14	3,67	4,67	40	2,17
Schule B	381	0	0,13	2,67	2,33	20	0,53
Schule C	1505	6	k.A.	4,67	4,67	17	1,66
Schule D	k.A.	15	k.A.	4,5	4,5	15	k.A.
Schule E	252	6	0,06	3	3	1	1,98
Alle Schulen[3]	547,25	11,9	0.09	3,4	3,7	17,2	3,98

Allerdings konnte eine Auswahlentscheidung *nur* mit dem Aufstellen der Primärkriterien nicht eindeutig und zufriedenstellend getroffen werden.

Im Hinblick auf eine Konkretisierung der Schulauswahl wurden nun Sekundärkriterien aufgestellt. Diese kombinierte Matrix führte zu einer Schulauswahl, die hinsichtlich einer großen Variationsbreite besonders informationsreiche Fälle herausfilterte. Berücksichtigt wurden Schulen, die im Hinblick auf Bundesland, Schul- und Ganztagsform sowie den so genannten Sieldungstyp eine möglichst große Bandbreite repräsentierten.

---

1 Die angegebene Zahl ist der Mittelwert zwischen 1 und 5. Hohes Schülerinteresse bzw. hohe Bedeutung wird mit 5 angegeben

2 Die angegebene Zahl ist der Mittelwert zwischen 1 und 5. Hohes Schülerinteresse bzw. hohe Bedeutung wird mit 5 angegeben

3 Diese Angaben sind berechnete Mittelwerte aller an MUKUS teilnehmenden Schulen zum Vergleich.

Auswahl und Struktur des Datenmaterials

In einem dritten Schritt wurde festgelegt, welche Personen, Ereignisse und Aktivitäten innerhalb jeder Einzelschule qualitativ untersucht werden sollten. Dabei standen der Erhalt und Gehalt von Informationen im Vordergrund, die zu einer begründeten Antwort auf die Frage nach dem Stellenwert und der Qualität musisch-kultureller Bildung an Ganztagsschulen führen können.

Tabelle 2: Auswahl von Personen, Ereignissen und Aktivitäten

Personen	Ereignisse	Aktivitäten
Leitfadengestützte Einzel- bzw. Gruppeninterviews mit:	Beobachtung:	Sammeln schulspezifischer Dokumente wie:
Schulleitung	Schule als Ganzes	Schulprogramme
Fachlehrern und Kooperationspartnern des musisch-kulturellen Bereichs	Unterrichts- und Ganztagseinheiten des musisch-kulturellen Bereichs	Rahmenvereinbarungen CDs / DVDs von Schulveranstaltungen
Schüler- sowie Elternvertretung		Schülerzeitung
ausgewählten Einzelschülern im Anschluss an beobachteten Unterricht bzw. Ganztagsangebote		Sichten der Schulhomepage
		Bildaufnahmen der Schule
		Videoaufnahmen der Gruppeninterviews zur Dokumentation[4]

Die Datenerhebung erfolgte pro Einzelschule in einem zuvor bestimmten Zeitraum von drei bis fünf Tagen. Insgesamt wurden 46 Interviews geführt und dabei 149 Personen befragt. Weiterhin umfasst das Gesamtdatenmaterial 44 Beobachtungsprotokolle sowie ca. 35 schulspezifische Dokumente, ca. 200

---

4 Die Gruppeninterviews sind für die Transkription meist mit Zustimmung der Beteiligten zusätzlich per Video dokumentiert worden. Die Videos gehen jedoch nicht in die Analyse ein.

Fotos und Protokolle von sog. „Tür- und Angelgesprächen". Bezogen allein auf das Interviewmaterial umfasst der Datenkorpus mit ca. 580 Seiten Interviewtranskriptionen etwa 250 000 Wörter. In Zeitstunden ausgedrückt liegen dem MUKUS-Team insgesamt etwa 40 Stunden Gesprächsmaterial vor.

Methodologie

Um den Forschungsprozess begründet nachvollziehen zu können, gibt dieses Kapitel einen kurzen Überblick über die methodologische Orientierung des qualitativen Teils von MUKUS. Dieser basiert hauptsächlich auf drei Säulen: Erstens sind im Hinblick auf das Gesamtforschungsdesign qualitative Fallstudien[5] durchgeführt worden. Zweitens orientiert sich MUKUS an Grundannahmen und Verfahren der qualitativen Evaluation. Für die sich anschließende Bewältigung der Fülle des Datenmaterials im Zusammenhang mit einer gründlichen Analyse und Auswertung ist MUKUS drittens dem methodischen Vorgehen des sog. *Thematischen Kodierens* nach Uwe Flick (Flick 2007) in enger Verzahnung zu einzelnen Verfahrensschritten der *Grounded Theory Methodology*[6] nach Glaser und Strauss gefolgt (Glaser, Strauss 1967; Strauss, Corbin 1999). Einen weiteren Schwerpunkt bildet die Triangulation, die als übergreifendes methodisches Prinzip im Sinne von Perspektiven- und Erkenntniserweiterung eingesetzt worden ist. Auf diese methodologischen Säulen soll im Folgenden kurz eingegangen werden.

Qualitative Fallstudie

Fallstudien können definiert werden als intensive und ganzheitliche Analyse und Beschreibung eines Phänomens oder einer sozialen Einheit (Merriam 1988). Demnach handelt es sich bei Fallstudien nicht um eine isolierte Technik der empirischen Sozialforschung, sondern um einen sog. *approach* oder eine Methodologie (Stake 2000; Creswell 2000, sowie Lamnek 2005). Im Rahmen der Fallstudien im qualitativen Paradigma stehen dem Forscher somit grundsätzlich sämtliche Methoden der Datenerhebung und -auswertung zur

---

[5] Die Forschungsgruppe folgt dabei einem Verständnis von Fallstudien im qualitativen Paradigma von Autor/-innen wie John W. Cresswell (2005), Sharan B. Merriam (1988), Siegfried Lamnek (2005), Robert E. Stake (2000) und Robert K. Yin (2005)

[6] *Grounded Theory Methodology* wird im Folgenden mit *GTM* abgekürzt

Verfügung, die entsprechend des Falles und der Forschungsfrage sorgfältig auszuwählen sind.

„...*a case study is an exploration of a „bounded system" or a case (or multiple cases) over time through detailed, in-depth data collection involving multiple sources of information rich in context. This system is bounded by time and place, and it is the case being studied – a program, an event, an activity, or individuals. ... The context of the case involves situating the case within its setting ..."* (Cresswell 2000, S. 61)

Im Sinne eines multimethodischen Zugangs kann eine Falluntersuchung bspw. Verfahren der Beobachtung, der Befragung, der inhaltsanalytischen Auswertung, der Fallbeschreibung und -analyse umfassen. Kern dieser methodologischen Auffassung ist es, dass die Untersuchungsobjekte – bei MUKUS sind das die entsprechenden ausgewählten Einzelschulen – dabei nicht auf wenige Variablen reduziert werden, sondern möglichst alle relevanten Dimensionen im Sinne einer ganzheitlichen Fallbeschreibung *ein-* und eng *aufeinander* bezogen werden. Demzufolge ermöglichen Fallstudien einen genauen Einblick in das Zusammenwirken unterschiedlicher Faktoren.[7] Verfahren der Triangulation unterstützen diesen engen Bezug.

Der Fall – Die Schule als *bounded system*

Ein Fall als *bounded system* kann ein Individuum, ein Programm, eine Institution, eine Gruppe, ein Ereignis oder auch ein Konzept sein. Ergänzend dazu vertritt Merriam die Position, Fallstudien im Bildungsbereich dann durchzuführen, wenn es v. a. darum gehe ein bestimmtes Phänomen bspw. ein Programm oder eine Institution zu untersuchen. Dabei bezieht sie sich auf Adelman et al. (1983), die in Bezug auf ein *bounded system* im schulischen Bereich wie folgt formulieren: „The most straightforward examples of ‚bounded systems' are those in which the boundaries have a common sense obviousness, e.g. an individual teacher, a single school, or perhaps an innovatory programme." (Merriam 1988, S. 10). In diesem Zusammenhang definiert Yin Fallstudien als empirische Forschung, die ein zeitgenössisches Phänomen in seinem *real-life* Kontext untersuchen, insbesondere dann, wenn die Grenzen

---

[7] Zur ausführlichen Darlegung bzgl. der Methodologie der Fallstudie vgl. Lehmann-Wermser et al. (2009) in Vorb.

zwischen Phänomen und Kontext nicht vollkommen trennscharf zu ziehen sind (Yin 2005). Dem geht die Annahme voraus, dass Kontextbedingungen einen großen Einfluss auf das Untersuchungsphänomen haben und in Bezug auf ein umfassendes Fallverständnis und weiterführende Fallvergleiche aufgedeckt werden müssen.

Beschränkt sich der Forscher auf ein oder wenige Untersuchungsobjekte und macht infolgedessen die Fälle jeweils in ihrer Totalität zum Untersuchungsgegenstand, dann ist ein intensiverer Umgang mit mehr Untersuchungsmaterial gewährleistet und es können zudem umfangreichere und komplexere Ergebnisse erzielt werden (Lamnek 2005).

Obwohl die fünf ausgewählten Einzelschulen ein gemeinsames Fallstudiendesign bilden, kann jede Einzelschule für sich als ein *bounded system* beschrieben werden. Im Rahmen dessen interessieren Fragestellungen im Hinblick auf Möglichkeiten und Grenzen musisch-kultureller Bildung im Zusammenhang mit Ausbau und Entwicklung der Ganztagsschulkonzeption *am konkreten Ort*. Somit können und müssen zunächst die Einzelfälle intensiv betrachtet werden. Weiterhin sind Fallvergleiche im Rahmen des gemeinsamen Designs nicht ausgeschlossen und sollten im Sinne der Erkenntniserweiterung eingesetzt werden.

Diese Ausgangsbedingungen erfordern folglich eine sinnvolle Abstimmung des Forschungsdesigns auf die Gegebenheiten des Untersuchungsgegenstandes. Dafür betrachtete das Forscherteam qualitative Fallstudien als besonders Erkenntnis bringend.

Einzelmethoden

Bei MUKUS sind im Rahmen der qualitativen Fallstudien folgende Einzelmethoden der Erhebung und Analyse von Daten im Hinblick auf Forschungsgegenstand und -design ausgewählt und aufeinander abgestimmt worden.

Die Datenerhebung erfolgte mittels leitfadengestützter Interviews in Zusammenhang mit der nicht-teilnehmenden, aber direkten Beobachtung ausgewählter Situationen sowie der ergänzenden Dokumentenanalyse. Das *Thematische Kodieren* schien zur fallspezifischen sowie fallübergreifenden Analyse der gewonnenen Daten geeignet. Ein stets begleitendes Moment war die Triangulation. Dabei werden nicht nur quantitative und qualitative Verfahren im Sinne einer Erkenntniserweiterung miteinander verbunden, sondern ebenso Bezüge innerhalb der qualitativen Fallstudien hergestellt.

Qualitative Evaluation

Bortz und Döring verstehen unter Evaluation oder auch Evaluationsforschung[8] „... die systematische Anwendung empirischer Forschungsmethoden zur Bewertung des Konzeptes, des Untersuchungsplanes, der Implementierung und der Wirksamkeit sozialer Interventionsprogramme" (Bortz & Döring, 2002, S. 96).

Obwohl die Datenerhebung von MUKUS im laufenden Prozess stattgefunden hat und durch retrospektive sowie zukunftsorientierte Fragestellungen auch die Prozesshaftigkeit der Ganztagsschulentwicklung im Zusammenhang mit dem musisch-kulturellen Bereich betrachtet wurde, weist die qualitative Forschungsphase Merkmale summativer Evaluation auf.

Qualitative Evaluation rekonstruiert neben der Beobachtung spezifischer Zustände der Einzelfälle die unterschiedlichen Begründungs- und Handlungsmuster und vergleicht kontrastierende Fälle. Ein weiteres Prinzip zielt auf Spezifität, weniger auf Generalisierbarkeit. Deswegen liegt besonderes Augenmerk bspw. auf der Herausarbeitung von lokal-regionalen Strukturbedingungen sowie auf Interaktion und Kommunikation zwischen den Akteuren etc. Qualitative Evaluation hat also nicht vorrangig die Entwicklung genereller Theorien zum Ziel, sondern die Herausarbeitung schulspezifischer Stellungnahmen in Bezug auf den Gegenstand.

In Ergänzung zu den methodologischen Grundpositionen qualitativer Evaluation orientiert sich MUKUS in Bezug auf einen effektiven und nachvollziehbaren Ablauf an Vorschlägen von Kuckartz (2007). Diese Struktur gebenden Schritte waren zu verschiedenen Phasen des Forschungsprozesses handlungsleitend.

---

[8] Zum Teil wird zwischen diesen Begriffen unterschieden, zum Teil werden sie synonym verwendet.

Thematisches Kodieren

Das Verfahren des *Thematischen Kodierens* wurde in Anlehnung an die *Grounded Theory Methodology* entwickelt (Flick 2007). Der Fokus richtet sich dabei auf vergleichende Studien, in denen es um eine Rekonstruktion gruppenspezifischer Sicht- und Erfahrungsweisen auf ein Phänomen oder einen Prozess geht.

Die Option auf Vergleichbarkeit muss bereits im Forschungsdesign bzgl. der Datenerhebung angelegt werden. Das kann auf verschiedene Weise realisiert werden: einerseits mit der Anlage eines für alle zu untersuchenden Einzelfälle gleichermaßen verbindlichen Gesamtdesigns und andererseits im Detail bspw. mit der Entwicklung von teilweise deckungsgleichen Leitfäden für Interviews.

Das Ziel dieses Verfahrens ist demnach die Herausarbeitung von Gemeinsamkeiten und Unterschieden anhand von aus dem Material entwickelten thematischen Bereichen, beginnend beim Einzelfall und schließlich über die Einzelfälle hinweg.[9] Diesbezüglich gilt es bei MUKUS eine Besonderheit zu beachten: der Einzelfall ist in jedem Fall die Einzelschule. Allerdings gibt es aufgrund der verschiedenen Informationsquellen (Interviews, Beobachtungen, Dokumente) sog. *Vor-Einzelfälle*, die zunächst analysiert und schulspezifisch zu einem Einzelfallbild zusammengeführt werden müssen. In einem dritten Schritt werden dann verschiedene Möglichkeiten gruppenübergreifender Fallvergleiche bedeutsam.

Triangulation

Ein weiterer methodischer Schwerpunkt von MUKUS ist die Triangulation (vgl. Flick 2008). Sowohl der Forschungsansatz Fallstudie, als auch die Forschungsarbeit in einem Team und die angewandte Methodenkombination verlangen nach Möglichkeiten der Integration der verschiedenen Verfahren sowie nach Formen der Triangulation der Daten.

---

[9] Schließlich können einzelne thematische Bereiche einer Feinanalyse unterzogen werden und werden diesbezüglich gesondert detailliert interpretiert. Dies soll im vorliegenden Beitrag anhand der zwei Großen Themen Kulturelle Teilhabe sowie Kooperation erfolgen.

Triangulation wurde in der Sozialforschung v. a. für die methodologische Begründung der Verknüpfung quantitativer und qualitativer Verfahren und dementsprechend vorrangig als eine Möglichkeit der gegenseitigen Validierung von Methoden und Forschungsergebnissen verstanden (Denzin 1978).

Im weiteren Verlauf hat sich allerdings ein verändertes Verständnis von Triangulation entwickelt. Es polarisiert nicht nur die beiden Forschungsparadigmen, sondern betont eine Eignung beider im Sinne der gegenseitigen Ergänzung in Bezug auf den Forschungsgegenstand. Dieser zweiten Lesart von Triangulation hinsichtlich der umfassenden Erfassung, Beschreibung und Erklärung eines Gegenstandsbereichs haben sich die Autor/-innen von MUKUS angeschlossen. Krüger und Pfaff (2008) bezeichnen dieses Verständnis als „Komplementärmodell". Bereits das Gesamtdesign von MUKUS sah eine Integration der Verfahren vor, sodass MUKUS von Anfang an nicht nur dem Ansatz der *Mixed Methodologies* folgen wollte, was als pragmatischer Ansatz des Nebeneinanderstellens von quantitativen und qualitativen Verfahren verstanden wird (Flick 2007). Flick und auch Denzin betonen in der neueren Literatur, dass es v. a. um inhaltliche Ergänzungen geht mit dem Ziel der Erkenntniserweiterung (Flick 2007; Denzin & Lincoln 2000). Wenn Flick drei Verwendungsweisen von Triangulation benennt und zwar „als Validierungsstrategie, als Ansatz der Generalisierung der gefundenen Erkenntnisse und als Weg zu zusätzlicher Erkenntnis" (Flick 2007, S. 318) so ist sie v. a. im letztgenannten Sinne bei MUKUS verstanden und angewandt worden.

Abbildung 1 gibt einen Überblick über Möglichkeiten der Integration quantitativer und qualitativer Verfahren sowie über die konkrete Anwendung triangulativer Verfahren im Rahmen von MUKUS.

Abbildung 1: Integration qualitativer und quantitativer Verfahren sowie Formen der Triangulation bei MUKUS

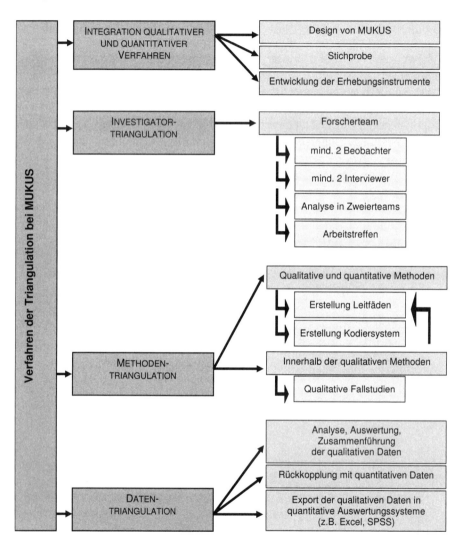

Quelle: eigene Darstellung MUKUS 2009 (Susanne Naacke)

Schule als System – ein Erklärungsmodell

Bevor ausgewählte Aspekte anhand der Einzelfallschulen diskutiert werden, soll ein allgemeines Erklärungsmodell vorgestellt werden.[10] Dieses Modell hat sich aus der Analyse und Auswertung der qualitativ erhobenen Daten über die fünf Einzelschulen hinweg entwickelt und verdeutlicht das Bedingungsgefüge vom System Schule und dem darin verorteten musisch-kulturellen Bereich. Dabei werden relevante Elemente und ihre Zusammenhänge dargestellt.

Im Rahmen der Einzelfallstudien von MUKUS sind organisationstheoretische und im Besonderen systemische Sichtweisen in Analyse und Auswertung eingeflossen.[11] Dementsprechend ist im Forschungsprozess, aber auch in der Darstellung seiner Ergebnisse zum einen das Gesamtsystem Schule mit seinen formalen Regeln, Strukturen und Bedingungen in den Blick genommen worden. Zum andern sind auch die sozialen Prozesse zwischen Individuen und Gruppen unter bestimmten Analyseaspekten wie Kooperationsstrukturen, Klimaentwicklungen, Lern- und Entwicklungsprozessen bei Schüler/-innen und Lehrpersonal betrachtet worden. Das hat sich in der Erstellung des folgenden Erklärungsmodells niedergeschlagen.

Allgemeines Erklärungsmodell

Das Modell gibt Auskunft über Struktur- und Kontextbedingungen, Handlungs- und Interaktionsstrategien sowie Aus- und Rückwirkungen einerseits innerhalb des Systems Schule und seiner Subsysteme und andererseits zwischen Schule und äußeren Einflussfaktoren – so wie sie aus den Aussagen der Akteure rekonstruiert werden können.

---

[10] Die folgenden Ausführungen sind Teil des Dissertationsprojektes von Susanne Naacke.

[11] Ausführlichere Darstellung zum Einfluss von organisations- und systemtheoretischen Sichtweisen können im Abschlussbericht MUKUS nachgelesen werden. (vgl. Lehmann-Wermser et al. 2009 (in Vorb.)

Abbildung 2: Allgemeines Erklärungsmodell

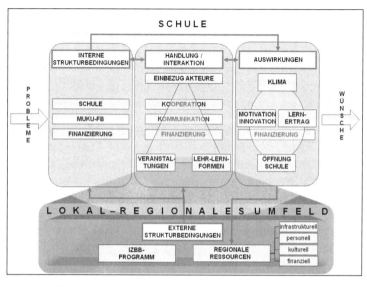

Quelle: eigene Darstellung MUKUS 2009 (Susanne Naacke)

Im Forschungsverlauf sind sog. *Große Themen*[12] über alle Einzelschulen hinweg generiert worden, die durch vielfältige Unterkategorien beschrieben werden können. Diese fügen sich wie abgebildet in das Modell ein, nehmen allerdings an den Einzelschulen unterschiedliche Bedeutung ein und werden verschiedentlich beeinflusst. Dementsprechend bleibt das Modell dynamisch und veränderbar.[13]

In den folgenden Abschnitten sollen zwei Bereiche intensiv betrachtet werden: erstens Aspekte der Ermöglichung kultureller Teilhabe und deren Auswirkungen sowie zweitens solche der Implementierung und Durchführung von Kooperationsstrukturen im musisch-kulturellen Bereich. Während kulturelle Teilhabe aufgrund der Analyse über alle fünf Einzelschulen hinweg theoretisch erläutert wird, sollen Kooperationsstrukturen zusätzlich zur schulüber-

---

[12] Die *Großen Themen* werden im Sinne kodifizierter Verfahren wie der *GTM* als Hauptkategorien verstanden

[13] Detaillierte Erläuterung zum schulischen Modell sind im Abschlussbericht von MUKUS aufgeführt (vgl. Lehmann-Wermser et al. 2009 (in Vorb.))

greifenden Analyse anhand von Schule A empirisch gehaltvoll dargestellt werden.

Kulturelle Teilhabe „versteckt" sich als *Großes Thema*. Im Forschungsverständnis von MUKUS wird die Ermöglichung kultureller Teilhabe grundsätzlich als pädagogische Haltung verstanden und ist somit Bestandteil der internen Strukturbedingungen innerhalb der Hauptkategorie SCHULE. Kooperation ist als zweites *Großes Thema* im Erklärungsmodell hauptsächlich im Bereich Handlung / Interaktion angesiedelt. Allerdings sind wichtige Aspekte wie strukturelle Voraussetzungen oder Auswirkungen entsprechend in den übrigen Bereichen zu verorten.

Kulturelle Teilhabe

Kulturelle Bildung erfährt in der derzeitigen nationalen und internationalen Bildungsdiskussion große Aufmerksamkeit. In der Bundesrepublik Deutschland haben diverse kulturpolitische Gremien umfassende Konzeptionen für verschiedene kulturelle Bereiche erarbeitet. Zu nennen sind hier vor allem die von der Bundesregierung eingesetzte Enquete-Kommission[14], die Bundesvereinigung Kulturelle Kinder- und Jugendbildung (BKJ), die Bund-Länder-Kommission zur Kulturellen Bildung (BLK) sowie der Deutsche Kulturrat. Diese Instanzen sind in einen vielgestaltigen Dialog miteinander getreten und haben Handlungsempfehlungen, Strategien und vielfältige Kooperationen vereinbart. Dabei wird kulturelle Teilhabe, eine der von Boudieu beschriebenen Teilhabeformen, stets als Voraussetzung zu kultureller Bildung sowie als Bestandteil von Allgemeinbildung verstanden. Nicht zuletzt hat sich im Zuge der PISA-Studien die Bedeutung der kulturellen Teilhabe herauskristallisiert, denn ein Ergebnis lautete, dass es dem deutschen Bildungssystem nach wie vor nicht gelingt, die durch ungünstige familiäre und soziale Verhältnisse bedingten Disparitäten auszugleichen. (PISA 2004). Auch die Bundesvereinigung Kulturelle Kinder- und Jugendbildung (BKJ) betont, dass noch zu wenige Kinder und Jugendliche mit unterschiedlichen kulturellen Hintergründen Zugang zu kulturellen Bildungsangeboten haben (Liebald 2006).

Demnach muss das Kinderrecht auf Teilhabe zu Kunst und Kultur mit Chancengleichheit bzw. Teilhabegerechtigkeit verbunden werden.

---

[14] http://www.bundestag.de/parlament/gremien/kommissionen/enqkultur/ Schlussbericht/Schlussbericht/ Schlussbericht.pdf

Die Darstellung in *Abbildung 3* verdeutlicht die Implementierung musisch-kultureller Praxen im Zusammenhang mit der Ermöglichung kultureller Teilhabe im schulischen Kontext und deren Auswirkungen auf Schülerseite. Die folgende Analyse stützt sich schulübergreifend auf Äußerungen in 15 Zitaten im Datenmaterial von MUKUS.

Abbildung 3: Ermöglichung und Auswirkung kultureller Teilhabe

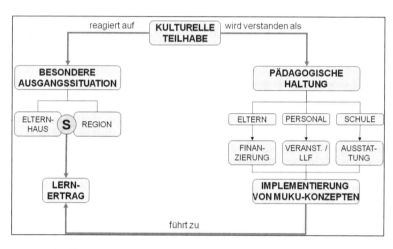

Quelle: eigene Darstellung MUKUS 2009 (Susanne Naacke)

Die Ermöglichung kultureller Teilhabe wird als pädagogische Haltung verstanden, die die Schule als pädagogische Institution, das Personal oder das Elternhaus einnehmen. Kulturelle Teilhabe wird dann in den Interviews zu einem zentralen Thema, wenn Schwierigkeiten und Missstände in Bezug auf die finanzielle Lage der Elternhäuser sowie bestimmte regionale Besonderheiten in der Perspektive der Interviewpartner bedeutsam erscheinen. Der Schüler als Familienmitglied sowie als Mitglied der Region ist ebenso Bestandteil dieser Ausgangssituation wie die Akteure Schule, Personal und Eltern. Die letztgenannten handeln nun aufgrund ihrer pädagogischen Haltung, indem sie daran beteiligt sind, bestimmte musisch-kulturelle Praxen zu implementieren. Als Begründung formulieren die Akteure, dass die Schüler/-innen sonst nicht die Möglichkeit hätten, z. B. ein Instrument zu erlernen oder bestimmte Fähigkeiten und Fertigkeiten und damit zusammenhängender Ausstattung, bspw. in Bezug auf Grafik-Design zu erwerben.

Um neue musisch-kulturelle Praxen zu implementieren, muss Folgendes gegeben sein: Eine bestimmte Ausstattung an Instrumenten oder Materialien wird kostenfrei oder unter günstigen Bedingungen zur Verfügung gestellt. Konzepte wie bspw. das Bläserklassenmodell sehen zudem bestimmte Lehr- und Lernformen[15] wie Unterricht in Kleingruppen vor. Zusätzliche Exkursionen, Museums- und Theaterbesuche zeichnen musisch-kulturelle Konzepte ebenso aus wie Aufführungen o. a. Veranstaltungen. Diese Lehr- und Lernformen und öffentlichen Präsentationen sind verbunden mit einem verstärkten Einbezug der Akteure, v. a. der Schüler und ermöglichen in besonderer Weise einen Zugang zu Kunst und Kultur und somit zu kultureller Bildung.

Die Schule übernimmt dabei den Part der Grundfinanzierung bzw. Ausstattung für diese Konzepte, nicht selten kann man dabei eine aktive Position des Schulfördervereins verzeichnen. Das Personal – Fachlehrer und Kooperationspartner – sorgt für die entsprechende Durchführung und Gestaltung des musisch-kulturellen Unterrichts. Die Eltern sind aufgefordert für bestimmte Konzepte (v. a. Bläser- und Chorklasse) Teilnahmegebühren zu übernehmen. Dabei handelt es sich zumeist um einen monatlichen Beitrag zwischen 10 und 30 Euro, der im Vergleich zu Musikschul- oder privatem Unterricht deutlich geringer ist.

Aufgrund der dargestellten Besonderheiten wird den Schüler/-innen ein Zugang zu Kunst und Kultur ermöglicht. Dieser Zugang bewirkt einen Lernertrag, der andernfalls im Zusammenhang mit familiär oder regional ungünstigen Verhältnissen möglicherweise nicht begünstigt worden wäre. Somit verfolgt die auf diese Weise beschriebene Implementierung besonderer musisch-kultureller Praxen die Ermöglichung einer chancengerechten kulturellen Teilhabe.

MUKUS konnte allerdings aufgrund des begrenzten Forschungszeitraumes nicht überprüfen, inwieweit eine Nachhaltigkeit des Lernertrags sowie ein eigenständiges Bedürfnis der Schüler/-innen zur Auseinandersetzung mit Kunst und Kultur auch über den schulischen Rahmen hinaus gegeben sind. Diese Fragen stehen im Zentrum zukünftiger Forschungsprojekte.

---

[15] Lehr- und Lernformen werden in den Abbildungen mit LLF abgekürzt.

Kooperationen als besondere Handlung und Interaktion in der Ganztagsschule

Kooperationsstrukturen I – Gesamtüberblick

Die Mitarbeit von außerschulischen Partnern ist eine relativ junge Entwicklungslinie und charakteristisch für die Ganztagsschulentwicklung. Im Laufe der Analyse sind die folgenden in *Abbildung 4* dargestellten schulübergreifenden Aspekte aus den Gesamtdaten generiert worden. Diese für die Implementierung und Durchführung von Kooperationen entscheidenden Teilbereiche sollen in einem ersten Schritt theoretisch erläutert bevor sie dann in einem zweiten Schritt anhand von Schule A illustriert werden.

Das *Große Thema* Kooperation gliedert sich wie dargestellt in die Kategorien Kooperation mit *Institutionen, mit Personen* sowie Fragen der *Organisation* und hinsichtlich *pädagogischer Fragestellungen.*

Abbildung 4: Relevante Teilbereiche von Kooperationsstrukturen

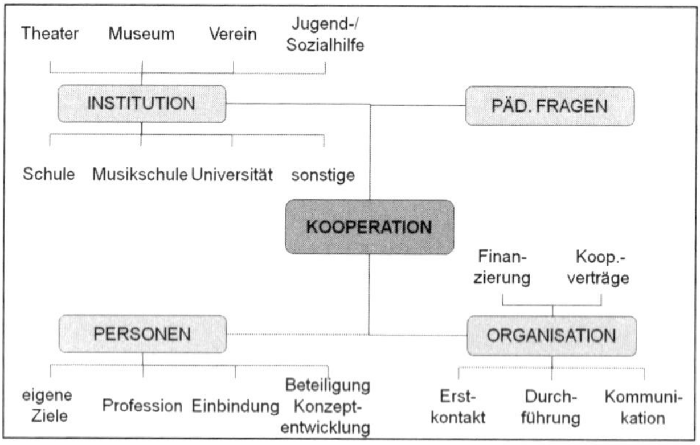

Quelle: eigene Darstellung MUKUS 2009 (Susanne Naacke)

Institution erfasst schulübergreifend alle möglichen Einrichtungen, mit denen im Rahmen der Einzelfallstudien bei MUKUS Kooperationen eingegangen worden sind. Unter dem Punkt *Personen* werden Informationen zur Einbindung der Kooperationspartner in schulische Gremien aber auch in die unterrichtliche Arbeit sowie Fragen der konkreten Beteiligung der Kooperationspartner in Bezug auf Konzeptentwicklungen bedeutsam. Weiterhin stehen

Aussagen hinsichtlich Formulierung und Verwirklichung eigener Ziele der Kooperationspartner im Zentrum.

Organisation thematisiert Rahmen- und Strukturbedingungen zur Implementierung und Durchführung von Kooperationen im musisch-kulturellen Bereich. Neben dem Erstkontakt bzw. dem Zustandekommen von Kooperation bezieht sich der Bereich der *Organisation* auf die Kommunikation zwischen den beteiligten Akteuren, vor allem zwischen Lehrer/-innen und Kooperationspartnern sowie auf die konkrete Durchführung. In diesem Zusammenhang sind zudem Aspekte der Finanzierung oder etwaige Kooperationsverträge von Interesse.

Ein weiterer thematischer Bereich greift Aussagen zu Möglichkeiten der Kooperation hinsichtlich *pädagogischer Fragen* auf. Das umfasst bspw. Überlegungen, ob im Rahmen der Kooperationen auch anstehende pädagogische Fragen gemeinsam schüler- und lösungsorientiert erörtert werden. Es kann bereits jetzt gesagt werden, dass dieser im Sinn optimaler Lern- und Entwicklungsprozesse von Schüler/-innen doch entscheidende Bereich im Falle der MUKUS-Schulen meist auf Absprachen zu Verhaltensauffälligkeiten einzelner Schüler/-innen sowie auf den Ausgleich von Defiziten beschränkt bleibt. In einigen Fällen tauschen sich die Lehrenden über besonders begabte Schüler/-innen aus und streben eine Vermittlung in weiterführende kulturelle Institutionen oder eine besondere Förderung an.

Bei allen fünf Einzelschulen konnten die beschriebenen Aspekte wahrgenommen werden, allerdings in Abhängigkeit ihrer internen und externen Strukturbedingungen mit je unterschiedlichem Ausprägungsgrad.

Kooperationsstrukturen II – Ausgewählte Aspekte an Schule A

Strukturbedingungen

Aufstellung des musisch-kulturellen Fachbereichs

Am Beispiel von Schule A sollen nun konkrete Kooperationsstrukturen im musisch-kulturellen Bereich näher erläutert werden. Alle drei interessierenden Unterrichtsfächer weisen besondere Konzepte oder Unterrichtsstrukturen auf, die Kooperationen erfordern und ermöglichen: Im Fach Musik sind Orchester- und Chorklassen implementiert worden, im Fach Kunst existiert im AG-

Bereich bereits seit einigen Jahren erfolgreich eine Schülerfirma. Außerdem hat sich neben der Zusammenarbeit mit einer privaten Kunstschule die Museumspädagogik in Kooperation mit dem städtischen Museum etabliert. Im Fach Darstellendes Spiel gibt es sowohl Wahlpflichtkurse als auch projektbezogen eine Theater-AG. Dabei arbeitet Schule A mit dem städtischen Theater zusammen. Für die Durchführung von Oberstufenkursen im Fach Musik gibt es Kooperationen mit anderen innerstädtischen Gymnasien. Die teilnehmenden Schulen bieten gemeinsame Kurse für die Schüler/-innen der verschiedenen Schulen an.

Erstkontakt / Zustandekommen

Kooperationen kommen im Vergleich sehr vielfältig zustande. Sie beruhen nicht nur auf strukturellen Voraussetzungen, sondern entstehen aufgrund intentionaler und interaktionaler Strategien der beteiligten Akteure. Diese sind das entscheidende Verbindungselement zwischen internen und externen Strukturbedingungen.

Insgesamt betonen die verschiedenen Akteure von Schule A immer wieder, dass zahlreiche und langjährige Kontakte zwischen schulischem und außerschulischem Personal bestehen. Der Erstkontakt bzw. das Zustandekommen von Kooperationen beruht dabei vornehmlich auf privater Initiative. Weiterhin ergeben sich Kooperationen vielfach durch „Hören-Sagen". Das bezieht auch ein, dass außerschulische Institutionen in Folge der positiven Außenwahrnehmung der Schule A an diese herantreten und ihrerseits eine Zusammenarbeit im musisch-kulturellen Bereich vorschlagen. Das ist v. a. in Bezug auf die Museumspädagogik und die Zusammenarbeit mit der privaten Kunstschule ein oft beschrittener Weg. Dahingehend hat sich mittlerweile die gemeinsame Organisation einer Ausstellung mit Schülerwerken ungefähr einmal jährlich fest etabliert. Im Bereich Darstellendes Spiel / Theater wird eine Zusammenarbeit aufgrund der Bedingungen des städtischen Theaters ermöglicht, denn es stehen drei Mitarbeiterstellen in der Kinder- und Jugendarbeit zur Verfügung, die bei Bedarf zur gemeinsamen künstlerischen Arbeit an Schule A kommen. Zusätzlich können Aufführungen im Theater organisiert werden. Die Aussagen der Kooperationspartner im Fach Musik (allesamt Studierende für das Lehramt Musik) geben individuelle Erklärungen zum Zustandekommen und zur Weiterentwicklung ihrer Tätigkeit an Schule A. Vielfach wurde der Grundstein durch die verschiedenen Schulpraktika und die Anbindung der Seminare gelegt. Damit wurde der Schuleinstieg ermöglicht und Interesse für eine weitere Tätigkeit geweckt, wie Kooperationen in z. B. Musicalprojekten und Tätigkeiten als Stimmbildungs- oder Instrumentallehrer. Eine weitere Möglichkeit der Kontaktaufnahme bestand darin, dass Lehrende der Schule A an Lehrende der Universität herangetreten sind und nach zur Verfügung stehendem Personal gefragt haben. Die Lehrenden der Universität haben ihrerseits nach interessierten Studierenden gesucht.

Handlung / Interaktion

Gelingende Kooperationen als besondere pädagogische Handlungsweisen zeichnen sich neben den bereits genannten strukturellen Bedingungen im Bereich Handlung / Interaktion durch folgende Dimensionen aus: Sie sind gekennzeichnet durch eine vielfältige, auf den künstlerischen Gegenstand und die handelnden Akteure abgestimmte Kommunikation. Weiterhin zentral ist neben Fragen der Einbindung der Kooperationspartner, dass das lehrende Personal eigene Ziele formuliert und verwirklicht. Damit stehen folgende unterrichtlichen Besonderheiten in Zusammenhang: Spezielle Lehr- und Lernformen sowie zusätzliche Präsentationen oder öffentliche Veranstaltungen sind nicht nur *typisch* für den musisch-kulturellen Bereich, sie sind zudem notwendiger Bestandteil und positiver Ertrag der veränderten pädagogischen Lehr- und Lernsituation. Sie können nur auf der Grundlage guter Kommunikation und Durchführung der Kooperationssituation gewinnbringend realisiert werden. Das beschriebene Zusammenspiel führt zu einem erhöhten Eigenengagement aller daran beteiligten Akteure. Sowohl Fachlehrer/-innen als auch Kooperationspartner als auch Schüler/-innen sind aufgefordert aktiv und eigenverantwortlich an diesem kooperativen Lehren und Lernen teilzuhaben. Konkrete Finanzierungsvorschläge sind selbstverständliche Voraussetzung und ebenso Bestandteil von Interaktion.

Beschränkt auf das Fach Musik gestaltet sich an Schule A die Einbindung des außerschulischen Personals, die damit verbundene Kommunikation und Durchführung der Zusammenarbeit sehr vielschichtig. Im Bereich der Chor- und Orchesterklassen gibt es grundsätzlich ähnliche Strukturen: die Kooperationspartner werden eingesetzt für den Kleingruppenunterricht im Bereich Stimmbildung bzw. Instrumentalunterricht, der für jeden Schüler einmal wöchentlich stattfindet. Der Vertrag ist mit dem Schulförderverein abgeschlossen worden, der auch die Bezahlung der Stimmbildungs- und Instrumentallehrer übernimmt. Darin ist neben unterrichtlichen Verpflichtungen zudem die Präsenz und Mitarbeit der Kooperationspartner bei Zusatzveranstaltungen (wie Bühnenabenden o. a. Aufführungen und Konzerten) festgehalten.

Bei beiden Konzepten gab es im Vorhinein Arbeitstreffen mit den Fachlehrer/-innen bzgl. der Herangehensweise. Während man bei der Orchesterklasse auf das Bläserklassenmodell von Yamaha zurückgriff und es schulspezifisch weiterentwickelte, stand zum Zeitpunkt der Datenerhebung im Bereich Chorklasse noch kein ausgearbeitetes Konzept zur Verfügung.[16] Kommunikation und Absprachen werden vornehmlich per E-Mail oder per „hin und her fliegender Zettel" realisiert. Das letzte gemeinsame persönliche Arbeitstreffen bzgl. der Orchesterklassen fand – laut Aussagen der Kooperationspartner – vor eineinhalb Jahren statt. Das nächste Treffen war zum Zeitpunkt der Datenerhebung erst vage anberaumt worden. Grundsätzlich sehen die Fachlehrer/-innen Musik die Hauptaufgabe der Kommunikation in der Übermittlung von Arbeitsanweisungen an die Kooperationspartner. Diese enthalten die Angabe der Stücke, die im gemeinsamen Unterricht musiziert werden sollen. Beide – Fachlehrer wie Kooperationspartner – sind angehalten, den Ablauf ihrer Unterrichtsstunden kurz zu skizzieren. Die schriftliche Kommunikation umfasst auch schülerspezifische Mitteilungen, wonach stichpunktartig Defizite bzw. Verhaltensauffälligkeiten festgehalten werden. Die Aufgabe der Stimmbildungs- und Instrumentallehrer besteht v. a. im Ausgleich der benannten Defizite. Interessant waren Aussagen verschiedener Kooperationspartner zum Umgang mit den Arbeitsanweisungen im Verhältnis zur eigenen Arbeitseinstellung: obwohl sie die Vorgaben der Fachlehrer/-innen bekommen und auch bewältigen, bewahren sie ihren persönlichen und künstlerischen Freiraum, indem sie neben den gesetzten Musizierstücken auch eigene Stücke schülerspezifisch auswählen und im Kleingruppenunterricht erarbeiten.

„Und dann habe ich wirklich für jeden einzelnen Schüler ein einzelnes Stück rausgesucht. Und habe dann zehn Minuten - [lacht:] und herrlich! - Einzelunterricht gemacht. Das die wirklich, dass jeder so sein eigenes Stück hat." (Kooperationspartner Orchesterklasse, Schule A)

Als besondere Herausforderung beschreiben die Stimmbildungs- und Instrumentallehrer die Arbeit in Kleingruppen. Häufig stehen sie vor unbefriedi-

---

[16] Die Orchesterklasse ist als eine gemeinsame Schulklasse angelegt, während die Chorklasse sich aus zwei verschiedenen Schulklassen zusammensetzt. Soziale Prozesse und Findungsphasen nehmen in der Chorklasse mehr Zeit in Anspruch. Weiterhin ist die konkrete Umsetzung des Chorklassenkonzepts problematisch, da die Lehrenden mit je individuellen Idealvorstellungen unterrichten und auch auf dieser Ebene Findungsprozesse stattfinden.

genden Lösungen, was die individuelle Förderung der Schüler/-innen angeht. Dies sei in diesem Rahmen nicht zufriedenstellend zu lösen.

„*Also, ich unterrichte mittlerweile seit vier oder fünf Jahren Querflöte und habe also Vorerfahrung. Das ist in Ordnung. Aber meistens geht es halt da um Einzelunterricht. Und wo ich hier auch oft manchmal vor stehe und denke: ‚Man hat fünf Schüler mit fünf verschiedenen Niveau.' Man kriegt das Niveau nicht so hoch hin, wie man es vielleicht im Einzelunterricht bekommen würde. ... Das ist da so, wo ich mir vielleicht manchmal denke, ob ich da vielleicht didaktisch oder pädagogisch vielleicht anders daran gehen könnte. An den Gruppenunterricht an sich.*" *(Kooperationspartner Orchesterklasse, Schule A)*

Auf die Frage nach der Formulierung und Verwirklichung eigener Ziele im Rahmen der Zusammenarbeit beschreiben fast alle außerschulischen Partner, dass sie grundsätzlich jeden Umgang mit Schüler/-innen als persönlichen Gewinn betrachten. Sie empfinden es als Bereicherung, zusätzlich zu den regulären Schulpraktika Einblick in Schulleben und in pädagogische Situationen zu erhalten. Die außerschulischen Lehrenden der Chorklasse formulieren, dass sie gerade aufgrund des noch fehlenden Konzepts besonders motiviert sind und sich gern Gedanken zu einer gelingenden Umsetzung machen. Demgegenüber sind die Kooperationspartner der Orchesterklasse nicht in Fragen der Konzeptentwicklung eingebunden. Vielmehr verstehen sie sich als ausführendes Organ und sehen die Verantwortung zum Gelingen dieses Konzepts bei den Fachlehrer/-innen.

Auswirkungen

Auf Individualebene

Veränderte Motivation der Lehrenden

Die verschiedenen Akteure der Schule A äußern im Zusammenhang mit dem dargelegten Handlungs- und Interaktionsgeflechts, dass es aufgrund dessen zu einer gesteigerten Motivation kommt: Lehrer/-innen sowie Kooperationspartner des musisch-kulturellen Fachbereichs können ihre eigenen Ideen einbringen und individuelle Ziele verfolgen. Die verschiedenen Konzepte bieten vielfältige Möglichkeiten dafür. Die erhöhte Motivation führt weitergehend dazu, dass sich das pädagogische Personal innerhalb aber auch außerhalb des Fachbereichs innovativ verhält: neue Konzepte entstehen, bereits Bestehende werden weiterentwickelt.

Lernertrag bei Schüler/-innen

Auf Seiten der Schüler/-innen haben gelingende Kooperationen positive Auswirkungen auf den Lernertrag in allen drei Bereichen[17]. Neben dem offensichtlichen fachlichen Lernertrag, der v. a. an praxisnahen Unterrichtsinhalten für alle erkennbar wird (Erlernen eines Instrumentes, Gestalten einer Rolle im Theaterstück, Anfertigen von Flyern im Rahmen der Schülerfirma etc.) entwickeln sich maßgeblich auch der soziale und der persönlichkeitsbezogene Lernertrag positiv. Alle drei Dimensionen des Lernertrags stehen in einem engen Wechselverhältnis zueinander.

Der soziale Lernertrag bezieht sich einerseits auf Aussagen der meisten Schüler/-innen, dass sie „Spaß oder Freude am Unterricht haben". Andererseits wird mit dem sozialen Lernertrag die positive Entwicklung sozialer Fähigkeiten in Gruppenzusammenhängen sowie die positive Gestaltung von Gruppen beschrieben.

„Und da wurde schon damit geworben, dass das die Kinder besser zusammenführt, Sozialverhalten verbessert, und es hat sich bei ihr in der Klasse auch wirklich so herausgestellt. Das ist eine ganz tolle Gruppe geworden." (Elternrat, Schule A)

Bspw. können sich Gruppenprozesse deswegen positiv entwickeln, weil die Schüler/-innen im für die musisch-kulturellen Unterrichtsfächer typischen Kleingruppenunterricht sehr eng zusammen arbeiten. Dabei können sie ihre eigene Position stabilisieren und sich dann wieder gestärkt in die Gruppe einbringen.

„Aber es gibt natürlich noch einen ganz anderen Aspekt ..., dass ist das, was das so für den einzelnen Schüler oder die einzelne Schülerin bringt ... das ist ja nicht messbar. Aber ... die Erfahrung machen wir also spätestens, seit wir die Orchesterklassen haben,

---

[17] Die Interviewpartner verorten den Lernertrag auf drei Ebenen: einen fachlichen, einen sozialen und einen persönlichkeitsbezogenen Lernertrag. Aufgrund der Triangulation mit quantitativen Analysen konnten diese induktiv herausgearbeiteten Bereiche bestätigt werden.

... was da so an Gruppenprozessen abläuft und auch an Entwicklungsprozessen bei einzelnen Kindern, ... das ist in keinem anderen Bereich so zu machen wie in diesem Bereich..." (Lehrkraft Musik, Schule A)

Innerhalb der jeweiligen Gruppen können sie neben fachbezogenen Aufgaben gleichzeitig soziale Funktionen übernehmen. Bspw. erfordert das Anleiten einer Stimmgruppe beiderlei Kompetenzen. Der persönlichkeitsbezogene Lernertrag meint, dass die Schüler/-innen die Möglichkeit haben, sich mit ihren individuellen (fachlichen) Stärken einzubringen z. B. im Übernehmen von Solopassagen, beim Spielen einer Rolle im Theaterstück. Bei all dem bleibt aber immer der große Gruppenzusammenhalt bestehen, so dass (fachliche) Schwächen aufgefangen werden können.

„Also ich denke an dieses eine Mädchen ... eine ganz leistungsschwache Schülerin, die dann irgendwann soweit war, dass sie eine Gruppe von kleineren Schülern übernommen hat und denen einen Tanz beigebracht hat." (Lehrkraft Musik, Schule A)

Nicht nur Schüler/-innen und das pädagogische Personal, auch die Eltern betonen, dass es im Rahmen musisch-kultureller Konzepte gelingt, das Selbstbewusstsein der Schüler/-innen zu stärken, denn sie machen die Erfahrung, sich bei öffentlichen Veranstaltungen zu präsentieren, dafür braucht es Mut. Diese im Gruppengefüge geschützten persönlichen Erfahrungen führen zu einer positiven Entwicklung der Schülerpersönlichkeit.

„Dass durch den Stimmbildungsunterricht, der in kleinen Gruppen läuft, sie auch als kleine Gruppe wahrgenommen werden, sehr mutig werden, Selbstvertrauen gewinnen und sich dann wieder auch anders in eine Gruppe einfügen." (Schulleitung, Schule A)

Gute Kooperationsstrukturen unterstützen folglich aufgrund des beschriebenen Wechselspiels von Individuum, Klein- und Großgruppe die positive Entwicklung des Lernertrags bei den Schüler/-innen.

Auf Gruppen- und Schulebene

Positive Entwicklung des Klimas

Wohlbedachte Kooperationen haben zudem Auswirkungen auf die Gruppenebene. An dieser Stelle sei ein knapper Blick auf die positive Entwicklung des

Schulklimas[18] geworfen. Das im vorangegangenen Abschnitt beschriebene Handlungsgeflecht steht eng in Zusammenhang mit der Gestaltung von Beziehungen zwischen den beteiligten Akteuren und hat Auswirkung auf die Gestaltung der Schule (als Gebäude) und des Schullebens. Dies wiederum nimmt positiven Einfluss auf die Identifikation der Akteure mit ihrer Schule, auf das Wohlbefinden innerhalb des Lern- und Arbeitsumfeldes sowie auf die positive Entwicklung der Beziehungen. Diese Bereiche konnten im Rahmen der Auswertung der qualitativen Daten und im Zusammenhang mit triangulativen Verfahren als bedeutsame Klimadimensionen herausgearbeitet werden. Demzufolge können positive Veränderungen des Klimas v. a. auf eine gelingende Durchführung musisch-kultureller Praxen in enger Verbindung mit gelingenden Kooperationsstrukturen zurück geführt werden.

Öffnung der Schule

Auf Schulebene können Kooperationen Auswirkungen auf zwei Bereiche haben: Zum einen gelingt es im Rahmen musisch-kultureller Veranstaltungen Spenden oder sonstige Einnahmen einzuholen, die in den Etat der einzelnen Fächer sowie in fachspezifische Anschaffungen zurückfließen. Zum Anderen nehmen gelingende Kooperationen Einfluss auf eine Öffnung der Schule nach außen in ihr lokal-regionales Umfeld und nach innen in das Schulleben. Diese Öffnung wird ebenfalls aufgrund der Veranstaltungen sowie der Zusammenarbeit mit außerschulischen Institutionen ermöglicht und hat zumeist eine verbesserte Wahrnehmung der Schule zur Folge. Im Fall von Schule A nehmen mittlerweile regionale Kunst- und Kultureinrichtungen von selbst Kontakt zur Schule auf, um Projekte gemeinsam zu verwirklichen. Die Öffnung nach innen umfasst neben der Gestaltung von Schule und Schulleben durch den musisch-kulturellen Bereich auch die damit verbundene fachbereichsübergreifende Zusammenarbeit der Lehrer/-innen und Schüler/-innen.

Kooperationsstrukturen III – Zusammenfassung

Zusammenfassend kann formuliert werden: Schule A liegt in einer strukturstarken Region mit vielfältigen kulturellen, institutionellen sowie personellen Ressourcen. Weiterhin ist die Schule mit Räumlichkeiten (teilweise IZBB-

---

[18] Ausführliche Darstellung zum Klassen- und Schulklima im Abschlussbericht (vgl. Lehmann-Wermser et al. 2009 (in Vorb.)

finanziert) sowie Fachpersonal im musisch-kulturellen Bereich sehr gut aufgestellt. Demzufolge können verschiedene Kooperationen eingegangen werden, die teilweise die Implementierung neuer bzw. die Weiterentwicklung bestehender musisch-kultureller Praxen nach sich ziehen. Bei sorgfältiger Durchführung – das impliziert eine intensive Kommunikationskultur, die Einbindung der beteiligten Akteure, mit ihren individuellen Zielen in das unterrichtliche Geschehen sowie in den schulischen Alltag – können positive Auswirkungen auf Individual-, Gruppen- sowie Schulebene verzeichnet werden, die wiederum in einem unterstützenden Wechselverhältnis zueinander stehen. Das allgemeine Erklärungsmodell in *Abbildung 5* greift nun das komplexe Kooperationsgefüge für Schule A auf.

Abbildung 5: Kooperationsstrukturen anhand des Modells

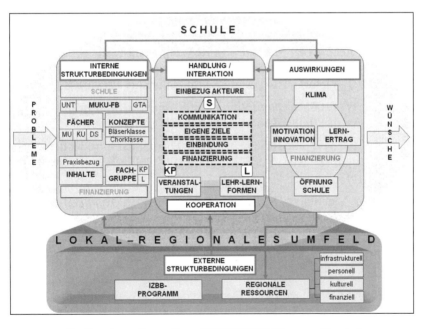

Quelle: eigene Darstellung MUKUS 2009 (Susanne Naacke)

Gelingende Kooperationsstrukturen ermöglichen also, verbunden mit einem erhöhten Engagement auf Seiten der Lehrenden, eine veränderte Lehr- und Lernkultur, die vielfältige positive Entwicklungen sowohl für die Schule als auch für die Region mit ihren kulturellen Institutionen mit sich bringt.

Verzeichnis der Abbildungen und Tabellen

Abbildung 1: Integration qualitativer und quantitativer Verfahren sowie Formen der Triangulation bei MUKUS

Abbildung 2: Allgemeines Erklärungsmodell

Abbildung 3: Ermöglichung und Auswirkung kultureller Teilhabe

Abbildung 4: Relevante Teilbereiche von Kooperationsstrukturen

Abbildung 5: Kooperationsstrukturen anhand des Modells

Tabelle 1: Strukturmerkmale (Primärkriterien) ausgewählter Einzelschulen anhand von Schulleiterangaben

Tabelle 2: Auswahl von Personen, Ereignissen und Aktivitäten

Literatur

Adelman, C., Jenkins, D., Kemmis, S.: Rethinking Case Study: Notes from the Second Cambridge Conference. In *Case Study: An Overview*. Case Study Methods 1. Victoria, Australia: Deakin University Press, 1983.

Creswell, J. W. (2005): *Qualitative inquiry and research design: Choosing among five traditions*. Thousand Oaks Calif.: Sage.

Denzin, N.K. (1978): The Research Act. A Theoretical Introduction to Sociological Methods. New York: McGraw Hill (2. Auflage) (3. Aufl., Englewood Cliffs: Prentice Hall, 1989).

Denzin, N., & Lincoln, Y. S. (Eds.) (2000³): *The Sage Handbook of Qualitative Research*. Thousand Oaks: Sage.

Deutscher Kulturrat (Hrsg.) (2006). *Kulturelle Bildung eine Herausforderung durch den demografischen Wandel: Stellungnahme des Deutschen Kulturrates*. Berlin.

Enquete-Kommission „Kultur in Deutschland": Abschlussbericht. Im Internet unter: http://www.bundestag.de/parlament/gremien/kommissionen/enqkultur/Schlussbericht/Schlussbericht/Schlussbericht.pdf [19. Juni 2008]

Deutsche UNESCO-Kommission: Europäische Fachtagung 2008 - *Roadmap for Arts Education*. Im Internet unter: http://www.unesco.de/2295.html?&L=0 [19. Juni 2008]

Flick, U. (2007): *Qualitative Sozialforschung: Eine Einführung.* Reinbek bei Hamburg: Rowohlt-Taschenbuch-Verl.

Flick, Uwe (2007): Qualitative Sozialforschung. Eine Einführung. Orig.-Ausg., vollst. überarb. und erw. Neuausg. Reinbek bei Hamburg: Rowohlt-Taschenbuch-Verl. (Rororo Rowohlts Enzyklopädie, 55694).

Flick, U., Kardorff, E. von, & Steinke, I. (Hrsg.) (2008^6): *Qualitative Forschung: Ein Handbuch.* Reinbek bei Hamburg: Rowohlt-Taschenbuch-Verl.

Flick, U. (2008). Triangulation in der qualitativen Forschung. In: Flick, U., Kardorff, E. von, & Steinke, I. (Hrsg.): *Qualitative Forschung. Ein Handbuch.* S. 309–318. Reinbek bei Hamburg: Rowohlt-Taschenbuch-Verl.

Fuchs, M.: *Die Konzeption kulturelle Bildung des Deutschen Kulturrates - Präsentation bei der UNESCO Weltkonferenz zur künstlerischen Bildung: vom 6. - 9. März 2006 in Lissabon.*

Glaser, B. G., & Strauss, A. L. (1967). *The discovery of grounded theory: Strategies for qualitative research.* New York: DeGruyter.

Krüger, H.-H., & Pfaff, N. (2008). Triangulation quantitativer und qualitativer Zugänge in der Schulforschung. In W. Helsper & J. Böhme (Eds.), *Handbuch der Schulforschung, Handbuch der Schulforschung* (2nd ed., pp. 157–179). Wiesbaden: VS Verl. für Sozialwiss.

Kuckartz, Udo (2007): Qualitative Evaluation. Der Einstieg in die Praxis. 1. Aufl. Wiesbaden: VS Verl. für Sozialwiss.

Lamnek, S. (2005^4). *Qualitative Sozialforschung: Lehrbuch.* Weinheim, Basel: Beltz.

Lehmann-Wermser, A.; Niessen, A. (2004): "Deshalb weisen wir nochmals darauf hin, dass die von uns vorgeschlagenen Methoden auf keinen Fall als starre Regeln zu verstehen sind...". Über die Individualität methodologisch reflektierter Forschung. In: Hofmann, Bernhard (Hg.): Was heißt methodisches Arbeiten in der Musikpädagogik? Essen: Die Blaue Eule (Musikpädagogische Forschung Bd. 25), S. 31–48.

Lehmann-Wermser, A., Naacke, S., & Nonte, S. (in Vorb.): *MUKUS - Studie zur musisch-kulturellen Bildung in der Ganztagsschule.*

Liebald, C., & Bockhorst, H. (2006). Kulturelle Vielfalt leben lernen: Interkulturelle Kompetenz durch kulturelle Bildung ; 21 Praxisbeispiele. Remscheid: Bundesvereinigung Kulturelle Jugendbildung.

Merkens, H. (2008): Auswahlverfahren, Sampling, Fallkonstruktion. In: Flick, U., Kardorff, E. von, & Steinke, I. (Hrsg.): *Qualitative Forschung. Ein Handbuch.* S.286–299. Reinbek bei Hamburg: Rowohlt-Taschenbuch-Verl.

Merriam, S. B. (1988): Case study research in education. A qualitive approach. San Francisco: Jossey-Bass Publ.

Pisa-Konsortium Deutschland (Hrsg.) (2004): PISA 2003. Der Bildungsstand der Jugendlichen in Deutschland ; Ergebnisse des zweiten internationalen Vergleichs. Münster: Waxmann.

Stake, R. E. (2000): Case Studies. In Denzin, N. K. & Lincoln, Y. S. (Hrsg.), *Strategies of qualitative inquiryBd 2. Handbook of qualitative research.S.* 86–109). Thousand Oaks: SAGE Publ.

Strauss, A. & Corbin, J. (1999). *Grounded theory: Grundlagen qualitativer Sozialforschung.* Weinheim: Beltz PsychologieVerlagsUnion.

Yin, R. K. (2005[3]). *Case study research: Design and methods.* Thousand Oaks, Calif.: Sage.

Zimmermann, O., & Geißler, T. (Hrsg.) (Nov.-Dez. 2007). *kultur-kompetenz-bildung: Konzeption Kulturelle Bildung* (kultur-kompetenz-bildung No. 13). Berlin: Deutscher Kulturrat (Regelmäßige Beilage zu politik & kultur), from http://www.kulturrat.de/dokumente/kkb/kkb-13.pdf [20. Juni 2008].

SONJA NONTE & ANDREAS LEHMANN-WERMSER

Musisch-kulturelle Bildung in der Ganztagsschule

Anfänge einer Bestandsaufnahme

Der Ausbau des Ganztagsschulwesens in Deutschland ist ein ebenso ambitioniertes wie (möglicherweise) folgenreiches Projekt. In den Bemühungen um ein leistungsfähigeres Bildungssystem, die nach dem so genannten PISA-Schock einsetzten, spielt diese Initiative eine wichtige Rolle.[1] Die finanzielle Unterstützung der Länder durch die Bundesregierung mit vier Milliarden Euro im „Investitionsprogramm Zukunft Bildung und Betreuung" (IZBB) aus dem Jahr 2003 markiert bildungspolitisch einen Wendepunkt. Die Entscheidung des Bundesministeriums für Bildung und Forschung, diese Initiative wissenschaftlich evaluieren zu lassen, zeigt den Stellenwert, der dieser Entwicklung beigemessen wird. Ein hochrangig besetztes Konsortium konzipierte die „Studie zur Entwicklung von Ganztagsschulen" (StEG), die durch Befragungen in den Jahren 2005, 2007 und 2009 die Entwicklung untersucht; erste Ergebnisse liegen vor (Holtappels et al., 2007). Diese Studie ist sehr umfangreich: Befragt wurden über 30.000 Schülerinnen und Schüler an 373 Schulen, fast 9.000 Lehrkräfte und 22.000 Eltern. 2005 wurde beschlossen, ergänzend neben dem übergreifenden und primär mit quantitativen Methoden arbeitenden StEG-Projekt weitere mit einem breiteren Methodenrepertoire agierende An-Projekte zu finanzieren, die sich einzelnen Aspekten oder Bereichen widmen.[2]

Als solches Projekt arbeitet seit Beginn des Jahres 2007 die Studie zur „Musisch-kulturellen Bildung an Ganztagschulen" (MUKUS), deren Ergeb-

---

[1] Vgl. Holtappels, 2004; freilich reicht die Geschichte des Ganztagsschulwesens weiter zurück und lässt sich nicht auf dieses Argument reduzieren (Quellenberg, 2007).

[2] Einen Überblick über die Forschungsprojekte des Konsortiums findet sich unter www.projekt-steg.de.

nisse im Laufe des Jahres 2009 vorgelegt werden sollen.[3] Bemerkenswert ist, dass nach einigen Jahren, in denen die Aufmerksamkeit vor allem auf den schulischen „Hauptfächern" ruhte, mit diesem Forschungsprogramm auch „kleinere" Fächer berücksichtigt werden und dass nach den quantitativen Studien eine in die Tiefe gehende Untersuchung, z. B. mit qualitativen Methoden, ausdrücklich gewünscht war. MUKUS untersucht die musisch-kulturelle Bildung an Ganztagsschulen. Neben dem Fach Musik wird auch Kunst und Darstellendes Spiel berücksichtigt; neben dem Unterricht nach Stundentafeln auch der Angebots-, Wahlpflicht oder AG-Bereich.

Musisch-kulturelle Bildung nimmt im schulischen Fächerkanon (neben Sport) insofern eine besondere Rolle ein, weil es kein schulisches Vermittlungsmonopol gibt. Zumindest für den Musikbereich kann dies mit Zahlen belegt werden: Allein bei den im Verband deutscher Musikschulen (VdM) zusammengeschlossenen Institutionen lernen derzeit 1,1 Millionen Kinder und Jugendliche.[4] Daneben gibt es eine nicht unerhebliche Zahl von Kindern und Jugendlichen, die bei privaten Musikschulen oder Personen Unterricht erhalten.[5] Allen Formen gemeinsam ist, dass der Unterricht am Nachmittag nach der Halbtagsschule stattfindet. Mit Ausweitung der Schulzeit über den Mittag hinaus, entsteht für diese Lernangebote ein organisatorisches (und finanzielles) Problem.

Die verschiedenen Formen der Ganztagsschulen, im Bemühen den Schultag zu rhythmisieren und durch attraktive Angebote zu bereichern, und Musikschulen, in dem Bemühen ihre Klientel auf neue Weise an sich zu binden, haben eine Vielfalt an Angeboten und z. T. auch Unterrichtsformen entwickelt.[6]

---

[3] Dieses Forschungsprojekt ist durch das Bundesministerium für Bildung und Forschung (BMBF) ermöglicht worden.

[4] Zahlen nach eigenen Angaben des Verbandes, einzusehen unter www.musikschulen.de/medien/images/zahlen-fakten/Schueler-Faecher.pdf.

[5] Neben diesen Wegen informellen Lernens gibt es den bedeutsamen und ebenfalls nicht verlässlich quantifizierbaren Bereich nonformellen Lernens im Selbststudium, durch peers oder in Bands, der hier nicht weiter beachtet werden kann.

[6] Zur Terminologie der unterschiedlichen Formen des Ganztagsbetriebes und zur Unterscheidung von Unterricht und Angebot vgl. Höhmann, 2006 und Quellenberg, 2007.

Musisch-kulturelle Bildung war an Ganztagsschulen bislang zwar Gegenstand konzeptioneller und bildungstheoretischer Überlegungen, nicht aber systematischer empirischer Erhebungen, so dass auf keine Vorbilder im Design und auf keine spezifischen Erkenntnisse aufgebaut werden konnte. Daher wurde MUKUS breit konzipiert und widmete sich u. a. den folgenden Forschungsfragen.

- Wie ist die Vermittlung musisch-kultureller Inhalte an Ganztagsschulen organisiert? Welche Angebote werden in welchem Umfang bereit gestellt und genutzt? In welchem Umfang kann der in den Stundentafeln vorgesehene Unterricht erteilt werden? Wir bezeichnen diesen Bereich als *Erhebung von Strukturdaten*.
- Welche Qualität haben die Angebote an den Schulen?
- In welchem Maße werden Schülerinnen und Schüler durch musisch-kulturelle Bildung gefördert?
- *Kooperation* zwischen schulischen und außerschulischen Kräften wird in der Diskussion um musisch-kulturelle Bildung an Ganztagsschulen stets als ein zentrales Problemfeld benannt.[7] Daher wollten wir wissen, in welchen Formen diese Kooperation organisiert wird, vor allem aber, wie sie von den Beteiligten wahrgenommen wird, welche Probleme und Stärken identifiziert werden.
- Und schließlich interessierte in besonderem Maße, inwieweit es den Ganztagsschulen gelingt, Kinder aus bildungsdistanten Familien an musisch-kulturelle Bildung heranzuführen. Dass auch in diesem Bereich Kinder aus bildungsnahen Schichten besonders gefördert werden, ist vielfach belegt (Keuchel, 2006; Kutteroff et al., 2007). Wünschenswert wäre, dass die Ganztagsschulen diese Mechanismen (wenigstens ansatzweise) aufbrechen, indem subjektive Zugangsbarrieren abgebaut und finanzielle Hürden genommen würden. In diesem Sinne würde gelingen, dass „gute Ganztagsschule [...] ein Mehr an Bildung und nicht nur ein Mehr an Schule" bietet.[8] In welchem Maße die untersuchten Ganztagsschulen diesem Anspruch gerecht werden können, zählte zu den wichtigen Forschungsfragen.

---

[7] Interessanterweise hat diese Frage auch für ein zweites ambitioniertes Projekt schulischer Musikvermittlung, nämlich dem Instrumentalunterricht an Grundschulen, eine zentrale Bedeutung (vgl. Beckers & Beckers, 2008).

[8] Thomas Rauschenbach 2007 im Gespräch mit den Autoren dieses Beitrags.

Die Studie gliederte sich in eine quantitative Erhebung, die mittels Fragebogen Schulleitungen, Lehrkräfte und außerschulisches pädagogisches Personal[9] und Schülerinnen und Schüler befragte. Daran schloss sich eine zweite, primär qualitative an, die einige Schulen als Fallstudien genauer untersuchte.[10] Im folgenden Beitrag können die Ergebnisse der umfangreichen Studie nur in einem kleinen Ausschnitt dargestellt werden.[11]

Zur Stichprobenziehung der MUKUS-Studie

Die Auswahl der Schulen für die quantitative Erhebung erfolgte unter der Maßgabe der „StEG-Neutralität", d. h. es sollten nur solche Schulen in der Stichprobe sein, die *nicht* bereits an der Hauptuntersuchung teilgenommen hatten, um so eine so genannte „Überforschung" zu verhindern. Fünf Bundesländer wurden ausgewählt, um alte und neue, eher strukturschwache und strukturstarke einzubeziehen: das Saarland, Rheinland-Pfalz, Niedersachsen, Brandenburg und Sachsen. Die Verpflichtung zur StEG-Neutralität ließ in Sachsen und im Saarland die Stichprobe so klein werden, dass diese Länder außer Acht gelassen wurden.

Fragebögen wurden schließlich an 329 Schulen geschickt, jedoch war die Rücklaufquote sehr niedrig und ließ sich trotz großen Einsatzes nicht erhöhen. Insgesamt lagen zum Schluss Daten von 29 Schulen vor, von denen uns Fragebögen von 22 Schulleitungen, 89 Lehrkräften, 1.670 Schülerinnen und Schülern und 15 Kooperationspartnern zur Verfügung standen.

---

[9] Mit diesem Terminus wird die wachsende Zahl von Personen bezeichnet, die nicht ausgebildete Lehrkräfte sind und insbesondere im Förder- und Angebotsbereich mit Schülern arbeiten. Die Daten der Lehrkräfte wurden in einer online-Befragung erhoben.

[10] Vgl. den Beitrag von Naacke & Lehmann-Wermser in diesem Band.

[11] Die folgenden Ausführungen stammen vor allem aus der Arbeit von Sonja Nonte, die an einer Dissertationsschrift im Kontext des MUKUS-Projektes arbeitet. Vgl. auch Lehmann-Wermser, Naacke und Nonte (i. Vorb.).

Verteilung und Repräsentativität der MUKUS-Stichprobe

Zunächst sollen studienspezifische Merkmale auf ihre Repräsentativität hin überprüft und in einen bundesweiten Gesamtzusammenhang gestellt werden. Im Anschluss daran werden ausgewählte Ergebnisse der MUKUS-Studie vorgestellt und in ihren praxisrelevanten Entwicklungslinien diskutiert.

Die quantitative Stichprobe umfasst acht Hauptschulen, eine Realschule, fünf Gymnasien, elf Schulen mit mehreren Bildungsgängen (in einigen Ländern als Verbundschulen bezeichnet) und vier Gesamtschulen. Die befragten Schülerinnen und Schüler verteilen sich auf die einzelnen Schulformen wie *Abbildung 1* verdeutlicht.

Abbildung 1: *Schülerinnen und Schüler in der MUKUS-Stichprobe und bundesweit nach Schulform*

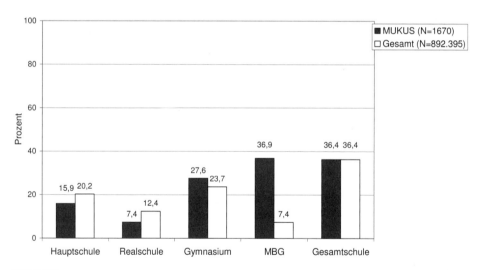

Anmerkung:
MBG: Schulen mit mehreren Bildungsgängen

Quelle: Schülerfragebogen MUKUS 2007; Statistisches Bundesamt, 2008

Der Anteil von Mädchen und Jungen an Schulen mit mehreren Bildungsgängen ist gegenüber der Gesamtpopulation auffallend groß. Möglicher Hintergrund dieser Verteilung ist die aktuelle Reform des Bildungssystems.

So wurden in den letzten Jahren Haupt- und Realschulen in vielen Ländern zu so genannten Schulen mit mehreren Bildungsgängen zusammengelegt. Dies geschieht zum einen aufgrund demographischer Entwicklungen, zum anderen im Bemühen um mehr Chancengerechtigkeit. Letzteres zielt darauf hin, Hauptschulen den Ruf von „Restschulen" zu nehmen (vgl. Zenke, 2007). Im Sinne dieser aktuellen Entwicklungslinien werden vermehrt Schulformen zusammengefasst, wobei sich dies in der Regel nicht auf die Gymnasien bezieht. Schülerinnen und Schüler an Schulen mit mehreren Bildungsgängen und zusätzlicher Oberstufe können neben dem Realschulabschluss, dem Hauptschulabschluss und der Fachhochschulreife auch zum Teil die allgemeine Hochschulreife erlangen. Die hohe Anzahl an Schulen mit mehreren Bildungsgängen in der vorliegenden Stichprobe kann vermutlich auf ein reformbewusstes, engagiertes Schulklima zurückgeführt werden, das die Erforschung und die Teilnahme an Evaluationsstudien als Chance zur Schulentwicklung und zur Qualitätssicherung wahrnimmt. Analog zu den Angaben des Statistischen Bundesamtes, liegen, mit Ausnahme der Schulen mit mehreren Bildungsgängen, kaum nennenswerte Ungleichverteilungen zu Gunsten oder zu Lasten bestimmter Schulformen vor. Auch der Anteil an Mädchen und Jungen ist annähernd gleich in der Stichprobe.

Um die Bedeutung der Angebote im Bereich Musik, Kunst und Darstellendes Spiel für das Schulprofil zu untersuchen, wurden die Schulleitungen diesbezüglich mit Hilfe einer vierstufigen Skala befragt (vgl. *Abbildung 2*).

Abbildung 2: *Schulleiterangaben zur Bedeutung von musisch-kulturellen Angeboten (N=22)*

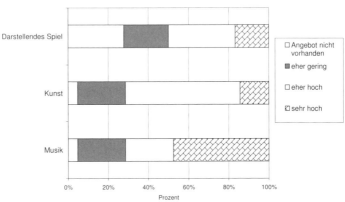

Quelle: Schulleiterfragebogen MUKUS 2007

Die Bedeutung von Musik für das Schulprofil wird von etwa der Hälfte der Schulleitungen als sehr hoch eingeschätzt. Für Kunst und Darstellendes Spiel hingegen ist dies weitaus seltener der Fall. Einige Schulen weisen keine Angebote in den Bereichen Musik, Kunst und Darstellendes Spiel auf. Die Angaben der Schulleitungen deuten darauf hin, dass die Entscheidung für eine Teilnahme an der Studie häufig aufgrund eigener Schwerpunktsetzung im musisch-kulturellen Bereich erfolgte. Die Selbst-Selektivität ist somit recht groß. Dies lässt sich auch anhand eines Vergleichs von Schülerdaten zum Spielen, bzw. Erlernen eines Instrumentes mit Daten aus anderen Studien beobachten. Die im Jahr 2007 durchgeführte JIM Studie zur Jugend-Information und Multi-Media beinhaltete eine Befragung von Kindern und Jugendlichen zu ihrem Freizeitverhalten, u. a. zu dem Thema „selbst Musik machen" (vgl. Kutteroff & Behrens, 2007). Ein Fünftel (20%) der Kinder im Alter von 12 bis 13 Jahren gab dort an, in ihrer Freizeit selbst Musik zu machen. Die Daten der MUKUS Studie können für einen direkten Vergleich genutzt werden, da Schülerinnen und Schüler der vorliegenden Stichprobe im Mittel 12 Jahre alt sind (M=12,24; SD=.88). Der Anteil der Schülerinnen und Schüler, die in der Freizeit ein Musikinstrument spielen fällt vergleichsweise hoch aus, wie *Abbildung 3* verdeutlicht.

Abbildung 3: *Schülerangaben zum Spielen eines Musikinstrumentes in der Freizeit nach Schultyp (N=1.584)*

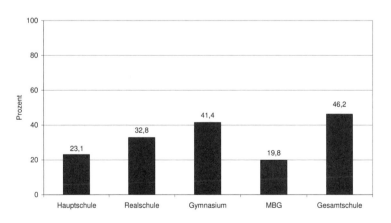

Quelle: Schülerfragebogen MUKUS 2007

Mit Ausnahme der Schulen mit mehreren Bildungsgängen kann angenommen werden, dass Schülerinnen und Schüler, die ein Musikinstrument spielen, stark überrepräsentiert sind. Die Werte liegen in der Regel weit über dem von der JIM-Studie angegebenen Prozentwert von 20%.

Insgesamt kann festgehalten werden, dass viele der teilnehmenden Schulen ein großes eigenes Interesse an musisch-kultureller Bildung haben. In der Stichprobe sind hingegen auch Schulen vertreten, die offensichtlich keinen bedeutsamen Zugang zu musisch-kultureller Bildung aufweisen. Bei den im Folgenden dargestellten Ergebnissen und der sich daran anschließenden Diskussion muss die dargestellte Disproportionalität der Stichprobe zu Gunsten von Schulen mit einem hohen Anteil an musizierenden Schülerinnen und Schülern im Blick behalten werden.

Einbezug bildungsdistanter Schülerinnen und Schüler

Eine zentrale Fragestellung der Studie befasst sich mit der Untersuchung, inwieweit es den Ganztagsangeboten im musisch-kulturellen Bereich gelingt, bildungs- und musikdistanten Schülerinnen und Schülern einen Zugang zu musisch-kulturellen Angeboten zu ermöglichen. Einige Studien verweisen bereits auf den Zusammenhang von sozioökonomischem und soziokulturellem Kapital mit dem Besuch von kulturellen Einrichtungen (vgl. u. a. Keuchel, 2006; Otte, 2006). Nach einer repräsentativen Umfrage der „Allensbacher Werbeträgeranalyse" für den Deutschen Musikrat (2004) besteht ein linearer Zusammenhang zwischen dem Spielen eines Musikinstrumentes und dem erreichten Schulabschluss. Befragt wurden Personen im Alter von 14 bis 60 Jahren ($N=21.121$). Es zeigt sich, dass mit zunehmendem Schulabschluss auch der Prozentsatz der Personen steigt, die ein Musikinstrument spielen. Noch deutlicher wird dieser Zusammenhang, wenn das monatliche Haushaltsnettoeinkommen mit dem Spielen eines Musikinstrumentes in Bezug gesetzt wird (vgl. *Abbildung 4*).

Abbildung 4: *Spielen eines Musikinstrumentes nach Haushaltsnettoeinkommen (N=21.121)*

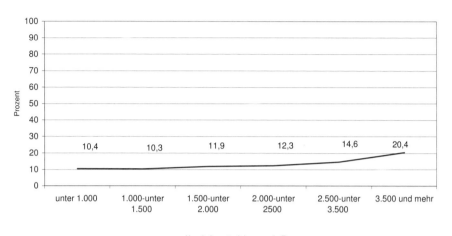

Quelle: Deutschen Musikrat, 2008

Inwieweit der Zugang zu Musik, Kunst und Darstellendem Spiel von familiären sozioökonomischen und soziokulturellen Bedingungen beeinflusst wird, soll anhand der erhobenen Daten überprüft werden. Im Fokus des Forschungsinteresses steht die Frage, ob es den musisch-kulturellen Ganztagsangeboten in der Schule gelingt, sozial bedingte Disparitäten hinsichtlich einer kulturellen Teilhabe auszugleichen. Dies würde der politischen Intention von Chancengerechtigkeit entsprechen, wie sie vielfach im Rahmen des bundesweiten Ausbaus von Ganztagsschulen gefordert wird. Leider stehen für die statistische Auswertung keine belastbaren Angaben der Schülerinnen und Schüler zum sozioökonomischen Status ihrer Eltern zur Verfügung. Internationale Schulleistungsvergleichsstudien wie PISA und IGLU greifen neben Angaben zum Berufsstatus der Eltern auch auf Instrumente zurück, die den soziokulturellen Status der Familie erfassen (vgl. Hornberg & Bos, 2007). Besonders häufig wird in diesem Kontext die Bücherskala genutzt, die den heimischen Besitz an Büchern als soziokulturelles Kapital in Anlehnung an Bourdieu erhebt (vgl. Bourdieu, 1983). Es wird zudem davon ausgegangen, dass das sozioökonomische Kapital der Eltern die in der Familie vorhandenen (kulturellen) Ressourcen bestimmt. Die verwendete Skala „heimischer Bücherbesitz" ist als Indikator für soziokulturelles Kapital international gut dokumentiert und basiert auf dem bei PISA verwandten fünfstufigen Antwortformat. Anhand der *Abbildung 5* kann beobachtet werden, dass zwischen dem Erlernen eines Musikinstrumentes in der Schule bzw. dem Spielen eines Musikinstrumentes in der Freizeit und dem heimischen Bücherbesitz ein perfekt linearer Zusammenhang vorliegt. Je mehr Bücher eine Familie besitzt, desto wahrscheinlicher ist es für ein Kind, ein Musikinstrument zu erlernen bzw. zu spielen (vgl. Abbildung 5).

Abbildung 5: *Das Erlernen und Spielen eines Musikinstrumentes in der Schule und in der Freizeit in Abhängigkeit vom heimischen Bücherbesitz*

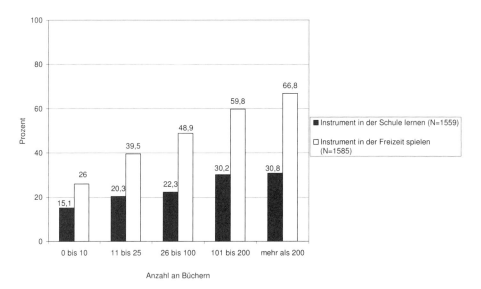

Instrument in der Schule lernen: $x^2=21,45$; $df=4$; $p<.001$; Cramer´s $V=.118$
Instrument in der Freizeit spielen: $x^2=89,62$; $df=4$; $p<.001$; Cramer´s $V=.238$

Quelle: Schülerfragebogen MUKUS 2007

Um die Größe des Einflusses und den Unterschied zwischen dem Erlernen eines Musikinstrumentes in der Freizeit und in der Schule in Abhängigkeit vom soziokulturellen Status zu bestimmen, wurden binär logistische Regressionsanalysen durchgeführt. Das Erlernen eines Musikinstrumentes in der Schule und in der Freizeit ist mit den Antwortvorgaben Nein/Ja dichotom kodiert.

Tabelle 1: Überprüfung des Einflusses des heimischen Besitzes an Büchern auf das Erlernen und Spielen eines Musikinstrumentes auf Grundlage binär logistischer Regressionsanalysen

	Koeff. (b)	SE	Standard. Effektkoeff. exp. (b*SD)	Nagelkerkes R^2
In der Freizeit ein Musikinstrument spielen***	.423	.046	1.526	7,4%
In der Schule ein Musikinstrument erlernen***	.232	.051	1.261	2,0%

***: $p<.001$

Quelle: Schülerfragebogen MUKUS 2007

Vergleicht man die Ergebnisse der beiden Analysen, so zeigt sich, dass sich sowohl der *Effektkoeffizient* (Odds Ratio) als auch der *β-Koeffizient* deutlich voneinander unterscheiden (vgl. *Tabelle 1*). Die Varianzaufklärung (*Nagelkerkes R^2*) des Konstruktes „In der Schule ein Musikinstrument erlernen" liegt mit 2% deutlich unter dem Wert für die Varianzaufklärung von „In der Freizeit ein Musikinstrument spielen" mit 7,4%. Die Variable „Anzahl an heimischen Büchern" erklärt einen höheren Anteil an Varianz für das Erlernen eines Musikinstrumentes in der Freizeit als für das Erlernen eines Musikinstrumentes in der Schule. Anhand des Effektkoeffizienten und der Ausprägung des β-Koeffizienten wird deutlich, dass diese beiden Kriteriumsvariablen vom soziokulturellen Kapital (heimischer Bücherbesitz) positiv beeinflusst werden. D. h. mit jeder Einheit auf der fünfstufigen Bücherskala steigt die Wahrscheinlichkeit, ein Musikinstrument in der Freizeit zu erlernen um 1,526 Punkte, die Wahrscheinlichkeit in der Schule ein Musikinstrument zu erlernen um 1,261 Punkte.

Für die schulische Praxis und die eingangs formulierte Forschungsfrage bedeutet dies, dass die Teilnahme an und die Wahl von Ganztagsangeboten im Bereich Instrumentalspiel zwar nicht unabhängig von dem soziokulturellen Kapital der Eltern sind, jedoch gegenüber dem Zugang zum Spielen eines Musikinstrumentes in der Freizeit an Effektgröße verlieren. Die Ganztagsschule vermag es demnach nicht, sozial bedingte Disparitäten auszugleichen, scheint diese jedoch zu vermindern. Wie die Mechanismen des Ausgleichs funktionieren kann mit Hilfe der quantitativen Daten nicht eindeutig nachvollzogen werden. So scheint es u. a. möglich, dass ökonomisch besser gestellte Eltern im Klassenverband für die Kosten des Instrumentalunterrichts von finanziell benachteiligten Schülerinnen und Schülern aufkommen oder Fördervereine diesbezüglich unterstützend fungieren. Diese Ausgleichsmechanismen und Prozesse sollten in Zukunft mit Hilfe von qualitativen Studien sowie Längsschnittstudien näher in den Blick genommen werden.

Der Einfluss musisch-künstlerischer Angebote auf das Klassenklima

Eine weitere Forschungsfrage von MUKUS bezieht sich auf den Zusammenhang von der Teilnahme an außerschulischen musisch-kulturellen Angeboten und dem Klassenklima. Allgemein versteht man unter dem Begriff Klassenklima die von Schülerinnen und Schülern wahrgenommene Lernumwelt. Das Konstrukt Klassenklima basiert dabei auf mehreren Komponenten, die in der Literatur fast einheitlich berichtet werden. Die Dimensionen des individuell wahrgenommenen Klassenklimas umfassen die drei Bereiche Lehrer-Schüler-Beziehung, Schüler-Schüler-Beziehung und Merkmale des Unterrichts, wie z. B. der Grad der Schülerzentriertheit oder, allgemein gesprochen, erzieherisch bedeutsame Verhaltensweisen (vgl. u. a. Satow, 1999; Saldern & Littig, 1987; Eder, 1996). Im Vordergrund dieses Beitrags steht nun der Einfluss von musisch-kulturellen Angeboten auf die Schüler-Schüler-Beziehung, als eine der drei Dimensionen des Klassenklimas.

Die im Jahr 2000 erschienene Längsschnittstudie von Bastian et al. zeigt u. a., dass gemeinsames Musizieren positiv zur sozialen Integration und zum Sozialverhalten von Schülerinnen und Schülern beiträgt. Für die Schülerbefragung im Kontext der MUKUS-Studie wurden die Instrumente zur Erfassung des Klassenklimas von StEG übernommen. In diesem Beitrag liegt der Fokus des Klassenklimas im Wesentlichen auf der Beurteilung der Schüler-Schüler-Beziehung im Klassenverband. Die Skala wurde mit Hilfe von sieben Items operationalisiert und weist insgesamt eine gute interne Konsistenz auf (*Cronbachs Alpha*=.74; M=2,95; SD=.55; N=1.655). Ein Beispielitem lautet: „In unserer Klasse ist es für alle Schüler/innen einfach, Anschluss und Kontakt zu bekommen". Die vierstufigen Antwortvorgaben gliedern sich von Ablehnung bis zu höchster Zustimmung. Mit Hilfe von Korrelationsanalysen wurde der Zusammenhang zwischen der Teilnahme an musisch-kulturellen Angeboten und dem Klassenklima überprüft. Es kann jedoch kein Zusammenhang beobachtet werden. Da die Variable „Teilnahme an musisch-kulturellen Angeboten" sehr undifferenziert scheint, wurden alle Items einer *varimax rotierten* Faktorenanalyse unterzogen, um so eine inhaltlich plausible Dimensionenreduktion zu erzielen. Wie vermutet, konnten die drei Bereiche Musik, Kunst und Darstellendes Spiel extrahiert werden.[12] Die drei Variablen, die nun als eine Art Indizes für die Teilnahme an Angeboten in den Bereichen Kunst, Musik und Darstellendes Spiel fungieren, wurden erneut einer Korrelationsanalyse unterzogen. Für den Bereich Kunst kann weiterhin kein signifikanter Zusammenhang mit dem Klassenklima festgestellt werden. Die Bereiche Musik und Darstellendes Spiel stehen in einem sehr geringen, jedoch signifikant positiven Zusammenhang mit dem Klassenklima (für beide Variablen: $r=.06$; $p<.05$). Auch in anderen Korrelationsanalysen z. B. zum Zusammenhang zwischen den familiären Ansichten über Musik und Kunst und den drei Bereichen Musik, Kunst und Darstellendes Spiel zeigen sich mittlere Korrelationen für den Bereich Musik und Darstellendes Spiel, jedoch kaum Korrelationen für den Bereich Kunst. Dies könnte u. a. mit der Extrovertiertheit der Bereiche Musik und Theater begründet werden. Radisch et al. (2008) weisen zudem darauf hin, dass die Ganztagsschullandschaft und die betreffenden Angebote je nach Bundesland, Region und Einzelschule stark variieren. Dabei unterscheidet sich die Organisationsform (Verankerung von Angeboten im Stundenplan vs. in den Nachmittag ausgelagerte Angebote), die zeitliche Intensität (tägliche vs. projektphasenbezogene Angebote), die Qualifikation der Betreuer (Personal mit Ausbildung und Erfahrung vs. Personal ohne dergleichen) und die Qualität der Angebote. Im Kontext von MUKUS wird ersichtlich, dass Angebote auch im musisch-kulturellen Bereich keinen Standards folgen und sich je nach Einzelschule stark unterscheiden. Diese Varianzbreite führt u. a. zu den geringen Werten in den Korrelationsanalysen.

Die Überprüfung des Zusammenhangs zwischen der Teilnahme an musisch-kulturellen Angeboten und dem Klassenklima erfolgte bisher auf Individualebene. Eine weitere Hypothese von MUKUS lautet: Der Teilnahmeindex von Angeboten im musisch-kulturellen Bereich einer Schule steht in einem positiven Zusammenhang mit dem Schulklima. Dies bedeutet, dass an Schulen mit einem aktiven musisch-kulturellen Schulleben, an denen regelmäßig Auftritte des Schulorchesters, der Schulband, der Theatergruppe oder Kunstausstellungen stattfinden, die Schülerinnen und Schüler insgesamt ein besseres Verhältnis untereinander pflegen, welches sich positiv auf das Klassen- und

---

[12] Nähere Angaben zur Skalengüte und zur Reliabilität finden sich in Kürze im Abschlussbericht (Lehmann-Wermser, Naacke & Nonte, in Vorbereitung).

langfristig auch auf das Schulklima auswirkt. Um diese Hypothese zu überprüfen, wurden die Schüler- und Lehrerdaten auf Schulebene aggregiert. Im Fokus stehen nun die Qualität der musisch-kulturellen Angebote aus der Sicht der Lehrerinnen und Lehrer und die Zufriedenheit der Schulleitungen im Zusammenhang mit dem auf Schulebene aggregierten Klassenklima. Die Skala Schulleiterzufriedenheit mit den musisch-kulturellen Angeboten wurde von StEG adaptiert und umfasst 15 Items mit vier Ausprägungen (*sehr unzufrieden* bis *sehr zufrieden*). Die Reliabilität dieser Skala (*Cronbachs Alpha*=.85; *M*=2,92; *SD*=.74) muss trotz der guten internen Konsistenz in Frage gestellt werden, da nur 22 Angaben von Schulleitungen mit in die Analysen einfließen konnten. Die Qualität der musisch-kulturellen Angebote aus Sicht der Lehrkräfte wurde ebenfalls von StEG adaptiert und umfasst sechs Items mit vier Ausprägungen (*trifft nicht zu* bis *trifft voll zu*). Die Zufriedenheit der Schulleitung sowie die wahrgenommene Qualität der Angebote aus Sicht der Lehrerinnen und Lehrer weisen mittlere Korrelationen mit dem auf Schulebene aggregierten Klassenklima auf (Schulleiterzufriedenheit: r=.465, p<.05; Qualität aus Sicht der Lehrkräfte: r=.427, p<.05).

Die Datenaggregation geht allgemein mit einem sehr hohen Informationsverlust einher und ist aus diesem Grund stark umstritten. Weiterhin wird kritisiert, dass die Mehrebenenstruktur von Schulstichproben, die meist als Klumpenstichprobe gezogen werden, häufig ignoriert wird. Die Ziehung der MUKUS-Stichprobe durch das Data Processing and Research Center in Hamburg (DPC) beruht zunächst auf der Auswahl von Schulen. Die Schulleitungen wählten daraufhin Klassen der sechsten und siebten Jahrgänge aus, in denen sich Schülerinnen und Schüler an der Befragung beteiligten. Aufgrund dieser Struktur muss angenommen werden, dass Schülerinnen und Schüler innerhalb von Klassen und Schulen hinsichtlich bestimmter Merkmale homogener sind als Schülerinnen und Schüler unterschiedlicher Klassen und Schulen.

Als statistisches Verfahren für die Betrachtung von Zusammenhängen und Einflussgrößen von Variablen, die auf Fällen dieser Art hierarchisch geschachtelter Stichproben beruhen, eignet sich insbesondere die Mehrebenenanalyse. Mit Hilfe dieses Verfahrens können Variablen zudem simultan auf Individual- und Schulebene in den Analysen berücksichtigt werden. Für die Berechnung wurde das Programm *HLM6* von Raudenbush et al. (2007) verwendet.

Auf Individualebene erklärt die Teilnahme an musisch-kulturellen Angeboten jedoch lediglich 0,029% der Varianz des Konstruktes Klassenklima (Schüler-Schüler-Beziehung), auf Schulebene kann für die Teilnahme an außerschulischen Angeboten im Bereich Musik, Kunst und Darstellendes Spiel keine Varianz aufgeklärt werden. Dies gilt auch unter Kontrolle der Schulformen. Nach Ditton (1993) kann der Mehrebenencharakter ignoriert werden, wenn die Varianzen vernachlässigbar gering sind, so wie es hier der Fall ist. Bei den zukünftig anstehenden Analysen wird das Konstrukt „Klassenklima" auch die in diesem Bericht ausgelassenen Dimensionen Schulzufriedenheit und Lehrer-Schüler-Beziehung sowie Individualmerkmale der Schülerinnen und Schüler (Alter, Geschlecht, Migrationshintergrund) beinhalten. Wie bei den zuvor durchgeführten Korrelationsanalysen empfiehlt sich auch hier eine Differenzierung zwischen den Bereichen Musik, Kunst und Darstellendes Spiel. Weiterführende Analysen und Ergebnisse können dem Abschlussbericht der Studie entnommen werden.

Generell kann für die Teilnahme an musisch-kulturellen Angeboten nur ein sehr geringer, jedoch signifikanter Zusammenhang mit der Beurteilung des Klassenklimas (Schüler-Schüler-Beziehung) beobachtet werden. Es zeichnet sich aber die Tendenz ab, dass qualitativ hochwertige Ganztagsangebote insbesondere in den Bereichen Musik und Darstellendes Spiel Einfluss auf Klimamerkmale nehmen können. Dies zeigen v. a. Korrelationsanalysen mit auf Schulebene aggregierten Daten sowie die Befunde aus den qualitativ angelegten Fallstudien im Rahmen der vorliegenden Studie (vgl. Naacke & Lehmann-Wermser in diesem Band).

Kooperationspartner

Im Zuge des bundesweiten Ausbaus von Ganztagsschulen und dem damit einhergehenden erhöhten Betreuungsaufwand sind Schulen vermehrt auf die Unterstützung von regionalen Kooperationspartnern angewiesen. Die Öffnung der Schule nach außen wird zudem als Chance für die allgemeine Schulentwicklung angeführt (vgl. Rixius, 2001). Die Zusammenarbeit mit außerschulischen Akteuren kann jedoch nur dann zur Umsetzung von neuen Lehr- und Lernformen, zu einer Veränderung des Schulalltags und insgesamt zur Schulentwicklung beitragen, wenn die außerschulischen Akteure als gleichberechtigte Partner in das Schulleben integriert werden. Insbesondere Angebote aus dem musisch-kulturellen Bereich lassen sich gut in Kooperation mit Museen, Theatern oder Musik- bzw. Hochschulen organisieren. Im Kontext von MUKUS stellt sich dabei die Frage nach Chancen und Problemen der Zusammenarbeit unterschiedlicher Professionen, aber auch nach dem Gewinn der Kooperation für die Schülerinnen und Schüler.

Zunächst werden mit Hilfe von deskriptiven Analysen Strukturmerkmale von Kooperationsbeziehungen untersucht. Daran anschließend werden Zusammenhänge zwischen der Anzahl der Kooperationspartner und Merkmalen der Kooperation mit der Beurteilung der Angebote durch die Schülerinnen und Schüler beobachtet. In einem ersten Schritt werden die Schulleiter nach der Anzahl an Kooperationspartnern an ihrer Schule befragt (vgl. *Abbildung 6*).

Abbildung 6: *Anzahl der Kooperationspartner nach Angaben der Schulleitung (N=22)*

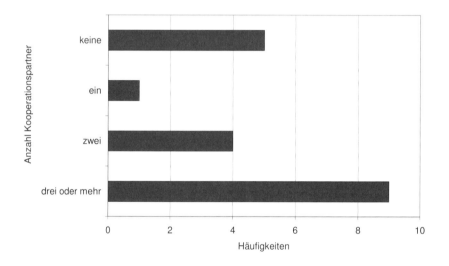

Quelle: Schulleiterfragebogen MUKUS 2007

Ähnlich wie die berichtete Variationsbreite an musisch-kulturellen Angeboten an Ganztagsschulen ist auch das Bild der außerschulischen Kooperationsbeziehungen sehr heterogen. Fünf Schulen arbeiten nicht mit Kooperationspartnern zusammen und bewältigen die Ganztagsbetreuung mit Hilfe eigener Kapazitäten. Neun Ganztagsschulen arbeiten hingegen mit drei oder sogar mehr außerschulischen Partnern zusammen. Im Folgenden wird geprüft, ob die Anzahl der Kooperationspartner in Zusammenhang mit Klimamerkmalen und der von den Akteuren wahrgenommenen Qualität der musisch-kulturellen Angebote steht.

In Korrelationsanalysen und mit Hilfe von Mittelwertsvergleichen konnte kein Zusammenhang zwischen der Anzahl der Kooperationspartner und dem von Schülerinnen und Schülern wahrgenommenen Klassenklima sowie der Zufriedenheit der Schulleitungen und der Lehrkräfte festgestellt werden. Da sich die Anzahl der Kooperationspartner nicht auf die Zufriedenheit der einzelnen Akteure niederschlägt, soll im Folgenden untersucht werden, ob die Qualität der Beziehungen zwischen den Betreuern und den Schülerinnen und Schülern eine Rolle für die Beurteilung des Nutzens der Ganztagsangebote aus Sicht der Schülerinnen und Schüler spielt.

In dem Schülerfragebogen wurde die Schüler-Betreuer-Beziehung mit Hilfe einer vierstufigen Skala aus dem StEG-Schülerfragebogen erhoben (*Cronbachs Alpha*=.84, *M*=3,16, *SD*=.63, *N*=1.229). Ein Beispielitem lautet: „Den meisten Betreuern ist es wichtig, dass die Schülerinnen und Schüler sich wohlfühlen." Es kann angenommen werden, dass die Schüler-Lehrer-Beziehung ähnlich wie die Schüler-Betreuer-Beziehung in einem Wechselwirkungsprozess mit dem von Schülerinnen und Schülern wahrgenommenen Klassenklima und anderen Schülermerkmalen steht, wie die Korrelationsanalysen verdeutlichen (vgl. *Tabelle 2*).

Tabelle 2: Korrelationsanalysen zum Zusammenhang unterschiedlicher Individualmerkmale mit der Beurteilung der Schüler-Betreuer-Beziehung nach Angaben der Schülerinnen und Schüler

Individualmerkmale der Schüler/innen	Korrelationskoeffizient (*r*)
Klassenklima (Schüler-Schüler-Beziehung)	.282**
sozialer Nutzen der Angebote	.427**
Lernnutzen der Angebote	.309**
schulisches Selbstkonzept	.211**

**: p<.01

Quelle: Schülerfragebogen MUKUS 2007

Die Korrelationskoeffizienten geben Auskunft darüber, ob ein Zusammenhang zwischen zwei statistischen Merkmalen besteht, nicht jedoch über deren Ursache-Wirkungs-Beziehung. Um die Größe des Einflusses des Merkmals x auf ein Merkmal y zu überprüfen, werden als Standardverfahren Regressionsanalysen durchgeführt. Hierbei steht die Forschungsfrage im Vordergrund, wie hoch der Einfluss unterschiedlicher Variablen, insbesondere der Einfluss der Schüler-Betreuer-Beziehung, auf die Wahrnehmung des Klassenklimas ist.

Mit Hilfe einer Regressionsanalyse können nun die Varianzaufklärung des Klassenklimas und die Einflussgröße der ermittelten Merkmale bestimmt werden. Es zeigt sich, dass die Schüler-Betreuer-Beziehung in einem direkten Vergleich der Einflussgrößen des Selbstkonzepts mit der Beurteilung des sozialen Nutzens bzw. des Lernnutzens der Ganztagsangebote einen relativ hohen Stellenwert einnimmt (vgl. *Tabelle 3*).

Tabelle 3: Der Einfluss von Schülermerkmalen auf das von Schülerinnen und Schülern wahrgenommene Klassenklima (Schüler-Schüler-Beziehung) anhand einer Regressionsanalyse

	standard. Koeffizient (b)
Schüler-Betreuer-Beziehung	.243***
schulisches Selbstkonzept	.090***
sozialer Nutzen der Angebote	.058 *n.s.*
Lernnutzen der Angebote	-.016 *n.s.*
R^2	9,0%

***: p<.001; n.s.: nicht signifikant

Quelle: Schülerfragebogen MUKUS 2007

Die Varianzaufklärung für das Konstrukt Klassenklima bleibt insgesamt mit 9% relativ gering. Hinsichtlich der Tatsache, dass die Merkmale mit Ausnahme des Selbstkonzepts, einen außerunterrichtlichen Bezug haben, scheint ein Prozentsatz von 9% dennoch nicht vernachlässigbar. Es kann angenommen werden, dass die Ganztagsangebote und die damit einhergehenden Veränderungs- und Wahrnehmungsprozesse der Schülerinnen und Schüler einen signifikanten Einfluss auf die Beurteilung des Klassenklimas haben.

Zusammenfassend kann berichtet werden, dass Kooperationspartner, sofern sie an den beteiligten Schulen agieren, sehr wohl die Wahrnehmung der Schülerinnen und Schüler hinsichtlich des Klassenklimas (Schüler-Schüler-Beziehung) beeinflussen. Die Anzahl der Kooperationspartner steht zwar in keinem Zusammenhang mit dem Klassenklima, die Beurteilung der Schüler-Betreuer-Beziehung kann jedoch als ein guter Indikator zur Vorhersage des Klassenklimas (der Schüler-Schüler-Beziehung) und im geringen Umfang auch des schulischen Selbstkonzepts fungieren. Je besser die Schüler-Betreuer-Beziehung beurteilt wird, desto positiver wird auch das Klassenklima wahrgenommen.

Im Rahmen dieses Beitrages zeigt sich deutlich, dass innerhalb der untersuchten Schulen, aber auch länderübergreifend (vgl. Radisch et al., 2008) keine einheitlichen ganztägigen Strukturen und Organisationsformen vorliegen. Die Schulen agieren in diesem Bereich weitgehend autonom und sind bei der Durchführung und Organisation der Ganztagsangebote von vielen unterschiedlichen Bedingungen abhängig. Die Bedeutung von Ressourcen und des Engagements der beteiligten Akteure kann mit dem vorliegenden quantitativen Datenmaterial nicht abschließend erfasst werden. Tiefgründigere und umfassendere Ansätze bieten jedoch die qualitativen Befunde dieser Studie, die dem Beitrag von Naacke & Lehmann-Wermser in diesem Band sowie dem in Kürze erscheinenden Abschlussbericht der „MUKUS – Studie zur musisch-kulturellen Bildung in der Ganztagsschule" entnommen werden können.

Literaturverzeichnis

Bastian, H. G., Kormann, A., Hafen, R. & Koch, M. (2000). *Musik(erziehung) und ihre Wirkung: Eine Langzeitstudie an Berliner Grundschulen*. Musikpädagogik. Mainz: Schott.

Beckers, E. & Beckers, R. (2008). *Faszination Musikinstrument – Musikmachen motiviert. Bericht über die zweijährige Evaluationsforschung zum Bochumer Projekt "Jedem Kind ein Instrument"*. Berlin: Lit.

Bourdieu, P. (1983). Ökonomisches Kapital, kulturelles Kapital, soziales Kapital. In R. Kreckel (Hrsg.), *Soziale Ungleichheiten* (Soziale WeltSonderband, 2) (S. 183–198). Göttingen: Schwartz.

Deutscher Musikrat (2004). *Musik Almanach 2003/04: Daten und Fakten zum Musikleben in Deutschland. Regensburg*: ConBrio.

Deutscher Musikrat (2008). *Freizeitverhalten der Deutschen 2007. Deutsches Musikinformationszentrum*. Verfügbar unter: http:///www.miz.org/intern/uploads/statistik29.pdf [18.11.2008].

Ditton, H. (1993). Neuere Entwicklungen zur Mehrebenenanalyse erziehungswissenschaftlicher Daten: Hierarchical Linear Modelling (HLM). *Empirische Pädagogik, 7* (3), 285–305.

Eder, F. (1996). *Schul- und Klassenklima: Ausprägungen, Determinanten und Wirkungen des Klimas an höheren Schulen* (Studien zur Bildungsforschung & Bildungspolitik, Bd. 8). Wien: Studien-Verlag.

Höhmann, K. (2006). Die Ganztagsschule zum Klingen bringen: Ganztagsschule und musische Erziehung, Perspektiven einer gelungenen Partnerschaft. In B. Ritter (Hrsg.), *Musik in der Ganztagsschule. Dokumentation des internationalen Kongresses des Deutschen Musikrates in Verbindung mit dem Verband Deutscher Schulmusiker, Königstein 2004* (2., überarb. Aufl.) (S. 23–58). Hannover: Inst. für Musikpädagogische Forschung.

Holtappels, H. G. (2004). Deutschland auf dem Weg zur Ganztagsschule. Bestandsaufnahme und Entwicklungsperspektiven. *Pädagogik, 56* (2), 6–10.

Holtappels, H. G., Klieme, E., Rauschenbach, T. & Stecher, L. (Hrsg.). (2007). *Ganztagsschule in Deutschland. Ergebnisse der Ausgangserhebung der "Studie zur Entwicklung von Ganztagsschulen" (StEG)*. Weinheim: Juventa.

Hornberg, S. & Bos, W. (2007). Schule als Ort der Bildung – Schule im internationalen Vergleich: Der Beitrag von internationalen Schulleistungsstudien am Beispiel von PIRLS/IGLU. In M. Harring, C. Palentien & C. Rohlfs (Hrsg.), *Perspektiven der Bildung. Kinder und Jugendliche in formellen, nicht-formellen und informellen Bildungsprozessen* (S. 155–183). Wiesbaden: VS Verlag für Sozialwissenschaften.

Keuchel, S. (Hrsg.). (2006). *Das 1. Jugend-KulturBarometer: "Zwischen Eminem und Picasso …" ; mit einer ausführlichen Darstellung der Ergebnisse des JugendKulturBarometers sowie weiteren Fachbeiträgen zur empirischen Jugendforschung und Praxisbeispielen zur Jugend-Kulturarbeit*. Bonn: ARCult.

Kutteroff, A. & Behrens, P., König, T. & Schmid, T. (Mitarbeiter) (Medienpädagogischer Forschungsverbund Südwest, Hrsg.). (2007). *JIM 2007: Jugend, Information, (Multi-)Media*. Verfügbar unter: http://www.mpfs.de/fileadmin/JIM-pdf07/JIM-Studie2007.pdf [1.9.2008].

Lehmann-Wermser, A., Naacke, S. & Nonte, S. (Hrsg.). (in Vorbereitung). *MUKUS – Studie zur musisch-kulturellen Bildung an Ganztagsschulen: Struktur und Nutzung erweiterter Angebote in Ganztagsschulen am Beispiel der musisch-kulturellen Bildung.*

Otte, G. (2006). Jugendkulturen in Clubs und Diskotheken: Ergebnisse empirischer Publikumsanalysen in Leipzig. In S. Keuchel (Hrsg.), *Das 1. Jugend-KulturBarometer: "Zwischen Eminem und Picasso …" ; mit einer ausführlichen Darstellung der Ergebnisse des JugendKulturBarometers sowie weiteren Fachbeiträgen zur empirischen Jugendforschung und Praxisbeispielen zur Jugend-Kulturarbeit* (S. 222–229). Bonn: ARCult.

Quellenberg, H. (2007). Ganztagsschule im Spiegel der Statistik. In H. G. Holtappels, E. Klieme, T. Rauschenbach & L. Stecher (Hrsg.), *Ganztagsschule in Deutschland. Ergebnisse der Ausgangserhebung der "Studie zur Entwicklung von Ganztagsschulen" (StEG)* (S. 14–36). Weinheim: Juventa.

Radisch, F., Stecher, L., Fischer, N. & Klieme, E. (2008). Was wissen wir über die Kompetenzentwicklung in Ganztagsschulen? In C. Rohlfs, M. Harring & C. Palentien (Hrsg.), *Kompetenz-Bildung. Soziale, emotionale und kommunikative Kompetenzen von Kindern und Jugendlichen* (S. 275–288). Wiesbaden: VS Verlag für Sozialwissenschaften.

Raudenbush, S. W., Bryk, A. S., Cheong, Y. Fai & Congdon Jr., R. T. (2007). *HLM 6: Hierarchical linear and nonlinear modeling* [Nachdr.]. Lincolnwood, Ill.: Scientific Software International.

Ritter, Brigitta (Hrsg.). (2006). *Musik in der Ganztagsschule. Dokumentation des internationalen Kongresses des Deutschen Musikrates in Verbindung mit dem Verband Deutscher Schulmusiker, Königstein 2004*. Hannover: Inst. für Musikpädagogische Forschung.

Rixius, N. (2001). Öffnung von Schule. In Ch. Ernst & H. Döbert (Hrsg.), *Finanzierung und Öffnung von Schule* (S. 73–95). Baltmannsweiler: Schneider-Verl. Hohengehren.

Saldern, M. von & Littig, K. E. (1987). *Landauer Skalen zum Sozialklima 4.–13. Klassen: LASSO 4–13*. Weinheim: Beltz.

Satow, L. (1999). *Klassenklima und Selbstwirksamkeitsentwicklung. Eine Längsschnittstudie in der Sekundarstufe I*. Verfügbar unter: http://www.diss.fu-berlin.de/diss/servlets/MCRFileNodeServlet/FUDISS_derivate_000000000271/00_satow.pdf;jsessionid=9BA805C181180767 FCC2F84DE4082F78?hosts= [25.11.2008].

Statistisches Bundesamt (Hrsg.). (2008). *Bildung und Kultur: Allgemeinbildende Schulen*. Wiesbaden. Verfügbar unter: https://www-ec.destatis.de/csp/shop/sfg/bpm.html.cms.cBroker.cls?cmspath=struktur,vollanzeige.csp&ID=1022909 [18.11.2008].

Zenke, K. G. (2007). Wege aus der Hauptschulkrise: Innere und äußere Reformen gehören zusammen! *Die Deutsche Schule, 99* (4), 447–459.

IMMANUEL BROCKHAUS, BERNHARD WEBER[1]

Inside the cut

Wahrnehmung digitaler Schnittmuster in populärer Musik

Der Einzug digitaler Technologien in die Produktion sowohl populärer als auch „klassischer" Musik führte zu einer Vielzahl neuer Möglichkeiten, Studio- oder Live-Aufnahmen nachträglich mit Hilfe entsprechender Musiksoftware zu bearbeiten. Produzenten und Tontechniker gewinnen dadurch einen großen und entscheidenden Einfluss auf die endgültige Klangästhetik einer Produktion.

Während der Umgang mit Musiksoftware und der Einsatz digitaler Schnitttechniken inzwischen zur Alltagsroutine in den Studios geworden sind, mangelt es in der musikpsychologischen Rezeptionsforschung an grundlegenden empirischen Untersuchungen. Das länderübergreifendes Projekt „Inside The Cut" zwischen der Hochschule der Künste (Bern) und der Musikhochschule Lübeck, möchte in diesem Zusammenhang erste Forschungsfragen formulieren. Neben der Rezipientenseite soll dabei auch die Seite der Produzenten und Tontechniker berücksichtigt werden. Das Projekt verfolgt das konkrete Ziel, die Wahrnehmung auditiver Schnittmuster in der populären Musik näher zu untersuchen. Solche Schnittmuster entstehen, wenn einzelne Songabschnitte oder Ausschnitte einzelner „Spuren" aus ihrem ursprünglichen musikalischen Kontext herausgeschnitten und an einer anderen Stelle des Songs wieder eingesetzt werden.

Werden digitale Schnittmuster überhaupt wahrgenommen?

Ähnlich gelagerte Untersuchungen legen im Rahmen erster Überlegungen die Vermutung nahe, dass solche Schnittmuster mehrheitlich nicht wahrgenommen werden. Beispielsweise gingen Behne/Barkowsky (1992) in ihrer „Studie

---

[1] Unter Mitarbeit von: Dr. Roman Brotbeck, Michael Harenberg, Peter Kraut, Benoit Piccand, Marcel Sägesser, Benjamin Schäfer und Sebastian Schneider

zur hypothesengeleiteten Wahrnehmung" der Frage nach, inwieweit Hörer in der Lage sind, den Unterschied zwischen analogen und digitalen Aufnahmen zu erkennen. Die Autoren kommen zum Ergebnis, *„daß die meisten Versuchspersonen den Unterschied zwischen analoger und digitaler Klangwiedergabe überhaupt nicht hören können"* (ebd., S. 308).

Allerdings gestaltet sich die Fragestellung des Projektes „Inside The Cut" komplexer. Während in der Studie von Behne/Barkowsky die Hörer zwei unterschiedliche Klangkategorien (digital und analog) identifizieren mussten[2], kommen in Praxis der Musikproduktion mannigfaltige Schnittverfahren zum Einsatz, deren auditive Muster sich dem Hörer in unterschiedlicher Deutlichkeit erschließen.

Ganz allgemein gehen Theorien der Musikrezeption davon aus, dass in Mustererkennungsprozessen ein Vergleich zwischen vorhandenen Repräsentationen und dem aktuell Wahrgenommen statt findet (pattern-matching). Vor diesem Hintergrund soll die Untersuchung klären, in welchem Umfang musikalische Vorerfahrungen (Hörverhalten und Repertoire sowie instrumental- und produktionstechnische Kenntnisse) beim Erkennen solcher Schnittmuster relevante Einflussgrößen darstellen. Weitere, wenn auch nicht exklusive Wechselbeziehungen bestehen zwischen den mental inventarisierten Mustern und den musikalischen Präferenzen eines Hörers. Hier sucht die Studie nach konkreten Zusammenhängen zwischen Mustererkennung und Bewertung. Speziell in pädagogischen Kontexten, wie Musikunterricht oder Tonmeisterausbildung, ist zudem der Einfluss von deklarativem Wissen bzw. Mehrfachkodierungen von Interesse. Insofern findet auch dieser Aspekt Eingang in die Studie.

Um alle diese Fragen ausreichend zu klären, ist es in einem ersten Schritt notwendig, die in der populären Musik gebräuchlichen Schnittmuster im Rahmen einer „Feldstudie" in Erfahrung zu bringen. Daher widmet sich der erste Projektabschnitt der Frage:

---

[2] Zudem geht es in dieser Studie um den Versuch, eine sozialpsychologische Hypothesentheorie auf die Musikrezeption zu übertragen.

Welche Formen und Kategorien digitaler Schnittmuster gibt es in der populären Musik?

Erste Hinweise auf digitale Schnittmuster mit mehr oder weniger wahrnehmbaren Auffälligkeiten kamen aus dem eigenen Musikarchiv und von befreundeten Experten (Produzenten und Tontechniker). Weitere Anhaltspunkte gab es in der Fachliteratur (vgl. Büsser 2004 und Kodwo Eshun 1999) sowie in diversen Webforen und Weblogs (z.b. www.gearslutz.com). Aus diesen Hinweisen wurde eine erste Liste mit entsprechenden Songs sowie deren Produzenten erstellt. Über Querverweise von Produzenten auf Interpreten und umgekehrt wurde die Songliste erweitert. Bei der Suche nach verschiedenen Schnittmustern gab es grundsätzlich zwei Suchstrategien. Zunächst wurden die Produktionen nach auffälligen Schnitten durchsucht. In einem zweiten Durchgang wurde ganz gezielt nach bestimmten Schnitttechniken gesucht. Insgesamt wurden etwa 100 digital produzierte Songs aus dem popmusikalischen Mainstream zwischen 1988 und 2008 im Hinblick auf ihre Schnittmuster untersucht. Von den 100 Songs blieben 94 Produktionen mit entsprechenden Auffälligkeiten übrig. Aus den in den Hörbeispielen enthaltenen Schnittmustern wurden in insgesamt 10 Kategorien gebildet.

Prototypische Schnittmuster

Die Untersuchungen ergaben insgesamt 10 prototypische Schnittmuster in unterschiedlichen Qualitäten.

1. Atem: absichtliches Hinzufügen oder Entfernen von Atemgeräuschen.

2. First take: der Sologesang wird ohne Unterbrechung in einem Durchgang aufgenommen –, oder **„shortest possible take"** – der Sologesang wird aus vielen kleinen Einzelaufnahmen mit der Intention zusammengesetzt, ein möglichst optimales Klangergebnis zu erzielen.

3. Copy & Paste: einzelne Songteile, kurze Phrasen und Takte oder Taktfragmente werden kopiert und an einer anderen Stelle wieder eingefügt.

4. Digitale Stille: kurze Songabschnitte werden leicht auseinander geschoben, so dass für ein paar Millisekunden eine Stille herrscht, die unter „normalen" raumakustischen Gegebenheiten aufgrund eines natürlichen Raumhalls nicht möglich wäre.

5. **Schlechter Schnitt:** handwerklich „unsaubere" und „unmusikalische" Schnitte, die entweder aus Nachlässigkeit oder aus einer stilistischen Intention heraus vorgenommen wurden.

6. **Radikaler Schnitt:** Schnitte, die absichtlich die Erwartungshaltung des Hörers unterlaufen, beispielsweise Mash-Up- oder Remix-Techniken.

7. **Raumschnitt:** einzelnen Songkomponenten sind mit unterschiedlichen Hallräumen versehen.

8. **Abgeschnittene Stimme:** der Anfang oder das Ende einer Gesangsphrase wird hart an- oder abgeschnitten.

9. **Harte Schnitte:** entspricht dem achten Schnittverfahren im instrumentalen Bereich. Einzelnen Passagen eines Stückes werden hart an- oder abgeschnitten.

10. **Sampling:** geschnittenes Audiomaterial wird mittels Midi-Sequenzer angetriggert.

Die in den analysierten Songs am häufigsten vorgefundenen Schnittmuster sind „Copy & Paste", „Abgeschnittene Stimme" und „Takes" (shortest possible takes).

Aus der Analyse der prototypischen Schnittmuster lassen sich weiterhin folgende Aussagen ableiten:

Bei den gefundenen Schnittmustern handelt es sich entweder um handwerkliche Fehler oder um kompositorische Gestaltungsmittel bzw. ästhetische Ausdruckformen.

Als kompositorisches Gestaltungsmittel ist der produktionstechnische Einsatz bestimmter Schnitttechniken stilabhängig bzw. genreabhängig.

Wahrnehmung auditiver Schnittmuster in Populärer Musik

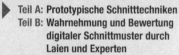

▶ Teil A: Prototypische Schnitttechniken
Teil B: Wahrnehmung und Bewertung digitaler Schnittmuster durch Laien und Experten
Teil C: Produzentenbefragung

Teil A: Prototypische Schnitttechniken
▶ Welche digitalen Schnittmuster gibt es in der Populären Musik?
Untersuchungszeitraum: 1985 – 2008
Anzahl der untersuchten Songs: 200

Methodisches Vorgehen:
1. Befragung von Experten und Feldstudien in diversen Internetforen und weblogs
2. Erste Höranalyse nach schnitttechnischen Auffälligkeiten
3. Kategorisierung der Auffälligkeiten nach technischen und musikalischen Gesichtspunkten
4. Zweite Höranalyse nach den gefundenen Kategorien

▶ Ergebnis:
10 Prototypische Schnitttechniken
Atmung • First Take • Copy & Paste • Digitale Stille
Schlechter Schnitt • Radikaler Schnitt • Raumschnitt
Abgeschnittene Stimme • Harte Schnitte • Sampling

Erstes Fazit: Digitale Schnittmuster sind entweder ästhetisch intendiert oder „handwerkliche" Fehler

Kontakt: immanuel.brockhaus@hmt.bfh.ch
bernhard.weber@mh-luebeck.de

Projektübersicht

Insgesamt besteht das Forschungsprojekt „Inside The Cut" aus folgenden Komponenten:

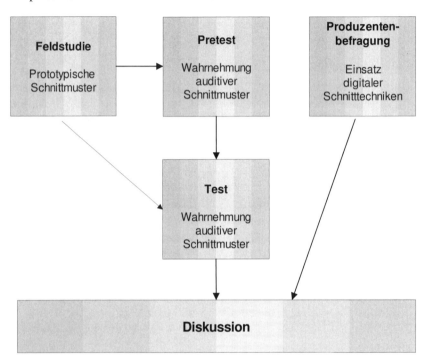

Literatur:

Büsser, Martin: On the wild side: die wahre Geschichte der Popmusik, Hamburg 2004.

Kodwo, Eshun: Heller als die Sonne: Abenteuer in der Sonic Fiction, Berlin 1999.

Helms, Dietrich/Phleps Thomas (Hg.): Cut and Paste, Schnittmuster populärer Musik der Gegenwart, Bielefeld 2006.

Gromko, Joyce Eastlund: Perceptual differences between expert and novice music listeners: A multidimensional scaling analysis, in: Psychology of Music 21, 1993, S. 34-47.

MICHAEL AHLERS

Zur Relevanz des Faktors Usability: Ergebnisse zur Bewertung der Ergonomie von Benutzerschnittstellen ausgewählter Sequenzer-Programme aus Schülersicht

Das zentrale Anliegen dieses Aufsatzes liegt nicht in einer erneuten Begründung der Relevanz digitaler Medien innerhalb jugendlicher Medien-, Alltags- oder künftiger Berufswelten. Diese ist in zahlreichen Artikeln und Monographien[1] erarbeitet worden und wird durch aktuelle Mediennutzungs-Studien[2] unterstrichen. Der Fokus soll vielmehr auf einem kurzen fachhistorischen Abriss der Erforschung des Themengebietes aus Sicht der Musikpädagogik und einer Diskussion der Ergebnisse aus den eigenen Promotionsstudien liegen, um so auf die Relevanz von Mensch-Maschine-Schnittstellen und das Kriterium der Software-Ergonomie im Zusammenhang mit den Spezifika des Musikunterrichts schließen zu können. Unter der thematischen Rahmung des vorliegenden Bandes können diese Ergebnisse als ein möglicher Weg künftiger interdisziplinärer Forschungsaktivitäten in Richtung der Fächer Medienpädagogik, Kommunikationswissenschaft und Informatik angesehen werden.

Die musikpädagogische Forschung hat bis zum Jahr 2008 bereits wichtige Teilbereiche des Themenfeldes „Musikunterricht mit digitalen Medien" bearbeitet. In diesem Zusammenhang sei darauf verwiesen, dass in älteren Publikationen der Terminus „Neue Medien(-technologie)" synonyme Verwendung fand, von dem an dieser Stelle jedoch abgewichen wird und der auf europäi-

---

[1] Vgl. Knolle; Münch (1999)/ Müller; Glogner; Rhein; Heims (2002)/ Münch (2002)/ Mikos (2007)/ Herzig; Grafe (2007)/ Rosenstock (2007).

[2] Vgl. Medienpädagogischer Forschungsverbund Südwest (2007). Zusätzlich sei auf die jeweils aktualisierten Ergebnisse der im Auftrag von ARD und ZDF durchgeführten Mediennutzungs-Studien, publiziert in der Zeitschrift *Media Perspektiven* unter dem Stichwort „MedienNutzer-Typologie 2.0" sowie den Medienkonvergenz Monitoring Report von Schorb et al. (2008) verwiesen.

scher Ebene gebräuchliche Begriff *digitale Medien* eingesetzt werden soll.[3] Digitalen Medien ist dabei gemeinsam, dass sie als Mittler fungieren, durch die in „[...] kommunikativen Zusammenhängen (potenzielle) Zeichen mit technischer Unterstützung gespeichert, wiedergegeben, angeordnet oder verarbeitet werden und in abbildhafter und/oder symbolhafter Form präsentiert werden." (Herzig; Grafe 2007: 11). Der integrale Bestandteil der Bearbeitung, Speicherung oder Präsentation ist derzeit noch der Personalcomputer. International wird für digitale Medien ebenso der Begriff *Information and Communication Technology (ICT)* verwendet.

Wenngleich der Einsatz digitaler Medien bereits Ende der 1980-er und zu Beginn der 1990-er Jahre eine Vielzahl an Diskussionen,[4] Unterrichtsideen[5] und Konzepten mit anstieß, kann die empirische Erforschung des Feldes anhand der bisher vorliegenden deutschsprachigen Studien[6] als vergleichsweise defizitär eingestuft werden.[7]

Ein erstes Bild der Verwendung digitaler Medien liefert die Studie von Georg Maas (1995), in der die Einstellungen und Erfahrungen von knapp 200 Musiklehrerinnen und Musiklehrer erfasst werden konnte. Zu diesem Zeitpunkt zeigt sich ein positiv-aufgeschlossenes Bild der Lehrenden und die von Maas formulierte Typologie ist in den beiden befürwortenden Typenklassen stärker besetzt als in den als „kritisch" bis „skeptisch" bezeichneten Katego-

---

[3] Vgl. hierzu die Positionspapiere „eLearning Papers" der Initiative „eLearning Europa" zu den Begriffen „Digitale Medien" und „Digitale Kompetenz" unter: http://www.elearningeuropa.info (Stand: 28.07.2008).

[4] Stellvertretend sei an dieser Stelle die Auseinandersetzung von Ludger Rehm (1993), (1994) und Niels Knolle (1994) in *Musik und Bildung* genannt.

[5] Strasbaugh (2006) zählt 145 Artikel, die er inhaltlich und nach Schulstufen ordnet. Der Material-Pool des Autors umfasst für den Zeitraum 1990 bis 2005 insgesamt 123 Artikel, in denen Unterrichtseinheiten unter Verwendung digitaler Medien beschrieben werden.

[6] International gibt es in diesem Feld ausgeprägte Forschungsaktivitäten. Vor allem in England und Skandinavien ist die Unterrichtsforschung sowie die Darstellung möglicher Effekte des Einsatz digitaler Medien auf kreative Prozesse ein junger und interessanter Bereich, der jedoch an dieser Stelle nicht näher referiert werden soll.

[7] In diesem Punkt wird der Einschätzung Michael Pabst Kruegers (2006: 54) widersprochen.

rien. Gleichsam drücken fast alle Befragten aus, dass nach ihrer Einschätzung Aufwand und didaktischer Nutzen in einem vertretbaren Verhältnis zueinander stehen (Maas 1995: 109). Diese Aussage steht klar entgegen den Ergebnissen nachfolgender Studien und wird noch zu diskutieren sein. Die Voraussetzungen, unter denen die Befragten ebenfalls häufiger digitale Medien in ihrem eigenen Musikunterricht einsetzen würden, werden ebenfalls weiter unten aufgegriffen.

Stefan Auerswald (1999, 2000) konzentriert sich in seinen Studien zum Einsatz digitaler Medien im handlungsorientierten Musikunterricht auf einen Vergleich computerunterstützter Unterrichtseinheiten mit konventionellen Vermittlungsformen hinsichtlich deren Wirkungen auf Begriffsbildung, Behaltensleistung, Einstellungsänderungen und Urteilskompetenzen teilnehmender Schüler sowie die Einschätzung der Praxistauglichkeit digitaler Medien. Als Ergebnis stellt er fest, dass sich das Konzept eines handlungsorientierten Musikunterrichts mit Computerverwendung als tragfähig erweist. Jungen bewerten den Einsatz digitaler Medien tendenziell positiver als Mädchen, denen jedoch eine höheres Urteilsniveau gegenüber der Medientechnologie selbst attestiert werden konnte (Auerswald 1999: 243).

Randolph Eichert und Wolfang Martin Stroh (2004) erfassen in ihrer Erhebung die Medienkompetenz und Mediennutzung von insgesamt 147 Musiklehrenden. Die Studie erfolgte zwischen den Jahren 2000 und 2002 und gliederte sich in einen Fragebogen-Teil aller Teilnehmenden und Experten-Interviews mit 12 Probanden. Zusammenfassend finden die Autoren ihre zunächst angenommene fachspezifische Medienkompetenz unter den Teilnehmenden nicht bestätigt. Der überwiegende Teil der Probanden präsentiert sich den digitalen Medien gegenüber vorwiegend kritisch eingestellt und verwendet diese selten im eigenen Unterricht. Abschließend formulieren die Autoren Modelle und Handlungsstrategien für die musikpädagogische Zukunft und fordern eine selbstverständlichere Qualifikation der Lehramtsstudierenden im Bereich der Medienkompetenz ein (Eichert, Stroh 2004: 56).

Bert Gerhardt (2004) untersucht das bis dahin noch „neue Medium" Internet im Rahmen seiner Befragung von insgesamt 250 Musiklehrenden, die jeweils knapp zur Hälfte über einen Online-Fragebogen und eine *Papier-und-Bleistift*-Version desselben erfasst werden konnten. Er bildet über eine Clusterzentrenanalyse eine vierstufige Typologie aus, welche durch weitere sieben Experten-Interviews qualitativ ergänzt wird. Die Ergebnisse der Studie zeichnen ein deutlich positiv gestimmtes Bild der Teilnehmenden hinsichtlich einer bereits aktiven oder aber künftig geplanten Integration des Internets in den eigenen Unterricht. Gerhardt fordert schließlich eine selbstverständlichere Integration des Mediums an didaktisch legitimierten Orten ein.

Thomas Münch und Niels Knolle stellen im Jahr 2005 die Ergebnisse des dreijährigen Modellvorhabens „Neue Medien als Werkzeug, Musikinstrument und Thema im Musikunterricht" (= Medien im Musikunterricht, kurz: Me[i]Mus) vor. Ziel der Bundesländer-übergreifenden Studien war die Schaffung modularer Unterrichtskonzepte für den Einsatz digitaler Medien. In mehreren Teilprojekten bzw. Arbeitsvorhaben standen die Erstellung der Einheiten durch die teilnehmenden Lehrer, die Erfassung einer „Dimension der Medienkompetenz", die Erfassung von Strategien der Selbstprofessionalisierung oder innovativer Unterrichtsarbeit und die (Kreuz-) Evaluation fertiger Materialien im Interesse der Autoren.[8] Darüber hinaus wurde ebenfalls über die Bedingungen erfolgreicher Lehrerfortbildung gearbeitet. Die Ergebnisse der Teilstudien zeichnen insgesamt ein pessimistisches Bild: Viele der Materialien entstanden erst sehr spät im Projektverlauf, wodurch die angestrebte Kreuzevaluation nur in einigen wenigen Fällen durchgeführt werden konnte. Die meisten der Materialien beinhalten alt bekannte Ansätze, wenige gehen kreativ oder gar „ungewöhnlich" mit digitalen Medien um. Die Darstellung der Fortbildungsbereitschaft und Motivation der Probanden fällt ebenfalls negativ aus. In ihrer Kurzdarstellung des Modellvorhabens formulieren die Urheber der Studie eine Reihe von Rahmenbedingungen zur erfolgreichen Integration digitaler in den Musikunterricht. Diese reichen von innerschulischen Voraussetzungen, wie einer vorhandenen Infrastruktur, der Einbindung des Musiklehrers in das Kollegium, der Schulleitung als Faktor über rechtliche und politische Rahmenbedingungen bis hin zu Elternsichtweisen und intrapersonellen Faktoren wie der Fähigkeit zu Rollenwechseln.[9]

Michael Pabst-Krueger beschäftigt sich mit dem speziellen Teilgebiet der „Echtzeitfortbildung" von Musiklehrern und erfasst über 114 Fragebögen und weitere so genannte „informelle Gespräche" (Pabst-Krueger 2006: 306) qualitative Daten von 21 Probanden und 12 Teletutoren. Er erhebt hierdurch ein Meinungsbild über das Potenzial von *E-Learning* im Musikunterricht und im Bereich der Lehrerfortbildung. Dieses fällt im Vergleich zur Studie von

---

[8] Vgl. Me[i]Mus-DVD, PDF-Datei „Transfer und Verstetigung", S. 6-7.

[9] Vgl. Me[i]Mus-DVD, PDF-Datei „Kurzdarstellung des Modellvorhabens", S. 82-86.

Münch und Knolle (2005) deutlich positiver aus. Es überrascht daher nicht, dass Pabst-Kruegers Gegenüberstellung der Chancen und Grenzen einen deutlichen Akzent auf die Positiva der Echtzeitfortbildung via Internet legt.

Jochen Roth (2006) erfasst in seinem Aufsatz über Umgangsweisen mit computerbasierten Lernumgebungen zum Erwerb musikalischer Kompetenzen zunächst die derzeit im Einsatz befindlichen Lehr- und Bildungspläne der Bundesländer Deutschlands und verdichtet das Material über eine qualitative Inhaltsanalyse. Nachfolgend schließt sich eine Zuordnung der abstrahierten Lernziele zu einzelnen Kompetenzbereichen über eine Lernzielmatrix nach Schlegel an. Der Aufsatz liefert darüber hinaus aufschlussreiches Datenmaterial aus zwei Befragungen von Musiklehrern unterschiedlichster Schulstufen zu deren Einschätzung und der Verwendung digitaler Medien. Überraschenderweise konstatieren nahezu 70% der Teilnehmenden der aktuelleren Stichprobe des Autors aus dem Jahr 2004, dass sie den Computer im eigenen Musikunterricht einsetzen,[10] was die Ergebnisse der deutlich größeren Studien des Bundesministeriums für Bildung und Forschung (2005) oder der Studie von TNS Infratest und der Initiative D21 (2006) drastisch kontrastiert.

Im Rahmen seiner Dissertationsstudien beschäftigt sich Matthias Stubenvoll mit der Qualität von Musik-Lernsoftware und deren empirischer Überprüfung. In seinen Studien werden zwei Produkte für die Lernbereiche Gehörbildung und Musiktheorie mit 48 bzw. 59 Probanden getestet. Zunächst erfolgt eine Expertenbewertung des Autors hinsichtlich der Qualitätsaspekte der Produkte. Nachfolgend generieren die Tests und Befragungen Aussagen zur Wirkung der Produkte auf die Probanden und mögliche Effekten auf den Lernerfolg. Das eingesetzte Evaluationsmodell entstammt dabei der Medienpsychologie und basiert auf den Arbeiten von Reinmann-Rothmeier, Mandl und Prenzel und fokussiert somit stark den Weiterbildungsaspekt und Effekte der Lernkontrolle. Der Autor kommt zu dem Schluss, dass Lernsoftware durchaus Gewinn bringend auch in schulischen Kontexten eingesetzt werden kann, sofern diese nicht um ihrer selbst Willen eingesetzt wird und sie gewissen lerntheoretischen und programmtechnischen Standards genügt (Stubenvoll 2008: 280-285).

---

[10] Vgl. Roth 2006: 261.

Wie an dieser Stelle deutlich wird, ist die Zahl der empirisch ausgerichteten deutschen Studien zum Einsatz digitaler Medien vergleichsweise gering. Es ergibt sich in diesem Punkt eine paradoxe Situation, die letztlich auch zum eigenen forschungsleitenden Interesse des Autors geführt hat: Den wenigen empirischen Studien und einer ebenfalls übersichtlichen Anzahl an philosophisch,[11] definitorisch[12] oder deskriptiv-historisch[13] ausgerichteten Arbeiten steht mit mehr als 150 verfügbaren Artikeln[14] mit konkreten Unterrichtsideen eine immense Zahl an „praktisch Verwertbarem" gegenüber. Diese praxisorientierten Arbeiten sind aber wiederum – schenkt man den o. g. repräsentativen Studien zum Einsatz digitaler Medien im Musikunterricht Glauben – schlecht bis wenig unter den Musiklehrenden disseminiert worden. Die möglichen Gründe und Erklärungen für den geringen Einsatz digitaler Medien wiederholen sich und benennen häufig die Bereiche

- Fehlende finanzielle Ressourcen,
- Infrastrukturelle Probleme in den Schulen,
- Aus- oder Fortbildungsdefizite seitens der Lehrenden,
- Einstellungen, Ängste und Motivation der Lehrenden,
- Probleme mit den digitalen Medien selbst.[15]

Während die ersten vier Themen vergleichsweise gut dargestellt sind, gibt es zum letztgenannten Punkt gegensätzliche Aussagen. Befürwortende Positionen unterstreichen meist die Intuitivität bzw. die in den Werbeanzeigen der Hersteller oftmals propagierte „selbsterklärende Bedienung" der Software. Hierzu lassen sich beispielsweise die Hinweise von Niels Knolle (1996: 318) sowie die von Thomas Münch und Niels Knolle „Die Neuen Medien eröffnen als nahezu vorraussetzungslos handhabbares Werkzeug und Musikinstrument für alle SchülerInnen den aktiven Zugang zur musikpraktischen wie auch ana-

---

[11] Bspw. Schläbitz (1997).

[12] Bspw. Rheinländer (2001).

[13] Bspw. Strasbaugh (2006).

[14] Vgl. Anmerkung fünf, wobei nach dem Jahr 2005 weitere Artikel in den musikpädagogischen Fachzeitschriften erschienen sind.

[15] Diese Aufzählung legt die benannten Untersuchungen von Maas (1995), Münch, Knolle (2005) und Roth (2006) zugrunde.

lytischen Auseinandersetzung mit Musik [...]" (Münch, Knolle 2005: 10-11) zählen. Diese Einschätzungen werden kontrastiert durch Aussagen wie die von Kurt Wehle (2002: 113), Johannes Goebel (2002: 21) sowie Randolph Eichert und Wolfgang Martin Stroh: „Dies Beispiel der Musiksoftware-Entwicklung ist prototypisch für die Hindernisse, die die Medien selbst der Medienkompetenz von Musiklehrern in den Weg legen. Den Musiklehrern wird es systematisch schwer gemacht, sich auf musikalischem Wege mit musikalischen Bedürfnissen und musikalischem Denken einem PC zu nähern" (Eichert, Stroh 2004: 63). Die genauen Gründe und Schwierigkeiten, die hinsichtlich der Schwierigkeiten im Umgang mit digitalen Medien offenbar aus Lehrersicht zu identifizieren sind, benennt Roth in den Bereichen des Preis der Anschaffung, ihrer komplizierte Bedienung, der zu langen Einarbeitungszeit, dass sie für den Klassenunterricht meist ungeeignet erscheinen und der generell mangelnden didaktischen Qualität der Produkte (vgl. Roth 2006: 262).

Neben den benannten Rahmenbedingungen standen die Probleme, Einschätzungen und Kompetenzen der Lehrenden schon häufiger im Zentrum des forschenden Interesses. Die Schüler selbst jedoch sind in diesem Punkt – abgesehen von der Studie Auerswalds – noch nicht näher in die Betrachtungen einbezogen worden. Einige Autoren unterstellen heutigen Schülergenerationen *per se* eine im Alltagsumfeld erworbene gute Bedien- und Nutzungskompetenz digitaler Medien und gehen davon aus, dass diese selbstverständlicher und kompetent mit und über digitale Medien interagieren können. Aufgrund eigener Beobachtungen des Autors und Rückmeldungen aus der Lehrerfortbildung schien dies jedoch nicht immer zutreffend zu sein. Um diese Behauptungen verifizieren oder widerlegen zu können, wurden zwei quasi-experimentelle und als explorativ zu verstehende Studien auf Basis zweier unterschiedlicher Software-Produkte durchgeführt, die nachfolgend näher dargestellt werden sollen.

Forschungsdesign und Methodik

Die Software selbst sollte somit im Zentrum der eigenen Betrachtung stehen und es wurde weniger Wert auf die Erfassung einer bedienpraktischen Kompetenz oder Computernutzungs-Performanz der teilnehmenden Schüler gelegt. Die Messung der Software-Ergonomie[16] schien hierbei ein Weg zu sein, Prob-

---

[16] Im deutschsprachigen Raum wird dieser Begriff synonym mit dem international gebräuchlichen Begriff *usability* benutzt.

leme der Mensch-Maschine-Schnittstelle sowie spezielle Bedürfnisse und Schwierigkeiten von Schülern im Segment Musiksoftware erfassen und darstellen zu können. Software-Ergonomie wird hierbei verstanden als „[...] the effectiveness, effeciency and satisfaction with which specified users can achieve specified goals in particular environments" (ISO DIS 9241-11, zit. nach: Jordan 1998: 5). In den Kategorien der europäischen Normungsbehörde konstituiert sich ergonomische Software durch die Erfüllung der Kriterien Aufgabenangemessenheit, Selbstbeschreibungsfähigkeit, Steuerbarkeit, Erwartungskonformität, Fehlertoleranz, Individualisierbarkeit und Lernförderlichkeit (DIN EN 9241-110).

Zunächst wurde die Auswahl des Programmtypus *Audio-/MIDI-Sequenzer-Programme* getroffen, da diese oftmals Grundlage der publizierten Unterrichtsvorschläge waren und durch ihren Werkzeug-Charakter zunächst themenneutral, d. h. nicht an die inhaltliche Seite des Themas gebunden sind. Sie dienen dazu, Texte, Bilder, Tonfolgen, Filme oder Simulationen zu gestalten, zu bearbeiten und weiterzugeben. Entsprechend stehen Werkzeuge zur Erledigung isolierter Aufgaben zur Verfügung; sie können aber auch als Programmfunktion in andere Programme integriert werden (Herzig, Grafe 2007: 13). Nachfolgend wurden zwei Produkte ausgewählt, die sowohl aufgrund ihrer preislichen Gestaltung, der Lauffähigkeit auf Windows-Computern[17] und ihrer Orientierung an einer wenig bis unerfahrenen Zielgruppe in Frage kamen.

Um standardisierte und im Musikunterricht gebräuchliche Tätigkeiten im Umgang mit Sequenzern testen zu können, wurden im Vorfeld der Untersuchung die Jahrgänge 1990 bis 2005 der wichtigsten musikpädagogischen Fachzeitschriften, verfügbarer Monographien zum Thema und zusätzliche Angebote auf Online-Plattformen systematisch erfasst und über eine qualitative Inhaltsanalyse nach Mayring (2002) auf ein Kategoriensystem von insgesamt 14 Tätigkeiten und Lerninhalten reduziert. (vgl. Abb.1: Kategorien im Material)

---

[17] Da in deutschen Schulen weniger als 10% Macintosh und andere Systeme eingesetzt werden (vgl. Bundesministerium für Bildung und Forschung [2005]), konnte hierdurch die grundsätzlich sehr interessante Software *Garage Band* von Apple nicht getestet werden.

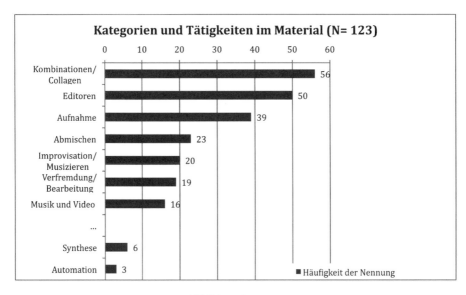

Abbildung 1

Hierbei war ersichtlich, dass die drei bestplatzierten Kategorien in mindestens einem Drittel der Aufsätze zu identifizieren waren, eine Mehrfachnennung war hierbei möglich. Innerhalb eines Pretests mit Lehramtsstudierenden der Universität Paderborn und einer achten Hauptschul-Klasse wurden hieraus drei Aufgaben für die Hauptuntersuchungen erstellt, die sich in ihrer Ansprache an Jugendliche im Alter von 14 bis 16 Jahren richten sollten.

Die Auswahl der Probanden erfolgte über ein standardisiertes Fragebogen-Instrument, das eine Übernahme der Skalen von Senkbeil (2004)[18] beinhaltete und zur Identifikation von (Schüler-) Computernutzer-Typen und deren potenziellen Lernerfolgen dient. Eine hierauf folgende Clusterzentrenanalyse strukturierte die Hauptstichprobe nachfolgend in vier Clustertypen, die literaturgeleitet vorgegeben werden konnten. Nach Senkbeil wurden von den 364 erfassten Probanden anschließend nur die Mitglieder der Cluster *Enthusiasten* und *Spaßnutzer* eingeladen, da den anderen beiden Clustertypen hinsichtlich des Lernerfolgs im Umgang mit digitalen Medien im schulischen Umfeld eine Benachteiligung unterstellt werden muss oder diese aufgrund mangelnder Moti-

---

[18] Die Reliabilität des Instruments wurde in der Studie von Varnai (2006) bestätigt.

vation prinzipiell weniger erfolgreich in der Bearbeitung der Aufgaben gewesen wären (Senkbeil 2004: 177). Aufgrund der oftmals schwierigen Kommunikation mit den jeweiligen Schulleitungen und den sich so ergebenden forschungspraktischen Schwierigkeiten konnten letztlich nur 69 Probanden – 56 in Studie eins und 13 in Studie zwei – von 279 potenziellen Kandidaten getestet werden, was einer Rücklaufquote der Einladungen von 24,73% entspricht.

Als Methode zur Erfassung und Evaluation der Software-Ergonomie der Programme kam das partizipative Modell der *co-operative evaluation* nach Monk et al. (1993) zum Einsatz, welches sich gerade durch die Integration von Methodiken wie dem *Lauten Denken* und der Möglichkeit, in der abschließenden *debriefing session* korrigierend auf die Notizen und Beobachtungen des Testleiters einwirken zu können, als adäquat und ertragreich erwies. Prädiktive Verfahren wie die so genannten kognitiven und heuristischen *Walkthroughs* oder Instrumente wie der *Questionnaire for User Interface Satisfaction (QUIS)* bzw. das *Software Usability Measurement Inventory (SUMI)* schienen nach Einschätzung des Verfassers dem quasi-experimentellen Setup nicht ausreichend Rechnung zu tragen und hätten aufgrund des jeweiligen Umfangs und der Nicht-Berücksichtigung einer aktiven Teilnahme „in" der Software zu wenig verwertbaren Aussagen geführt.

Abbildung 2: Parallelisierte Videoaufnahmen

Während der Bearbeitung der Aufgaben wurde eine Videoaufzeichnung der Probanden mit Ton gemacht, die später mit der Bildschirm-Aufzeichnung der Mausbewegungen innerhalb des Programms parallelisiert (vgl. Abbildung 2: Parallelisierte Videoaufnahmen) und durch die Notizen des Testleiters erweitert werden konnte. In zwei Kodierungsdurchgängen konnten so die wichtigsten Probleme und Anregungen der Schüler tabellarisch erfasst und quantifiziert werden.

Darstellung der Hauptstudien

An der ersten Hauptstudie nahmen insgesamt 56 Probanden teil. Dabei umfasste die Stichprobe mehr männliche (62,5%) als weibliche (37,5%) Teilnehmer, die im Mittel 14,8 Jahre alt waren und zu annähernd gleichen Anteilen aus den teilnehmenden Hauptschulen (44,6%) sowie Gymnasien (55,4%) stammten. Mehr als zwei Drittel der Probanden entstammt hierbei der Kategorie der *Enthusiasten* (67,9%) und lediglich 32,1% der getesteten Teilnehmer wurden vorher als *Spaßnutzer* identifiziert. Die Teilnehmer dieser Tests arbeiteten mit einer Einsteiger-Version der Software *Cubase* des Herstellers Steinberg. Die Bearbeitung der drei Aufgaben, in denen musikalisches Material rekombiniert, kopiert und wieder eingefügt werden musste (1), ein Rhythmus in einen Pianorollen-Editor eingegeben (2) und eine Melodie zu einem Playback eingespielt werden sollte (3) nahm pro Proband zwischen 19:58 min. und 36:00 min in Anspruch. Die Zeit bis zur befriedigenden Lösung wurde jedoch nicht weiter in die Auswertung einbezogen, da individuelle Bearbeitungswege und die teilweise ausführlichen Nachfragen um Hilfe nicht als Indikatoren einer „besseren" oder „schlechteren" Bearbeitung der Aufgaben angesehen werden. Ebenso erfuhren die „kreativen Ergebnisse" der Teilnehmenden keine Bewertung, da im Mittelpunkt des Interesses die Programme selbst bzw. deren Ergonomie standen.

Im Rahmen der Auswertung wurden die Summen der geäußerten Probleme und Anregungen der Probanden als abhängige Variablen und das Geschlecht, die PC-Erfahrung, die Schulform, Clusterzugehörigkeit und etwaige instrumentalpraktische Vorkenntnisse sowie Vorerfahrungen mit Sequenzer-Programmen jeweils als unabhängige Variablen genommen, um so einfaktorielle, univariate Varianzanalysen rechnen zu können. Während die meisten Analysen zu keinen signifikanten Aussagen führten, äußerten Hauptschüler jedoch mit $Eta^2 = .25$, $F(1, 54) = 18.504$, $p < .0001$ signifikant mehr Verbesserungsvorschläge als Gymnasiasten. Tendenziell äußern Jungen mehr

Verbesserungsvorschläge als Mädchen und *Enthusiasten* tun dies häufiger als *Spaßnutzer*. Es wurde im Sinne einer gerichteten Hypothese nach Bortz, Weber (2005) abschließend davon ausgegangen, dass die Vorerfahrung im Umgang mit einem anderen Sequenzer-Produkt zu weniger Problemen bei der Lösung der Testaufgaben führen wird, was sich anhand der Ergebnisse der Varianzanalyse mit Eta^2 =.05, $F(1, 54)$= 3.01 und p= *.04* auf dem 5%-Niveau auch statistisch absichern lässt.

Interessanterweise führte gerade das Auffinden und Anwenden von Basisfunktionen, wie dem Kopieren und Einfügen musikalischer Daten, dem Öffnen des Editors, dem Starten einer Aufnahme oder die Mehrfenster-Oberfläche der Software zu gravierenden Problemen bei nahezu allen Probanden. 80,4% der Teilnehmenden vermissten beispielsweise die Funktion „Kopieren" innerhalb der obersten Ebene des (Maus-) Kontextmenüs. Dies zeigt, dass Computererfahrene und -affine Schüler sich sehr stark an den Vorgaben der Betriebssysteme und an Office-Produkten orientieren. Ebenso fanden 51,8% der Teilnehmenden den Aufnahme-Knopf nicht ohne Nachfrage. Die beschriebenen oder beobachteten Probleme konnten den Oberbegriffen „Programmoberfläche" oder „Programmfunktionalitäten" zugeordnet werden. Zusätzlich wurden die geäußerten Anregungen und Vorschläge erfasst. Hierbei zeigt sich, dass der Mittelwert der Summe der Probleme mit dem der Summe der Anregungen mit r= .35 und p= .08 positiv korreliert. So bezogen sich viele der Verbesserungsvorschläge konkret auf die Probleme, teilweise lieferte die qualitative Auswertung aber auch Unerwartetes oder gar innovative Vorschläge zutage. Durch die Zuweisung der zehn am häufigsten genannten Probleme zu den Kategorien des ISO-Norm-Katalogs konnte für das Produkt ein Profil entwickelt werden, das einerseits die Schwächen im Bereich der Software-Ergonomie beschreibt, andererseits eine Vergleichbarkeit beider Software-Produkte durch ein externes Bewertungssystem überhaupt erst ermöglichte. Hierbei wurden Probleme wie das Auffinden des Editors oder der „Kopieren und Einfügen"-Funktionen bspw. der Kategorie „Selbstbeschreibungsfähigkeit" zugeordnet. Die Empfehlungen der ISO-Norm beschreiben und erfassen unter anderem auf die angezeigte Information auf dem Bildschirm, oder die Empfehlung, dass „Dialoge so gestaltet sein [sollten, M.A.], dass die Interaktion für den Benutzer offensichtlich ist". (Europäisches Komitee für Normung 2006: 11)

Für die zweite Hauptstudie konnten insgesamt 13 Probanden akquiriert werden, die allesamt das Gymnasium besuchten. Die Stichprobe war zu fast zwei Dritteln weiblich und durchschnittlich 14,54 Jahre alt, bei einer Standardabweichung von 0,66 Jahren. Die Teilnehmenden verteilten sich nahezu ausgewogen auf die Cluster der *Enthusiasten* (53,8%) und *Spaßnutzer* (46,2%). Während die weiblichen Testkandidaten jedoch zu nahezu zwei Dritteln dem Cluster der *Spaßnutzer* und lediglich zu 37,5% dem Cluster der *Enthusiasten* zuzurechnen sind, verteilen sich die männlichen Probanden zu 80% auf den Cluster der *Enthusiasten* und nur drei Jungen sind als *Spaßnutzer* zu identifizieren. Die Teilnehmenden arbeiteten mit der Software *Sequel*, ebenfalls aus dem Hause Steinberg, das sich in der Gestaltung der Benutzerschnittstelle (vgl. Abb. 3: Das Interface der Software *Sequel*) und der verfügbaren Werkzeuge in wesentlichen Teilen von herkömmlichen Audio-/ MIDI-Sequenzern unterscheidet und eher an Produkten wie *Musicmaker* von Magix oder *Garage Band* von Apple orientiert ist. Einige der in Studie eins zentralen Probleme scheinen in dieser Software besser gelöst zu sein, wie bspw. wegfallende Irritationen durch das Ein-Fenster-Design in *Sequel*. Generell sinkt der Anteil der Probleme mit einzelnen Programmfunktionalitäten von 60% aller Nennungen in Studie eins auf 46% in Studie zwei. Es kamen allerdings neue Probleme, die sich aus den teilweise progressiv anmutenden Neuerungen der Benutzerschnittstelle ergaben, hinzu: Ein so genanntes „Multi-Werkzeug", das Funktionen wie „Stumm schalten", „Duplizieren", „Schneiden" usw. ermöglicht, verwirrte die Probanden eher, als dass es eine wirkliche Arbeitserleichterung mit sich brachte. Auch in diesem Punkt verhielten sich die Schüler eher konservativ und versuchten, einzelne Arbeitsschritte über die Betriebssystem-Logik zu lösen. Hierbei wurde klar, dass die Abkehr von einem Kontextmenü, welches per Rechtsklick geöffnet werden kann, gerade für Computer-erfahrene Probanden unverständlich ist. Ebenso war es den Probanden nicht klar, wie sie im Pianorollen-Editor MIDI-Werte eingeben konnten. Da es keine Erklärungen gibt, musste der Testleiter mehrfach darauf hinweisen, dass dies nur bei gedrückt gehaltener *Alt*-Taste möglich ist.

Abbildung 3: Abb. 3: Das Interface der Software Sequel

Die Varianzanalysen erbrachten in dieser Studie – dies ist der geringen Stichprobengröße geschuldet – keine signifikanten Aussagen bis auf die Tatsache, dass in dieser Gruppe Jungen mit $Eta^2= .52$, $F(1, 11)= 11.958$ und $p= .005$ signifikant mehr Anregungen zur Verbesserung des Programms gaben, als Mädchen. Abschließend wurden auch die Probleme aus Studie zwei den Kategorien des ISO-Norm-Katalogs zugeordnet. Wie sich im Vergleich der beiden Studien zeigt, scheinen einige Verbesserungen der Benutzerschnittstelle in *Sequel* umgesetzt zu sein, viele Bereiche sind aber dennoch verbesserungsbedürftig (Abb. 4: Prozentuale Erfüllung der ISO-Norm-Kategorien). Die Anregungen der Probanden beider Studien hingegen zeigen ein inhaltlich vergleichbares Bild qualifizierter Computernutzer. Für die Teilnehmenden beider Studien steht dabei offensichtlich der mögliche Transfer oder die Anwendung bisher erlernten bedienpraktischen Wissens im Mittelpunkt, so dass sich der Großteil der Anregungen an den Standards der Betriebssysteme oder teils noch älterer Metaphern – wie der des roten Aufnahme-Knopfs bei Kassettenrekordern – orientiert. Die mitunter gravierenden Verständnis- und Umsetzungsprobleme der Probanden konnten teilweise nur durch mehrmaliges Nachfragen oder eigene Phasen des *Trial & Errors* gelöst werden, was die Komplexität der Oberflächen beider Programme abermals unterstreicht.

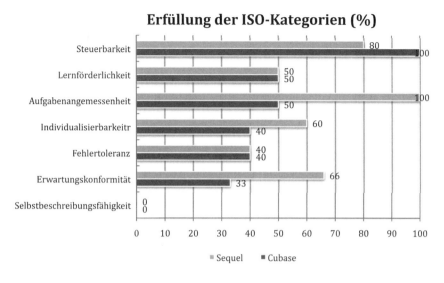

Abbildung 4

Software-Ergonomie als Problem

In beiden Studien weist sich die Bedienung digitaler Medien selbst als mögliches Hindernis der Lehr- und Lernprozesse des Musikunterrichts aus. Hieraus resultieren einige Denkanstöße und interdisziplinäre Forschungsansätze: Zunächst scheint das Design und die Evaluation der Mensch-Maschine-Schnittstelle von Musiksoftware bzw. des „Intermediums" selbst in der Informatik eine vergleichsweise geringe Rolle gespielt zu haben, wurde sie doch eher „als ein Annex und unscharfer Randbereich der Informatik angesehen und nicht als zentrale Gestaltungsaufgabe, die über Erfolg und Misserfolg entscheiden kann. (Hellige 2008a: 11). Hier sollten in einem ersten Schritt die vorhandenen Schnittstellen und Metaphern einer didaktischen Reflexion unterzogen werden. Das vom Autor vorgestellte Instrumentarium liefert hierzu fruchtbare erste Daten und ein – selbstverständlich nicht repräsentatives – Meinungsbild. Ob ein Appell an die Hersteller zur besseren Zusammenarbeit und der Orientierung an den Bedürfnissen der „Amateure" erfolgreich sein kann, bleibt zu bezweifeln. Wenngleich das Einsteiger- und schulische Segment langfristig als durchaus kommerziell attraktiv erscheint, sind die Verfahren und Kosten zur Optimierung von Benutzerschnittstellen in den Designprozessen von Programmen meist nicht, zu spät oder in zu geringem Umfang integriert. Vergleicht man die erfolgreichsten kommerziellen Sequenzer hinsichtlich deren Oberfläche miteinander so stellt man fest, dass sich die grundlegenden Metaphern und Anordnungen der Bedienelemente seit Zeiten des Atari-Computers nur sehr marginal verändert haben. Dies spricht eher dafür, dass auch weiterhin die Bedürfnisse und Anforderungen der „Profis" berücksichtigt werden, von denen wiederum scheinbar die Bereitschaft zum Lesen umfangreicher Handbücher und Foren erwartet wird.

Ein zweiter oder paralleler Schritt sollte aber über die Optimierung herkömmlicher Schnittstellen hinausgehen und dabei aktuelle Entwicklungen des Interface-Design – Stichworte: *Tangible Interfaces*, also haptisch-gestische Schnittstellen in Richtung des *iPhone*, proaktive Schnittstellen oder *ubiquitous computing* (Hellige 2008) – aufgreifen. Hierbei könnten in Zusammenarbeit mit den Anforderungen, Vorerfahrungen und Bedürfnissen der Lehrer und Schüler neue Metaphern und Techniken zur Eingabe und/oder Manipulation von Musik(-daten) getestet und evaluiert werden. Dringend notwendig wäre in diesem Zusammenhang eine Funktion zur didaktischen Reduktion der Schnittstellen, um so den unterschiedlichen Kenntnisständen gerecht werden zu können.

Letztlich sollte das zentrale Konzept der Medienkompetenz[19] auf Grundlage potenziell veränderbarer oder sich bereits verändernden Schnittstellen und einer damit einhergehenden fortschreitenden Medienkonvergenz nochmals diskutiert werden. Oftmals besteht die Forderung bzw. gibt es *de facto* auch keine Alternative, Lehrende und Schüler sollten sich an die Gegebenheiten und Funktionen der Software anpassen bzw. diese erlernen. Das dahinter stehende kybernetische Lernkonzept des Programmierens menschlichen Verhaltens steht dabei entgegen jeglicher aktuellen Entwicklung und fachdidaktischen Sichtweisen des Lernens (Haase 2005: 125). Die reformpädagogisch anmutenden Vorgaben, dass man aktiv, kreativ und selbst gestaltend zur Verbesserung der Wahrnehmungs-, Nutzungs- oder Handlungskompetenz beitragen sollte, basieren dabei immer noch auf Konzepten der allgemeinen Medienpädagogik der 1990-er Jahre und tragen den spezifischen Gegebenheiten des Fachs Musik wenig Rechnung. Hierbei würden nach Ansicht des Verfassers optimierte, eventuell durch adaptive Strukturen gar nicht mehr als solche wahrnehmbare, Schnittstellen das aufwändige Erlernen oder Vermitteln ihrer selbst überflüssig machen und den Fokus wieder auf das Legen, was im Zent-

---

[19] An dieser Stelle wird jedoch nicht näher auf die fachinterne Diskussion des Begriffs „Kompetenz" eingegangen.

rum eines jeden Musikunterrichts stehen sollte: die kreative, analytische oder aktiv-musizierende Auseinandersetzung mit Musik.

Literatur

Auerswald, Stefan (1999): Computer in einem handlungsorientierten Musikunterricht. Evaluation eines Unterrichtskonzepts. In: Knolle, N. (Hg.): Musikpädagogik vor neuen Forschungsaufgaben. Essen: Die Blaue Eule. (= Musikpädagogische Forschung, Bd. 20) S. 214-247.

Auerswald, Stefan (2000): Der Computer im handlungsorientierten Musikunterricht: didaktischer Stellenwert und methodische Konzeptionen. Augsburg: Wißner. (= Forum Musikpädagogik, Bd. 40)

Bortz, Jürgen; Weber, René. (2005): Statistik: für Human- und Sozialwissenschaftler. 6. Aufl. Berlin, Heidelberg: Springer.

Bundesministerium für Bildung und Forschung (2005): IT-Ausstattung der allgemein bildenden und berufsbildenen Schulen in Deutschland. Bestandsaufnahme 2005 und Entwicklung 2001 bis 2005. Berlin: o. V.

Eichert, Randolph; Stroh, Wolfgang Martin (2004): Medienkompetenz in der musikpädagogischen Praxis. In: Gembris, H.; Kraemer, R.; Maas, G. (Hg.): Vom Kinderzimmer zum Internet. Musikpädagogische Forschung und Medien. Augsburg: Wißner. (= Musikpädagogische Forschungsberichte, Bd. 9) S. 36-65.

Europäisches Komitee für Normung (2006): EN ISO 9241-110: Ergonomie der Mensch-System-Interaktion - Teil 110: Grundsätze der Dialoggestaltung. Brüssel: o. V.

Gerhardt, Bert (2004): Internet und Musikunterricht: Bestandsaufnahme und Perspektiven. Augsburg: Wißner. (= Forum Musikpädagogik, Bd. 64)

Haase, Frank (2005): Abschied von der Medienkompetenz. In: Schade, S.; Sieber, T.; Tholen, G. C. (Hg.): SchnittStellen. Basel: Schwabe. (= Basler Beiträge zur Medienwissenschaft, Bd. 1) S. 121-131.

Hellige, Hans Dieter (2008): Mensch-Computer-Interface. Zur Geschichte und Zukunft der Computerbedienung. Bielefeld: Transcript.

Hellige, Hans Dieter (2008a): Krisen- und Innovationsphasen in der Mensch-Computer-Interaktion. In: Hellige, H. D. (Hg.): Mensch-Computer-Interface. Zur Geschichte und Zukunft der Computerbedienung. Bielefeld: Transcript. S. 11-92.

Herzig, Bardo; Grafe, Silke (2007): Digitale Medien in der Schule. Standortbestimmung und Handlungsempfehlung für die Zukunft. Studie zur Nutzung digitaler Medien in allgemein bildenden Schulen in Deutschland. Bonn: Deutsche Telekom AG.

Jordan, Patrick W. (1998): An Introduction to Usability. London: Taylor & Francis.

Knolle, Niels (1994): Zur Diskussion um die Neuen Technologien im Musikunterricht - Anmerkungen zu einer Kritik von Ludger Rehm. In: Musik und Bildung. Nr. 2. S. 38-41.

Knolle, Niels (1996): Komponieren und Arrangieren mit MIDI-Recording-Programmen im Musikunterricht. In: Enders, B. (Hg.): Neue Musiktechnologie II. Vorträge und Berichte vom KlangArt-Kongreß 1993. Mainz, u. a.: Schott. Bd. 2) S. 305-323.

Knolle, Niels; Münch, Thomas (1999): "Dann trigger ich den einfach an." Erscheinungsformen musikalischer Selbstsozialisation am Beispiel eines jugendlichen Erwerbs von Kompetenz im Umgang mit Neuen Musiktechnologien. In: Knolle, N. (Hg.): Musikpädagogik vor neuen Forschungsaufgaben. Essen: Die Blaue Eule. (= Musikpädagogische Forschung, Bd. 20) S. 196-213.

Maas, Georg (1995): Neue Technologien im Musikunterricht. Eine Erhebung zum Stand der Verbreitung und Innovationsbereitschaft. In: Maas, G. (Hg.): Musiklernen und neue Unterrichtstechnologien. Essen: Die Blaue Eule. (= Musikpädagogische Forschung, Bd. 16) S. 96-123.

Mayring, Philipp (2002): Qualitative Inhaltsanalyse. 8. Aufl. Weinheim: Beltz.

Medienpädagogischer Forschungsverbund Südwest (2007): Jugend, Information, (Multi-)Media. Basisstudie zum Medienumgang 12- bis 19-Jähriger in Deutschland. Stuttgart: o. V.

Mikos, Lothar (2007): Mediennutzung, Identität und Identifikationen: die Sozialisationsrelevanz der Medien im Selbstfindungsprozess von Jugendlichen. Weinheim und München: Juventa.

Monk, Andrew; Wright, Peter; Haber, Jeanne; Davenport, Lora (1993): Improving your human-computer interface: a practical technique. New York [u. a.]: Prentice Hall.

Müller, Renate; Glogner, Patrick; Rhein, Stefanie; Heim, Jens (2002): Zum sozialen Gebrauch von Musik und Medien durch Jugendliche. In: Müller,

R.; Glogner, P.; Rhein, S.; Heim, J. (Hg.): Wozu Jugendliche Musik und Medien gebrauchen. Weinheim und München: Juventa. S. 9-26.

Münch, Thomas (2002): Musik, Medien und Entwicklung im Jugendalter. In: Müller, R.; Glogner, P.; Rhein, S.; Heim, J. (Hg.): Wozu Jugendliche Musik und Medien gebrauchen. Jugendliche Identität und mediale Geschmacksbildung. Weinheim und München: Juventa. S. 70-83.

Münch, Thomas; Knolle, Niels (2005): Abschlussbericht des BLK-Modellvorhabens Me[i]Mus im Rahmen des BLK-Programms "Kulturelle Bildung im Medienzeitalter (KUBIM)". Bonn: ARCult Mediastra.

Pabst-Krueger, Michael (2006): Musikstunde-ONLINE: musikpädagogische Fortbildung im virtuellen Klassenraum. Hildesheim [u. a.]: Olms.

Rehm, Ludger (1993): Die Computertechnologie in der Musikpädagogik. In: Musik und Bildung. Nr. 6. Mainz: Schott. S. 75-79.

Rehm, Ludger (1994): Zur Diskussion. Anmerkungen zu einer Replik von Niels Knolle. In: Nr. 3. S. 35-43.

Reinmann-Rheinländer, Matthias (2001): Der Computer – Instrument im Musikunterricht – Instrument des Musikunterrichts. Oldershausen: Lugert.

Rosenstock, Roland (2007): Medien im Lebenslauf: demographischer Wandel und Mediennutzung. München: kopaed.

Roth, Jochen (2006): Click to learn. Umgangsweisen mit computerbasierten Lernumgebungen zum Erwerb musikalischer Kompetenzen. In: Knolle, N. (Hg.): Lehr- und Lernforschung in der Musikpädagogik. Essen: Die Blaue Eule. (= Musikpädagogische Forschung, Bd. 27) S. 253-267.

Schläbitz, Norbert (1997): Der diskrete Charme der neuen Medien: digitale Musik im medientheoretischen Kontext und deren musikpädagogische Wertung. Augsburg: Wißner. (= Forum Musikpädagogik, Bd. 26)

Schorb, Bernd; Keilhauer, Jan; Würfel, Maren; Kießling, Matthias (2008): Medienkonvergenz Monitoring Report 2008. Jugendliche in konvergierenden Medienwelten. Universität Leipzig. Online verfügbar unter: http://www.uni-leipzig.de/~umfmed/Medienkonvergenz_Monitoring_Report08.pdf. (Stand: 30.07.2008)

Senkbeil, Martin (2004): Typen der Computernutzung. Identifizierung einer Schülertypologie und ihre Bedeutung für das Lernen. Innsbruck: Studienverlag. (= Forschung zur Fachdidaktik, Bd. 5).

Strasbaugh, Lamar Gene (2006): Digitale Medien im Musikunterricht. Ansätze zur Didaktik und Methodik des computergestützten Musikunterrichts. Berlin: PDF-Dissertation.

Stubenvoll, Matthias (2008): Musiklernen am Computer. Zur Qualität von Musik-Lernsoftware und ihrer empirischen Überprüfung. Essen: Die Blaue Eule. (= Musikwissenschaft/ Musikpädagogik in der Blauen Eule, Bd. 81)

TNS Infratest; initiative D21 (2006): (N)Onliner-Atlas 2006. Sonderumfrage: Lehre oder Leere? Computerausstattung und –nutzung an deutschen Schulen. o. O.: Königsdruck.

ANJA HEROLD*

„…wie ein Stau auf der Autobahn…"

Lust und Frust beim Instrumentalspiel – Abbrüche und Umbrüche im musikalischen Werdegang

Als Saxophonlehrerin unterrichtete ich viele Jahre lang Kinder, Jugendliche und Erwachsene. Hier musste ich erleben, dass es mir sehr oft nicht gelang, auf Entwicklungen, die von zunehmender Demotivation gekennzeichnet waren, Einfluss zu nehmen. Einige Male habe ich miterlebt, welcher innere Kampf einem Abbruch vorausging. Es waren vor allem die Erwachsenen, die hoch motiviert begannen, sich z. T. einen lang gehegten Traum erfüllten und dann häufig mit großen Frustrationen zu kämpfen hatten: So gelang es vielen nicht, das regelmäßige Üben neben Beruf und Kindern in den Alltag zu integrieren. Die hohen Erwartungen an das Selbstverwirklichungs-Potential kollidierten mit der Erkenntnis, zunächst grundlegende instrumentale Schwierigkeiten bewältigen zu müssen. Der hohe Anspruch an das eigene Können verhinderte oft eine frühe Bandpraxis, die einen großen motivationalen Anreiz hätte bieten können. Die Relevanz der Erforschung demotivierender Entwicklungen im Instrumentallernen liegt auf der Hand und wird von MusikpädagogInnen und -psychologInnen vielfach betont. So schreibt z. B. Hans Günther Bastian:

"Wir müssen uns dringend der Frage stellen, wo Gründe dafür liegen können, daß so viele, die einmal mit Idealismus begonnen haben, resigniert und frustriert aufhören. Die sogenannten 'dropouts' dürften forschungsmäßig für die Instrumentalpädagogik eine hochinteressante Stichprobe sein, denn von diesen Jugendlichen können wir möglicherweise am meisten lernen. Und gerade über sie wissen wir wenig bis nichts".[1]

---

[1] Bastian 1991, 45.

* Dieser Beitrag wurde vom Vorstand des Arbeitskreises Musikpädagogische Forschung mit dem Forschungspreis für das Jahr 2008 ausgezeichnet.

Stand der Forschung

Im Mittelpunkt musikbiografischen Forschungsinteresses stehen meist die Erfolgreichen und Begabten.[2] Es ist zwar vielfach belegt, dass eine erhebliche Anzahl musizierender Kinder und Jugendliche ihr Instrumentalspiel mit dem Eintritt ins Erwachsenenalter abbricht.[3] Und auch unter den Erwachsenen scheint die Anzahl derer, die nach einiger Zeit aufgeben, recht hoch zu sein.[4] Die Gründe des Abbruchs musikalischer Aktivitäten sind jedoch nur sehr lückenhaft untersucht. Im Rahmen statistischer Studien lauten die genannten Begründungen häufig: "Ich hatte keine Lust mehr" oder "Ich hatte keine Zeit mehr" (oder ähnlich)[5] und stellen m. E. nur die Oberfläche komplexer psychologischer und lebensgeschichtlicher Prozesse dar. Fast alle Studien zum Thema "Lernabbruch" in der Musik (der englische Begriff lautet "dropout") beziehen sich auf Kinder und Jugendliche im Schulalter sowie auf institutionelle Kontexte (Schule, Musikschule etc.).[6] Die Beschäftigung mit Jazz, Rock und Pop setzt tendenziell erst zu einem späteren Zeitpunkt ein, nämlich im Durchschnitt im Alter von ca. 18 Jahren[7], der Abbruch instrumentaler Aktivitäten tritt dann Anfang bis Mitte zwanzig im Zusammenhang mit dem Abschluss der Schule, dem Eintritt ins Berufsleben sowie der Familiengründung auf. Somit sind die in der bisherigen Dropout-Forschung berücksichtigten Lebensumstände (Pubertät, Schule, Wohnen bei den Eltern, finanzielle Abhängigkeit von den Eltern etc.) für Abbrüche und Umbrüche im Jazz/Rock/Pop kaum mehr relevant. Auch gelten hier spezifische (und je nach stilistischer Subkategorie sehr unterschiedliche) Leistungskriterien, die nicht unbedingt aus der traditionellen Musikpraxis abzuleiten sind. Folglich kommen auch andere motivationale Faktoren zum Tragen.[8]

---

[2] Vgl. z. B. Bastian 1989; Bastian 1991; Bolay 1995; Schlicht 2000; eine Ausnahme bildet die Studie von Grimmer 1991.

[3] Vgl. Graml & Reckziegel 1982; Zinnecker 1987; Scheuer 1988; Sonderegger 1996; Switlick & Bullerjahn 1999.

[4] Vgl. Oerter & Bruhn 1998.

[5] Vgl. z. B. die Studie von Sonderegger 1996 oder von Scheuer 1988.

[6] Vgl. z. B. Jünger et al. 1994; Davidson et al. 1996; Pitts et al. 2000.

[7] Vgl. Volke & Niketta 1994.

[8] Vgl. Hemming 2002; Green 2002.

Der Bereich Jazz/Rock/Pop, der vielfach durch selbstbestimmte, informelle Lernpraxen gekennzeichnet ist, ist motivationspsychologisch noch sehr wenig erforscht. Wichtig war mir, auch die sogenannten „Autodidakten" zu untersuchen, da vor allem im Bereich Rock und Pop Instrumentalunterricht immer noch eine untergeordnete Rolle im musikalischen Werdegang spielt.[9] Im Jazz hat mit zunehmender Akademisierung auch der Einfluss des institutionellen Lernens zugenommen. Dass der Begriff des autodidaktischen Lernens nicht schlüssig ist, hat bereits Günther Kleinen ausführlich dargelegt. Es bedeutet nicht, sich alles alleine beizubringen (denn das Lernen unterliegt immer Einflüssen von außen). Das Besondere beim autodidaktischen Lernen sieht der Autor darin, dass keine außen stehende Autorität (wie eine Instrumentallehrkraft) den Lernprozess anleitet, sondern dass die Autoritäten selbst gewählt sind.[10]

Green benutzt bei der Beschreibung der Lernmethoden der von ihr interviewten Pop-MusikerInnen (n=14, im Alter von 15 bis 50 Jahren) den Begriff des *informal music learning*, des *informellen Musik-Lernens*. Die interviewten MusikerInnen hatten zwar zum größten Teil Instrumentalunterricht gehabt, diesen jedoch meist nach kurzer Zeit wieder abgebrochen, wobei sie teilweise von den dort erworbenen Kenntnissen profitierten. Überwiegend lernten die Befragten jedoch informell: Zentrale Komponenten des informellen Lernens bilden das Hören und Kopieren (von Aufnahmen), das Lernen mit und durch Peers und Gruppen. Es beinhaltet die frühe Gründung von Bands, den Austausch von Akkorden und Skalen, die Entwicklung und Ausarbeitung von Kompositions- und Improvisationsideen durch musikalischen Austausch innerhalb der Gruppe, die Beobachtung anderer Musiker beim Spiel, den Austausch über Spiel-Techniken und Musiktheorie, sowie den Austausch über Musik im allgemeinen. Der informelle Lernprozess findet dabei oft nicht zielgerichtet und bewusst statt.[11] Die Befragten bezeichnen ihre musikalische Selbstbildung oft gar nicht als "Lernen" sondern als "einfach spielen" ("just playing"). Geübt wird sporadisch, die befragten MusikerInnen unterscheiden nicht zwischen Üben und Spielen. Sie beschreiben das Üben nicht als diszipli-

---

[9] Vgl. Clemens 1983; Ebbecke & Lüschper 1987; Füser & Köbbing 1997; Pape & Pickert 1999.

[10] Vgl. Kleinen 2000, 123.

[11] Vgl. Green 2002, 83.

niertes und systematisches Lernen, sondern als lustbetontes Experimentieren und Spielen alleine und mit anderen.[12]

In der Literatur habe ich einige Hinweise darauf gefunden, dass Mädchen und Frauen ihr Instrumentalspiel schneller und häufiger wieder aufgeben als Jungen und Männer.[13] InstrumentalistInnen stellen bis heute eine Ausnahmeerscheinung im Jazz/Rock/Pop dar,[14] inwieweit hier ein Zusammenhang mit Abbrüchen instrumentaler Aktivitäten besteht, ist m. W. bisher nicht erforscht. Es gilt die Faustregel: Je höher der Grad der Professionalisierung, desto weniger Frauen am Instrument. Verschiedene statistische Studien kommen zum Ergebnis, dass zunächst mehr Mädchen als Jungen ein Instrument erlernen, jedoch nach der Pubertät der Anteil der musizierenden Frauen und Mädchen kontinuierlich abnimmt.[15] Zudem sind sie der klassischen Musik und dem institutionellen Lernen stärker zugeneigt. Auch treten sie signifikant seltener in der Öffentlichkeit auf als Instrumentalisten.[16] Ein Augenmerk meiner Studie liegt daher auf eventuellen geschlechtstypischen Aspekten demotivierender Verläufe.

Konzeption der Studie

Ausgangspunkt meiner Untersuchung war die Frage, welche Lebensverläufe zum Abbruch instrumentaler Aktivitäten oder zu einschneidenden Umbrüchen im musikalischen Werdegang führen. Meine Studie ergänzt dabei die bisherige überwiegend erfolgsorientierte Biografieforschung. Da ich von einer großen Komplexität verschiedener lebensgeschichtlicher und psychologischer Aspekte ausging, lag ein qualitatives Forschungsdesign nahe.[17] Ich habe daher 18 Männer und Frauen – überwiegend AmateurmusikerInnen – interviewt, die über längere Zeit hinweg ein Instrument im Bereich Jazz/Rock/Pop gespielt

---

[12] Vgl. ebd., 99 ff.

[13] Vgl. Zinnecker 1987; Sonderegger 1996; Cornelißen 2000; Graml & Reckziegel 1982.

[14] Vgl. Volke & Niketta 1994.

[15] Vgl. Pape & Pickert 1999, 101 f.; Zinnecker 1987, 197; Strzoda & Zinnecker 1998, 71 ff.

[16] Vgl. Langenbach 1994, 179 ff.; Pape & Pickert 1999.

[17] Innerhalb des quantitativen Paradigmas wird diese Komplexität bewusst auf einzelne Aspekte und Beziehungen reduziert.

haben und die dies aus motivationalen Gründen aufgegeben hatten oder deren Werdegang von einschneidenden Umbrüchen gekennzeichnet war. Die leitfadengestützten Interviews von ca. 1 Std. Dauer begannen mit einer offenen Eingangsfrage nach dem musikalischen Werdegang und ließen viel Raum zum Erzählen. Ziel der Studie war nicht nur die Analyse der individuellen Umstände und der subjektiven Bedeutung des Abbruchs oder Umbruchs, sondern auch der strukturellen Bedingungen. Datenerhebung und Analyse orientierten sich an den Leitlinien, wie sie innerhalb der *Grounded Theory* formuliert werden.[18] In Abgrenzung zum quantitativen Forschungsparadigma, wo vorab formulierte Theorien und Konzepte durch die Datenerhebung verifiziert bzw. falsifiziert werden, soll hier prozesshaft Theorie aus den Daten heraus gearbeitet werden.[19]

Die Stichprobe

Die von mir Interviewten waren zum Zeitpunkt des Interviews 25 bis 47 Jahre alt und hatten 5 bis 26 Jahre lang ein oder mehrere Instrumente im Bereich Jazz/Rock/Pop gespielt. Darunter waren zwei ProfimusikerInnen und sechzehn AmateurmusikerInnen, die teilweise auch semiprofessionell als MusikerIn tätig gewesen waren. Im Verlaufe meiner Suche nach InterviewpartnerInnen kam es zu einer Ausweitung der ursprünglichen Sampling-Kriterien: Nachdem ich zunächst nach Personen suchte, die ihr Instrument definitiv nicht mehr spielten, gelangte ich mehr und mehr zu der Erkenntnis, dass es den totalen Abbruch nur sehr selten gab. Viel häufiger begegneten mir partielle Abbrüche (das Instrument wurde noch sporadisch gespielt) und temporäre Abbrüche (eine längere Unterbrechung des Spiels). Viele der von mir Befragten schlossen nicht aus, irgendwann wieder anzufangen, einige wünschten es sich und warteten auf eine Gelegenheit. Sehr viele sangen in Chören. An keinem war die jahrelange aktive Auseinandersetzung mit einem Instrument spurlos vorübergegangen. Als ein Bestandteil ihrer Lebensgeschichte hatte das Erlebte sie geprägt und wirkte sich, auch nach dem Abbruch dieser Aktivitäten, auf ihr Hören, ihr Empfinden und ihren Umgang mit Musik aus. Aus diesen Gründen bezog ich einige Fälle mit ein, bei denen man eher von einem Umbruch denn von

---

[18] Vgl. Glaser & Strauss 1967; Strauss 1998. Eine ausführlichere Beschreibung des methodischen Vorgehens findet sich in Herold 2004, sehr ausführlich in Herold 2007.

[19] Vgl. Glaser & Strauss 1967; Strauss 1998.

einem Abbruch sprechen kann. Zwei Befragte hatten einen Abbruch bereits überwunden und nach längerer Pause (in einem Fall von 15 Jahren) wieder angefangen. Eine Interviewte hatte das (zuvor sehr extensiv praktizierte) Bandspiel abgebrochen und übte nur noch sporadisch auf ihren Instrumenten.

In diesem Aufsatz werde ich zunächst zwei Fallbeispiele skizzieren und danach die Ergebnisse aller Interviews zusammenfassen. Abschließend gehe ich auf musikdidaktische Konsequenzen ein.

Zwei Fallbeispiele

Fallbeispiel 1: Rainer

Rainers Erzählung ist die Geschichte einer langen Suche nach einem Zugang zu Musik, einer Sehnsucht, deren Erfüllung oft in greifbare Nähe zu rücken scheint, die aber durch zahlreiche Hindernisse verbaut wird. Dementsprechend ist seine Suche gekennzeichnet von vielen kleinen Abbrüchen, Wechseln, Experimenten, frustrierenden Erlebnissen und wieder neuen Versuchen. Rainer ist gelernter Werkzeugmacher, hat sich später weitergebildet und leitet nun eine Behindertenwerkstatt. Er ist zum Zeitpunkt der Befragung 47 Jahre alt. Rainer sieht in der mangelnden musikalischen Förderung durch seine Eltern eine der Hauptursachen für seine späteren Schwierigkeiten, sich musikalisch zu verwirklichen.

> R: *Also als Kind kann ich mich da nicht groß erinnern, außer dass mein Vater in der Badewanne gesungen hat. Und ich hab das Gefühl, dass ich nicht so viel gefördert worden bin musikalisch, und das find ich sehr schade. [...] Also musikalische Früherziehung, nach den Erfahrungen, die ich gemacht habe, finde ich so was von wichtig für Kinder, dass die mit Musik in Kontakt kommen, und zwar auf eine Weise, die Spaß macht. Weil das öffnet eine Welt. Die Musik ist eine Welt. Und es ist so wichtig, damit früh in Kontakt zu kommen.*

Trotz seiner schlechten Ausgangsposition versucht Rainer später recht beharrlich, einen Zugang zur "Welt" der Musik zu finden. Aus eigener Initiative beschließt er zunächst, im Schulchor mitzusingen, aus diesem wird er jedoch bald wieder ausgeschlossen, weil er "falsche Töne" singt. Auch im schulischen Musikunterricht bieten sich keine Zugänge an. Obwohl er in Musik schlechte

Noten hat, wählt er das Fach in der Oberstufe, weil er eine "Sehnsucht nach Musik" verspürt: "Egal, wie schlecht ich war, ich bin dabei geblieben". Ein Instrument lernt er nicht, obwohl er "danach schielt".

Die mangelnde Förderung in der Kindheit trägt dazu bei, dass Rainer relativ spät (mit 25) mit dem Instrumentalspiel startet. Dabei wählt er zunächst einen überwiegend formalen Weg (Instrumentalunterricht, Musikschule, Bigband). Nach dem Abbruch seines Instrumentalspiels 14 Jahre später sucht er aufgrund seiner schlechten Erfahrungen nach alternativen Zugängen.

Instrumentalunterricht und institutionell organisiertes Lernen

Im Alter von 25 Jahren beginnt Rainer zunächst, Tenorsaxophon zu spielen und nimmt Unterricht bei einem jungen Lehrer.

> *R: Ich hab angefangen Saxophon zu spielen, Tenorsaxophon. Hab ich mir mal geholt und dann hab ich [...] Unterricht gehabt, bei so einem ganz netten Typen. [...] Aber es war alles so ein bisschen anstrengend für mich. Also es kam nicht aus dem Bauch raus, sondern ich hab irgendwie gelernt und das war sehr kopfig. [...] Das ging halt so ziemlich schulmäßig auch vor sich. Obwohl der hat sich wirklich Mühe gegeben, das locker zu machen und so.*
>
> *I: Was heißt schulmäßig?*
>
> *R: Ich hab immer das Gefühl gehabt, ich geh zur Schule. Und ich muss jetzt was gelernt haben oder ich muss was können und ich muss... Halt so ein negatives Schulgefühl, Schülergefühl war immer dabei.*

Auch beim Üben kann er sich von dem „Schulgefühl" nicht befreien.

> *R: Und das war dann halt aber so, wie wenn ein Schüler Hausaufgaben macht für eine Fach, was er am Anfang mag, was dann irgendwann immer lästiger wird. Und manchmal bin ich da rein gegangen [in die heimische Übezelle], und hab einfach angefangen, so Töne zu spielen und so. Und hab auch mal versucht, eine Melodie zusammen zu kriegen, die mir gefällt, und die dann aufzuschreiben. Aber das hab ich dann immer so ziemlich schnell wieder sein gelassen. Ich weiß nicht, warum. Da hab ich wahrscheinlich die Schere im Kopf gehabt, und hab gedacht, ach, das ist eh*

falsch, das hält sich an keine Tonleiter und so. Und wahrscheinlich war das ein Fehler, dass ich mich da direkt selbst gestoppt hab.

Rainer steht sich hier selber im Weg, sich musikalisch so auszudrücken, wie er es sich vorstellt. Anspruchsniveau (eine Melodie erfinden, die sich an die Tonleiter hält) und die Fähigkeiten, dieses musikalisch umzusetzen, klaffen auseinander. Sein diffuses Bedürfnis, "aus dem Bauch heraus" zu spielen, wird durchkreuzt von seinen Vorstellungen und Ansprüchen. Die Begriffe "Lernen" ("Hausaufgaben machen", "lästig", "Schule", "anstrengend", "kopfig") und "Spielen" ("einfach Töne spielen", Melodien erfinden) erscheinen sowohl hier als auch an vielen anderen Stellen des Interviews als Gegensatzpaare, schließen sich aus, anstatt sich gegenseitig positiv zu ergänzen und zu durchdringen.

Rainer wechselt zum Altsaxophon, dann zum Baritonsaxophon, jeweils, weil ihm der Klang besser gefällt. Nach acht Jahren steigt er um auf Bassposaune.

I: *Warum hast du mit dem Saxophonspielen aufgehört?*

R: *Weil mir der Sound von der Posaune besser gefiel. Deswegen. (lacht) Es ging alles immer nach Sound. Und vielleicht hab ich auch gemerkt, dass ich nicht weiterkomme. Da ist halt eine Grenze für mich gewesen. Weil ich konnte lernen und lernen, und ich hab eh langsam gelernt. Meinetwegen Läufe spielen und so. Und da war ich sehr langsam im Lernen. Und da hab ich gemerkt, da kommt ganz schnell eine Grenze, wo ich dann nicht drüber wegkomme.*

Bei der Posaune erscheint ihm der Weg vom "Lernen" zum "Spielen" kürzer. Aber er irrt sich. Rainer verwendet hier den Begriff "Lernen" mit unterschiedlicher Bedeutung: "Ich konnte lernen und lernen" meint eigentlich üben, arbeiten, eine Anstrengung unternehmen mit dem Ziel, etwas zu "lernen" im zweiten Sinne, nämlich einer Veränderung und Entwicklung. "Lernen" im ersten Sinne (Anstrengung) führt nicht zwangsläufig zum "Lernen" im letzteren Sinne (Entwicklung, Verbesserung), diese frustrierende Erfahrung muss Rainer machen. Dieses zweite, echte "Lernen" geht nur langsam von statten und führt ihn bald an eine "Grenze", die unüberwindbar scheint. Mehr Übeaufwand wäre notwendig, um diese Grenze zu überschreiten. Dieses Mehr an Anstrengung kann und will er jedoch, neben seinem Beruf und seinen sonstigen Interessen, nicht aufbringen. Lieber sucht er nach alternativen Strategien, wobei er aber dem eher formalen, institutionellen Lernweg zunächst verhaftet bleibt. So schließt er sich in der Musikschule der Bigband an, weil er glaubt, hier schneller besser zu werden. Er fühlt sich in der Bigband jedoch durchgängig überfordert und unzufrieden: "[...] und hab da ja als vierte Posaune immer hinten drangehangen. Und das so grad so geschafft, als ob ich den letzten Wagen vom Zug kriege noch." Obwohl Rainer die Auftritte mit der Band genießt, tut sich auch hier wieder eine "Grenze" auf, Frust und wachsende Unlust sind die Folgen. Eine Pause aufgrund eines Umzugs gerät schließlich zum Ausstieg aus der Bigband und zum Abbruch des Posaunespiels.

Alternative Wege

Nach seinem instrumentalen Abbruch ist Rainer etwa acht Jahre lang musikalisch nicht aktiv. Dann unternimmt er einen neuen Anlauf, diesmal jedoch auf alternativen Wegen. Er besucht einige Workshops ("Schamanischer Visionstanz", "Mantrasingen"). Seit seinem Versuch mit dem Schulchor singt er hier das erste Mal wieder.

> *R: Und da hab ich halt den Mut zusammen genommen, da waren wir so über hundert Leute, und da hab ich mitgesungen. Und laut, so dass man mich hören konnte. Das war also ein sehr großer Schritt für mich.*

Dass er sich traut, zu singen "ohne sich zu blamieren" und sogar "richtige" Töne herausbekommt, bezeichnet er als "Offenbarung". Beim Singen empfindet er eine "Hingabe", die er beim Instrumentalspiel immer vermisst hat.

Der alternative Bezugsrahmen, den Rainer aufsucht, stellt sich in vielen Punkten als Gegensatz zum konventionellen Weg dar: Ziel ist es hier nicht, musikalische Leistungen zu erbringen und ein musikalisches Produkt zu erzeugen. Im Mittelpunkt stehen hier Selbsterfahrungen in der Gruppe. In einem esoterischen Workshop geht es nicht um falsch oder richtig, sondern darum, Blockaden zu lösen, die Selbstwahrnehmung zu steigern und gleichzeitig soziale Erfahrungen zu machen. Dieses nicht ziel-, sondern prozessorientierte Prinzip möchte frei sein von Leistungsdruck.

Musste zunächst die Bedürfnisbefriedigung immer wieder aufgeschoben werden, da zwischen Rainer und der musikalischen Selbstverwirklichung das Instrument mit all seinen zu bewältigenden technischen Schwierigkeiten stand, so verspricht der alternative (hier: esoterische) Workshop sofortige Bedürfnisbefriedigung.[20] Rainer macht hier dann auch bahnbrechende Erfahrungen. Jenseits von Bewertungskriterien wie "falsch" und "richtig" findet er einen körperbetonten, lustvollen Zugang zur Musik. Der Unterschied zwischen dem Singen und dem Instrumentalspiel besteht in dem Gefühl der "Hingabe", einem "Gefühl vom Herzen", das ihm beim Instrumentalspiel nie zugänglich war, hier herrschten Anstrengung und Konzentration vor, vor allem beim Spiel nach Noten (und) in der Bigband.

> *R: Und wenn ich auf der Posaune rumtute, ich denk mal, es gibt auch Leute, bei denen geht das mit dem Instrument, aber bei mir... Ich muss mich da viel zu sehr darauf konzentrieren, wie weit ich den Zug herausziehe und wie der Rhythmus ist. Und beim Singen ist das Instrument eingebaut. Und gut, ich kann immer noch falsch singen, aber irgendwie ist das, glaub ich, einfacher. Und ich hab halt einen Zugang dazu gefunden, gefühlsmäßig so. Und das hab ich zum Instrument nicht annähernd in der Form, dass ich so ins Gefühl gekommen bin, dass ich das so richtig mit Freude mache. Es war immer Konzentration bei, Anstrengung.*

Rainer besucht einen Kurs "Einstieg in den Jazzgesang". Der Lehrer betont, der Spaß am Singen solle im Vordergrund stehen und vertritt den Ansatz, dass jeder Mensch singen kann. Obwohl es hier wieder darauf ankommt, die "richtigen" Töne zu treffen, was Rainer auch einige Schwierigkeiten bereitet, macht ihm das Singen im Chor viel Freude.

> *R: Ja, das kostet halt sehr viel Mut, es trotzdem zu machen. Wenn ich sehr gut drauf bin, dann macht mir das nicht viel. Manchmal ist [es] halt so, dann versuche ich, leise mitzusingen, und dann merk ich aber, dann geht das nicht. Dann kommt so ein Brummen oder so. (lacht) Deshalb sag ich, ich muss den Mut haben, volles Risiko laut zu singen, und dann passiert halt auch das, dass das Risiko gar nicht so groß ist, sondern dass die Stimme sich anpasst. Aber ich muss im ersten Moment volles Risiko eingehen, sagen, ich mach jetzt einfach laut, und es kann sein, dass alle gucken. Das kostet mich verdammt viel Mut. Und deshalb ist es auch nicht so einfach. Es ist halt eine Übungssache. Aber ich denk, da bin ich optimistisch, dass das klappt, irgendwann, mit dem Singen.*

---

[20]   Vgl. dazu auch Stroh 1987.

Die "Hingabe" an das Singen beinhaltet fast immer auch ein "Aber". Hingabe bringt immer auch einen partiellen Kontrollverlust mit sich, das "Loslassen" birgt ein Risiko. Dass Rainer Angst hat, sich beim lauten Singen zu blamieren ("alle gucken"), ist auch m. E. darauf zurück zu führen, dass dergleichen hingebungsvolles Singen in der Öffentlichkeit für die meisten Menschen unvorstellbar ist oder als peinlich gilt, weil es nicht selbstverständlicher Teil unserer Alltagskultur ist. Die Dusche und die Badewanne (vgl. Rainers Vater) sind Orte, an denen gesungen werden darf, auch falsch und laut. Gerade weil der Gesang "von Herzen" kommt, weil sich Rainer dabei öffnet und etwas von sich preisgibt (seine Stimme, die über seine Gefühle Auskunft gibt), wird das Singen zum Wagnis, aber auch zum intensiven Erlebnis.

Perspektiven

Aus seinem musikalischen Werdegang zieht Rainer Resümee und kommt zu dem Schluss, dass er nur noch nach dem "Spaßprinzip" lernen wird, da es auf andere Art nicht funktioniert hat. Er hat sich eine Gitarre gekauft und möchte sie als Begleitinstrument zum Gesang erlernen. Er möchte die Gitarre einsetzen, wenn er mit den Behinderten aus seiner Werkstatt zusammen singt. Musik, vor allem Gesang hat für ihn auch einen "therapeutischen Wert". Als Ideal schwebt ihm vor, so zu lernen, wie es die schwarzen Bluesmusiker getan haben: über Hören und Nachspielen. Er will direkt anfangen zu spielen und nicht erst Tonleitern üben müssen.

> *R: Also ich hätte total gerne, wenn ich irgendwo lese über irgendwelche schwarzen Bluesmusiker, wie die an die Musik gekommen sind. Dass die irgendwann mal eine Gitarre in die Hand gekriegt haben und dann angefangen haben Platten nachzuspielen und so, da kriegst du eine richtige Sehnsucht nach, das so zu machen, aber das geht..., krieg ich.., ja, vielleicht schaff ich das mal. Das klingt nämlich genau so, dass Musik Spaß machen muss, und ich sag auch jetzt, wenn ich ein Instrument lerne, dann muss ich direkt anfangen zu spielen. Muss ich direkt ein Stück, was weiß ich, mit zwei Noten oder so, oder mit zwei Griffen, direkt als erstes üben, damit ich direkt Erfolgserlebnisse hab und nicht, dass hier einer sagt, C-Dur, was weiß ich, musst du alles können und hoch und runter und schneller und jetzt üben wir mal Off-Beats und jetzt üben wir Vorzieher und so. Das bringt's nicht für mich. Es muss von Anfang an richtig Spaß machen. Und deshalb, wenn ich anfange mit dem nächsten Instrument, [...] dann nach dem Prinzip.*

Hören, vielleicht versuchen, nachzuspielen, aber nicht mehr Schule. Nicht mehr.

Rainer hat seine Vorstellungen über das Lernen inzwischen geändert, das Anspruchsniveau aber nicht unbedingt gesenkt. Anstelle des Leistungsanspruches steht nun ein eher ideeller Anspruch ("Es muss immer Spaß machen") der m. E. ebenfalls nur schwer zu erfüllen sein wird. Das Lernen der schwarzen Bluesmusiker wird dabei von ihm sehr idealisiert gesehen. (Hatten sie wirklich immer „Spaß"? Waren sie frei von Anstrengung, Leistungsansprüchen, Unlust, so wie es ihm erscheint?). Was die musikalische Kultur der schwarzen Bluesmusiker gegenüber unserer jedoch kennzeichnete, ist die stärkere Durchdringung von Musik, Alltag und Arbeit, Lernen und Spielen. Musik als selbstverständlicher Teil seines Lebens, danach strebt auch Rainer, wenn er mit seiner Gitarre den gemeinsamen Gesang in der Behindertenwerkstatt begleiten möchte.

Fallbeispiel 2: Daniela

Im Gegensatz zu Rainer erfährt Daniela als Kind und Jugendliche eine gute musikalische Förderung. Daniela ist zum Zeitpunkt des Interviews 33 Jahre alt und steht mitten im 1. Staatsexamen für das Lehramt Musik an Gymnasien. Sie hat zwanzig Jahre lang Saxophon gespielt und vor kurzem ihr Instrument verkauft. Daneben spielt sie Gitarre.

Als Kind singt Daniela viel und gerne, in der Schule lernt sie Flöte und Melodica, später Gitarre, auch wird sie zum Komponieren angehalten. All dies macht ihr viel Spaß, und sie ist recht erfolgreich (gute Noten, positives Feedback). An der Gesamtschule gibt es einen sehr aktiven Musiklehrer, der eine Bigband leitet und für diese auch Anfänger ausbildet. Daniela probiert mehrere Instrumente aus, auch Trompete und Posaune, entscheidet sich jedoch für das Saxophon. Dies erscheint ihr am leichtesten zu erlernen, auch weil es der Flöte am meisten ähnelt. Klang und Aussehen gefallen ihr besser als bei den anderen Instrumenten. In der Bigband spielt Daniela Tenor- und Baritonsaxophon. Die Band tritt in Jazzclubs und auf Festivals auf, was sie sehr genießt. Sie ist "stolz wie Oskar" und "so richtig identifiziert" mit ihrem Saxophon. Neben der Bigband gibt es noch mehrere Combos, in der aber nur die "begabtesten" Schüler mitspielen. Die Mitwirkung als Saxophonistin in einer dieser Ensembles scheint unerreichbar: "Ich wäre auch gerne in diese Combos rein gekommen, aber die waren echt supergut". Danielas Freund erweist sich als regelrechter Senkrechtstarter auf dem Saxophon: Bereits nach kurzer Zeit darf er in einer der Combos mitspielen.

> D: *Und ich bin zwar auch immer besser geworden, aber, na ja. (lacht) Da konnte ich halt nicht mithalten. [...] Ich glaub, da hab ich vielleicht auch so ein bisschen resigniert, also, weil mit so was kann man sich auch einfach nicht mehr messen. [...] Vielleicht hab ich dann so ein bisschen ein Gefühl bekommen, entweder man hat's oder man hat's nicht.*

Eventuell ist diese frühe Resignation auch ein Mitgrund, warum Daniela beginnt, sich mehr mit den Sängerinnen in den Jazz-Combos zu identifizieren. Sie nimmt Gesangsunterricht an der Musikschule und erhält dazu von der Stadt eine Begabtenförderung (Finanzierung des Unterrichtes). Sie gilt bald als die beste Schülerin ihrer Lehrerin und singt in einigen Bands. Nach der Schule spielt Daniela weiter Saxophon und sucht sich schließlich im Alter von 20 Jahren einen Lehrer. Dieser hat als Musiker einen guten Namen, und der Unterricht macht ihr zunächst auch Spaß. Nach einiger Zeit rät ihr der Lehrer zum Instrumentenwechsel:

> D: *Dann meinte der irgendwie, ich hätte vielleicht nicht die Puste für das Tenorsaxophon. [...] Ja, ich sollte vielleicht ein Altsaxophon haben, dann wäre das ja viel cooler und so. […] Und, ja, dann ist er mit mir los und dann haben wir echt mein (bedauernder Tonfall) schönes Yamaha irgendwie gegen so einen Selmernachbau [...] eingetauscht. Ich hatte dann zwar ein neues Saxophon gekriegt, aber halt nicht so eine Marke und das hat sich dann nachher auch als schlecht erwiesen, weil (gequältes Ausatmen) ich mochte diesen quietschigen Ton nicht, also, hatte von daher auch nicht so den Ehrgeiz, den irgendwie umzubiegen [...]. Und, ja, dann saß ich da mit meinem Altsaxophon. (lacht traurig)*

Sie fügt sich dem Rat des Lehrers, "weil ich wollte ja auch besser werden und so" und macht den Wechsel nie wieder rückgängig, obwohl Tenorsaxophon immer ihr Wunschinstrument bleibt und sie sich auf dem Altsaxophon nie wohl fühlt.

Danielas Kindheit und Jugend ist von intensiver Förderung und Anleitung geprägt gewesen. Vor allem bezüglich des Saxophonspiels wurde vieles an sie herangetragen, sie brauchte die dargebotenen Möglichkeiten nur noch aufzugreifen. Sie nimmt daher ein gewisses Maß an Fremdbestimmung vertrauensvoll auf und fügt sich dem. Der Weg zum Besserwerden führt über den Lehrer und über das Beherzigen dessen, was er rät. Trotz des späteren Bruchs mit dem Lehrer bleibt der Glaube an seine Kompetenz bestehen. ("Ja, und dann hat der immer erzählt, Gig hier, Gig da und so. [...] ich wusste schon, dass da natürlich auch Qualität verlangt wird. [...] Also er hatte wohl auch Ahnung vom Saxophon. Aber war ein ziemlicher Macker irgendwie"). Sie selbst führt als Grund an, warum sie den Instrumententausch nicht mehr rückgängig gemacht hat, dass das Saxophon später mehr und mehr zum Vehikel wird, das Musikstudium erfolgreich zu bestreiten. ("Ich weiß nicht, vielleicht war mir das dann auch schon alles so egal, dann hab ich gedacht, jetzt hast du das, und jetzt machst du noch die Prüfung, irgendwie so.") Die persönliche Bedeutung, die das Saxophon für sie hat, verändert sich allmählich. An die Stelle der Identifikation mit dem Instrument tritt die Identifikation mit dem Gesang.

Neben dem Vertrauen in die Autorität und Kompetenz des Lehrers besteht auch eine emotionale Beziehung zu ihm: Sie bewundert ihn nicht nur, sondern pflegt auch ein freundschaftliches Verhältnis zu ihm und seiner Familie. Sein Rat, das Instrument zu wechseln, ist nur der Anfang einer Entwicklung, in der es um Machtmissbrauch und Abhängigkeit geht. Der Saxophonlehrer macht aus den Saxophonstunden nach einiger Zeit sukzessive Therapiesitzungen, zu denen Daniela das Saxophon bald nicht mehr mitbringt. Obwohl er keinerlei therapeutische Ausbildung hat, glaubt er von sich, therapeutische Fähigkeiten zu besitzen, die er an seinen Schülern ausprobiert. Daniela lässt sich zunächst auf alles ein. So kommt es zu extremen Grenzüberschreitungen durch den Lehrer (beschrieben an anderer Stelle)[21], woraufhin sie den Unterricht abbricht. Auf ihr Spiel haben die Erfahrungen mit dem Saxophonlehrer zunächst keine direkten Auswirkungen, denn sie bereitet sich bald auf die Aufnahmeprüfung an der Uni vor und übt daher viel.

Psychsophysische Probleme

Mit Aufnahme des Studiums beginnt das Saxophonspielen, Daniela mehr und mehr körperliches Unbehagen zu bereiten: Sie leidet unter Atemnot, Schwindelgefühlen, Nackenverspannungen, Schwächegefühlen sowie einem unangenehmen Gefühl an den Zähnen. Beim Gesang und der Gitarre tritt nichts dergleichen auf. Die Atemnot hat auch Auswirkungen auf den Ton des Saxo-

---

[21] vgl. Herold 2006

phons. Sie wird immer unzufriedener mit ihrem Spiel und entwickelt schließlich eine regelrechte Abneigung.

> D: *Und da hab ich mich selber auch gewundert, weil ich hab das ja nun jahrelang gemacht, und es hat mir immer Spaß gemacht. [...] Auf einmal war das nur noch, ich hatte das Gefühl, ich kann nicht frei atmen und, ja, fast so wie unter Wasser, wenn man so taucht und nicht rechtzeitig wieder oben ist und keine Luft mehr kriegt, so hab ich mich irgendwie gefühlt. Das hat mir überhaupt keinen Spaß gemacht. Dann konnte ich auch nicht mehr im Stehen spielen, weil ich dann das Gefühl hatte, mir wird total schwindelig. [...] Also so in dieser Prüfungsphase war das ganz schlimm und dann war mir irgendwie auch klar, wenn ich das jetzt fertig hab, dann will ich das nicht mehr.*

Die Frage ist hier, ob primär die körperlichen Symptome zu den Problemen auf dem Instrument und der daraus resultierenden Abneigung führen oder ob umgekehrt der Leistungsdruck im Studium körperliche Probleme (Atemnot etc.) mit sich bringt. Anzunehmen ist, dass beides eine Rolle spielt und sich gegenseitig Nahrung gibt. Auffallend für die Beschreibung körperlicher Symptome ist, dass es jeweils auch eine seelische Entsprechung des Zustandes gibt (z. B. nicht mehr frei atmen können). Auszugehen ist von einer Verschränkung von Instrument, Körper und Psyche. Daher sind die hier auftretenden Symptome als psychophysisch zu bezeichnen.

Mit Beginn des Studiums verändert sich die Bedeutung des Saxophonspiels: Es wird zum Hauptinstrument, obwohl sie eigentlich den Gesang als Haupt-"Instrument" empfindet (dieser wird allerdings nicht als solches anerkannt, weswegen sie die Wahl des Saxophons als Hauptinstrument auch als "Notlösung" bezeichnet). An das Saxophon als Hauptinstrument sind hohe Leistungserwartungen geknüpft. So fühlt sie sich oft überfordert (z. B. in der Bigband), sie vergleicht sich mit Anderen, sie muss für Prüfungen üben, sie erhält wenig positives Feedback (im Gegensatz zum Gesang). Daniela beschreibt sich als Kind als begabt und erfolgreich (auch mit dem Saxophon). Im Studium wertet sie ihre Fähigkeiten ab, gemessen an den externen Leistungsanforderungen und den Leistungen der Anderen. Extrinsische motivationale Faktoren nehmen immer mehr den Raum der intrinsischen ein. Eine Symbiose der beiden Ebenen findet nicht statt, das Spiel verliert die Ebene der persönlichen Bedeutung und Identifikation.

Direkt nach der praktischen Prüfung bricht sie das Saxophonspielen ab, sie verkauft ihr Instrument, was eine Befreiung und Erleichterung für sie bedeutet. Parallel zu dieser Entwicklung verschafft ihr das Singen nach wie vor positive Körpergefühle, eine tiefe Befriedigung und auch ein positives Feedback.

Geschlechterthematik

An vielen Punkten des Interviews thematisiert Daniela ihr Frausein. Dabei wird deutlich, dass sie aus der Retrospektive heraus die Erlebnisse in der Kindheit und Jugend vor diesem Hintergrund interpretiert ("Nicht, dass ich das [damals] bewusst so gedacht hab"). Daniela hat sich im Rahmen ihres Studiums mit geschlechtstypischer musikalischer Sozialisation auseinandergesetzt, ihre Examensarbeit beschäftigt sich mit der Unterrepräsentanz von Instrumentalistinnen. Sie hat sich für die Geschlechterdifferenzen in der Musikpraxis sensibilisiert und schreibt ihre Schwierigkeiten mit dem Instrument Saxophon und ihren Abbruch teilweise dieser Thematik zu. So sei sie immer auf der Suche nach weiblichen Vorbildern am Saxophon gewesen, jedoch vergeblich.

> D: *Und irgendwie, ich meine, singen ist ja auch das typische Fraueninstrument. Mit dem Saxophon hatte man auch irgendwie immer nur mit Männern zu tun. Klar, in den Bands waren auch alles Männer, aber die Sängerinnen, die ich dann toll fand, das waren halt Frauen. Also, ich glaub, wenn ich eine Saxophonlehrerin gehabt hätte, wär's vielleicht noch was anderes gewesen. Hätte ich mir auch suchen können.*

Mit der Gitarre steigt sie in eine Frauenband ein.

> I: *Warum wolltest du gerne in einer Frauenband spielen?*

> D: *Weil ich mir so vorgestellt hab, dass man dann mehr zusammen die Band regelt. Und dass das nicht so ist, dass irgendwie zwei von den Instrumentalisten alles machen und man ist nicht so beteiligt. Und weil ich mir so vorgestellt hab, dass das vielleicht auch menschlich netter ist, also dass man mehr mit denen redet und nicht nur spielt. Und dass ich vielleicht mehr lerne oder so, oder weil ich auch zum Beispiel mich da getraut hab, mit der Gitarre hinzugehen. [...] Weil ich das Gefühl hatte, da kriege ich mehr so eine Chance, auch was zu lernen. Und du musst jetzt nicht da dick was vorspielen.*

Von der Arbeit mit einer Frauenband hegt Daniela idealisierte Vorstellungen: Sie nimmt an, dass hier weniger leistungs- und zielorientiert, sondern mehr prozessorientiert vorgegangen wird. Sie erhofft sich Gleichberechtigung statt einer Hierarchie. Ihre Erwartungen werden größtenteils erfüllt. Wie schon Rainer sucht sie nach alternativen Herangehensweisen, die durch ein anderes leistungsmotivationales Setting gekennzeichnet sind. Bei Rainer ist es der Bezugsrahmen Unterricht/Bigband versus esoterischer Workshop. Die Ebene formal-institutionell versus alternativ-außerinstitutionell kommt bei Daniela ebenfalls zum Tragen (Studium versus außerinstitutionelle Band), hinzu kommt noch die Annahme, dass unter Männern ein anderes Leistungsdenken und andere (hierarchische) Gruppenstrukturen herrschen. Diese Annahme speist sich aus der Reflektion ihrer Erfahrungen aus der aufgeklärten Distanz heraus. Die Frauenmusikszene als alternativer Bezugsrahmen wird aufgrund negativer Erlebnisse aufgesucht, fungiert als Schonraum, in dem sie sich mehr traut, sich weniger unter Druck gesetzt fühlt, in dem sie größere Qualitäten auf der zwischenmenschlichen Ebene vermutet.

Resümee

Durch lebensgeschichtlich bedingte Veränderungen (Schulabschluss, Erwachsenwerden, Berufsfindung etc.) kommt es bei Daniela neben einer Umorientierung der Identität zu einem Verlust der persönlichen Bedeutung des Saxophonspiels. Entscheidend für das Selbstkonzept bleibt der Gesang.

Ergebnisse der Auswertung aller Interviews

Einige der in den beiden Fallbeispielen deutlich gewordenen Aspekte des instrumentalen Abbruchs und Umbruchs spielen auch in anderen Erzählungen eine Rolle. Jenseits der unterschiedlichen individuellen Lebensgeschichten habe ich nach gemeinsamen Mustern gesucht. Dazu war ein Aufsplitten der einzelnen Lebensgeschichten in kodierte Textsegmente notwendig, denen einzelnen Kategorien und Dimensionen (im Sinne der *Grounded Theory*) zugeordnet wurden.

Die zentralen Kategorien – Lernwege, soziale Beziehungen, lebensgeschichtliche Umbrüche und Veränderungen, Veränderungen des Selbstkonzeptes, Gender sowie die Motivation – variierten in ihrer Gewichtung in den einzelnen Erzählungen. Ein überindividueller Aspekt, der in allen Erzählungen zentral war, war die Thematisierung verschiedener Bedürfnisse, die der Instrumentalpraxis zu Grunde lagen. Bereits beim Einstieg in Jazz/Rock/Pop zeigte sich, dass die Wahl des Instrumentes, der Stilrichtung und des Lernweges aufgrund verschiedener Bedürfnisse getroffen wurde. Es ist davon auszugehen, dass ein solcher Entscheidungsprozess nicht immer bewusst abläuft, da Bedürfnisse auch im Unterbewusstsein verbleiben können. Über die tatsächlichen Bedürfnisse, die der Musikpraxis zu Grunde liegen, kann ich daher nur Annahmen treffen.

Der Befriedigung der verschiedenen Bedürfnisse standen zum einen die eigenen Vorstellungen, Erwartungen und Ansprüche im Wege. Zum zweiten behinderten alltägliche Bedingungen, lebenslaufbedingte Veränderungen sowie soziokulturelle Gegebenheiten die Bedürfnisbefriedigung. Beschrieben wurde beinahe durchgängig ein altersbedingter Verlust kultureller Räume, von Gelegenheiten, Anlässen und mitmusizierenden Menschen im Umfeld. Die beiden Schlüsselkategorien betitele ich mit **"Bedürfnisbefriedigung"** und **"kulturelle Eingebundenheit"**. Die erste Kategorie verweist auf eine psychologische Komponente motivationaler Entwicklungen (hier: demotivierende Prozesse), die zweite benennt eine strukturelle Ebene. Wie dieses "Innen" mit dem "Außen" in Beziehung steht, werde ich unten näher ausführen. Zunächst werde ich die beiden Schlüsselkategorien zur Typenbildung heranziehen.

Typen des instrumentalen Abbruchs und Umbruchs

Durch den Vergleich maximal unterschiedlicher Merkmalsausprägungen sollen die allen gemeinsamen Schlüsselkategorien ausdifferenziert werden. Die retrospektive Bewertung des Abbruchs, Ausstieges oder der Unterbrechung instrumentaler Aktivitäten lässt sich in vier Typen einteilen:

- Eine Gruppe sah den Abbruch instrumentaler Aktivitäten als Verlust an.
- Für eine zweite Gruppe stellte der Abbruch eine Befreiung dar.
- Für eine dritte (neutrale) Gruppe war das Instrumentalspiel bestimmend für eine Lebensphase, und verlor beim Übertritt in eine neue Phase seine frühere Bedeutung. Der Abbruch stellt hier weder einen ausgeprägten Verlust noch eine Befreiung dar.
- Eine vierte Gruppe hat ihr Instrumentalspiel nicht abgebrochen, wohl aber einen grundlegenden Umbruch vollzogen (oder ist dabei, ihn zu vollziehen).

Diese Gruppen sind nicht trennscharf, es gibt fließende Übergänge z. B. zwischen dem Verlustempfinden und einer neutralen Haltung sowie eine Gleichzeitigkeit des Empfindens von Verlust und Befreiung.

Typ 1: Verlust (8 Befragte)

Bis auf eine Instrumentalistin, die nicht mehr in Bands spielt und nur noch sporadisch übt, verfolgen alle VertreterInnen dieses Typs keine nennenswerten instrumentalen Aktivitäten mehr. Der Abbruch erfolgte im Zusammenhang mit einem inneren Konflikt zwischen Ansprüchen und Wahrnehmung der eigenen Möglichkeiten und Fähigkeiten, zwischen Bedürfnissen nach Selbstverwirklichung via Musik und den Erfordernissen des Alltags, häufig begleitet von Ängsten und auch von äußeren Konflikten mit anderen (z. B. Bandmitgliedern, dem Partner, den Eltern). Auch nach Abbruch der instrumentalen Aktivitäten ist der innere Konflikt nicht oder teilweise nicht gelöst: Die Befragten hadern – die einen sehr, die anderen weniger – mit dem Verlauf ihrer musikalischen Entwicklung. Da der Abbruch als Verlust empfunden wird, teilweise sogar als Scheitern, werden zumindest theoretisch neue Zugänge in Betracht gezogen. Diese erscheinen jedoch zum jetzigen Zeitpunkt versperrt. Instrumentalspiel ist in den aktuellen Alltag nicht mehr integrierbar, zudem sind die eigenen Ansprüche zu hoch, das Instrumentalspiel aufgrund frustrierender Vorerfahrungen belastet. Das soziale Umfeld, in welchem die instrumentalen Aktivitäten aufblühten, ist verloren gegangen. Peergroups, MitstudentInnen, Bands, Musikschule spielen keine Rolle mehr im Leben. Die Räume, in denen musiziert wurde, sind abhanden gekommen. Das nach wie vor bestehende Bedürfnis, ein Instrument zu spielen, läuft somit ins Leere. Die Strategien, mit der mehr oder weniger unbefriedigenden Situation umzugehen, sind unterschiedlich: Es werden zum Teil niedrigschwellige neue Zugänge gesucht (z. B. zusammen mit den eigenen Kindern zu musizieren), Alternativen gesucht und gefunden (singen, rappen, Sport, tanzen etc.), die jedoch, so äußern sich die Befragten, den Verlust zwar abmildern, aber nicht ganz wettmachen können.

Typ 2: Befreiung (4 Befragte)

Bis auf Daniela, die noch Gitarre und ein wenig Schlagzeug spielt, verfolgen die VertreterInnen dieses Typs ebenfalls keine instrumentalen Aktivitäten mehr. Alle empfinden den Abbruch ihres Instrumentalspiels als Befreiung. Entsprechend verlief die musikalische Entwicklung gegen Ende hin sehr ungünstig: Verkrampfung, hohe Ansprüche, körperliches Unwohlsein, Leistungsdruck waren die Symptome. Alle sind froh um ihre Entscheidung, das Instrumentalspiel abgebrochen zu haben, vermissen es nicht, haben Alternativen gefunden, die sie genauso oder mehr ausfüllen (Sport, Singen, Musik hören etc.). Die unterschiedlichen Bedürfnisse, die dem Instrumentalspiel zu Grunde lagen, werden jetzt anders befriedigt. Auch bei den Befragten dieses Typs spielt die Veränderung des sozialen Umfeldes eine Rolle. Bei einigen ist es die Auflösung der Bands, die in der Jugendzeit gegründet wurden, die einen Einschnitt darstellten. Bei Daniela fiel der Abbruch des Saxophonspiels zeitlich mit der Beendigung ihres Studiums zusammen.

Typ 3: Neutraler Typ (2 Befragte)

Vertreter der "neutralen" Gruppe empfanden den Abbruch musikalischer Aktivitäten weder als Verlust noch als Befreiung. Eine Weile lang prägte die Musik eine bestimmte Lebensphase. Mit Übertritt in einen neuen Lebensabschnitt verlor die Instrumentalpraxis ihre ursprüngliche Bedeutung, und andere Aktivitäten rückten an ihre Stelle. Entsprechend haben beide Befragte auch Alternativen zum Instrumentalspiel gefunden, die sie mehr ausfüllen. Diese Verlagerung hatte auch etwas mit der Veränderung des sozialen Umfeldes zu tun: Im Freundeskreis gibt es niemanden mehr, der Musik macht. Einem Gitarristen es fehlt an Gelegenheiten, zu spielen, an Anregungen, die er bräuchte, um sich weiter zu entwickeln, an Menschen in seinem Umfeld, mit denen er zusammen musizieren könnte. Da dies alles verloren gegangen ist, hat das Gitarrespiel in seinem Leben keinen Platz und keinen Sinn mehr. Eine Alternative, die ihm viel mehr bringt, ist der Chorgesang. Der Verlust der sozialen Eingebundenheit des Instrumentalspiels führte bei beiden mit dazu, dass es seine Bedeutung verlor. Auch hier werden die Bedürfnisse, die dem Instrumentalspiel zu Grunde lagen, auf anderen Wegen befriedigt.

Typ 4: Umbruch (4 Befragte)

Die VertreterInnen dieses Typs haben ihr Instrumentalspiel zwar zeitweise abgebrochen, aber immer wieder neue Zugänge gefunden oder sind gerade dabei, sich wieder Wege zu erschließen. Das Gefühl der Befreiung trifft auf diesen Typ ebenfalls zu, da alte Ansprüche, Herangehensweisen und Lernwege als ungünstig erkannt und alternative Wege gesucht und teilweise gefunden wurden. Der Konflikt, der dem Umbruch zu Grunde lag, ist dabei nicht immer gelöst worden. So fühlt sich Rainer immer noch hin und her gerissen zwischen verschiedenen Bedürfnissen, Vorstellungen und Erwartungen: bestimmte objektive Standards zu erfüllen (die richtigen Töne zu treffen) und sich gleichzeitig vollkommen "hinzugeben". Die Strategien bestehen innerhalb des vierten

Typs in einer Handlungsregulation (Suchen und Finden neuer Wege) und gleichzeitig im Korrigieren der als ungünstig erkannten alten Ansprüche. Die VertreterInnen dieses Typs haben sich entsprechend neue Räume erschlossen (oder sind dabei), in denen ihre Musikpraxis weiter bestehen kann: Es sind dies die Musikvermittlung (Schulmusik-Studium, Unterrichten, Früherziehung, Musik machen mit Behinderten etc.), die alternative Workshopszene, der Gesang und das Musikmachen mit Freunden. Zwei befragte Instrumentalistinnen, die beide vom Musikmachen und Unterrichten leben, stellen insofern eine Ausnahme dar, dass sie viele MusikerInnen in ihrem Umfeld haben. Vom musikalisch aktiven Freundes- und Bekanntenkreis gehen hier immer wieder wichtige Impulse aus, die die musikalische Weiterentwicklung maßgeblich beeinflussen. Hier ist also nicht von einem Verlust des sozialen Umfeldes zu sprechen. Rainer und eine Bassistin, die beide spät mit dem Instrumentalspiel begannen, kamen von vornherein nicht in den Genuss eines solchen fördernden Umfeldes (es gab keine musikinteressierte Peergroup, keine musizierenden FreundInnen, keine Schule als Raum, der fördernde Strukturen bot etc.). So sind ihre Wiederaufnahmeversuche auch gekennzeichnet von einer Suche nach geeigneten Lernorten, die sich nicht ganz einfach gestaltet.

Theorie instrumentaler Umbrüche und Abbrüche

Bedürfnisaufschub beim Instrumentalspiel

Der anfängliche Wunsch, ein Instrument zu erlernen, entsprang immer auch dem Bedürfnis nach einer Entwicklung neuer Ausdrucksmöglichkeiten, einer Erweiterung des Selbst um die mit dem Instrumentalspiel verbundenen musikalischen und sozialen Spielräume. Das Meistern der damit einher gehenden instrumentaltechnischen Schwierigkeiten wirkte herausfordernd und machte einen entscheidenden Reiz aus. Später verschob sich in der Wahrnehmung das Instrument mit seinen Eigenarten und Anforderungen nach und nach zwischen die Interviewten und ihren Wunsch nach Selbstausdruck und -verwirklichung. Instrumentaltechnische Widerstände gepaart mit Ungeduld und hohen Leistungsansprüchen standen dem lustvollen Spiel immer mehr im Wege, wie am Beispiel von Rainer deutlich wurde. Eine 26jährige Instrumentalistin, die Klavier, Gitarre, Saxophon und E-Bass in ca. 20 Bands gespielt hatte, äußerte sich dazu: „Ich weiß, dass Üben absolut notwendig ist, um Musik machen zu können, aber ich wollte halt immer gleich Musik machen".

"Technik" und "Gefühl", "Arbeit und "Spaß", "Lernen" und "Spielen" wurden in den Interviews sehr oft als Gegensätze dargestellt. Ziel (z. B. Spaß zu haben, sich selbst zu verwirklichen) und Weg (technische Schwierigkeiten bewältigen) fielen häufig auseinander, demotivierende Entwicklungen waren die Folge. Zentral war die Vorstellung, die eigene Leistung steigern zu wollen, aber gleichzeitig wurde unter diesen Leistungsansprüchen gelitten, es kam zu einem Verlust des "Lustvollen". Innere Konflikte, die sich auch in psychophysischen Reaktionen zeigten (z. B. in Schmerzen beim Musizieren wie im Falle Danielas) und in Ängsten äußerten, waren die Folge. Mit voranschreitender musikalisch-kognitiver Entwicklung wurden Selbstbewertungsinstrumentarien erworben, die die/den Einzelne/n in die Lage versetzten, das eigene Tun kritisch zu bewerten. Diese Selbstbewertung, unabdingbare Voraussetzung jeden Lernprozesses, wirkte sich teilweise hemmend auf kreative Prozesse aus: Die Befragten standen sich oft selbst im Weg.

In der folgenden Tabelle habe ich noch einmal einige der in den Interviews genannten gegensätzlichen Begrifflichkeiten gegenübergestellt.

"Technik", "Theorie"	"Gefühl"
"Arbeit"	"Spiel"
"Lernen"	"Spaß"
"Kopf"	"Bauch"
„Üben"	„Musikmachen"

Die auf der linken Seite angeführten Begriffe beschreiben den Wunsch, die musikalische Leistung steigern zu wollen. Die Begriffe der rechten Seite beschreiben Spielfreude und Selbstverwirklichung. Diese verschiedenen Bedürfnisse müssen jedoch nicht im Widerspruch zueinander stehen. Auch sehr unterschiedliche Bedürfnisse (Leistung, Wettbewerb, Spielfreude, Selbstverwirklichung) können durch eine Tätigkeit (Musikmachen) befriedigt werden. Ein potentielles Problem entsteht, sobald die linke Seite nicht (mehr) als Bedürfnis (intrinsisch), sondern als Pflicht (extrinsisch) wahrgenommen wird, als "Kosten", um den "Nutzen" zu haben ("Ich will spielen, aber ich muss erst üben"). Auch dieses Problem führt nicht zwangsläufig zum Motivationstief, wenn die "Kosten" für den "Nutzen" bereitwillig in Kauf genommen werden. Häufig kam es nach einiger Zeit des Übens zu einer Auseinandersetzung mit den kulturell determinierten hohen musikalischen Standards, die z. T. auch durch die hochentwickelte Aufnahmetechnik festgelegt werden.

Die Bedürfnisbefriedigung rückte bei den von mir Befragten in unerreichbare Ferne, der "Nutzen" erschien nach und nach fraglich, denn die Kosten schienen im Vergleich dazu unverhältnismäßig hoch zu sein. Diese empfundene Diskrepanz führte manches Mal zu einem Gefühl der inneren Zerrissenheit und Unzufriedenheit. Eine ehemalige Bassistin beschrieb ihr Instrumentallernen als quälenden Übeprozess, dessen Ertrag (mit anderen zusammen spielen zu können) in ungewisser Ferne liege:

E: Man weiß nicht, wo führt es denn hin und wann findet man einen Ansatzpunkt, dann auch mal mit anderen zu spielen, und wie lange dauert das denn hier noch. Das ist wie so ein Stau auf der Autobahn, wo man nicht weiß, warum man da steht. Alles steht, man weiß nicht wieso.

Das Auseinanderdriften von technischer Vorübung und eigentlichem Spiel wurde teilweise von den Instrumentallehrkräften vermittelt. Aber überwiegend waren es die Lernenden selbst (die zum Teil keinen oder wenig Instrumentalunterricht hatten), die diese Vorstellungen entwickelten und die darunter litten.

Viele der von mir Interviewten (13) hatten nach Abbruch ihres Instrumentalspiels oder bereits vorher den Gesang als Alternative entdeckt. Hier erschienen die oben beschriebenen Gegensätze viel mehr als Einheit. Daher liegt es nahe zu fragen, worin sich Instrumentalspiel und Gesang für die Befragten unterscheiden. Gesang wurde zum einen praktiziert als Ergänzung zum Instrumentalspiel, aber ein großer Teil der Befragten stellt das Singen ausdrücklich als Alternative zum Instrumentalspiel dar.

Singen ist von anderen leistungsmotivationalen Faktoren gekennzeichnet als das Instrumentalspiel, nicht jedoch durch generell geringere Leistungsansprüche, wie einige Beispiele zeigten. Beim Singen im Chor oder Ensemble, im Rahmen einer Jugendfreizeit steht zumeist das Gemeinschaftserlebnis im Vordergrund. Ein niedrigschwelliger Zugang zum Singen ist eher möglich und ein Bedürfnisaufschub, wie er beim Instrumentallernen oft empfunden wurde (erst üben, dann spielen), wurde so nicht beschrieben. "Üben" und "Spielen" bzw. "Musik machen" sind in den Erzählungen in Bezug auf den Gesang nicht voneinander getrennt, sondern greifen ineinander. Das Singen wird als direkter, körperlicher und in den Alltag besser integrierbar beschrieben, der Chorgesang insbesondere als kulturell stärker eingebunden beschrieben. Das Singen stellt somit in vielen Fällen eine befriedigendere Alternative zum Instrumentalspiel dar.

Die oben zitierte Bassistin äußerte sich dazu: "Beim Singen bin ich selber das Instrument. Singen kann ich mit Menschen besser teilen. Das geht schnell und das hat man immer dabei." Und zum Instrumentallernen sagte sie: "Das geht mir dann immer nicht schnell genug. Das dauert mir zu lange. Und das Singen ist halt da."

Interessen- und Bedeutungsverlagerung

Die Lebensgeschichten sind gekennzeichnet von einem Prozess der Interessen- und Bedeutungsverlagerung, der mit einem Wandel des Selbstkonzeptes und einer ständigen Suche nach persönlichen Entwicklungsmöglichkeiten einhergeht. Die Bedürfnisse, Vorstellungen und Erwartungen verändern sich im Lauf des Lebens, aber auch die kulturellen und sozialen Gegebenheiten.

Die meisten Abbrüche und Umbrüche im Bereich Jazz/Rock/Pop finden anscheinend Anfang bis Mitte zwanzig im Zusammenhang mit Berufsfindung und Familiengründung statt.[22] Der Freundeskreis fällt nach Schulende oft auseinander, Bandmitglieder, die sich sonst jeden Tag in der Schule sahen, zerstreuen sich. Berufsfindungs- und Ausbildungsphase bringen auch eine Selbstfindungsphase mit sich. Die musikalischen Aktivitäten werden unter neuem Licht betrachtet und neu bewertet. Welchen Stellenwert nimmt das Instrumentalspiel im neuen Leben ein, welchen Platz hat es? Oft wird das Musikmachen noch in einer verlängerten Adoleszenzphase (lange Studienzeit, Orientierungsphase, jobben) weiter betrieben, dann aber mit dem Eintritt ins Berufsleben endgültig fallengelassen. Da das Leben der von mir Befragten jedoch von einem niemals abgeschlossenen Suchen, Ausprobieren und sich Weiterentwickeln gekennzeichnet ist, gibt es auch in späteren Lebensphasen immer wieder Abbrüche, Umbrüche und neue Aufbrüche im musikalischen Werdegang.

Kulturelle und soziale Eingebundenheit

Für die musizierenden SchülerInnen hatten sich noch viele Auftrittsmöglichkeiten geboten. Das Publikum war wohlwollend, es gab positives Feedback und vielfältige Förderung. Bernd, der als Jugendlicher mit Gitarre und Gesang einige umjubelte Auftritte hatte, spielt heute nur noch sporadisch Gitarre:

---

[22] Meine Daten können dies aufgrund der kleinen Stichprobe nicht beweisen, sondern allerhöchstens Hinweise darauf liefern.

> B: *Also eine Sache ist sicherlich, wie gesagt, da mit 16, 17, 18 war das ganz aufregend und ganz toll, das mit den Auftritten. [...] Ja, [und jetzt habe ich] das Gefühl oder die Meinung mittlerweile, dass es nichts Besonderes ist. Also ich spiele und singe nicht schlecht, aber auch nicht gut genug für ein Publikum. [...] Und wenn da ein Konzert ist, dann gibt es da Bessere.*

Mit dem Älterwerden wurde ein Verlust der Räume, der Sinnzusammenhänge, der sozialen und kulturellen Einbettung von Musikpraxis beschrieben, die in der Jugendzeit gegeben war. Es gibt zu wenig Proberäume und Auftrittsorte, zu wenig Publikum, zu wenige Gelegenheiten, zusammen Musik zu machen, zu wenige Personen im Bekanntenkreis, die noch musikalisch aktiv sind. Musikmachen (speziell ein Instrument mit Schwerpunkt Jazz/Rock/Pop spielen) ist nicht ein selbstverständlicher Teil unseres Alltages, wie dies in vielen Bereichen das Singen ist (die vielen Chöre spielen hier eine wichtige Rolle). Auch ist es nicht so tradiert wie z. B. die traditionelle Blasmusik.

Informelle und formale Lernwege

Das informelle selbstbestimmte Lernen blüht auf in der Jugendzeit, und dies vor allem bei den Jungen. (Die Peergroups, die für einen selbstbestimmten Zugang zum Jazz/Rock/Pop-Instrumentalspiel förderlich sind, sind in den allermeisten Fällen rein männlich besetzt.) Mit dem Älterwerden brechen diese sozialen Strukturen weg, Bands lösen sich auf, viele der Freunde werden entweder professionell als Musiker tätig oder geben ihr Instrumentalspiel auf. Eine Hinwendung zu den Institutionen (z. B. Musikschule) fiel den Betreffenden oft schwer oder kam als adäquater Ersatz zur informellen, außerinstitutionellen Musikpraxis nicht in Frage. Von einem Verlust kultureller und sozialer Eingebundenheit jazz-/rock-/popmusikalischer Aktivitäten sind somit vor allem diejenigen betroffen, die überwiegend informell lernten und musizierten. So z. B. der oben zitierte Gitarrist:

> B: *Dann [nach der Schulzeit] hab ich im Wesentlichen wieder allein weitergemacht. Und mir Sachen selbst beigebracht, durch verschiedene Bücher zum einen, aber auch, also ich hab viel selbst ausprobiert und auch angefangen, zu improvisieren. Also einfach was geklimpert, ein Solo, und Akkorde ausprobiert, wie die klingen und so weiter. [...] Ja, und von der Entwicklung her [...] hat das irgendwie stagniert, [es gab] keine neuen Anregungen. [...] Ich hab immer mal wieder an Unterricht gedacht, aber hab's dann nie*

gemacht. Immer mal wieder zwischendurch, dass ich dachte, ja, wenn ich weiter spielen will oder was Neues lernen will, brauche ich jetzt irgendwann wieder Inspiration von außen und von jemandem, der irgendwas gut kann, das ich gerne spielen möchte und mir das zeigen kann. Mal dran gedacht, aber nie gemacht.

Denjenigen, denen das Lernen ohne Unterricht vertrauter war, fehlte bei fortgeschrittener musikalischer Entwicklung häufig die Anleitung, viele hatten aber Probleme damit, das im Unterricht Vermittelte mit ihren eigenen selbst erworbenen Lernwegen in Verbindung zu bringen. Ein ehemaliger Heavy Metal Gitarrist, der sich das Gitarrespiel durch Hören, Nachspielen, Ausprobieren und Zusammenspiel mit einem Freund angeeignet hatte, und der in einer semiprofessionellen Band mitspielte, nahm Unterricht, den er jedoch nach kurzer Zeit wieder abbrach.

J: Weil ich dann irgendwann dachte, okay, du nutzt das irgendwie nicht aus in dem Sinne, das kostet ja auch was, und du setzt das [zu Hause] nicht um, und für die Musik, die du dann machen wirst, benötigst du das sowieso nicht unbedingt, und dann hab ich´s aus den Gründen irgendwie bleiben lassen.

Diejenigen, die überwiegend institutionell lernten (in der Mehrzahl Frauen, die häufig eine klassische Instrumentalausbildung als Kind erhalten hatten) hatten andersherum teilweise eine Scheu davor, sich aus diesen Strukturen zu lösen und spielerische, selbstbestimmte und lustbetonte Zugänge zum Instrumentalspiel zu finden. Institutionen wie Schule, Musikschule und Kirche wurden auch als Schutzraum beschrieben und einige der Interviewten scheuten den Schritt aus diesen Zusammenhängen in das außerinstitutionelle Ensemblespiel. So eine Saxophonistin, die in einer Musikschulband sowie in einem Ensemble der Kirchengemeinde mitwirkte, und die nie wagte, sich darüber hinaus eine Band zu suchen:

S: Und das hab ich mir aber einfach nicht zugetraut. Also den Schritt zu gehen, aktiv zu gehen, und zu sagen, ich such mir jetzt Leute. Ich hatte immer Angst, da völlig auf der Schnauze zu landen. Hab's gar nicht erst versucht.

In zwei Fällen – beide waren Frauen – wirkte sich eine zu starke Lehrerbindung sehr ungünstig aus. Tendenziell günstiger verliefen Entwicklungen, bei denen die Interviewten informelle und formale Lernwege miteinander mischten.

Beim Jazz/Rock/Pop-Lernen treffen unterschiedliche Lerntraditionen zusammen. Der „klassische" Lernweg hat seine Wurzeln in der Vermittlung abendländischer Kunstmusik. Die Trennung von "Technik" und "Gefühl", von "Arbeit" und "Spiel" blickt hier auf eine lange Tradition zurück. So hat z. B. Gellrich am Beispiel des Klavierunterrichtes gezeigt, wie in der zweiten Hälfte des 19. Jahrhunderts die "Identität des Klavierspielers zerteilt wurde in die musikalische Vorstellung auf der einen und den Spielapparat auf der anderen Seite".[23] So kam es zur Vorstellung von einer Trennung von "Körper" und "Geist". Der "Körper" sollte auf Befehl des Geistes durch Drill und reine mechanische Technikübungen diszipliniert werden. Zwar war die Phase der sog. „Schwarzen Pädagogik" bereits nach einigen Jahrzehnten überwunden. Dennoch hat sie nach Ansicht von Gellrich bis in die heutige Zeit hinein ihre Spuren hinterlassen. Konsens aller AutorInnen, die sich mit psychophysischen Belastungen beim Musikmachen beschäftigt haben, ist, dass eine Funktionalisierung des Körpers, eine Trennung und Hierarchisierung von Körper und Geist auf die Dauer zu einer Entfremdung vom eigenen Körper und vom musikalischen Tun führt. Diese Herrschaft über den Körper äußert sich auch in der einseitigen Fixierung auf technische Präzision. Sobottke spricht von einer fehlenden Balance zwischen Ratio und Emotio, zwischen Technik und musikalischem Ausdruck.[24] Auch Eckstaedt hat sich eingehend mit den negativen Auswirkungen der vor allem aus dem 19. Jahrhundert überlieferten Lerntraditionen auf unser heutiges Lernen beschäftigt: Folgen sind überhöhte Leistungsansprüche, Entfremdung vom eigenen Tun, Demotivation und Abbrüche musikalischen Lernens.[25] Es dürfte Konsens innerhalb der traditionellen Musikvermittlung sein, dass ein Instrument nicht ohne "Arbeit", "Technik" und "Theorie" zu erlernen ist.

Im Jazz/Rock/Pop ist dies etwas anders. Die aus dem Afroamerikanischen stammende informelle Tradition hat ihre Wurzeln in der oralen Vermittlung, die von uns zusammen mit Jazz, Rock und Pop teilweise adaptiert wurde. Wie Lucy Green zeigt, waren einige der von ihr interviewten RockmusikerInnen der Ansicht, nie zu üben, sondern nur zu spielen.[26] Viele Stile innerhalb der Rock- und Popmusik sind mit wenig Know-how bereits praktizierbar. Auch

---

[23] Gellrich 1990, 110.
[24] Vgl. Sobottke 1993, 137.
[25] Vgl. Eckstaedt 1996.
[26] Vgl. Green 2002.

die mediale Präsentation des Rock und Pop legt den Hauptakzent nicht auf musikalische Hochleistungen, sondern auf Eingängigkeit und einprägsame Performance. Die orale Tradition ist in unserer Gesellschaft innerhalb jugendlicher Subkulturen stark verankert (z. B. im Hip Hop). Orale Vermittlung funktioniert nur in einem lebendigen und dichten kulturellen Netzwerk. Ist musikalische Tätigkeit verwoben mit kulturellen Praxen, einem Lebensgefühl und -stil, einer sozialen Gruppe, so erscheint es plausibel, dass hier Lernen und Spielen kaum auseinander fallen. Musik wird in erster Linie gelebt und nicht gelernt. Fällt dieses kulturelle Netzwerk, der Lebensraum der Musik weg, wird ihr der Nährboden entzogen. Für den Verlust der Jugendkultur gibt es im Erwachsenenalter keinen adäquaten Ersatz. Dass dies auch tatsächlich von vielen Betroffenen als Verlust empfunden wird, haben meine Interviews gezeigt.

Beim Jazz haben sich die Vermittlungstraditionen seit seiner Entstehung sehr gewandelt: Mit zunehmender Akademisierung ist auch eine Trennung von Techniklernen und "Spielen" entstanden.[27] Bei den von mir Befragten fiel auf, dass diejenigen, die überwiegend informell lernten, begannen, ihre musikalischen Fähigkeiten in Frage zu stellen, sobald sie mit institutionell vermittelten Lernmethoden und Standards in Berührung kamen. Dies wurde besonders deutlich bei den Rockmusikern, die sich in Richtung Jazz entwickelten. So in folgendem Beispiel: Ein Bassist, der mit Freunden eine Rock-Band gegründet hatte, steigt – von seinem Onkel, einem Bassisten, initiiert – in eine Bigband ein:

> *M: Relativ schnell sollte ich in diese Bigband mit einsteigen, die da war. Und da waren Leute drin, die ganz unterschiedlich weit waren und ein paar, die schon sehr gut spielten, die vor allem auch Jazz improvisieren konnten, und ich war dabei erst, das zu lernen. Also technisch wär das kein Problem für mich gewesen, aber dann über irgendwelche Kirchentonleitern zu improvisieren und so, Walking Bass, da war ich ganz am Anfang und kam mir wie ein blutiger Anfänger vor. Und ich weiß nicht, also ich glaube, das waren die Gründe, weshalb ich da dann Schluss gemacht habe relativ schnell. Und hab, ich weiß nicht mehr genau, ich glaub, ich*

---

[27] So auch in meinem Jazz-Studium: Es gab "Technik-Unterricht" (Gefühl, Kreativität, Spiel spielten dabei keine Rolle) und "Hauptfach-Unterricht" (hier ging es nur ums Spielen und die dazugehörigen Spiel-Regeln).

hab so Gründe vorgeschoben, wie dass das irgendwie so kompliziert wär, da dauernd nach A. zu fahren. Das war schon sehr aufwändig, aber eigentlich war ich ein bisschen feige und wollte mich da nicht entblößen.

Ein Gitarrist, der zunächst auf informellen Wegen lernte und später im Rahmen seines Studiums für das Lehramt an Sonderschulen Unterricht bekommt, berichtet:

H: Es gab da irgendwie so Gitarrenschulen, da hab ich [mir] dann so ein bisschen [was] zurecht gefummelt. Und zum anderen halt durch die Kumpels, mit denen ich da Musik gemacht hatte, da hat man halt auch ein bisschen sich ausgetauscht. 'Hey, lass uns mal einen Blues spielen!' 'Blues, was ist das denn?' 'Was, du hast noch nie einen Blues gespielt? Das geht einfach so', zack, zack, zack und dann 'Ah ja, das ist ja einfach, ja gut, dann....' [...]

I: Und hast du auch improvisiert?

H: Teilweise, ich... Ich mein, also eine Zeitlang hab ich's gemacht, aber es war wirklich eine sehr chaotische Zeit, weil da konnte ich noch gar nicht richtig spielen, sag ich mal so, sondern da war ich frei von allem irgendwie und hab dann drauflos gemacht, das war eine Menge Krach, der dann raus gekommen ist. Der passte dann zwar auch oft irgendwie ganz gut, aber dass ich sagen würde, ich war da ein guter Improvisateur oder dass ich ein gutes Gitarrensolo spielen könnte, das wäre stark übertrieben. Und je mehr ich dann gelernt habe, um so mehr merkte ich, dass ich gar nicht so gut spielen kann, und deswegen habe ich mich dann auch bei so Solo-Geschichten gerne zurückgehalten, weil da hätte ich einfach besser werden müssen, um das dann auch gerne machen zu wollen oder zu können. [...] Und deswegen vielleicht auch, dass ich dann mehr den Gesang übernommen habe als Gitarre. Und damit nachher fast nur noch Rhythmusgitarre dann gespielt [habe].

Ziel- und Prozessorientierung

In Bezug auf den Bedürfnisaufschub drängt sich der Vergleich mit dem Sport auf. Nicht wenige der von mir Interviewten gaben an, dass Sport für sie die bessere Alternative sei. Dabei ist zu betonen, dass Musik und Sport ähnlich heterogen sind, d. h. sie bieten eine Vielzahl sehr unterschiedlicher Betätigungsfelder mit sehr verschiedenen Leistungsanforderungen. Eine Besonderheit des Instrumentalspiels ist das Vorhandensein eines virtuellen oder realen Publikums. Musik machen wir für uns, aber auch für andere. (Für den Breitensport gilt dies – mit Ausnahmen – eher nicht). Somit bewerten wir unser musikalisches Tun – auch beim alleine Üben – häufig aus der Perspektive eines virtuellen Publikums. Die kritische Selbstbewertung erhält dadurch ein stärkeres Gewicht.

Weite Bereiche des Breitensports sind mehr prozessorientiert als zielorientiert: Lernen und Ausüben sind eher eins. Wie sich gezeigt hat, war für die von mir Interviewten dieser unmittelbare Effekt – ich übe/spiele und bin hinterher zufrieden – beim Instrumentalspiel nur sehr selten zu haben. Oft war es so, dass mit zunehmender Anstrengung das Ziel in immer weitere Ferne zu rücken schien. Lernplateaus wurden als quälend und demotivierend beschrieben. Diese Zielorientierung kann von außen (z. B. durch die InstrumentallehrerInnen) nahe gelegt worden sein oder in einem schrittweisen Prozess der Verinnerlichung kultureller Normen übernommen worden sein.

Es wurde in vielen Äußerungen aber auch deutlich, wie motivierend kleine Ziele wirkten, deren Erreichbarkeit absehbar war (z. B. ein Auftritt, die Mitwirkung in einer Band). Und auch die großen Ziele, die "Träume" stehen einer Prozessorientierung nicht zwangsläufig im Wege.

Anpassung des Anspruchsniveaus und alternative Handlungsstrategien

Nach einer motivational bedingten Krise konnte ein Abbruch dann verhindert werden, wenn das Herabsetzen des Anspruchsniveaus mit einer Entwicklung alternativer Handlungsstrategien einherging. So gelang es einer Pianistin, nach einer Unterbrechung von 15 Jahren – in der sie unter dem Verlust des Klavierspiels litt –, sich in kleinen Schritten wieder heranzutasten und sich neue Betätigungsfelder zu erarbeiten (musikalische Früherziehung, Klavierunterricht, Jazz-Duo etc.). Eine Keyboarderin, die jahrelang als professionelle Rockmusikerin aktiv gewesen war, und die unter damit zusammenhängenden gesundheitlichen Problemen litt (Tinnitus, Erschöpfung etc.), wandte sich nach einer Pause wieder dem klassischen Klavierspiel der Kindheit und Jugend zu.

Geschlechterdifferenzen

Das Geschlecht der interviewten Frauen spielte in vielen Bereichen eine wichtige Rolle. Dies ist in erster Linie auf die Tatsache zurückzuführen, dass Instrumentalistinnen im Bereich Jazz/ Rock/Pop nach wie vor deutlich unterrepräsentiert sind. Die von mir interviewten Frauen waren also sehr häufig die einzigen Frauen in den Bands und Ensembles, und die Instrumentallehrer waren – bis auf wenige Ausnahmen – ebenfalls Männer. Diese Tatsache wurde den meisten der von mir Befragten irgendwann bewusst, und es fand in der Folge eine Auseinandersetzung mit diesem Sonderstatus statt. Da die Männer im Jazz/Rock/Pop unter ihresgleichen agierten, erscheint es plausibel, dass die Beschäftigung mit der Geschlechterthematik in Bezug auf ihre Musikpraxis nicht nahe lag und daher in den Erzählungen nicht thematisiert wurde. Das heißt aber nicht, dass Aspekte der männlichen Sozialisation keinen Einfluss nehmen auf musikalische Werdegänge.

Geschlechterdifferenzen lassen sich in meinen Interviews auf drei Ebenen nachweisen:

- Die Befragten selbst thematisieren Geschlecht
- Ich interpretiere die Befunde als geschlechtstypisch aufgrund theoretischen Vorwissens
- Eine geschlechtstypische Erzählweise

Dass die Befragten selbst Geschlecht thematisieren, trifft – wie bereits erwähnt – nur auf die interviewten Frauen zu. Themen sind u. a. Konflikte in Männerbands und Probleme, mit Männern in Konkurrenz zu treten. Der frühe Zugang zu einer Jungs-Rockband wurde einer Keyboarderin aufgrund ihres Geschlechtes verwehrt, Daniela führt fehlende weibliche Vorbilder am Saxophon als Grund dafür an, dass für sie die Rolle der Sängerin attraktiver erscheint. Weiter werden körperliche Übergriffe und sexuelle Belästigung durch Männer bzw. Instrumentallehrer thematisiert (von zwei Befragten). Vor allem im Profibereich spielt das Aussehen der Frauen eine Rolle. (Die oben erwähnte Keyboarderin beschreibt eine Band, in der das Tragen eines Minirocks erwartet wurde). Das Kinderkriegen stellt für alle betroffenen Frauen (drei) einen entscheidenden Einschnitt in die musikalische Karriere dar, bei den Vätern spielte dieses Thema eine weitaus kleinere Rolle. Zwei Frauen schildern Probleme in Bands, die sie auf ihr Geschlecht zurückführen. (Sie fühlten sich als Musikerinnen nicht ernst genommen).

Bei den von mir interviewten Männern spielten gleichgeschlechtliche Peergroups eine entscheidende Rolle für die frühe Bandgründung und das eher außerinstitutionelle, selbstbestimmte Lernen; die Auflösung dieser Peergroups nach Beendigung des Jugendalters brachte einen entscheidenden Umbruch (oder Abbruch) in der musikalischen Entwicklung mit sich. Viele der von mir interviewten Frauen, die überwiegend institutionell lernten, fürchteten sich vor dem Schritt hinaus aus dem Schutzraum der Institution. Bezüglich der meist überhöhten Leistungsansprüche, die die Befragten an sich selbst stellten, konnte ich keine geschlechtsbedingten Unterschiede feststellen. Mangelndes Selbstwertgefühl sowie Auftritts- und Konkurrenzängste wurden häufiger von den Frauen thematisiert. Auffällig ist weiter, dass die Beziehungen im Instrumentalunterricht nur bei den von mir interviewten Frauen ein Thema waren. Für die Männer waren die Beziehungen innerhalb ihrer Bands anscheinend von größerer Bedeutung. Eine Erklärung hierfür wäre, dass Frauen und Mädchen mehr Instrumentalunterricht haben als Jungen und Männer, und dass Jungen früher und häufiger in außerinstitutionellen Bands spielen.

Insgesamt stand bei den von mir interviewten Frauen insgesamt die Verknüpfung von sozialen Beziehungen, Lebensumbrüchen und -krisen und musikalischem Werdegang in den Erzählungen viel stärker im Vordergrund. Auch zeigten Frauen im Interview stärkere emotionale Reaktionen (z. B. weinen). Eine Erklärung hierfür bietet eine angenommene geschlechtstypische Erzählkultur. Verschiedene wissenschaftliche Disziplinen haben sich mit dieser Thematik auseinandergesetzt (z. B. die Soziolinguistik).[28] Auch innerhalb der Biografieforschung gibt es eine breite Auseinandersetzung mit geschlechtstypischen Erzählmustern.[29] Mein Geschlecht als Interviewerin mag hier eine große Rolle gespielt haben ebenso wie das Forschungsinstrumentarium (offenes Interview von ca. einer Stunde Länge). Unter dieser einschränkenden Prämisse erschien es mir aber dennoch möglich, auf einige Geschlechterdifferenzen hinzuweisen, wie ich es oben getan habe.

Musikpädagogische Konsequenzen

Ein großer Teil meiner Untersuchungsergebnisse entzieht sich weitgehend einer direkten pädagogischen Einflussnahme: Es sind dies Aspekte des Lebens-

---

[28] Vgl. Postl 1991, 78 f.
[29] Vgl. Dausien 1996, 588.

laufes, der Persönlichkeitsentwicklung, der sozialen Beziehungen außerhalb musikalischer Zusammenhänge (zu den Eltern, zum Partner, innerhalb der Peergroups) und des Lernens außerhalb des Instrumentalunterrichtes. Ein kleinerer Teil meiner Befunde ist jedoch musikdidaktisch relevant: Es ergeben sich zum einen wichtige Hinweise für den Instrumentalunterricht und für die Leitung und Betreuung von Bands. Darüber hinaus bieten sich Ansatzpunkte, umfassendere musikpädagogische Konzepte zu entwickeln sowie strukturelle Veränderungen zu erwirken. Aus Platzgründen führe ich hier nur einige wenige Punkte an:

Selbstbestimmtes Lernen

Selbstbestimmte Lernformen sollten stärker in das institutionell organisierte Lernen integriert werden. Fremdbestimmung wurde am Instrumentalunterricht sowie am Zusammenspiel in institutionell organisierten Ensembles häufig kritisiert. Fremdbestimmung bezog sich dabei auf die Auswahl der Stücke, die Methoden und die von außen herangetragenen Leistungsansprüche. Aber auch emotionale Übergriffe und Grenzverletzungen von Seiten der Instrumentalpädagogen stellten eine sehr drastische Form der Fremdbestimmung dar.

Da Mädchen und Frauen anscheinend nach wie vor das institutionelle Lernen bevorzugen, könnte eine stärkere Übernahme von Methoden des *informal music learning*[30] in den Instrumentalunterricht eine Loslösung aus den Institutionen erleichtern und eine Entwicklung zur Selbstständigkeit fördern. Auch das Band-Coaching (das Angebot der Betreuung selbstbestimmt arbeitender Bands durch MusikpädagogInnen) stellt eine solche Verknüpfungsmöglichkeit verschiedener Lernformen dar. Die Betreuung von Mädchenbands und auch die gezielte Ermutigung von Mädchen, in betreuten gemischtgeschlechtlichen Bands als Instrumentalistinnen mitzuwirken, stellen hier Möglichkeiten dar. Erstrebenswert erscheint in diesem Zusammenhang eine stärkere Vernetzung der Musikschule mit dem örtlichen Musikleben, die Öffnung und Durchdringung des institutionellen (Schutz-)Raumes mit der lokalen Musikszene (wie es bereits von einigen Musikschulen praktiziert wird). Auch existieren eine Reihe von Einrichtungen freier Trägerschaft, die eine solche Schnittstelle zwischen Institution und freier Szene darstellen. Zu nennen wäre hier z. B. das Hamburger Frauenmusikzentrum.

---

[30] Vgl. Green 2002.

Vor allem für heranwachsende und erwachsene Instrumentallernende ist die Selbstbestimmungsthematik relevant: Hier ist von einer hohen intrinsischen Motivation auszugehen. Moderne Didaktiken für den Instrumentalunterricht mit Erwachsenen zeichnen sich dadurch aus, dass ein repressionsfreies Klima Grundlage für selbst initiiertes und selbstbestimmtes Lernen sein soll. Dass dies in der Realität in nur wenigen Fällen umgesetzt wurde, haben die Interviews gezeigt.

Prozessorientierung

Der Tatsache, dass Leistungsansprüche und Selbstverwirklichungsmotive häufig als Gegensatz empfunden werden, können InstrumentalpädagogInnen nur teilweise entgegensteuern, da kulturelle (u. a. medial vermittelte) hohe Standards als Maßstab für die eigenen musikalischen Aktivitäten herangezogen werden. Dennoch kann dem Auseinanderdriften von Weg und Ziel, von Technik und Gefühl, Arbeit und Spiel, Lernen und Spaß etwas entgegengesetzt werden, indem bewusst Methoden gewählt werden, die beides miteinander vereinen. Hier nur einige wenige Punkte: Wichtig ist es, frühes Ensemblespiel anzuregen und zu ermöglichen. Vor allem im Rock und Pop kann bereits auf sehr niedrigem Niveau miteinander gespielt werden.

Die Improvisation bietet hier ebenfalls ein großes Spektrum an Möglichkeiten. Improvisation aufzupfropfen auf einen auf klassische Art und Weise erworbenen Grundstock ist wenig sinnvoll, sondern das Lernen geschieht idealerweise von Anfang an auch über Improvisation. Ein unbefangener Umgang ist am ehesten möglich, wenn Improvisation von Anfang an ein essentieller Bestandteil des Unterrichtes ist.

Gerade bei Blasinstrumenten kann es auch sinnvoll sein, den Gesang in den Unterricht einzubeziehen. Die Vorstellung, durch das Instrument zu singen, kann die Ausdrucksfähigkeit steigern und zu körperlich-sinnlichen Erlebnissen führen, wie sie für den Gesang beschrieben wurden. Für einige Befragte war der Sound ein wichtiger Aspekt, der bereits bei der Instrumentenwahl von entscheidender Bedeutung war. Die Faszination am Sound lässt sich instrumentaldidaktisch nutzen, indem man mit Klängen experimentiert und improvisiert und nicht nur mit Skalen.

Das Üben hat sich als zentraler demotivierender Faktor herausgestellt: Hier ist es von Bedeutung, geeignete Übestrategien zu vermitteln: Wie kann das Üben in den Alltag integriert werden? Wie kann das Üben persönlich bedeutsam, lustbetont und trotzdem der musikalischen Entwicklung dienlich sein? Diese Fragen können nur unter Einbeziehung der individuellen Biografie, der Bedürfnisse und der Lebenssituation behandelt werden. Wichtig ist auch eine Aufklärung über das Phänomen "Lernplateau": Auch wenn eine Stagnation des Lernprozesses empfunden wird, geht das Lernen unmerklich weiter. Treten Lernplateaus auf, ist es evtl. sinnvoll, andere Methoden auszuprobieren (beim Lehren andere Eingangskanäle zu nutzen, z. B. mehr über das Gehör zu vermitteln oder über Körperempfindungen) oder einfach eine Weile etwas zusammen zu spielen, was Spaß macht und weniger fordert.

Aber auch die kleinen (Nah-)Ziele können eine große motivationale Schubkraft entwickeln und bei deren Setzung und Erreichbarkeit kann die Instrumentallehrkraft mitwirken: Sie kann bevorstehende Auftritte, die Mitwirkung in einer bestimmten Band oder die Produktion einer Aufnahme vorbereiten und begleiten.

Ausblick

Wie sich in einigen Interviews gezeigt hat, spielen psychosomatische Phänomene auch im Bereich Jazz/Rock/Pop eine Rolle. In Bezug auf klassische Musik (v. a. OrchestermusikerInnen) hat hier bereits eine sehr notwendige Sensibilisierung stattgefunden. An den Musikhochschulen werden Kurse für Feldenkrais, Alexandertechnik etc. angeboten und auch in der Workshopszene boomen die ganzheitlichen Körpertechniken für MusikerInnen. Dass sich diese Phänomene auch auf den Bereich Jazz/Rock/Pop erstreckt bzw. welche spezifischen Bedingungen hier zu körperlichen und seelischen Überlastungserscheinungen führen, ist m. W. noch nicht erforscht und konnte im Rahmen der vorliegenden Untersuchung nur sehr oberflächlich abgehandelt werden. Hier bestünde m. E. ein dringender Forschungsbedarf, da vermutlich nicht weniger Jazz/Rock/Pop-MusikerInnen als klassische MusikerInnen gesundheitliche Schäden davontragen.

Im Rahmen des qualitativen Forschungsdesigns war es mir nur möglich, eine kleine Stichprobe zu bearbeiten. Ich konnte auf diese Art einige interessante Einblicke in motivationspsychologische Prozesse erhalten. Auch gab es einige Hinweise auf strukturelle Bedingungen sowie auf geschlechtstypische Aspekte des Abbruchs und Umbruchs. Nicht beantwortet bleibt die Frage, wie es zur Diskrepanz der großen Zahl jazz/rock/popinteressierter Mädchen und der verschwindend kleinen Anzahl professioneller Jazz/Rock/Pop-Instrumentalistinnen kommt. Inwieweit Lernabbrüche hier eine Rolle spielen, kann nur eine statistische Studie klären. Ebenfalls kann über die tatsächlichen strukturellen Bedingungen, die den Abbrüchen und Umbrüchen zu Grunde liegen, nur eine quantitative Befragung Aufschluss geben. Ein Problem ist hier jedoch die Gruppe der zu Befragenden. Die Autodidakten unter den "Abbrechern" dürften schwer zu erreichen sein.

Literaturverzeichnis

Bastian, Hans Günther (1989): Leben für Musik. Eine Biographie-Studie über musikalische (Hoch-) Begabungen, Mainz.

Bastian, Hans Günther (1991): Jugend am Instrument. Eine Repräsentativstudie, Mainz.

Bolay, Eva-Maria (1995): Jazzmusikerinnen. Improvisation als Leben. Eine empirische Untersuchung zu Laufbahnen und Lebenswelten von Jazzinstrumentalistinnen in den 90er Jahren, Kassel.

Clemens, Michael (1983): Amateurmusiker in der Provinz. Materialien zur Sozialpsychologie von Amateurmusikern, in: Klüppelholz, Werner (Hrsg.): Musikalische Teilkulturen (Musikpädagogische Forschung 4), Laaber, S.108-142.

Cornelißen, Waltraut (2002): Freizeit – freie Zeit für junge Frauen und Männer?, in: Cornelißen, Waltraut u.a. (Hrsg.): Junge Frauen – junge Männer. Daten zu Lebensführung und Chancengleichheit, Opladen, S.135-204.

Dausien, Bettina (1996): Biographie und Geschlecht. Zur biographischen Konstruktion sozialer Wirklichkeit in Frauenlebensgeschichten, Bremen.

Eckstaedt, Carsten (1996): "...mit Klavier hab' ich dann auch aufgehört." Instrumentalspiel, Musikalität und Leistungsanspruch, Bochum.

Davidson, J.W. & Howe, M.J.A. & Sloboda, J.A. (1996): The Role of Parents and Teachers in the Success and Failure of Instrumental Learners, in: Bulletin of the Council for Research in Music Education, 127, S.40-44.

Jünger, Werner & Merkel, Roland & Rectanus, Hans (1994): Faktoren des Scheiterns. Über den Abbruch der Instrumentalausbildung an Musikschulen, in: Üben & Musizieren, 4, S.3-9.

Ebbecke, Klaus & Lüschper, Pit (1987): Rockmusiker-Szene intern. Fakten und Anmerkungen zum Musikleben einer industriellen Großstadt, Stuttgart u. Witten.

Füser, Martin & Köbbing, Martin (1997): Musikalische Werdegänge von Unterhaltungsmusikern – Biographische Untersuchungen, in: Kraemer, Rudolf-Dieter (Hrsg.), Musikpädagogische Biographieforschung. Fachgeschichte – Zeitgeschichte – Lebensgeschichte (Musikpädagogische Forschung 18), Essen, S.189-200.

Gellrich, Martin (1990): Die Disziplinierung des Körpers. Anmerkungen zum Klavierunterricht in der zweiten Hälfte des 19. Jahrhunderts, in: Pütz, Werner (Hrsg.): Musik und Körper (Musikpädagogische Forschung 11), Essen, S.107-138.

Glaser, Barney G. & Strauss, Anselm. L. (1998): Grounded Theory. Strategien qualitativer Forschung (Übersetzung der Originalausgabe von 1967), Bern u.a..

Graml, Karl & Reckziegel, Walter (1982): Die Einstellung zur Musik und zum Musikunterricht. Ein Beitrag zur Elternbefragung, Mainz u.a.

Green, Lucy (2002): How Popular Musicians Learn. A Way Ahead for Music Education, Hampshire.

Grimmer, Frauke (1991): Wege und Umwege zur Musik. Klavierausbildung und Lebensgeschichte, Kassel u.a..

Hemming, Jan (2002): Begabung und Selbstkonzept. Eine qualitative Studie unter semiprofessionellen Musikern in Rock und Pop, Münster.

Herold, Anja (2004): Verlust oder Befreiung. Instrumentale Lernabbrüche in der populären Musik, in: Hofmann, Bernard (Hrsg.): Was heißt methodisches Arbeiten in der Musikpädagogik? (Musikpädagogische Forschung 25), Essen, S.187-197.

Herold, Anja (2006): Zwischen Nähe und Distanz. Beziehungen im Instrumental- und Gesangsunterricht, in: Hoffmann, Freia (Hrsg.): Panische Gefühle. Sexuelle Übergriffe im Instrumentalunterricht, Mainz u.a., S.101-116.

Herold, Anja (2007): Lust und Frust beim Instrumentalspiel. Umbrüche und Abbrüche im musikalischen Werdegang, Oldenburg.

Kleinen, Günter (2000): Entmythologisierung des autodidaktischen Lernens, in: Rösing, Helmut u. a. (Hrsg.): Populäre Musik im kulturwissenschaftlichen Diskurs (Beiträge zur Popularmusikforschung 25/26), Karben, S.123-139.

Langenbach, Christof (1994): Musikverhalten und Persönlichkeit 16-18jähriger Schüler, Frankfurt a.M.

Oerter, Rolf & Bruhn, Herbert (1998): Musizieren, in: Bruhn, Herbert u.a. (Hrsg.): Musikwissenschaft. Ein Grundkurs, Reinbek bei Hamburg, S.330-348.

Pape, Winfried & Pickert, Dietmar (1999): Amateurmusiker: Von der klassischen bis zur populären Musik. Perspektiven musikalischer Sozialisation, Frankfurt a.M. u.a..

Pitts, Stephanie E. & Davidson, Jane W. & McPherson, Gary E. (2000): Models of Success and Failure in Instrumental Learning: Case Studies of Young Players in the First Months of Learning, in: Bulletin of the Council for Research in Music Education, 146, S.51-69.

Postl, Gertrude (1991): Weibliches Sprechen. Feministische Entwürfe zu Sprache und Geschlecht, Wien.

Scheuer, Walter (1988): Zwischen Tradition und Trend. Die Einstellung Jugendlicher zum Instrumentalspiel. Eine empirische Untersuchung, Mainz u.a.

Schlicht, Ursel (2000): "It´s gotta be music first" – Zur Bedeutung, Rezeption und Arbeitssituation von JazzmusikerInnen, Karben.

Sobottke, Volker (1993): Der Körper im Instrumentalunterricht. Versuch einer Bedeutung, in: Richter, Christoph (Hrsg.): Instrumental- und Vokalpädagogik 1: Grundlagen (Handbuch der Musikpädagogik 2), Kassel u.a., S.133-144.

Sonderegger, Helmut (1996): Beweggründe für den "Lernabbruch" an Musikschulen. Eine empirische Studie über den Instrumentalunterricht in Vorarlberg, Anif/Salzburg.

Strauss, Anselm L. (1998): Grundlagen qualitativer Forschung. Datenanalyse und Theoriebildung in der empirischen soziologischen Forschung, 2. Aufl., München.

Stroh, Wolfgang Martin (1987): Musikpädagogische Anregungen aus der "workshop-Szene"? in: Kleinen, Günter (Hrsg.): Außerschulische Musikerziehung (Musikpädagogische Forschung 8), Laaber, S.147-162.

Strzoda, Christiane & Zinnecker, Jürgen (1998): Interessen, Hobbies und deren institutioneller Kontext, in: Zinnecker u.a. (Hrsg.), Kindheit in Deutschland. Aktueller Survey über Kinder und ihre Eltern, Weinheim u. München (Kindheiten 8), 2. Aufl., S.41-79.

Switlick, Bettina & Bullerjahn, Claudia (1999): Ursachen und Konsequenzen des Abbruchs von Instrumentalunterricht. Eine quantitative und qualitative Umfrage bei Studierenden der Universität Hildesheim, in: Knolle, Niels (Hrsg.): Musikpädagogik vor neuen Forschungsaufgaben (Musikpädagogische Forschung 20), Essen, S.167-195.

Volke, Eva & Niketta, Reiner (1994): Rock und Pop in Deutschland. Ein Handbuch für öffentliche Einrichtungen und andere Interessierte, Essen.

Zinnecker, Jürgen (1987): Jugendkultur 1940-1987, Opladen.

JUTTA MÖHLE

Entwicklungsbegleitung durch Instrumentalunterricht bei Grundschulkindern mit chronischer Erkrankung – Eine Studie am Fallbeispiel

Einleitung

Die instrumentalpädagogische Arbeit mit einem chronisch kranken Kind, die hier exemplarisch in einer Studie am Fallbeispiel vorgestellt wird, bietet viele Ansatzpunkte, das Beziehungsgeflecht zwischen Mensch und Musik vor einen theoretischen Hintergrund zu stellen. Angesprochen sind hier im Wesentlichen drei ausgewählte Wissensbereiche: Instrumentalpädagogik, Sozialpädagogik und Sonderpädagogik. Zu deren Aufgaben seien folgende, sehr zusammengefasste Einordnungen gegeben:

- Instrumentalpädagogik vermittelt Spielfertigkeit auf einem Instrument, musiktheoretische Kenntnisse, ermöglicht musikalische Erlebnisfähigkeit und Persönlichkeitsentwicklung (vgl. Verband deutscher Musikschulen [VdM] 1991).

- Sozialpädagogik unterstützt Menschen darin, Balance zwischen eigenen Fähigkeiten und Bedürfnissen und Umweltanforderungen zu finden und sie zu einer selbständigen und verantwortungsvollen Lebensgestaltung zu befähigen. Sie stellt keine eigenständige Wissenschaftsdisziplin im engeren Sinne dar, sondern integriert das Wissen anderer Bereiche wie Sonderpädagogik, Psychologie, Sozialmedizin, Musiktherapie u.a. in ihre anwendungsorientierten Konzeptionen (vgl. Bock 1997).

- Sonderpädagogik bedeutet qualitatives Anders und quantitatives Mehr an Erziehung (vgl. H. Bach 1999). Sie unterstützt Erziehungs- und Bildungsprozesse von Menschen, die mit erschwerten Bedingungen konfrontiert sind.

Aus diesen fachlichen Zugängen, der praktischen und theoretisch reflektierten Arbeit mit Menschen mit chronischer Krankheit und der eigenen Unterrichtspraxis erwuchs das im Folgenden beschriebene Erkenntnisinteresse.

Jutta Möhle

Erkenntnisinteresse und musikpädagogische Fragestellung

Das Erkenntnisinteresse der Studie „Entwicklungsbegleitung durch Instrumentalunterricht bei Grundschulkindern mit chronischer Erkrankung" liegt darin, Möglichkeiten der Entwicklung des Selbstkonzepts bei Grundschulkindern mit chronischer Erkrankung in Verbindung mit der musikalisch-instrumentalen Entwicklung anhand einer Fallanalyse zu untersuchen.

Die empirische Grundlage der Untersuchung bildet die musikpädagogische Arbeit mit einem 6-jährigen chronisch kranken Kind. Das Kind erhielt über den Zeitraum von einem Schuljahr an einer Musikschule im Land Brandenburg instrumentalen Einzelunterricht auf der Querflöte. Während dieser Zeitspanne entstanden Protokolle zum Unterrichtsverlauf und zur Entwicklung des Kindes. Ergänzt werden diese durch weitere Erhebungen wie z.B. Interviews mit dem Kind, mit seiner Mutter sowie einer Musikschullehrkraft und Analysen von Kinderzeichnungen. Auf Basis der exemplarischen Erkenntnisse der Einzelfallstudie werden fachübergreifende Leitlinien für die Arbeit mit Kindern mit chronischer Krankheit im Instrumentalunterricht entworfen, deren Hauptaugenmerk auf der Entwicklungsbegleitung bei der Ausformung des Selbstkonzepts und der musikalisch-instrumentalen Entwicklung liegt. Im Sinne des Erkenntnisinteresses werden über den musikpädagogischen Wissensbereich hinausgehend, interdisziplinär die Bereiche der Psychologie sowie Sozial- und Sonderpädagogik einbezogen.

Aus musikpädagogischer Perspektive ergeben sich dabei zwei Fragestellungen:

- Kann ein auf die Bedürfnisse eines Grundschulkindes mit chronischer Erkrankung abgestimmter Instrumentalunterricht ein wichtiger Einflussfaktor auf dem Wege der Entwicklung seines Selbstkonzepts sein?
- Welche Konsequenzen ergeben sich daraus für die Konzeption des musikalischen Einzelunterrichts mit chronisch kranken Kindern?

Aufbau der Forschungsarbeit

Zu Beginn der Forschungsarbeit wird das theoretische Vorverständnis der musikpädagogischen Arbeit mit chronisch kranken Kindern dargelegt. Dieses stützt sich auf Literaturrecherchen des im Folgenden referierten aktuellen Forschungsstands. Relevante Erhebungen und pädagogische Modelle werden vergleichend und kritisch erörtert.

Anschließend werden das empirische Forschungsvorgehen und die Forschungsmethoden der Fallstudie erläutert.

Darauf aufbauend wird dargelegt, welche der anhand der Fallstudie gewonnenen Erkenntnisse für eine Konzeption von Instrumentalunterricht für Kinder mit gesundheitlichen Einschränkungen genutzt werden können. Dabei werden die Ergebnisse der theoretischen Analysen des ersten Teils der Arbeit herangezogen und weiterentwickelt. U.a. in Auseinandersetzung mit dem Lehrplan des Verbandes deutscher Musikschulen (vgl. VdM 1991) werden fachübergreifende Leitlinien für den Instrumentalunterricht mit chronisch kranken Kindern entwickelt.

Aktueller Forschungsstand

Die Analyse des Forschungsstandes trägt der fachlichen Heterogenität des Erkenntnisinteresses und der musikpädagogischen Fragestellung Rechnung. Im Wesentlichen bezieht sie sich auf zwei Themengebiete. Zunächst wird der Forschungsstand zur Selbstkonzepttheorie allgemein und unter Berücksichtigung der Aspekte Musik und Krankheit zusammengetragen. Im Anschluss werden Untersuchungen zu methodisch-didaktischen Ansätzen im Musik- und Instrumentalunterricht für Kinder mit Behinderung vorgestellt, die von einer Darstellung theoretischer Positionen zum Verständnis von Behinderung und chronischer Krankheit eingeleitet werden.

1. Selbstkonzepttheorie

Das Selbstkonzept beruht auf den - sich bereits in der Kindheit entwickelnden - subjektiven Vorstellungen des Kindes über sein Selbst, d.h. seine Identität (vgl. hierzu Oerter 2002, 210 ff.). Die Vorstellung eines Selbst existiert dabei nie als isoliertes Phänomen, sondern ist immer an einen sozialen Kontext und an Vergleiche gebunden. Marsh et al. (1998) belegten die frühe Ausformung eines differenzierten Selbstkonzepts und konnten dessen Festigung im Verlaufe von drei Jahren zeigen. Sie beziehen sich auf das von Shavelson et al. (1976) entwickelte Modell eines multidimensional und hierarchisch aufgebauten Selbstkonzepts. Vispoel (1995) ergänzte diese Unterteilung um den künstlerischen Bereich und bezog sich dabei in der Teilkategorie Musik auf die Fähigkeitsbereiche des Instrumentalspiels oder Singens. Spychiger (vgl.

2006, 14 f.) verweist auf die überwiegende Sichtweise auf professionelle Musiker[1] oder aktiv musizierende Menschen in der Forschung. Sie konstatiert aber mit Hinweis auf die Untersuchung musikalischer Biografien von Nicht-Musikern von Wysser et al. (2005), dass der Selbstkonzeptbereich des Musikalischen bei allen Menschen existiert (vgl. Spychiger 2007).

Das Selbstkonzept umfasst nach Shavelson et al. (1976) auch die physische, soziale und emotionale Subdimension. In der vorgestellten Studie tritt die chronische Erkrankung als möglicher Einflussfaktor auf das Selbstkonzept in Form des Krankheitskonzepts hinzu. Lohaus (1990; 1996, zit. nach Warschburger 2000, 28) geht davon aus, dass die Herausbildung von Krankheitskonzepten bei Kindern den vier Stadien der allgemeinen Entwicklung des Denkens folgt und Veränderungen unterliegt. Warschburger (vgl. 2000, 29 f.) verweist unter Angabe verschiedener Studien darauf, dass dies sowohl auf die Krankheitskonzepte als auch auf die Bewältigungsstrategien zutrifft. Warschburger (vgl. 2000, 30) konstatiert:

„Dies bedeutet, dass eine chronische Erkrankung sowohl in bestimmten Bereichen die normale Entwicklung stören, als auch gleichzeitig auf anderen Gebieten Reifungsprozesse anstoßen kann."

Ball (2004) hat in einer Erhebung die Krankheitskonzepte von 376 7-11-jährigen Grundschulkindern aus 5 Bundesländern mithilfe eines standardisierten Fragebogens erfasst. Sie stellte dabei erhebliche Unterschiede im Krankheitsverständnis fest, die u.a. in Korrelation zur Krankheitsdauer der Kinder standen.

Speck (vgl. 2003, 236) beschreibt in seiner grundlegenden theoretischen Studie aus sozialökologischer Perspektive Behinderung (und damit auch chronische Erkrankung, die Verf.[2]) als „komplex-interaktionale Genese" der interagierenden Faktoren Selbst, Schädigung und soziale Umwelt.

---

1 Die weibliche Form wird nicht explizit erwähnt, ist aber immer eingeschlossen.
2 Bleidick et al. (vgl. 1998, 15) gehen davon aus, dass Behinderung den Postzustand eines Krankheitsprozesses darstellen kann, in einer Krankheit jedoch zugleich die Behinderung liegen kann.

2. Methodisch-didaktische Ansätze der Musik- und Instrumentalpädagogik

Den Teil zu methodisch-didaktischen Ansätzen der Musik- und Instrumentalpädagogik einleitend, werden zunächst theoretische Positionen zu Behinderung und chronischer Krankheit dargestellt.

Die Weltgesundheitsorganisation (WHO) aktualisierte 1998 mit der International Classification of Functioning, Disability, and Health (ICF) ihr Konzept von Krankheit und Behinderung (Krankheitsfolgenmodell). Die Behinderung eines Menschen wird darin als in drei miteinander interagierenden Dimensionen gesehen, nämlich in der Funktionseinschränkung, den Aktivitätsmöglichkeiten und der Partizipation. Bei Fornefeld (vgl. 2002, 48) findet sich dazu folgende nach WHO (1998) zitierte, erklärende Abbildung der komplexen Zusammenhänge:

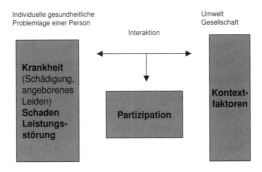

Bleidick et al. (vgl. 1998, 30) plädierten in ihrer Einführung in die Behindertenpädagogik dafür, nichtpädagogische Definitionen von Behinderung hinsichtlich ihrer pädagogischen Relevanz im konkreten Kontext von Unterricht und Schulorganisation zu betrachten. Nach Sander (vgl. 2002, 104) ist die Behinderung eines Menschen wesentlich durch außerindividuale Bedingungen beeinflusst und nicht identisch mit seiner medizinisch fassbaren Schädigung. Und so sieht Warschburger (vgl. 2000) aus psychologischer Perspektive die Fähigkeit, eine chronische Krankheit zu bewältigen, in der wechselseitigen Beeinflussung zwischen Erkrankung und sozialem Umfeld. Im Falle des Aufmerksamkeits-Defizit-Hyperaktivitäts-Syndroms lassen sich biologische und psychosoziale Ursachen in den entwicklungspsychologischen Phasen der Kindheit und Jugend ausmachen (vgl. u.a. Leuzinger-Bohleber 2006, 9-14; Hüther/Bonney 2002, 25-43).

Um Behinderung zu verstehen, ist also ein mehrperspektivischer Blick auf das Umfeld des Betroffenen und die Einbeziehung dieser Gegebenheiten in den pädagogischen Handlungsplan notwendig. Vor sozialökologischer und integrationspädagogischer Perspektive definiert daher Sander (vgl. 2002, 106):

„Behinderung liegt vor, wenn ein Mensch mit einer Schädigung oder Leistungsminderung ungenügend in sein vielschichtiges Mensch-Umfeld-System integriert wird."

Sander betont in diesem Zusammenhang die aus diesem Grunde notwendige Abwendung von einer störungszentrierten sonderpädagogischen Arbeit „am" Kind, hin zu einer integrierenden, umfeldverändernden pädagogischen Arbeit (vgl. Sander 2002, 107).

Dieses integrative Denken lässt sich auch in der Haltung des Kinderpsychiaters und -neurologen Milani Comparetti (1996) wiederfinden. Milani Comparetti plädiert für eine erfahrungsbasierte Entwicklung des Kindes, deren Grundlage der Dialog mit der Bezugsperson ist. Der Dialog entsteht im nonverbalen Wechselspiel von Zeichen des Kindes und ihrer Interpretation durch die Bezugsperson. Die Grundlage sieht Milani Comparetti in der vertieften Beziehung, die er als „Geheimnis" bezeichnet. Dabei handelt es sich um eine sprachlich nicht fassbare Ebene des Individuums, die die Identität des Individuums in der Beziehung ausmacht. Dieses Handlungsprinzip, das mit Bezug auf Säuglinge und Kleinkinder entwickelt wurde, scheint in seiner Grundhaltung auf musik- bzw. instrumentalpädagogische Einzelunterrichtssituationen mit Instrumentalschülern im frühen Grundschulalter übertragbar zu sein[3], da Musik sich durch ihre Qualitäten wie z.B. ihre Symbolkraft als „unmittelbare Erfahrung" zur Entfaltung des Denkens und der Kommunikation geradezu anbietet (vgl. hierzu Kleinen 2003, 36-37).

Nach der einleitenden Betrachtung theoretischer Konzeptionen zu Behinderung bzw. chronischer Erkrankung soll nun der Forschungsstand musikpä-

---

[3] Aus philosophischer Perspektive kann hier eine Parallele zur Begegnung bei Buber gezogen werden. Moritz stellte sich mit ihrem auf der AMPF-Jahrestagung 2006 vorgestellten Dissertationsprojekt der Frage, welche Qualitäten der pädagogischen Beziehung sich ausgehend vom *Phänomen der Begegnung zwischen Ich und Du* über einen subjektorientierten Zugang zu einem Forschungsfeld im Verlauf musikalischer Lernprozesse hinsichtlich spezifisch instrumentalpädagogischer Anforderungen beschreiben lassen.

dagogischer und speziell instrumentalpädagogischer Arbeit mit Kindern mit Behinderung oder chronischer Erkrankung ins Blickfeld gerückt werden.

Die Literatur der allgemeinen Instrumentaldidaktik erweist sich dabei als sehr heterogen. Wesentliche Impulse gingen z.b. von Schwarzenbach/Bryner-Kronjäger (1993), Ernst (1991) und Petrat (2000) aus. Die Bedeutung individualer Voraussetzungen von Instrumentalschülern wird von ihnen aus entwicklungs-, lern- und motivationspsychologischer Sichtweise in Verbindung mit dem methodisch-didaktischen Vorgehen -bei unterschiedlicher Fokussierung- betrachtet. Schwarzenbach/Bryner-Kronjäger (1993) und Ernst (1991) konturieren dabei den Beziehungsaspekt zwischen Lehrer und Schüler mit Bezug auf Rogers (1951) bzw. Tausch/Tausch (1979) stark. Die Durchführung von Instrumentalunterricht bei Kindern mit Behinderung oder chronischer Erkrankung wird bei den genannten Autoren nicht explizit thematisiert. Vielmehr wird auf die Zuständigkeit speziell geschulter Musikpädagogen oder -therapeuten verwiesen.

Wegweisende, den Aspekt von Behinderung berücksichtigende Ansätze wurden dagegen seit den 1970er Jahren vor sonderpädagogischem und musiktherapeutischem Verständnis entwickelt. Beispielsweise kann auf empirische Erhebungen von Josef (1964) und Moog (1978) zur Auswirkung selbsttätigen Musizierens behinderter Kinder auf deren Sozialverhalten verwiesen werden. Im Verständnis der sich daraus konstituierenden Pädagogischen Musiktherapie (Kemmelmeyer und Probst [Hg.] 1981) wird Musik gezielt diagnosespezifisch genutzt, um auf außermusikalische Verhaltensbereiche einzuwirken (vgl. Lumer-Heneböle 1993, 378). Maßgeblich hat hierzulande Probst (1991) die Integration behinderter und von Behinderung bedrohter Kinder in den Musikschulunterricht, insbesondere in die instrumentale Ausbildung, etabliert. Ausgangspunkt dafür, war der wissenschaftlich begleitete Modellversuch „Instrumentalspiel mit Behinderten". Der Verband deutscher Musikschulen (VdM) verweist daher heute in seinen Empfehlungen für die Arbeit mit Behinderten an Musikschulen darauf, dass sich der Instrumentalunterricht an den individuellen Möglichkeiten der Schüler orientieren soll, die sie aufgrund der unterschiedlichen Art und Schwere ihrer Behinderung mitbringen (vgl. VdM: Musik integrativ). Hier geht es um primär musikalische Ziele, die aufgrund der Einschränkungen der Schüler allerdings mithilfe unterstützender Methoden (z.B. aus der Sonderpädagogik) angestrebt werden. Klöppel (vgl. u.a. 1997) formuliert in diesem Sinne eher verhaltenstherapeutische Empfehlungen, während Pfaff (2004) und v. Bodecker (2007) exemplarisch musiktherapeutisch und heilpädagogisch orientierte Erfahrungsberichte liefern, die die Bedeutung außermusikalischer Ziele betonen. Rascher (2007) mahnt die weitere Professionalisierung in der musikpädagogischen Arbeit mit Kindern mit Behinderung und Problemkindern an Musikschulen an, die sowohl die Ausbildung der Lehrkräfte als auch die Organisationsstruktur betreffen. Sie belegt an Beispielen, wie sich durch Musikunterricht bei den Kindern Verhaltensänderungen einstellten, ohne dass ein therapeutisches Ziel verfolgt wurde.

Forschungsmethoden

Untersuchungsziel der Studie ist es, durch Analyse der während einer einjährigen musikpädagogsichen Einzelarbeit erstellten Dokumente, Erkenntnisse zur Entwicklung des Selbstkonzepts des Kindes und zur musikalisch-instrumentalen Entwicklung zu gewinnen. Auf dieser Basis werden die methodisch-didaktischen Handlungsmuster und -prinzipien dieses Einzelunterrichts erschlossen.

Die **Strukturellen Voraussetzungen** lassen sich wie folgt beschreiben: Die Forscherin, die zugleich Querflötenlehrerin des im Mittelpunkt stehenden Mädchens ist, befindet sich während der Erhebung permanent in einer Doppelrolle. Es handelt sich um eine Form teilnehmender Beobachtung. Dieser Rollenkonflikt wurde durch regelmäßige Supervision aufgefangen. Daraus erwuchs die Möglichkeit, Prozesse aus einer objektivierten Forschungsperspektive zu betrachten. Der Erhebungszeitraum währte von den Vorkontakten, über den Unterrichtszeitraum im Fach Querflöte bis hin zu Nachkontakten (von Dezember 2003 bis Juni 2006).

Im Mittelpunkt stand die Entwicklung der jungen Grundschülerin Lena (6-9 Jahre) im Verlauf des sich über ein Schuljahr erstreckenden Einzel-Unterrichtsprozesses. Die Lehrkraft wurde im Vorfeld von den Eltern über den Verdacht einer ADHS-Erkrankung des Kindes informiert. Die Erkrankung wurde dann auch im Frühjahr 2004 diagnostiziert. Sie ging mit einer sekundären Angststörung einher und bewirkte bei der Schülerin starke Selbstzweifel. Die Vorinformation floss in die methodisch-didaktischen Überlegungen der Lehrerin ein.

Die Auswahl der **Untersuchungs-Methoden** war von der ethischen Haltung von Respekt gegenüber dem Kind und seiner Familie mitbestimmt, die für dieses Forschungsvorhaben der Lehrerin/Forscherin umfangreiches, sensibles Datenmaterial anvertrauten. Diese Vorentscheidung muss bei Reflexion und Kritik der Ergebnisse der verwendeten Daten Berücksichtigung finden.

Bezogen auf die Unterrichts-Beobachtungen kam nur ein kontinuierliches Protokollieren der Interaktionen in Betracht, da Tonaufzeichnungen aufgrund des ADHS und der Angststörung des Kindes nur sehr eingeschränkt möglich waren.

Die empirische Erhebung setzt sich aus mehreren Teilstudien zusammen, die unterschiedliche, nämlich prozess- oder ergebnisorientierte Zielsetzungen verfolgen:

1. Unterrichtsprotokolle

Diese Forschungsmethode mit prozessorientierter Zielsetzung stellt den Entwicklungsverlauf des Kindes kontinuierlich dar und zeichnet ein sehr differenziertes Bild. Ausgewertet werden 21 Unterrichts-Beobachtungsprotokolle aus dem Zeitraum 08/2004-06/2005.

2. Interviews mit dem Kind und Bezugspersonen

Im Zeitraum von 12/2003 bis 06/2006 wurden fokussierte Interviews mit ebenfalls prozessorientierter Zielsetzung durchgeführt. Es handelt sich um:

- 2 Interviews mit der Querflötenschülerin Lena, eines davon als Leitfadeninterview.
- Hierunter werden auch 3 Gespräche mit der Mutter, eines mit dem Großvater und ein Gespräch mit einer Musikschullehrkraft subsumiert.

3. Dokumentenanalysen

Dokumente im Sinne von Momentaufnahmen, wie: für dritte Stellen entstandene Berichte von Bezugspersonen, Zeichnungen des Kindes und Aufnahmen des Flötenspiels des Kindes.

Der Auswertungsschwerpunkt wird aufgrund des Erkenntnisinteresses auf die prozessorientierten Methoden, insbesondere auf die Unterrichts-Beobachtungsprotokolle, gelegt.

Als zentrale **Auswertungs-Methode** kommt die Qualitative Inhaltsanalyse in Betracht. Aus den Inhalten des Erkenntnisinteresses wurden im Sinne der Deduktiven Kategorienanwendung (vgl. Mayring 1993; 2000, [13]) vier Strukturierungsschwerpunkte gewonnen:

- Selbstkonzept

- musikalisch–instrumentale Entwicklung
- Lehrer-Schüler-Beziehung/Handlungsmuster
- besondere Ereignisse

Mayring (vgl. 1993, 110) fordert, bei der Betrachtung von Leistungen und Grenzen Qualitativer Inhaltsanalyse, ihre Anwendung mit anderen Techniken der Datenerhebung und -aufbereitung zu verknüpfen und sie damit in den übergeordneten Untersuchungsplan zu integrieren. Hier rückt die Analyse und Interpretation der durch die Forscherin mit ergebnisorientiert bezeichneten Methoden ins Blickfeld. Durch die Vielfalt der Methoden werden im Rahmen der Auswertung möglichst verschiedene Sichtweisen im Sinne der Triangulation aufgezeigt. Zur Verbreiterung der Perspektiven werden die Untersuchungs-Methoden durch die Einbeziehung der Interpretationen ausgewählter Dokumente durch andere Personen mit unterschiedlichem professionellem Hintergrund (Lehramtsstudierende Musik, Sozialpädagoge) ergänzt.

Die Ergebnisse der prozess- und ergebnisorientierten Teiluntersuchungen werden anschließend zueinander ins Verhältnis gesetzt, so dass der Entwicklungsweg eines Kindes mit chronischer Erkrankung im Instrumentalunterricht analysiert werden kann. Dadurch wird deutlich, welche Wechselwirkungen sich zwischen den musikalischen und außermusikalischen Zielbereichen ergeben. Die Bedingungen, unter denen es zu Veränderungen kommt, werden herausgearbeitet.

Erkenntnisse aus der Fallstudie

Das vorgestellte Promotionsprojekt ist noch nicht abgeschlossen. Es können aber schon Erkenntnisse aus der Fallstudie präsentiert werden, die auf Grundlage des theoretischen ersten Teils und aus prägnanten Situationen der Fallgeschichte der Lena gewonnen wurden.

1. Zum Kind Lena

Die Motive zum Instrumentalspiel entstammen der Lebenswelt des Kindes Lena. Sowohl ihr Großvater als auch ihre Mutter haben als Kinder in begrenztem Umfang Instrumente erlernt. Seit früher Kindheit hörte sie mit Begeisterung Musik und Musikgeschichten (Peter und der Wolf, Die Zauberflöte u.ä.). An ihrer Grundschule nahm sie mit Freude und Erfolg an der Blockflöten-AG teil und besuchte über ein Jahr hinweg an der örtlichen Musikschule den Instrumentenfindungskurs „Instrumentenkarussell". Resümierend lässt sich sagen, dass Musik und später das Musizieren auf Instrumenten schon immer ein ihr wichtiger Teil ihres Lebens waren.

Lena befindet sich in der konkret-operationalen Entwicklungsphase, womit Anschaulichkeit, Erlebbarkeit und erfolgreichem Ausprobieren eine hohe Bedeutung zukommen (z.b. in der Einübung von accelerando und ritardando bei der Vorstellung der Fahrt mit einer Dampflokomotive). Nach Eriksons Entwicklungsmodell stellt sie sich im Instrumentalunterricht der Entwicklungsaufgabe des „Werksinns" (vgl. hierzu auch Schwarzenbach/Bryner-Kronjäger 1993). Diese Aufgabe erfolgreich zu bewältigen, stellt Kinder vor sehr unterschiedliche Herausforderungen. Eine chronische Krankheit - wie Lenas ADHS und ihre Angststörung - sind dabei Einflussfaktoren, die sich in manchen Unterrichtssituationen sowohl als hinderlich, als auch als förderlich für die musikalisch-instrumentale Entwicklung und die Entwicklung des Selbstkonzepts erweisen können. So ist es für die Lehrerin schwierig, Lena in den ersten drei Unterrichtsstunden, in denen die Mutter mit anwesend ist, auf der Beziehungsebene zu erreichen. Lena verhält sich in diesen Stunden zurückhaltend, ängstlich, passiv und ist sehr wortkarg. Die Anfangsübungen auf der Querflöte (z.B. Anblasen des Kopfes) gelingen ihr aber sehr gut.

Trotz Entspannungsphasen zwischen den Übungen wirkt sie auf die Lehrerin vorzeitig erschöpft und unkonzentriert, was sich auf das Realisieren der instrumentalen Aufgaben niederschlägt. Als förderlich auf dem Wege der musikalisch-instrumentalen Entwicklung erweist sich jedoch immer wieder ihre Kreativität, durch die sie sich Freiräume schafft. Beispielsweise improvisiert sie gerne auf den schon erlernten Tönen Melodien und erfindet Spiele, in denen die Flöte immer eine Funktion übernimmt. Ein Beispiel hierfür ist ein Wahrnehmungsspiel, bei dem eine Person die Position des Flötenspielers im Klassenraum mit verbundenen Augen orten und zudem den gespielten Ton oder das Intervall auf der Flöte nachspielen soll.

Am Beispiel Lenas zeigt sich, dass nach Phasen von inkonsistenter Leistung in Bezug auf instrumentale Fertigkeiten immer wieder Steigerungsfähigkeit möglich ist. Ihre Leistungen stehen dann hinter Leistungen gleichaltriger Anfänger nicht zurück. Sie zeigt eine rasche Auffassungsgabe und setzt Erlerntes mit guten Ergebnissen um. Sie ist jedoch nicht immer in der Lage, bereits Erübtes ausreichend gut zu präsentieren. Sie scheint, aus Sicht der Lehrerin, beiläufig zu begreifen und adäquat umzusetzen. Jedoch nimmt sie sehr Vieles gleichzeitig wahr (z.B. das Bild an der Wand, den vorbeifliegenden

Vogel, den wichtigen Gedanken, den sie ja unbedingt mitteilen wollte) und kann sich infolgedessen nur schwer ausschließlich einer Sache widmen. Oft braucht es Zeit, bis sie sich in diesem ‚Chaos' orientieren und sich der entsprechenden musikalisch-instrumentalen Aufgabe zuwenden kann.

2. Zur Basis der Handlungsmuster und -prinzipien der Lehrkraft

2.1 Die sozial-emotionale Komponente des Unterrichts

Die sozial-emotionale Komponente des Unterrichts, die sich in der Lehrer-Schüler-Beziehung manifestiert, ist grundlegende Voraussetzung für die Vermittlung von Wissen und instrumentalen Fertigkeiten im frühen Grundschulalter. Voraussetzung dafür, dass sich die Schülerin mit dem Instrumentalspiel und -klang der Lehrerin identifiziert, sind die Offenheit und Unvoreingenommenheit der Lehrerin gegenüber dem Kind.

Es handelt sich um eine Schlüsselsituation, wenn die Lehrerin dem Kind auf dem Instrument vorspielt. Hierdurch wird durch die Lehrkraft ein erster qualitativer künstlerischer Maßstab gesetzt, an dem sich das Kind orientiert. Das bedeutet, dass zum Beziehungsangebot im Instrumentalunterricht unbedingt die künstlerische und fachdidaktische Kompetenz der Lehrkraft treten muss.

Indem die Lehrerin Lena auf dem Instrument probieren lässt, zeigt sie ihr, dass sie ihr die Fähigkeit, mit dem Instrument umzugehen und das Spiel auf ihm zu erlernen, zutraut. Das setzt vonseiten der Lehrkraft die Fähigkeit voraus, auf Entwicklungspotentiale und Lernfähigkeit von Menschen zu vertrauen, diese zu erkennen und Unterstützung bei ihrer Entfaltung zu geben. Um Lena in ihrem Instrumentenwunsch zu bestärken, lässt sie sie im Flötenunterricht einer ihrer jungen Schülerinnen (Lara, 9 Jahre) hospitieren. Der Umgang der Lehrerin mit Lara in der Hospitationsstunde weckt bei Lena die Phantasie und den Ehrgeiz, einmal ebenso spielen zu können wie die Lehrerin bzw. zunächst wie die Schülerin. Die Schülerin Lara berichtet von ihren Anfängen auf der Querflöte und lässt Lena den Flötenkopf anblasen. Sie spielt Lena eines ihrer Lieblingsstücke vor und ermutigt sie, das Flötenspiel zu erlernen („Zuerst denkt man: Das bekomme ich nie hin! Aber mit der Zeit und der Übung wird das dann. Und eigentlich ging es dann doch recht schnell. Ich habe jetzt seit ungefähr einem Jahr Querflötenunterricht gehabt. Das schaffst du auch, du kannst ja schon den Kopf anblasen.")

Auf die Hospitation von Lena hatte die Lehrerin Lara vorbereitet. Sie schilderte ihr Lenas Wunsch, Flöte zu lernen und berichtete ihr von deren erfolgreichen Anblasversuchen. Sie bat Lara, Lena in der Hospitationsstunde auf dem Kopf probieren zu lassen. Sie besprach mit ihr, welche Hinweise sie Lena geben könnte und signalisierte, dass sie als Hilfe jederzeit dabei zur Seite stände. Die Lehrerin beabsichtigte mit ihrem Handeln eine gegenseitige Kompetenzbestärkung bei Lena und Lara. Lara schien die Rolle der Lehrerin zu gefallen; gleichzeitig konnte sie eigene Fähigkeiten zeigen und ihre „Flötengeschichte" reflektieren. Lena konnte ihr „Anblasen" präsentieren und wurde mit dieser Hospitation quasi schon in der Flötenklasse der Lehrerin durch Lara willkommen geheißen.

2.2 Motive des Instrumentalspiels sowie Lebenswelt und -situation des Kindes

Ausgehend von den Motiven des Instrumentalspiels, die auch der Lebenswelt des Kindes entstammten und in den musikalisch-instrumentalen Lernprozess einbezogen wurden, konnten - auf Basis der positiven Lehrer-Schüler-Beziehung - Resultate in Form von instrumentaler Performanz, musikbezogenen Wissens und Erleben eigener Fähigkeit erzielt werden.

Die Lebenswelt umfasst den gesamten Erfahrungshorizont, zu dem beispielsweise der schulische und familiäre Alltag, aber auch Lenas Auseinandersetzung mit ihrer ADHS-Erkrankung mit sekundärer Angststörung gehört. Die Auseinandersetzung mit der Krankheit reicht dabei bis in den Instrumentalunterricht hinein und spiegelt sich in ihrem Selbstkonzept wider (z.B. in ihrem Ärger über die Konzentrationsschwierigkeit beim Durchspielen eines Stücks; im Einbeziehen der Erkrankung in Spielszenen mit Flötenspiel). Lehrer-Schüler-Beziehung und Lebenswelt des Kindes bilden die Basis für die Aufrechterhaltung seiner Motivation. Sie stellen im Unterrichtsprozess Kontinuitätsfaktoren dar, die zur Ausformung des musikalischen Selbstkonzepts des Kindes beitragen. Fast nebenbei wird dabei das Musizieren im Flötenunterricht zu einem positiv konnotierten Kontinuitätsfaktor, der als Gegenentwurf - zum von Lena als negativ besetzt empfundenen Kontinuitätsfaktor des ADHS - interpretiert werden kann.

2.3 Individualität und Beziehung

Die Lehrerin akzeptiert ihre Schülerin in ihrer Individualität, die auch durch deren Erkrankung geprägt wird, vor dem Hintergrund ihrer sozialpädagogischen Kompetenz. Sie sieht Lenas ADHS nur als eine Einflussgröße neben vielen anderen, die für das Kind sowohl positive als auch negative Facetten birgt.

So gelingt es Lena, über phantasievolle Spielerfindungen, über das Erzählen ihres Alltags eine gemeinsame Geschichte entstehen zu lassen. Die Lehrerin lässt sich darin einbinden, steuert dazu ihren eigenen Anteil - das ‚Geheimnis' des Flötespielens - bei, das sie Lena vermittelt und an dem sie sie damit teilhaben lässt. Der Begriff des ‚Geheimnisses' geht, wie eingangs erwähnt, auf Milani Comparetti (1996) zurück und meint im Wesentlichen das empathische Verstehen und Beantworten basaler Lebensäußerungen und Regungen des Säuglings bzw. Kleinkinds durch eine Bezugsperson. Das ‚Geheimnis' ist sowohl etwas Unausgesprochenes und Individuelles der Interaktionspartner, als auch der Ort der Abgrenzung und der Gemeinsamkeit. Diese Kommunikationsprozesse laufen auf prä- und nonverbaler Ebene ab und vermitteln sich u.a. über Mimik und Gestik, aber auch über die Bedeutungen von Musik und ihrer Zeichen. Der Lehrerin gelingt es, auf dieser Basis zu Lena eine gemeinsame Ebene herzustellen und auf diese Weise mit ihr eine unausgesprochene Bedeutung ihres Flötenspiels zu finden. Dieses Vorgehen erweist sich im Falle Lenas, die unter ihrer ADHS-Symptomatik litt, als Voraussetzung, um ihre Motivation aufrechtzuerhalten. Das Dialogmodell Milani Comparettis mit seinem Wechselspiel von Vorschlag und Gegenvorschlag scheint damit auch als ein Handlungsprinzip in Einzelunterrichtssituationen im Instrumentalunterricht mit dem Kind Lena denkbar. Dieser Dialog umfasst hierbei sowohl den instrumentalen Lernprozess als auch das gegenseitige Akzeptieren von Individualität und Andersartigkeit. Die Offenheit des Dialogs wird allerdings durch die nicht völlig negierbare Rollensituation im Unterricht begrenzt. Die erklingende, selbst gespielte Musik kann als hinzutretende dritte Kraft interpretiert werden. Sie wirkt objektivierend aufgrund ähnlicher ästhetischer Maßstäbe beider Dialogpartner. Verkürzt: Schülerin und Lehrerin hören, ob das Lied „richtig" gespielt war. Sie können auf der Basis dieser Wahrnehmung den Dialog fortsetzen. Das Musizieren auf der Querflöte stellt in diesem Wahrnehmungsprozess eine Verbindung zwischen Lena und ihrer Lehrerin her. Der Dialog in der pädagogischen Beziehung nimmt also durch die Wahrnehmung eigener instrumentaler Fertigkeit triadische Gestalt an, die auch als ein unlösbares Beziehungsgeflecht zwischen Musik und Mensch betrachtet werden kann.

Indem Lena sich auf diesem Wege flötistische Fertigkeiten aneignet, stärkt sie damit nicht nur die eigenen Fähigkeiten, sondern - in Abhängigkeit vom Erfolg - auch ihr Vertrauen in diese. Die Lehrerin gibt ihr in diesem Prozess die Möglichkeit, sich ihr auf dem Wege des Lernprozesses ähnlich zu fühlen, indem sie das ‚Geheimnis' schrittweise lüftet und Gelungenes lobt. Lena wird hierbei zu einer ‚Wissenden'; dieses Wissen und Können hebt sie positiv von anderen Kindern ab. Durch diesen intrasubjektiven Vergleich wird ihr musikalisches Selbstkonzept positiv beeinflusst. Das zeigt sich darin, dass sie sich offenbar als kompetent erlebt und dies auch durch ihre instrumentale Performanz sowie verbal ausdrückt.

Das zuvor ausgeführte Beziehungsangebot der Lehrerin an die Schülerin orientiert sich grundlegend am klientenzentrierten Ansatz C.R. Rogers (bedingungslose Akzeptanz, Empathie, Echtheit):

- (AKZEPTANZ) Sie nimmt die Schülerin in ihrer Art wahr, akzeptiert sie, wie sie ist. Sie weiß um ihre Vorlieben, Schwierigkeiten und Konflikte. Sie weiß vor allem um das negative Selbstkonzept der Schülerin, äußert, wo nur möglich adäquate Anerkennung ihrer Leistungen. Das bedeutet, dass Erfolge auch immer besonders wertgeschätzt werden und an der Akzeptanz und der Bearbeitung von noch nicht Gelungenem gemeinsam gearbeitet wird.

- (EMPATHIE, ECHTHEIT) Sie arbeitet mit ihr anhand altersadäquater Querflötenschulen (Metzger/Papenberg 1999, Schmitt 1997) und in dem Wissen um ihr ADHS gemeinsam daran, ihr erste instrumentale Fertigkeiten auf der Querflöte und musikalische Grundlagen auf Unterstufenniveau zu vermitteln. Dabei gilt seitens der Lehrerin immer der Maßstab, sich in der Interaktion ‚echt' zu verhalten. Manchmal bedeutet dies einfach, einen sehr stringenten Unterricht durchzuführen (also beispielsweise auf die in ein Spiel eingebettete Erarbeitung einer technischen Problematik wie den c''-d''-Wechsel zu bestehen und dann mit einem Pausenspiel zu belohnen). Es bedeutet auch, dem Kind etwas zuzutrauen und auch zuzumuten, ihm das Gefühl zu vermitteln, dass es sich verbessert hat, „etwas kann". Die Lehrerin muss im Arbeitsprozess mit dem Kind jedoch auch seine aktuellen Grenzen, die durch sein ADHS immer wieder zutage treten, berücksichtigen und Enttäuschung und Wut adäquat auffangen. Dazu gehört es aber auch, Grenzen zu setzen, d.h. Lena auf das Abschweifen von der musikalischen Arbeit oder ausgeprägt provokantes Verhalten konsequent, aber durchgehend empathisch, hinzuweisen.

Grundsätze für das konkrete Unterrichtshandeln sind Selbstbestimmung bzw. Autonomie des Kindes und das adäquate Reagieren in der Interaktion. Dies gestaltet sich exemplarisch beschrieben wie folgt:

- (SELBSTBESTIMMUNG/AUTONOMIE) Die Lehrerin lässt Lena die Möglichkeit, den Fortgang des Unterricht mitzugestalten, auch einmal ein einen ‚Umweg' zu gehen ohne das Lernziel aus dem Auge zu verlieren. Der ‚Umweg' kann, wenn er von der Lehrerin begleitet und mitgestaltet wird, zu fruchtbaren Ergebnissen im Instrumentalspiel führen (z.b. spiegelt der Bericht Lenas über ihre Erfahrungen mit Übemethoden beim ‚Unterrichten' ihrer Freundin auf der Blockflöte ihre Reflexion des eigenen Übeprozesses wider).

- (INTERAKTION) Sie nimmt die musikalischen Interessen und den Geschmack der Schülerin wahr, geht auf Wünsche der Unterrichtsgestaltung ein (gemeint ist beispielsweise der Stundenverlauf in der Artikulation abwechselnder musikalisch-instrumentaler Arbeit - Pausenspiel). Das bedeutet nicht, dass Lena Verantwortung für den Unterrichtsprozess übernimmt. Es bedeutet aber wohl, dass die Beziehung zwischen Lehrerin und Schülerin in der Interaktion immer wieder aktualisiert wird, indem erstes Zusammenspiel erprobt wird, aber auch der Fortgang des Unterrichts und die Lerninhalte diskutiert werden.

Ergebnisse in Bezug auf die musikpädagogischen Fragestellungen

1. Einflüsse auf die Entwicklung des Selbstkonzepts

Antwort auf die Frage, ob ein auf die Bedürfnisse eines Grundschulkindes mit chronischer Erkrankung abgestimmter Instrumentalunterricht ein wichtiger Einflussfaktor auf dem Wege der Entwicklung seines Selbstkonzepts sein kann, lassen sich aus den bereits vorliegenden Erkenntnissen aus der Fallstudie klar ableiten. Bezogen auf das musikalische Selbstkonzept des Kindes ist eine deutlich positive Entwicklung durch den Instrumentalunterricht zu verzeichnen.

In Bezug auf die Auswirkungen auf das allgemeine Selbstkonzept kann dagegen zum derzeitigen Stand der Auswertung noch keine Aussage getroffen werden. Es sei jedoch festgestellt, dass ein positives musikalisches Selbstkonzept für ein Kind, das aufgrund seiner chronischen Erkrankung unter einem negativen Selbstbild leidet, sicher keine Alternative zu einem positiven allgemeinen Selbstkonzept bietet, aber eine positive Möglichkeit aufzeigt.

2. *Ableitung von vorläufigen fachübergreifenden Leitlinien für den Instrumentalunterricht mit chronisch kranken Kindern*

Ziel der Untersuchung ist es, ausgehend vom Einzelfall, fachübergreifende Leitlinien für die instrumentalpädagogische Arbeit mit Grundschulkindern mit chronischer Erkrankung zu erstellen, die als Entwicklungsbegleitung zu verstehen sind.

‚Fachübergreifend' bezieht sich dabei sowohl auf das Instrumentalfach als auch auf die Interdisziplinarität der Betrachtung der unterschiedlichen fachlichen Perspektiven. Um die instrumentalpädagogische Arbeit mit diesen Kindern zum Erfolg zu führen, bedarf es, wie die Ergebnisse der empirischen Untersuchung zeigen, einer angemessenen Berücksichtigung dieser Perspektiven. Die Durchführung des Unterrichts wird sich dabei immer an den Voraussetzungen des Individuums und der Situation orientieren müssen. In den Leitlinien wird daher weitgehend auf fachspezifische instrumentalpädagogische methodische und didaktische Darstellungen verzichtet und stattdessen auf Schriften von Ernst (1991), Schwarzenbach/Bryner-Kronjäger (1993) und auch Petrat (2000) verwiesen.

Die Leitlinien verweisen dagegen unter Bezugnahme auf das theoretische Vorverständnis und die Erkenntnisse der empirischen Fallstudie in grundlegenden Aspekten darauf, dass

- die musikalischen (überwiegend kognitiven) und außermusikalischen (zumeist sozial-emotionalen) Anteile des Unterrichts sich einander bedingen und in ihrer individuellen Kombination ein Garant für den Unterrichtserfolg sind,

- die unspezifischen Wirkungen (z.B. verbesserte kommunikative Fähigkeiten, Auseinandersetzung mit Erkrankung über das Instrumentalspiel) im Instrumentalunterricht mit zu beabsichtigen sind,

- der Leistungsgedanke bei Kindern mit chronischer Erkrankung unter anderen Vorzeichen, auf anderen Wegen, immer mit zu berücksichtigen ist, um den Aufbau eines positiven Selbstkonzepts zu unterstützen. Das bedeutet auch Leistung zu fordern und angemessen zu fördern, da sich das Kompetenzgefühl des Kindes daran bemisst.

Aus den Perspektiven der hier vertretenen Disziplinen ergibt sich für die Leitlinien nun Folgendes:

Psychologische Perspektive

Ausgangspunkt sind das Motiv und die Motivation des Kindes. Gesundheitliche Schwierigkeiten durch chronische Erkrankung müssen, wie andere individuale Gegebenheiten auch, adäquat im psychosozialen Kontext des Kindes berücksichtigt werden. Chronische Erkrankung ist sowohl als mögliches Hemmnis, als auch als Chance zu betrachten. Die genannten Aspekte nehmen Einfluss auf die Ausformung des Selbstkonzepts des Kindes.

Sozialpädagogische und musikpädagogische Perspektive

Mit musikpädagogischem und sozialpädagogischem Zugang kann vor allem das musikalische Selbstkonzept beeinflusst werden. Einbeziehen von Rollenspielen in den instrumental-musikalischen Vermittlungsprozess - quasi ein Hineinholen der Lebenswelt in den Unterricht - ermöglicht, dass eine Verbindung zwischen Instrument und Lebenswelt entsteht. Grundlage ist eine entwickelte Lehrer-Schüler-Beziehung. Das Instrument wird in diesem Prozess ebenso wie die Lehrkraft, mit der das Instrument assoziiert ist, bedeutender Teil der Lebenswelt, mit der sich das Kind identifizieren kann. So bietet sich dem Kind eine Möglichkeit, eigene Kompetenz (oder stellvertretend die der Lehrkraft) im Dienst seines Selbstkonzepts spielerisch zu erleben.

Da die frühe Ausformung des Selbstkonzepts bei jungen Schulkindern von Marsh et al. (1998) belegt werden konnte, gilt es, diese Zeit auch für die musik-pädagogische Einflussnahme zu nutzen. Durch den erfolgreichen Lernprozess im Unterricht entstehen instrumentale Kompetenz und Performanz, es kommt zu entsprechenden Rückmeldungen von Bezugspersonen und zum Vergleich mit Peers. Um dies zu bewirken, sind künstlerische Kompetenz und methodisch-didaktische Fähigkeiten der Lehrkraft in ihrem Instrumentalfach, aber auch in der allgemeinen Pädagogik und auch der Sozial- bzw. Sonderpädagogik vonnöten. Die Begegnung des Grundschülers mit der Lehrperson - die Lehrer-Schüler-Beziehung - hat konkrete Auswirkungen auf den Prozess der Wissensaneignung, hier das Instrumentalspiel. Hierbei spielen Unterrichtsgestaltung und eben die Art des Begleitens des Schülers im Lernprozess eine entscheidende Rolle, die zur Förderung oder Beeinträchtigung des Lernens führen kann (vgl. hierzu Tausch/Tausch 1979).

Sonderpädagogische und resultierend integrative Perspektive

Ein Kind im Grundschulalter ist aufgrund seines Entwicklungsstandes zur Ausformung seiner Persönlichkeit unbedingt darauf angewiesen, von Bezugspersonen, also auch Lehrpersonen angemessene Rückmeldungen zu erfahren. Dies trifft in besonderem Maße auch auf Kinder zu, die sich mit ihrer chronischen Krankheit oder Behinderung auseinandersetzen müssen. Das bedeutet aber auch, dass z.b. manche technische „Fingerübung" mit dem Kind intensiver, von Seiten der Lehrkraft mit mehr Engagement und Geduld erarbeitet wird als mit anderen Kindern. Es sei jedoch unterstrichen, dass alle Instrumentalschüler individuelle, in den verschiedenen Fähigkeitsbereichen (Fingertechnik, Anblastechnik, Notenlesen z.b.) verschiedenartig ausgeprägte Lerntempi haben.

Ein chronisch krankes Kind benötigt aber vor allem ein Umfeld, das es mit seinen individuellen Stärken und Schwächen und eben seinen gesundheitlichen Schwierigkeiten akzeptiert und begleitet. Für Einzelinstrumentalunterricht bedeutet dies, zunächst auf die Motive des Kindes und auf seine entwickelbaren Fähigkeiten zu schauen. Das bedeutet nicht, Grenzen zu ignorieren, sondern mögliche Alternativen gemeinsam mit dem Kind zu suchen bzw. ein Repertoire an Möglichkeiten zur Hand zu haben. Gelingt dies, so können chronische Krankheit oder auch Behinderung zu einer relationalen Größe werden.

Im psychologischen Sinne kommt an einer Musikschule natürlich auch der Bezugsgruppeneffekt zum Tragen. So spielt mit Sicherheit die Leistungsanforderung an der einzelnen Musikschule dabei eine Rolle, ob sich ein Schüler mit ohne Erkrankung oder Behinderung, dazugehörig fühlt und ein positives Selbstkonzept (im Sinne der Untersuchung nach Marsh et al. 2005) aufbauen kann. Hier ist das verantwortungsvolle Integrieren aller Schüler in entsprechende musikschulische Kontexte gefragt. Das reicht vom überlegten Platzieren der musikalischen Beiträge der Schüler an Vortragsabenden bis zum Motivieren zum Ensemblespiel.

Fazit und Ausblick

Wenn es gelingt die dargelegten Leitlinien zu berücksichtigen, kann der Einzelinstrumentalunterricht ein idealer Ort der Integration sein, da er ein Setting bietet, das sehr individuelle musikalisch-instrumentale Bildungs- und Erziehungsprozesse vor dem Hintergrund der vertrauensvollen Lehrer-Schüler-

Beziehung ermöglichen kann, wobei selbstverständlich auch hier die Spezifika des Einzelfalls berücksichtigt werden müssen.

Die Präambel zum Lehrplanwerk und der Rahmenlehrplan Querflöte des VdM (1991) bieten hierzu einen Orientierungsrahmen, der die Individualität des Schülers und zeitliche Spielräume in den einzelnen Ausbildungsstufen von Grund- bis Oberstufe berücksichtigt. Somit kann der Instrumentalunterricht auch als ein Ort für eine positive Selbstbildung von Kindern mit chronischer Erkrankung bzw. Behinderung - die im sozialökologischen Sinne (Speck 2003) eine „komplex-interaktionale" Genese der Faktoren Selbst-Schädigung-soziale Umwelt ist - verstanden werden.

Die Integrationspädagogik (vgl. Eberwein/Knauer 2002) geht noch einen Schritt weiter. Sie fordert nicht alleine das Verstehen von Bedingungen von Behinderung, sondern fordert ein gemeinsames Lernen von Kindern mit und ohne Beeinträchtigung, um die Lern- und Entwicklungschancen beeinträchtigter Kinder durch Vorbilder anderer Kinder zu erhöhen. Hier bietet gerade der Einzelunterricht an Musikschulen, in dem die Lehrkraft die Modellfunktion hat, eine ideale Möglichkeit zu individuellem, an den Voraussetzungen des Schülers orientiertem Lernen, wobei aber, z.B. durch Klassenabende und Einbeziehen in das Ensemblespiel, der Vergleich mit anderen Schülern durchaus gegeben ist.

Das Projekt „Musik mit Behinderten", das an vielen Musikschulen kreativ, engagiert und auch durch Musikschullehrkräfte mit sonderpädagogischer Zusatzausbildung sehr fundiert umgesetzt wird, erfüllt eine wichtige Funktion für die Lebensgestaltung der Betroffenen[4]. Gleichzeitig separiert es sie aber von anderen Musikschülern, indem ihnen ein Sonderstatus zugewiesen wird. Eberwein/Knauer (2002) postulieren nachdrücklich, dass Eingliederung nicht durch Ausgliederung bewerkstelligt werden kann, da Lernen immer an positiven Beispielen erfolgt und eine homogene Gruppe beeinträchtigter Menschen von dieser Lernchance ausgeschlossen bleibt. Sie ziehen also den konsequenten Schluss, dass es nicht mehr der Unterscheidung zwischen Pädagogik und

---

4   Verwiesen sei hierzu auf die Ausführungen von Marei Rascher (vgl. 2007, 30-35) bezüglich der Notwendigkeit fachlicher Kompetenz zur Arbeit mit Behinderten und zu organisationsstrukturellen Voraussetzungen an Musikschulen. Stellvertretend sei die sehr differenzierte Konzeption des Landes Baden-Württemberg genannt (vgl. Steffan, K-H: Musizieren gehört zum Menschsein – Musikschularbeit mit Menschen mit Behinderung.).

Sonderpädagogik bedarf, wenn Nichtaussonderung, also Integration, zum Regelfall wird (vgl. 2002). Die Sonderpädagogik „muss den Versuch aufgeben, sich seines Andersseins [des behinderten Menschen, die Verfass.] theoretisch zu bemächtigen, um in normativer Absicht besser über ihn verfügen zu können" (vgl. Wimmer 1994, 121 ff., zit. nach Eberwein/Knauer 2002, 27).

Schlussfolgernd kann dies auch an Musikschulen nur gelingen, wenn sich der Blick auf das „Normale" verändert, wenn „Anderssein" als eine Möglichkeit - eben als Individualität - wahr- und ernst genommen wird. Probst (1991) hat eindrücklich die außerordentlichen Leistungen sog. Behinderter beschrieben, die z.t. in Berufskarrieren gipfelten. Hartogh und Wickel (2004) führen hier das Beispiel des Bassbaritons Thomas Quasthoff an.

Sicher sind dies Einzelfälle, aber sie verweisen auf Möglichkeiten und darauf, dass es nicht sinnvoll erscheint, ausgehend von der chronischen Erkrankung oder Behinderung auf die geeignete spezielle musikalische Förderung zu schließen. Der Blick auf das Defizit ist geeignet, Ressourcen brach liegen zu lassen.

Mit Sicherheit haben u.a. Kemmelmeyer und Probst ([Hg.] 1981) mit der Pädagogischen Musiktherapie und dem Instrumentalspiel mit Behinderten (1991) sehr verdienstvolle Meilensteine gesetzt, die es überhaupt es ermöglichten, behinderten und chronisch kranken Kinder einen Zugang zum Bildungsgut Musik zu verschaffen. Darüberhinaus ist jedoch zu fordern, resultierend aus den Forschungsergebnissen und Erfahrungen, die eindeutig belegen, dass Musizieren und Musikerleben allen Menschen in unterschiedlicher Qualität gelingen kann, im musikschulischen Kontext integrativ zu denken und zu handeln.

Literatur- und Quellennachweis

Bach, H: Grundlagen der Sonderpädagogik. Bern, Stuttgart u.a.: Haupt 1999

Ball, J: Untersuchung und Erfassung von kindlichen Krankheitskonzepten im Grundschulalter. Verfügbar über: *URL:* http://archiv.ub.uni-marburg.de/diss/z2004/0629/ *URN:* urn:nbn:de:hebis:04-z2004-0629, Zugriff am 24.02.2008

Bleidick, U; Hagemeister, U: Einführung in die Behindertenpädagogik, Bd.1: Allgemeine Theorie der Behindertenpädagogik. 6. Überarbeitete Auflage; Stuttgart u.a.: Kohlhammer 1998

Bock, T: Sozialarbeit/Sozialpädagogik. In: Fachlexikon der sozialen Arbeit hrsg. vom Deutschen Verein für öffentliche und private Fürsorge; Frankfurt/ Main: Eigenverlag 1997, 836-839

v. Bodecker, E: Ist jede Pädagogik *Heil*pädagogik? Das Therapeutische im Unterricht. In: Üben& Musizieren. Zeitschrift für Musikschule, Studium und Berufspraxis. Mainz: Schott; 24. Jg.- 2/2007, 8-12

Bruhn, H; Oerter, R; Rösing, H (Hg.): Musikpsychologie – Ein Handbuch. Reinbek b. Hamburg: Rowohlt 1993

Deutscher Verein für öffentliche und private Fürsorge: Fachlexikon der sozialen Arbeit. 4., vollständig überarbeitete Auflage. Frankfurt/Main: Eigenverlag 1997

Eberwein, H; Knauer, S (Hg.): Integrationspädagogik. 6., vollständig überarbeitete und aktualisierte Ausgabe; Weinheim und Basel: Beltz: 2002

Eberwein, H; Knauer, S: Integrationspädagogik als Ansatz zur Überwindung pädagogischer Kategorisierungen und schulischer Systeme. In: Integrationspädagogik. Hg. von H. Eberwein und S. Knauer. 6., vollständig überarbeitete und aktualisierte Ausgabe; Weinheim und Basel: Beltz: 2002,17-35

Ernst, A: Lehren und Lernen im Instrumentalunterricht. Ein pädagogisches Handbuch für die Praxis. Mainz: Schott 1991

Fornefeld, B: Einführung in die Geistigbehindertenpädagogik. München und Basel: Reinhardt 2002

Hartogh,T; Wickel, HH (Hg.):Handbuch Musik in der Sozialen Arbeit. Weinheim u. München: Juventa 2004

Hartogh,T; Wickel, HH: Musik in der Behindertenarbeit. In: Handbuch Musik in der Sozialen Arbeit. Hg. v. T. Hartogh und H.H. Wickel. Weinheim u. München: Juventa 2004, 373-386

Hüther, G; Bonney, H: Neues vom Zappelphilipp. ADS/ADHS: verstehen, vorbeugen und behandeln. Düsseldorf und Zürich: Walter 2002

Josef, K: Untersuchungen über die Wirkungen selbsttätiger Musik auf das Soziogramm einer Hilfsschulklasse (1964). In: Quellentexte zur pädagogischen Musiktherapie. Zur Genese eines Faches. Hg.v. K.-J. Kemmelmeyer und W. Probst; Regensburg: Bosse 1981, 262-271

Kemmelmeyer, K-J; Probst, W (Hg.): Quellentexte zur pädagogischen Musiktherapie. Zur Genese eines Faches. Regensburg: Bosse 1981

Kleinen, G: Zwischen Mythos und gelebtem Alltag. In: Musik und Kind. Hg. von G. Kleinen; Laaber: Laaber-Verlag 2003, 9-41

Klöppel, R: Problemkinder im Instrumentalunterricht. Unangenehme Belastung oder pädagogische Herausforderung? In: Spielen und Unterrichten. Grundlagen der Instrumentaldidaktik. Hg. von U. Mahlert; Mainz u.a.: Schott 1997, 335-349.

Leuzinger-Bohleber, M et al.: ADHS-Frühprävention statt Medikalisierung. Theorie, Forschung, Kontroversen. Göttingen: Vandenhoeck & Ruprecht, 2006

Lohaus, A: Gesundheit und Krankheit aus Sicht von Kindern. Göttingen: Hogrefe 1990

Lohaus, A: Krankheitskonzepte von Kindern aus entwicklungspsychologischer Sicht. In: Kindheit und Jugend mit chronischer Erkrankung. Hg. v. G.M. Schmitt et al.; Göttingen: Hogrefe 1996, 3-14

Lumer-Heneböle, B: Musik in der Sonderpädagogik. In: Musikpsychologie – Ein Handbuch. Hg. von H. Bruhn ; R. Oerter; H. Rösing; Reinbek b. Hamburg: Rowohlt 1993, 376-381

Marsh, HW; Trautwein, U; Lüdtke, O, Köller; O, Baumert, J: Academic self-concept, interest, grades and standardized test scores: Reciprocal effects models of causal ordering. Child Development, 76, 2005, 397-416

Marsh, HW; Craven, R; Debus, R: Structure, stability, and development of young children´s self-concepts: A multicohort-multioccasion study. In: Child Development, 69; 1998, 1030-1053

Mayring, P: Qualitative Inhaltsanalyse. Grundlagen und Techniken. 4. Erweiterte Auflage; Weinheim: Deutscher Studienverlag 1993

Mayring, P (2000, Juni): Qualitative Inhaltsanalyse [28 Absätze]. *Forum Qualitative Sozialforschung / Forum: Qualitative Social Research [On-line Journal], 1*(2). Verfügbar über: http://www.qualitative-research.net/fqs-texte/2-00/2-00mayring-d.htm, Zugriff am 20.02.2008

Metzger, B; Papenberg, M: Querflöte spielen und lernen. Handbuch für den Unterricht. Hg. von W. Hartmann, R. Nykrin, H. Regner in der Reihe Musik und Tanz für Kinder – Wir lernen ein Instrument. Schott: Mainz 1999

Milani Comparetti, A: Von der Behandlung der Krankheit zur Sorge um Gesundheit - Konzept einer am Kind orientierten Gesundheitsförderung von

Prof. Milani Comparetti (1985; 2. Erweiterte Auflage der Dokumentation 1986, 16 – 27). In: Von der "Medizin der Krankheit" zu einer "Medizin der Gesundheit": **URL:** http://bidok.uibk.ac.at/library/comparetti-milani_medizin.html, 1996; Zugriff am 24.04.07

Moog, H: Blasinstrumente bei Behinderten. Tutzing: H. Schneider 1978

Moritz, C: Dialogische Prozesse in der Musikpädagogik. Verfügbar über: http://www.ampf.info/tagung2006.htm, Zugriff am 20.12.2007

Moritz, C: Dialogische Prozesse in der Instrumentalpädagogik. Vorstellung eines Forschungsprojekts. In: Interkulturalität als Gegenstand der Musikpädagogik. Hg. von N. Schläbitz; Essen: Die blaue Eule 2007, 255-286

Oerter, R: Kindheit. In: Entwicklungspsychologie. Hg. v. R. Oerter, L. Montada; Weinheim, Basel, Berlin: Beltz 2002, 209-242

Oerter, R; Montada, L (Hg.): Entwicklungspsychologie. Weinheim, Basel, Berlin: Beltz 2002

Petrat, N: Psychologie des Instrumentalunterrichts. Kassel: G. Bosse 2000

Pfaff, F: Clara 2004. In: Materialien zur zweiten wissenschaftlichen Tagung der Akademie für angewandte Musiktherapie und des DMVO e.V. „Improvisation-Therapie-Leben". Hg. v. U. Haase, A. Stolz; Crossener Schriftenreihe zur Musiktherapie, Bd.16; Crossen: Akademie für angewandte Musiktherapie 2004, 400-409

Probst, W: Instrumentalspiel mit Behinderten. Ein Modellversuch und seine Folgen. Mainz: Schott Musikpädagogik 1991

Rascher, M: Wo liegt das Problem? Menschen mit Behinderung an Musikschulen. In: Üben & Musizieren. Zeitschrift für Musikschule, Studium und Berufspraxis. Mainz: Schott; 24. Jg.- 2/2007, 30-35

Rogers, CR: Client-centered therapy. Boston: 1951

Sander, A: Behinderungsbegriffe und ihre Integrationstoleranz. In: Integrationspädagogik. Hg. von H. Eberwein und S. Knauer. 6., vollständig überarbeitete und aktualisierte Ausgabe; Weinheim und Basel: Beltz: 2002, 99-108

Schläbitz, N (Hg.): Interkulturalität als Gegenstand der Musikpädagogik. Essen: Die blaue Eule 2007

Schmitt, E : Schule für die Querflöte. MPS 9709; Urbar bei Koblenz: Musik & Geisteswerte Verlag 1997

Shavelson, RJ; Hubner JJ; Stanton GC: Self-concept: Validation of construct interpretations. Review of Educational Research, 46; 1976, 407-411

Schwarzenbach, P; Bryner-Kronjäger, B: Üben ist doof. Gedanken und Anregungen für den Instrumentalunterricht. 5. aktualisierte und erweiterte Auflage. Frauenfeld: Verlag Im Waldgut, logo 1993

Speck, O: System Heilpädagogik. Eine ökologisch reflexive Grundlegung. München und Basel: Reinhardt 2003

Spychiger, MB: „Man kann nur aus dem Ärmel schütteln, was vorher hineingesteckt wurde." Strukturen und Entwicklungen im Forschungsfeld des musikalischen Lernens. Überarbeitetes Manuskript, September 2006, Eröffnungsbeitrag zum Jahrbuch der Dt. Gesellschaft für Musikpsychologie 2007

Spychiger, MB: „Nein, ich bin ja unbegabt und liebe Musik." Ausführungen zu einer mehrdimensionalen Anlage des musikalischen Selbstkonzepts. In: Diskussion Musikpädagogik 33/2007, 9-20

Steffan, K-H: Musizieren gehört zum Menschsein – Musikschularbeit mit Menschen mit Behinderung. Verfügbar über: www.musikschulen-bw.de/pdf/BildungsflyerBausteinIV.pdf, Zugriff am 22.07.08

Tausch, R; Tausch, A-M: Erziehungspsychologie. Begegnung von Person zu Person. 9. Auflage; Göttingen u.a.: Hogrefe 1979

Verband deutscher Musikschulen (Hg.): Lehrplanwerk. Regensburg: Bosse 1991

Verband deutscher Musikschulen: Musik integrativ. Verfügbar über: http://www.musikschulen.de/projekte/musikintegrativ/index.html, Zugriff am 22.02.08

Vispoel, WP: Self-concept in artistic domains: An extension of the Shavelson, Hubner and Stanton (1976) model. In: Journal of Educational Psychology, 87; 1995, 134-153

Warschburger, P: Chronisch kranke Kinder und Jugendliche. U.a. Göttingen: Hogrefe 2000

Wimmer, M: Die Frage des Anderen. In: Einführung in die pädagogische Anthropologie. Hg. von C. Wulf.; Weinheim 1994

Wysser, C; Hofer T; Spychiger, MB: Musikalische Biografie. Zur Bedeutung des Musikalischen und dessen Entwicklung im Lebenslauf, unter besonderer Berücksichtigung des schulischen Musikunterrichtes und der pädagogischen Beziehungen. Schlussbericht an die Forschungskommission der Lehrerinnen- und Lehrerbildung Bern 2005 (Forschungsprojekt Nr. 00 02 S 02)

JULIA VON HASSELBACH

100 Jahre ‚*Physiologic Turn*' in der Streichinstrumentalpädagogik

Eine Bestandsaufnahme

Bedeutende ‚*turns*' in Bezugs-Disziplinen hatten stets eine übergreifende Wirkung auf die Instrumentalpädagogik. So hat beispielsweise die kognitive Wende in der Psychologie oder später die erkenntnistheoretische Wende zum Konstruktivismus Auffassungen von Lernen auch in der Instrumentalpädagogik nachhaltig beeinflusst. In diesem Sinne möchte ich insbesondere in Bezug auf die Streichinstrumentalpädagogik von einem ‚*Physiologic Turn*', einer bahnbrechenden Wende hin zur empirischen Bearbeitung physiologischer Forschungsfragen zu Beginn des 20. Jh.s sprechen – wenn auch nicht direkt ‚in' der Disziplin Instrumentalpädagogik, so doch zumindest auch ‚für' die Instrumentalpädagogik durch Forschungsergebnisse aus anderen Disziplinen wie der Medizin und der Biomechanik. Inwieweit sich diese Wende in der Forschung jedoch auch in der fachdidaktischen Literatur und in der Praxis des Unterrichts ausgewirkt hat, ist eine weitgreifende Frage, die hier nur in Form eines Rückbezugs auf eine Forschungsarbeit von Palac 1992 angedeutet werden kann. Im Anschluss daran wird anhand internationaler peer-reviewed Journal-Artikel[1] exemplarisch dargestellt, welchen Stand die Erforschung des Streichinstrumentspiels mittels Bewegungsanalyse in den Jahren 1994 bis 2008 erreicht hat. Anlass für diese Bestandsaufnahme bietet die Verfügbarkeit neuerer Technologien zu Beginn des 21. Jh.s, wodurch dieser ‚*turn*', welcher mit Hilfe opto-mechanischer Messmethoden begann, eine neue Wendung hin zur boomenden digitalisierten dreidimensionalen Bewegungsanalyse und multidimensionalen Signalanalyse erhielt. Eine in ihren Ergebnissen skizzierte eigene Pilotstudie soll Anregungen dazu geben, die derzeitige Fokussierung der Forschung auf medizinische Probleme um künstlerisch-pädagogische Fragestellungen und mehr Expertiseforschung zu erweitern.

---

[1] Nicht berücksichtigt wurden Artikel aus Zeitschriften wie *The Strad*, z. B. Winold et al. 2002, obgleich darin ein interessanter Expertise-Ansatz verfolgt wird.

1 Ausgangslage

Ihren historischen Anfang nahm die empirische Erforschung der „*Physiologie der Bogenführung auf den Streich-Instrumenten*" mit international anerkannten Untersuchungen des Berliner Physiologen F.A. Steinhausen aus dem Jahr 1903 (vgl. Palac 1992). Weitere Meilensteine waren die Untersuchungen des ebenfalls deutschen Physiologen Wilhelm Trendelenburg (s. Abb. 1), ab 1922 in Berlin, sowie „*Die gestaltende Dynamik der Bogenmechanik*" von August Eichhorn[2] (vgl. Hopfer 1941).

Abb. 1: Aufnahme der Saitenschwingungen am Violoncello um 1925 (Trendelenburg 1925/1974, S. 14)

Während die Erforschung der Biomechanik menschlicher Bewegungen v. a. im Sport eine kontinuierliche Entwicklung aufweist, ist in Bezug auf das Streichinstrumentspiel um die 1980er Jahre eine längere Brache zu verzeichnen. Die Notwendigkeit der weiteren Erforschung des Streichinstrumentspiels wurde jedoch durch epidemiologische Untersuchungen seit Ende der 1980er Jahre deutlich, welche die Anteile an ausübenden MusikerInnen erfassten, die unter berufsbedingten Erkrankungen leiden. Die erstaunliche Höhe der Ergebnisse wurde durch spätere Untersuchungen bestätigt. (vgl. Fishbein et al. 1988, Fry 1988, Blum/Ahlers 1995, Zaza 1998) StreicherInnen bilden dabei eine Hochrisikogruppe. Insbesondere das professionelle Streichinstrumentspiel beinhaltet hohe zeitliche Dauern und Intensitäten repetitiver Belastungen, die langfristig zu Erkrankungen führen können. (s. Abb. 2)

Seit Mitte der 1990er Jahre erfolgte daraufhin ein Wiederaufleben an Forschung zum Streichinstrumentspiel in Bezug auf *Overuse Syndroms*, durch willentliche Tätigkeit ausgelöste Überbeanspruchungsbeschwerden. Mit der Gründung von Instituten für Musikergesundheit bzw. für Musikphysiologie und Musikmedizin an Universitäten und Musikhochschulen, die sich neben Grundlagenforschung auch Fragen der präventiven Gesunderhaltung von Musikstudierenden und der Behandlung von berufsbedingten Erkrankungen widmen, wurde in vielen Ländern auf diesen Missstand reagiert. Erschwerend bei

---

[2] August Eichhorn war nach seinem Studium bei Emanuel Feuermann Solo-Cellist des Gewandhauses in Leipzig und Professor an der HfM Leipzig. Er hatte zuvor zu Forschungszwecken Physik, Physiologie und Anatomie studiert.

der Evaluation von Gesundheitsförderungskursen ist jedoch, dass die meisten spielbedingten Erkrankungen erst im fortgeschrittenen Berufsalter auftreten und zur aussagekräftigen Evaluation Langzeitstudien abzuwarten sind.

Die bislang aufwändigsten Studien zur Biomechanik des Violinspiels anhand digitaler dreidimensionaler Bewegungsanalyse erfolgten in den Jahren 2003 und 2004 durch ein interdisziplinäres kanadisches Forscherteam. Diese beiden Exzellenz-Zeitpunkte: Steinhausen 1903 und Shan/Visentin 2003 markieren m. E. somit 100 Jahre Forschung zu physiologischen Vorgängen im Streichinstrumentspiel.

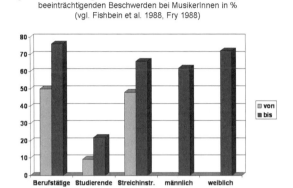

Abb. 2: Zusammenfassende Darstellung der Erfassungs-Ergebnisse um 1988

2 Vorbemerkungen

Ein kürzlich erschienener Fallbericht der Musikermedizinerin Anke Steinmetz (Steinmetz et al. 2008) weist darauf hin, dass die Schmerzsyndrome eines Orchestergeigers mit intensiver manueller Therapie und Physiotherapie alleine nicht gelöst werden konnten. Die spielbedingten Schmerzen waren erst mit Hilfe einer gezielten Veränderung der Bewegungsmuster im Geigenspiel nachhaltig vermeidbar.

Im Bereich der Instrumentalpädagogik sind wissenschaftlich fundierte Vorstellungen von bewegungsphysiologischen Abläufen und insbesondere deren klanglichen Konsequenzen ebenso von Vorteil, wenn nicht sogar als Notwendigkeit zu bezeichnen, um Prävention leisten, Expertise gezielt fördern sowie Störungen effektiv beheben zu können. Wenn beispielsweise ein 60-jähriger Geiger (realer Fall) mit plötzlich verstärktem Bogenzittern davon bedroht ist, sein reguläres Rentenalter nicht mehr arbeitsfähig erreichen zu können, helfen gezielte Hinweise zum Bewegungsablauf, um die ‚klanglichen

Unfälle' zu vermeiden. Auch wenn es sich dabei nicht um behandlungsbedürftige körperliche Schmerzen handelt, so ist dies doch ein musikalisches ‚Aus' im Orchesterberuf und die Erhaltung von weiteren fünf Jahren Arbeitsfähigkeit ein erheblicher wirtschaftlicher und seelischer Faktor. Aber auch spielbedingte körperliche Erkrankungen und psychischer Spielstress können von InstrumentalpädagogInnen ursächlich beeinflusst und vermieden werden. Dieses interdisziplinäre Forschungsfeld ist m. E. von ganz besonderem Interesse.

Die US-amerikanische Geigerin und Musikpädagogin Judith Ann Palac[3] unternahm 1992 den Versuch, wissenschaftliche und pädagogische Literatur zur Bogenführung im Violinspiel ab dem Erscheinungsjahr 1903 nach dem multidimensionalen Bewegungsanalysemodell von Higgins 1977 vergleichend zu analysieren. Ihr Ziel war es, GeigenlehrerInnen mit körpergerechten Richtlinien gemäß aktueller Forschungsergebnisse zu unterstützen, damit diese ihre Vorstellungen von Bogentechnik eigenständig wissenschaftlich fundiert bilden und analysieren können. Palac bestätigt mit ihrer Analyse, dass die in ausführlichen Monografien dargelegten Forschungsergebnisse von Wissenschaftlern des 20. Jh.s mit den zur Erscheinungszeit 1992 als gültig erachteten Prinzipien menschlicher Bewegung noch immer weitgehend übereinstimmen. Eine Inhaltsanalyse von 1. wissenschaftlichen Studien und 2. pädagogischer Literatur von LehrerInnen mit Kenntnis wissenschaftlicher Studien sowie 3. pädagogischer Literatur von LehrerInnen weitestgehend ohne Kenntnis wissenschaftlicher Studien ergab, dass PädagogInnen der Gruppe 2 häufiger eine ‚Bogenarm-Pädagogik' entwickelt haben, die mit den Prinzipien menschlicher Bewegung kompatibel ist, als PädagogInnen der Gruppe 3. Am wenigsten kompatibel erwiesen sich Beschreibungen von lediglich ausübenden GeigerInnen. Palac zieht daraus den Schluss, dass violinpädagogische Arbeiten der Zukunft sich mehr mit der Entwicklung eines geeigneten *Modells zur Analyse von Bewegungen* beschäftigen sollten als mit dogmatischen Vorschriften.

Leider kann diese bemerkenswerte Studie von Palac hier nicht im Einzelnen dargestellt werden. Der Originalartikel sei zum ergänzenden Lesen empfohlen. (s. Palac 1992) Im Folgenden werden Ergebnisse aus Untersuchungen jüngeren Datums zu dieser ‚Wissensbasis' in Bezug gesetzt und diskutiert.

---

[3] Judy Palac ist *Associate Professor* an der *Michigan State University* und Leiterin des dortigen *Musicians' Wellness Team*, eine Kooperation von ExpertInnen für Ausbildung, Forschung, Prävention und klinische Evaluation. Die MSU war im Bereich der Lehrerausbildung zehn Jahre lang in Folge auf Platz 1 im USA *college ranking* (1995-2004).

3 Auf der Suche nach einer normativen Datenbasis

1994 veröffentlichten **Tulchinsky/Riolo** (USA) den ersten Versuch einer quantitativen Studie anhand zweidimensionaler Videoanalyse. Die biomechanische Analyse der Bogenarmbewegungen sollte den Startschuss setzen für eine sukzessive Etablierung einer normativen Datenbasis zur Evaluation der Bewegungen erkrankter GeigerInnen. Bei neun unverletzten professionellen Geigerinnen (9w/0m) wurde die Auslenkung im Ellbogengelenk (ROM) und die vertikale Lageveränderung des Ellbogens in der sagittalen Ebene gemessen. Die Unterschiede in den Ausprägungen der gezeigten Ellbogengelenkswinkel waren überraschend groß. Alle Probandinnen zeigten jedoch dasselbe Bewegungsmuster: eine auffällige Bewegungsrichtungsumkehr in Bezug auf Flexion/Extension im Ellbogengelenk etwa im Bereich des Bogenschwerpunkts, so dass die maximale Flexion jeweils in der Nähe des Schwerpunkts gemessen werden konnte.

Die Werte bewegen sich insgesamt innerhalb der normativen Daten für den Umfang von Alltagsbewegungen (nach Morrey et al. 1981). Das Geigenspiel führt also nicht zu gefährlichen Grenzstellungen des Ellbogengelenks. Das beobachtete Bewegungsmuster wurde auf mögliche Ursachen hin untersucht: Ein mäßiger jedoch nicht signifikanter Zusammenhang bestand zwischen der Ausprägung der Extensions-Bewegung am Frosch und der Armlänge der Probandinnen. Eine mäßige Korrelation bestand zum Heben der Schulter und eine hohe Korrelation zur vertikalen Lageveränderung des Ellbogens in der sagittalen Ebene. Die vertikale Lageveränderung des Ellbogens korrelierte negativ mit der Gesamtauslenkung. Die Messung des Bewegungsmusters wird als erstaunliches Ergebnis dargestellt. Es sollte jedoch bereits aus der Frühzeit optomechanischer Forschung bekannt sein.

1995 folgte ein vierköpfiges Team um **Kihira** (USA) mit einem Versuch, mit Hilfe eines biaxialen flexiblen Elektrogoniometers (Winkelmessung) die Handgelenksbewegungen von GeigerInnen zu analysieren. Ihre Fragen sind rein quantitativ: Wie groß sind die gezeigten maximalen Bewegungsumfänge und wie unterscheiden sich die Werte einerseits zwischen rechtem und linkem Handgelenk und andererseits von ‚normalen' funktionalen Bewegungen bzw. von ‚idealen' Alltagsbewegungen. Die Verwendung eines lediglich biaxialen Elektrogoniometers für das Handgelenk erlaubt nur die simultane Erfassung von Flexion/Extension und radio-ulnarer Auslenkung (Ab-/Adduktion), jedoch nicht die Erfassung der Unterarmrollung. Es wird außer Acht gelassen, wie wichtig die Unterarmrollung im funktionalen Geschehen der Bogenbewegung ist. (vgl. Steinhausen 1928, Palac 1992)

Sechs ProbandInnen (4m/2w) aus einem Berufsorchester wurden gebeten, sieben unterschiedliche Testaufgaben im Bereich zwischen pädagogischer Trockenübung, Etüde und einfachem Konzert zu spielen. Die Daten zeigen, dass die Bewegungsradien des Handgelenks im Greifarm in Abhängigkeit von den Anforderungen der gespielten Musik relativ deutlich ausgeprägt sind, wenn auch größtenteils weniger stark als in der Bogenhand. Anhand der gewonnenen Daten hätte bereits eine Vielzahl an Korrelationen zwischen der Bewegungsauslenkung und den Erfordernissen des musikalischen Materials (zu verwendende Bogenmenge, Saiten, Lagewechsel/Verkürzung der Saiten/Verschiebung der optimalen Kontaktstelle) aufgezeigt werden können. In den Ausführungen ist kein Versuch erkennbar, die Ergebnisse anhand von räumlichen und zeitlichen Nebenbedingungen des Testmaterials zu erklären.

Vier der sechs ProbandInnen litten unter Überbeanspruchungsbeschwerden. Aus instrumentalpädagogischer Sicht wäre eine naheliegende Empfehlung an die ProbandInnen mit Problemen in der Greifhand eine Reduktion der radialen Auslenkung sowie der Flexion gewesen bzw. der funktionale Einsatz von Unterarmrollung zur Entlastung der radialen Auslenkung. Im Bogenarm können die Möglichkeiten des gemischten Ausgleichs durch Handgelenk und ‚Griffgelenk' (flexible Fingerpositionen) genutzt werden, um eine gesundheitsfördernde Balance in der radio-ulnaren Auslenkung zu erzielen. Die Autoren dieser Studie geben als Mediziner jedoch keine sinnvollen Empfehlungen zur Veränderung der gemessenen Werte im Spiel der Betroffenen.

2002 veröffentlichten **Berque/Gray** (Scotland UK) eine Studie zum Einfluss von Nacken-Schulter-Schmerzen auf die Muskelaktivität des oberen Trapezmuskels. Dabei verglichen sie die Werte von fünf gesunden (2m/3w) mit fünf berufsbedingt erkrankten (2m/3w) professionellen GeigerInnen und BratschistInnen. Analysiert wurde die Aktivität des oberen Trapezmuskels (bilaterales Oberflächen-EMG) im Ruhetonus sowie in funktioneller Bewegung beim Spiel eines leichten Stücks und beim Spiel eines schweren Stücks. Ziel der Studie war es nachzuweisen, dass schmerzbelastete ProbandInnen eine höhere Muskelaktivität im oberen Trapezmuskel aufweisen als schmerzfreie ProbandInnen. Dies ist nicht gelungen. Eine vier-faktorielle Varianzanalyse ergab, dass schmerzfreie ProbandInnen mehr Muskelaktivität verwendeten als schmerzbelastete ProbandInnen. Schmerzfreie ProbandInnen steigerten die Muskelaktivität über die drei Test-Aufgaben signifikant. Schmerzbelastete

ProbandInnen zeigten dagegen Tendenzen zu einem höheren Ruhetonus und weniger Steigerung der Muskelaktivität. Diese Varianz war jedoch nicht signifikant. Die interindividuelle Varianz der Muskelaktivitätswerte war sehr hoch, sowohl bei den schmerzbelasteten als auch bei den schmerzfreien ProbandInnen.

Berque/Gray weisen darauf hin, dass es laut einer Studie von Palmerud et al. 1998 möglich ist, die funktionelle Belastung des oberen Trapezmuskels beim Anheben des Arms durch Verteilung auf andere Muskelpartien bis zu 33% zu reduzieren. Diese Umverteilung wurde durch Biofeedback erzielt. Die Evaluation solcher Strategien zur Entlastung des Trapezmuskels sei weitere Untersuchungen wert. Die AutorInnen räumen ein, dass nicht nur die Ausprägung der Muskelaktivität Ursache von Schmerzen sein kann, sondern auch der Innendruck der Muskulatur und die Durchblutung aufgrund der Qualität der Bewegung, ganz abgesehen von psychischem Stress, der zusätzlich zur Erhöhung der Muskelaktivität führt.

2003 wurde die erste dreidimensionale Analyse der Arm-Kinematik im Violinspiel durch das Wissenschaftler/Künstler Duo **Shan/Visentin** (Canada) veröffentlicht. Die Autoren betrachten die quantitative kinematische Beschreibung der Bewegungen im Violinspiel, hier mit Fokus auf die Arme und den Bogen, als ersten Schritt auf dem langen Weg zur Aufklärung der Ursachen von Überbeanspruchungsbeschwerden bei repetitiven Bewegungen. Acht professionelle GeigerInnen und drei Studierende (6w/5m) dienten zur Analyse der Bewegungen anhand eines zehn Segmente umfassenden biomechanischen Modells. Die 3D-Bewegungsanalyse wurde durch referenzielle Video- und Klangaufnahmen ergänzt.

Im Rahmen der musikalisch sehr eingeschränkten Testaufgabe, einer G-Dur Tonleiter über zwei Oktaven, schienen die Bewegungen des Greifarms nahezu statisch zu sein. Während für die Werte in Schulter und Ellbogen des Greifarms kinematische Charakteristiken gefunden werden konnten, waren die Bewegungen im Handgelenk des Greifarms individuell einzigartig und variierten sehr stark. Die Autoren räumen ein, dass die Ergebnisse dieser Studie mehreren Einschränkungen unterliegen, insbesondere dem Fehlen von Lagewechseln, unterschiedlichen Tempi und Bogenstricharten. Auch die Einflüsse der Fingerpositionierung auf Griffbrett und Bogen auf die kinematische Kette konnten nicht berücksichtigt werden, was bislang unerforscht ist. Eine ergänzende Beobachtung der kinetischen Vorgänge sowie der neuromuskulären Vorgänge sei nötig. Die Autoren erwarteten eine signifikante Änderung der

Greifarm-Schulterauslenkung in Abhängigkeit von der gestrichenen Saite. Dies konnte jedoch nicht bestätigt werden, obwohl viele Lehrwerke dies empfehlen bzw. untersagen. Während also Schulter und Ellbogen relativ stabil bleiben, scheinen sich unbewusste Kompensationsstrategien in den individuell unterschiedlichen Bewegungen des Greifarm-Handgelenks abzuspielen, um Saitenwechsel und Fingerpositionen auszugleichen.

Die Analyse der Bogengeschwindigkeiten konnte bestätigen, dass die Geschwindigkeiten so gleichbleibend wie möglich gehalten wurden und es eine ‚normale' Strategie ist, die benötigte Zeit im Bogenrichtungswechsel zu minimieren, um einen konsistenten Klang zu erzeugen. Klangliche Unregelmäßigkeiten korrespondierten mit Unregelmäßigkeiten in der Bogengeschwindigkeit.

In den Gelenken des Bogenarms wurden signifikante Unterschiede beim Spiel auf unterschiedlichen Saiten in den Werten von Schulter- und Ellbogen-Flexion/Extension festgestellt. Relativ gleichbleibend auf jeder Strichebene waren die Bewegungsumfänge aus Ab-/Adduktion der Schulter und der Schulterrotation. Auch das Handgelenk spielte auf den unterschiedlichen Saiten eine gleichbleibend wichtige Rolle. Insgesamt konnte eine sehr hohe intraindividuelle Reliabilität der Ergebnisse festgestellt werden. Dies lege nahe, in Zukunft Expertise-Studien durchzuführen, um methodische Ansätze in der Pädagogik zu verbessern, indem Schlüsselfaktoren in der Wiederholbarkeit einer Fertigkeit identifiziert werden.

Die Interpretationen und Eingeständnisse von Shan/Visentin zeugen bereits von gewinnbringend eingebrachtem künstlerischem Sachverstand. Die signifikanten Unterschiede beim Spiel auf unterschiedlichen Saiten in den Werten von Schulter- und Ellbogen-Flexion/Extension sind m. E. jedoch vor allem auf die systematisch notwendigen Kontaktstellenverschiebungen beim Spiel auf Saiten unterschiedlicher Masse und Frequenz zurückzuführen. Dies reduziert die Validität der Messungen erheblich. (vgl. Trendelenburg 1925, Hopfer 1941, Meyer 1978)

Ebenfalls **2003** veröffentlichte das Duo **Visentin/Shan** eine weitere Studie zu kinetischen Charakteristiken des Bogenarms im Violinspiel, diesmal mit Fokus auf die Muskelkräfte im Verhältnis zum gespielten Tempo. Acht professionelle GeigerInnen (5w/3m) spielten dieselbe Test-Aufgabe wie zuvor, diesmal allerdings mit Temposteigerungen. Veränderungen der Bogenmenge und Bogengeschwindigkeit zur Klangqualitätsoptimierung waren erlaubt. Es wurde dasselbe zehn Segmente umfassende biomechanische Modell verwendet, wobei jedoch die Berechnung der Muskelkräfte durch inverse dynamische Analyse der kinematischen Daten erfolgte, d. h. Umrechnung der Gelenk-Momente in Muskelkräfte. Die Quantität der Muskelkräfte wurde unter dem Einfluss von gespielter Saite und Tempo analysiert. Darüber hinaus wurde die Qualität der Muskelkräfte im Sinne von Belastungsart beachtet: war sie statisch, quasi-statisch, dynamisch, basal oder impulshaft? Auch psychologische und physikalische Bedingungen wurden beachtet.

Die Muskelkräfte in der Bogenarmschulter variierten in ihrer Quantität in Abhängigkeit von der gespielten Saite aufgrund der zu überwindenden Schwerkraft, während die Muskelkräfte in Handgelenk und Ellbogen unabhängig von der gespielten Saite waren. Je schneller gespielt wurde, desto mehr verwandelte sich die grundlegende quasi-statische Muskelkraft in allen Gelenken in eine dynamischere impulshafte Muskelkraft. Dies kann in drei Phasen eingeteilt werden: 1. steigende Anstrengung, 2. Optimierung, 3. Annäherung an die physiologischen Grenzen. Saitenwechsel modulierten die Wirkung von impulshafter Muskelkraft.

Die Bewegungs-Qualität in der Greifarmschulter schien quasi-statisch zu bleiben und die Quantitäten waren insgesamt geringer. (vgl. Shan/Visentin 2003) Dennoch sind die Verletzungsraten auf beiden Armseiten gleich hoch. (vgl. Fry 1988) Die Autoren kommen zu dem Schluss, dass quasi-statische Bewegungsqualitäten ein größeres Potenzial für Verletzungen beinhalten als dynamische Bewegungsqualitäten. Darüber hinaus regen sie zu Spekulationen darüber an, dass bestimmten Bogenführungsbedingungen ein höheres Verletzungsrisiko innewohnen könnte als anderen. Quantität und ‚Intensität' im Sinne von Qualität der Muskelbelastung sind nicht gleichzusetzen, sondern spielen beide eine Rolle in der Fry'schen Formel „Zeit x Intensität des Übens" als ein Faktor, der zur Ausbildung von Überbeanspruchungsbeschwerden führen kann. (vgl. Fry 1988)

Offen bleibt die Frage, inwiefern die Spieltechnik zur Intensität der Belastung bzw. zur Entlastung beitragen kann. Ungeklärt bleibt insbesondere, wo genau Impulse für „ballistische Effekte" (vgl. Palac 1992) gegeben werden: zentral aus der Schulter oder peripher aus dem Bereich des Handgelenks und des Unterarms? Was ist Aktion und was ist Reaktion? Die auffallende Höhe der impulshaften Kräfte im Handgelenk könnte auf periphere Impulsgebung hindeuten, was genauer zu untersuchen wäre.

2004 erweiterte sich das Duo zu einem Trio: **Shan/Visentin/Schultz** entwickelten eine hochkomplexe multidimensionale Signalanalyse mit dem Ziel einer Integration multipler Beobachtungsperspektiven. Kinematische Beschreibung, Muskelkraft-Analyse, EMG und biomechanische Modellierung wurden zur Aufklärung von Grund-Risikofaktoren zusammengefasst. Vierzehn professionelle GeigerInnen (8w/6m) spielten wiederum dieselbe Testaufgabe mit Temposteigerungen wie 2003.

Gesucht wurden kombinierte Effekte mehrerer Muskeln, die ein einziges Gelenk kontrollieren und differenzierte Effekte einzelner Muskeln, die mehrere Gelenke beeinflussen. Darüber hinaus wurden Effekte der Tiefenmuskulatur unter kinetischen Gesichtspunkten untersucht. Dies sollte gezeigt werden durch die Korrelationen zwischen EMG – Muskelkraft; Muskelkraft – Veränderung der Muskellänge; EMG – Veränderung der Muskellänge. Da die Methode der inversen dynamischen Analyse nur die Summe aller auf ein Gelenk wirkenden Muskelkräfte errechnet, kann daraus nicht auf die Aktivität einzelner Muskeln geschlossen werden. Die Arbeitsmuster einzelner Muskeln sind jedoch ein wichtiger Faktor in der Analyse von Erkrankungen. Diese Arbeitsmuster kann man in statische und dynamische unterteilen. Dies wird aufgrund der Muskellänge definiert: bleibt die Muskellänge nahezu konstant, handelt es sich um ein statisches Arbeitsmuster, unabhängig von der Intensität der Muskelkraft. Dynamische Arbeitsmuster können Muskeln verkürzen oder dehnen, unabhängig davon, ob die Muskelkraft sich verändert oder nicht. Bei Sportunfällen liegt zumeist eine impulshafte übermäßige Dehnung vor, bei Überbeanspruchungsbeschwerden (*Overuse Syndroms*) jedoch nicht.

Es wurde eine starke Interaktion zwischen einzelnen Muskeln und Muskelgruppen gefunden sowie Veränderungen in der motorischen Kontrolle bei unterschiedlichen Geschwindigkeiten. Das bereits 2003 entwickelte Drei-Phasen-Modell konnte gestützt werden: 1. steigende Anstrengung, 2. Optimierung, 3. Annäherung an die physiologischen Grenzen. Das relative Risiko von statischen gegenüber dynamischen Kräften wurde erneut bestätigt. Darüber hinaus wurden folgende Einblicke in die Arbeitsmuster von Muskeln in der kinematischen Kette von Armen und Rumpf beim Violinspiel gewonnen: Für den Bizeps und den langen radialen Handstrecker des Bogenarms konnte auf quantitativer Ebene keine funktionale Veränderung in Abhängigkeit vom gespielten Tempo festgestellt werden. Der Deltamuskel des Bogenarms zeigte jedoch deutliche Veränderungen bei erhöhtem Tempo, größere Maxima und kleinere Minima. Im Handgelenk des Bogenarms stieg die Muskelkraft mit erhöhtem Tempo dynamisch und impulshaft an. Auch im Handgelenk des

Greifarms konnte ein unregelmäßiges dynamisches Arbeitsmuster gefunden werden, dessen Kontrollfunktion jedoch nicht ohne Weiteres erkannt werden konnte. Dieses Ergebnis trat bei höherem Tempo noch stärker hervor. Obwohl die visuellen Ähnlichkeiten klar hervorzutreten schienen, zeigte die Berechnung der Korrelationen zwischen EMG und Gesamt-Gelenkmoment für den Deltamuskel eine erstaunliche Systematik: Je höher das Tempo, desto weniger entsprach die Muskelbelastung der gemessenen Gelenkbewegung in der Schulter.

Das Ergebnis, dass der lange radiale Handstrecker (zur Extension) keine signifikante Bedeutung im Zusammenhang mit der Handgelenksbewegung hatte, führt zu der Vermutung, dass ein anderer bzw. andere Muskeln für die Bewegung des Handgelenks mehr verantwortlich sein müssen. Dies unterstreicht die Wichtigkeit der seit Steinhausen bekannten Unterarmrollung im Spiel auf Streichinstrumenten. Bizeps und die Pronatoren-Muskelgruppe sind dabei die Antagonisten. Die Pronatoren-Muskelgruppe wurde stellvertretend mit dem Oberarmspeichenmuskel untersucht. Dieser zeigte wie zu erwarten die größte Muskel-Längenänderung von allen untersuchten Muskeln. Allerdings sinken auch seine Werte in der 3. Phase ab, so dass vermutet werden kann, dass auch er letztlich entweder durch eine Schwingung des Arms entlastet wird oder aber an der Leistungsgrenze zur statischen Verfestigung neigt, während er vorher sehr dynamisch genutzt wurde.

Die Suche nach extremen Quantitäten im Hinblick auf eine möglicherweise auftretende Überschreitung der physiologischen Grenzen im Violinspiel scheint mit dieser Studie ein Ende zu haben, denn Überbeanspruchungsbeschwerden entstehen bei Beanspruchungen von meist unter 10% der maximalen willentlichen Kontraktionsfähigkeit. Die Autoren stellen fest, dass ein basales Verständnis der ergonomischen Abläufe im Violinspiel jedoch immer noch unvollständig ist aufgrund der komplexen feinmotorischen Kontrolle. Die Grundursachen müssen vollständiger verstanden werden, um Überbeanspruchungsbeschwerden effektiv vorbeugen zu können. Die multidimensionale Signalanalyse stellt dabei eine empirische Methode dar, welcher es gelingt, Perspektiven auf externe und interne Parameter zu verbinden.

Zum Schluss sei ein Seitenblick auf eine in Deutschland durchgeführte Expertise-Studie erlaubt. Auch wenn es sich dabei um eine Untersuchung der Bewegungen im Schlagzeugspiel handelt, so ist sie doch aufschlussreich im Hinblick auf das aktuelle für künstlerische Expertise relevante Forschungs-Geschehen in Deutschland. (Die kürzlich am Freiburger Institut für Musikermedizin erfolgten Studien zum Einfluss der Spielposition auf die Spielbewegungen bei GeigerInnen betreffen vorwiegend medizinische und nur indirekt künstlerische Aspekte des Stehens vs. Sitzens sowie des Sitzens rechts vs. links am Notenpult.)

2008 unternahm ein Team des IfMM Hannover, **Trappe/Katzenberger/ Jabusch/Altenmüller**, den Versuch, Expertise bezogene Unterschiede in den Bewegungsmustern von SchlagzeugerInnen zu finden. Zwei solistische Experten wurden mit sechs Studierenden und vier Novizen darin verglichen, wie sie Viertelnoten und Sechzehntelnoten im *forte* auf einem Drum-Pad spielen. Diese repetitiven Bewegungen wurden dreidimensional erfasst und einer vorwiegend visuellen Bewegungsanalyse unterzogen. Ausgehend von Ergebnissen früherer Studien, die belegen, dass Bewegungsstrategien bei professionellen MusikerInnen insbesondere in den distalen Gelenken individuell variieren und von den biomechanischen Eigenschaften des Bewegungsapparats sowie den physikalischen Gegebenheiten des Instruments und schließlich von den individuellen internen Repräsentationen in Bezug auf die intendierte Klanggestaltung abhängen, wurden die kinematischen Unterschiede in den drei Faktorstufen auf charakteristische Merkmale der Expertisestufe untersucht.

Zeitliche Genauigkeit des Spiels und eine nahezu perfekte Reproduzierbarkeit von Bewegungen im Sinne einer charakteristischen konsistenten Form der Flugbahnen von Arm und Stick bei wiederholten Bewegungen korrelierten mit dem Expertisestand. Im Gegensatz zu Novizen zeigten Studierende und Experten eine überwiegende Nutzung distaler Gelenke, wodurch weniger Masse bewegt werden musste. Als Ursache der Verlagerung in zentralere Gelenke bei Novizen wird vermutet, dass durch mangelnde feinmotorische Kontrollmöglichkeit der Bewegung und der bereits ausgelösten Kräfte eine Versteifung der distalen Gelenke erfolgt, wodurch die Bewegung notdürftig wenn auch unökonomisch in zentralere Gelenke wie das Ellbogengelenk verlagert werden muss. Da die Bewegungen noch nicht den physikalischen Gegebenheiten des Instruments angepasst waren, wurden sie beständig von den Rückwirkungen des Instruments gestört. Die Expertisestufe zeigte dagegen systematische Umwandlungen von kinetischer Energie in potentielle Energie, so dass nur ein sehr geringer Teil an Energie mit aktiver Muskelkraft für den nächsten Schlag hinzugefügt werden musste. Novizen zeigten ein aktives Bremsen von Rückschlagkräften statt passiver Entspannung in der Phase der Umkehr hin zum nächsten Schlag. Dieser Mechanismus ist ein wichtiger Bestandteil von Strategien der Ökonomisierung des Spiels.

4 Zur Pilot-Studie (Skizze)

2008 habe ich eine „Pilotstudie zum Vorkommen von Masseausgleichsschwingungen in der Bogenführung von GeigerInnen unterschiedlicher Expertisestufen" anhand dreidimensionaler Bewegungsanalyse durchgeführt.[4] Insgesamt wurden in Berlin zwölf StreicherInnen getestet, darunter das Spiel auf Violine, Bratsche und Cello. (s. Abb. 3)

Abb. 3: Proband am Cello mit drei Markern (CMS 20) am Bogenarm

Die digitalen Roh-Daten der Ortskoordinaten von sechs GeigerInnen wurden zur statistischen Auswertung über einen mathematischen Algorithmus operationalisiert. Eine Mischung der Streichinstrumente in der Auswertung war u. a. aufgrund des gewählten Mess-Designs nicht sinnvoll, auch wenn die Daten ähnliche Ergebnisse für andere Streichergruppen vermuten lassen, was folgende Visualisierungen in Form eines optischen Eindrucks belegen sollen. Test-Aufgabe war wie bei Shan und Visentin eine G-Dur-Tonleiter über zwei Oktaven in repetitiver Strichart, jedoch in relativ frei wählbarem Tempo. Zur Inspiration wurden 32stel-Noten vorgelegt. Die dreidimensionale Erfassung der Bewegungen im Bogenarm wurde mit dem Gerät CMS 20 der Firma Zebris Medical GmbH durchgeführt, welches zur Erfassung von Genesungsprozessen sensomotorischer Störungen im REHA-Bereich standardisiert wurde. (vgl. Hermsdörfer 2002)

---

[4] Zur Durchführung dieser Pilot-Studie erhielt ich technische Unterstützung durch das Institut für Psychologie der Humboldt Universität zu Berlin, das Institut für Linguistik der Universität Potsdam sowie Software der Zebris Medical GmbH/ Isny i. Allgäu, wofür ich mich an dieser Stelle ganz herzlich bedanken möchte! Darüber hinaus danke ich sehr herzlich dem Kurt-Singer-Institut für Musikergesundheit Berlin für die Bereitstellung eines Raumes sowie der Universität der Künste Berlin für die Genehmigung der Durchführung dieser Pilot-Studie sowie nicht zuletzt allen ProbandInnen für ihr Engagement. Alle ProbandInnen unterzeichneten eine Informierte Einverständniserklärung (*informed consent*) zur Teilnahme an der Studie. Prospektiv danke ich Prof. Dr. Wilfried Gruhn und Prof. Dr. Albert Gollhofer für die Möglichkeit, meine Studien zum Streichinstrumentspiel am Institut für Sport und Sportwissenschaft, Arbeitsbereich Sportmotorik, der Albert-Ludwigs-Universität Freiburg fortsetzen zu dürfen.

Die Signale von drei aktiven Ultraschallmarkern wurden mit Hilfe der Software WinData (Zebris) aufgezeichnet sowie zur Synchronisation zwei Winkelvariablen simultan berechnet.

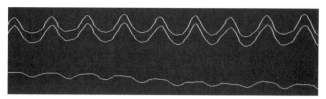

Abb. 4: Violin-Amateur

Da es im Rahmen dieser Studie um die Schwingungs-Tendenz der Armpartien ging und nicht um exakte Positionen, genügte die Auswertung der Bewegungen in vertikaler Richtung.

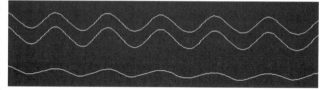

Abb. 5: Lehramt Musik Studentin

Hier sind Ausschnitte charakteristischer Z-Werte der Marker an Zeigefingerknöchel und Kleinfingerknöchel (obere Linien) und des Markers am Ellbogen (untere Linie) exemplarisch dargestellt.

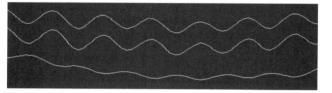

Abb. 6: Hauptfach Violine Studentin

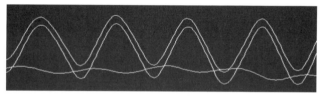

Abb. 7: Solo-Bratschist, Orchester

Die Marker an Ellbogen (Epicondylus lateralis) und Fingerknöcheln (MCP-Gelenke) beim Spiel des langjährig fast ungeübten Amateurs (s. Abb. 4) zeigen einen

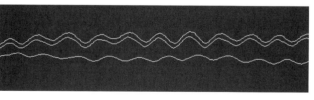

Abb. 8: Solo-Cellist, Professor

phasengleichen Verlauf. Leichte Dellen auf den Hügeln der Ellbogenlinie können als Versuch des Körpers gedeutet werden, in eine Masseausgleichsschwingung zu gelangen, was jedoch in ungeübter Weise verhindert wird. Dieser ‚Kampf' der Selbstorganisationskräfte mit der willentlichen Bewegung war in Form von Bogenzittern und klanglicher Inkonsistenz bemerkbar. Die Lehramt Musik Studentin (s. Abb. 5) mit Überbeanspruchungsbeschwerden der Muskulatur hat durch regelmäßiges Üben die Masseausgleichstendenzen des Körpers ‚bezwungen' auf Kosten der Vorteile, die eine Ökonomisierung des Kräftespiels mit sich bringt. Der Solo-Bratschist (s. Abb. 7) zeigte trotz fast nicht merklicher Ausprägung der Ellbogenschwingung (aufgrund einer von ihm selbst bemerkten leichten Festigkeit im Schulterbereich) bei genauerem Hinsehen bzw. Errechnen dennoch einen weitgehend gegenphasigen Verlauf. Er betonte mehrmals, dass die Qualität seines Spiels von ausgiebigem intensivem Üben abhänge. Die Hauptfach Violine Studentin (s. Abb. 6) und der Solo-Cellist (s. Abb. 8) zeigten dagegen ein nahezu spiegelbildliches gegenphasiges Muster.

Kinematische Modelle zur Bogenführung auf Streichinstrumenten wurden bislang nicht empirisch anhand von Expertisestudien überprüft. Eine Möglichkeit, die Triftigkeit eines kinematischen Modells zu stützen, ist die Überprüfung des Vorkommens einer daraus abzuleitenden Eigenschaft in unterschiedlichen Expertisestufen. Zeigen höhere Expertisestufen diese Eigenschaft in überzufällig höherer Ausprägung, klärt dies einen Teil der Varianz, hier des Erreichens bestimmter Expertisestufen, auf. Die Triftigkeit des Ausgangsmodells würde somit gestützt. Eine Beachtung dieser Eigenschaft bzw. die Vermittlung der entsprechenden Fertigkeit in der Lehre des Streichinstrumentspiels könnte folglich mit einer gewissen Wahrscheinlichkeit einen Wettbewerbsvorteil erbringen. Im Rahmen dieser Pilot-Studie wurden Studierende bzw. kürzliche AbsolventInnen der Expertise-Stufen 1. „Lehramt Musik", 2. „Instrumentalpädagogik" und 3. „Künstlerisches Hauptfach" miteinander verglichen, worüber zuvor Aufnahmeprüfungskommissionen befunden hatten. Diese indirekte Einschätzung der klanglichen und künstlerisch gestaltenden Qualitäten der ProbandInnen sollte vorläufig genügen, wozu jedoch grundsätzlich ein Experten-Rating oder die Erfassung mittels Klanganalyse-Software geeigneter scheint.

Da eine lediglich visuelle Interpretation der Daten zu ungenau ist, mussten die Ortskoordinaten über einen mathematischen Algorithmus zur quantitativen Auswertung operationalisiert werden. Der von mir dazu entwickelte Komplementaritätsindex (im Folgenden auch als K.I. abgekürzt) erzeugt einen Messwert auf Intervallskalenniveau, der im Rahmen einer einfaktoriellen Varianzanalyse die Ausprägung im Faktor „komplementäre Bewegung des Ellbogens im Verhältnis zur Hand", leicht interpretiert auch als „Masseausgleichsschwingung" zu bezeichnen, wiedergibt. Da jede Testperson zur Vermeidung von Verspannungen aufgrund von Stress (bei Verwendung eines Metronoms mit vorgegebenem Tempo) ein individuelles Tempo realisiert hat, musste der gemittelte Komplementaritätsindex in dieser Hinsicht bereinigt werden. Die maximal zu erreichende Punktzahl im K.I. ist identisch mit der Anzahl der gespielten Töne in der Testaufgabe.

$$K.I. = \frac{\text{mittlerer K.I. x Anzahl Töne}}{\text{Anzahl Messzeitpunkte}}$$

Die Ergebnisse der ANOVA und einer Post-Hoc-Analyse zeigen, dass die Probanden-Gruppen (Faktorstufen) sich trotz der sehr kleinen Stichprobengröße von N = 6 systematisch in der untersuchten abhängigen Variable K.I. unterscheiden. Die Daten zeigen eine deutliche Steigerung der Ausprägung mit ansteigender Expertise (s. Abb. 9), welche allerdings nur für die Faktorstufe 1 (Lehramt Musik) im Verhältnis zu den beiden anderen Faktorstufen signifikant war (Signifikanzgrenze 5 %). Es ist somit zu vermuten, dass die Ausprägung im Faktor K.I. den Expertisestand charakterisiert. Im Rahmen dieser Pilot-Studie konnte der K.I. allerdings nicht die Varianz zwischen den beiden höheren Expertisestufen 2 und 3 aufklären. Diese zunächst offensichtlich erscheinende Steigerung könnte rein zufällig gewesen sein. Um diese Tendenz auf Signifikanz zu prüfen, ist die Durchführung einer Studie mit größerem Stichprobenumfang notwendig.

100 JAHRE „PHYSIOLOGIC TURN" IN DER STREICHINSTRUMENTALPÄDAGOGIK

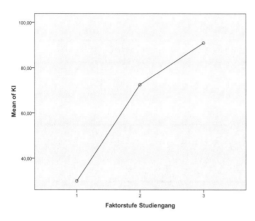

Abb. 9: Mittelwerte des K.I. der Faktorstufen 1) Lehramt Musik Studierende, 2) Instrumentalpädagogik Studierende, 3) Künstlerisches Hauptfach Studierende

Beispiele zur Veranschaulichung

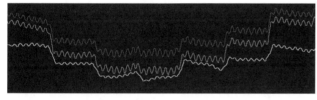

Abb. 10: Probandin (Künstlerisches Hauptfach) zeigt mit dem maximal erreichten K.I. von 95 (von 112) ein im Ellbogen (untere Markerlinie) ausgeprägt komplementär, also gegenphasig schwingendes Bewegungsbild.

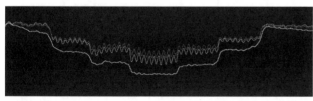

Abb. 11: Probandin (Lehramt Musik) zeigt mit einem K.I. von 40 (von 112) ein im Ellbogen (untere Markerlinie) wenig ausgeprägt schwingendes, tendenziell gleichphasiges Bewegungsbild.

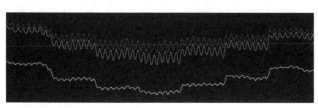

Abb. 12: Probandin (Lehramt Musik) zeigt mit einem K.I. von 20 (von 112) ein im Ellbogen ausgeprägt gleichphasig verlaufendes Bewegungsbild.

255

ANOVA[5]

	Sum of Squares	df	Mean Square	F	Sig.
Between Groups	3913	2	1956,5	24,006	,014
Within Groups	244,5	3	81,5		
Total	4157,5	5			

Descriptives

	N	Mean	Std. Deviation	Std. Error	95% Confidence Interval for Mean		Min.	Max.
					Lower Bound	Upper Bound		
1	2	30	14,14214	10	-97,062	157,062	20	40
2	2	72,5	3,53553	2,5	40,7345	104,2655	70	75
3	2	91	5,65685	4	40,1752	141,8248	87	95
Total	6	64,5	28,83574	11,77214	34,2387	94,7613	20	95

Multiple Comparisons Tukey HSD

(I) Faktorstufe Studiengang	(J) Faktorstufe Studiengang	Mean Difference (I-J)	Std. Error	Sig.	95% Confidence Interval	
					Lower Bound	Upper Bound
1	2	-42,5*	9,02774	,037	-80,2244	-4,7756
	3	-61*	9,02774	,013	-98,7244	-23,2756
2	1	42,5*	9,02774	,037	4,7756	80,2244
	3	-18,5	9,02774	,248	-56,2244	19,2244
3	1	61*	9,02774	,013	23,2756	98,7244
	2	18,5	9,02774	,248	-19,2244	56,2244

* The mean difference is significant at the 0.05 level.

---

[5] Einfaktorielle Varianzanalyse, statistische Beschreibung und Post-Hoc-Analyse

5 Diskussion

Aus dem Ergebnis der Analyse von Judy Palac 1992 muss man schließen, dass die eifrig nachgeahmten Bewegungsvorschriften und Übungsvorschriften selbst berühmter KünstlerInnen und LehrerInnen zum Teil weit weniger mit in anderen Disziplinen erforschten Prinzipien menschlicher Bewegung sowie mit neueren Forschungsergebnissen im Bereich des Streichinstrumentspiels bzw. Violinspiels kompatibel sind, als dies von vielen Studierenden und Lehrenden vermutlich angenommen wird.

Retrospektiv können die *Guidelines for Teachers*, die Judy Palac 1992 aufgestellt hat, auch nach der Erfassung aktuellerer Studien bestätigt werden bis auf Nr. 1 c) *„The whole arm is always involved in bowing, and motion originates in large arm parts rather than small, even when smaller arm parts appear more active."* (Palac 1992, S. 33) Die Ergebnisse der Studien von Visentin/Shan 2003 und Shan et al. 2004 legen nahe, diese Richtlinie zu überdenken und ggf. zu revidieren, da in der Optimierungsphase und in der Phase der Annäherung an die physiologischen Grenzen der Einsatz zentraler Muskulatur zurückgeht, obwohl die Auslenkung der zentralen Gelenke relativ erhalten bleibt. Die Überprüfung folgender Hypothese wäre also von großem Interesse: *"Der ganze Arm ist stets an der Bogenführung beteiligt, aber Bewegungsfertigkeiten hoher Expertise werden durch die Aktivität distaler Teile des Arms charakterisiert, wodurch sich größere proximale Teile des Arms reaktiv bewegen aufgrund der Bogen und Streichinstrument mit einschließenden kinematischen Kette."* Dieser fundamentale Unterschied könnte aus der Gesamtschau der Ergebnisse heraus eine Ursache von berufsbedingten muskuloskeletalen Erkrankungen von GeigerInnen bzw. StreichinstrumentalistInnen sein. Eine Berücksichtigung in der Spieltechnik der Streichinstrumente könnte das Entstehen von *Overuse Syndroms*, der Überbeanspruchungsbeschwerden durch repetitive Mikrotraumata der Muskulatur und des Bindegewebes, deutlich verringern, denn es sind nachgewiesenermaßen keine vordergründig quantitativen Ursachen festzustellen, sondern vielmehr qualitative Unterschiede in den Bewegungsarten und -formen, in welchen die Risiken und Chancen für gesund erhaltendes Streichinstrumentspiel liegen.

Was die Ergebnisse nicht bestätigen konnten, war die von Palac geforderte Wichtigkeit der Berücksichtigung individueller anthropometrischer Bedingungen. Diese hatten kaum nachweisbar signifikanten Einfluss auf die Bewegungen im Violinspiel, zumindest jedoch nicht in Bezug auf die aktuell vermuteten Ursachen von Überbeanspruchungsbeschwerden.

Das Ziel guter Klangbildung konnte bislang wenig in den erfolgten Studien berücksichtigt werden. Es wurde nur stets als Voraussetzung betrachtet, dass MusikerInnen gewissenhaft danach streben und somit auch unter Versuchsbedingungen so spielen, wie sie es nach eigenen ästhetischen Maßstäben jederzeit tun würden. Lediglich die Verwendung einer relativ konstanten Bogengeschwindigkeit zur konsistenten Klangerzeugung, wie dies Helmholtz bereits empfohlen hatte, konnte bestätigt werden sowie die Neigung, im *legato* möglichst schnell und im Klang lückenlos den Wechsel der Bewegungsrichtung des Bogens und somit des Arms zu vollziehen, wobei der Bizeps u. a. als Supinator eine impulshaft aktive Rolle spielt.

Palac stellte dar, dass Vergleiche zwischen Studierenden und professionellen GeigerInnen gezeigt haben, dass auch im Geigenspiel das Bewegungslernen häufig eine Frage des Unterlassens unzweckmäßiger Muskelaktivität ist. (vgl. Sieber 1969) Während Studierende viel konstanter große Muskeln einsetzten, zeigten Professionelle wohl definierte kleine Muskelaktivitäten sowie den Einsatz ballistischer Effekte. Dies wurde durch die Untersuchung am Schlagzeugspiel von Trappe et al. 2008 ebenfalls bestätigt. Die Formulierung einer einheitlichen kinetischen Theorie zu Hebelwirkungen im Violinspiel sei jedoch bis 1992 nicht gelungen, meint Palac und es herrsche Uneinigkeit über die Ursprünge der Kräfte für die Klanggestaltung. Dennoch sei bis dahin deutlich geworden, dass weder alleine durch Handgelenk und Finger noch durch Armgewicht an der Bogenspitze geeignet Kräfte übertragen werden können, sondern dass anzunehmen ist, dass die nötigen Kräfte durch eine Balance zwischen Pronation und Supination (=Unterarmrollung), ein Hebelsystem, effektiv in den Bogen übertragen werden. Ein in den 1930er Jahren in Deutschland entwickelter Ansatz von August Eichhorn konnte von Palac aufgrund einer schlechten Veröffentlichungslage jedoch nicht berücksichtigt werden. August Eichhorn entwickelte eine lediglich in der Praxis überlieferte, jedoch von ihm wissenschaftlich fundierte kinetische Theorie des komplexen Hebelspiels. Die von mir durchgeführte Pilotstudie ging diesem Ansatz nach und überprüfte einen Teil dieses Hebelspiels auf sein Vorkommen in unterschiedlichen Expertise-Stufen. Das Ergebnis ermutigt, diesem Ansatz weiter nachzugehen.

Insgesamt erscheint es bedenkenswert, dass vermutlich aufgrund der großen Aufmerksamkeit und Energie, die der Umgang mit neueren Technologien und Auswertungsmethoden verlangt, in den aufgeführten Studien zuweilen wenig Kapazität für umfassende Recherchen zum Forschungsgegenstand aufgewendet werden konnte und somit zum Teil Ergebnisse außer Acht gelassen wurden, die bereits zu Beginn des 20. Jahrhunderts mit einfachsten optomechanischen Apparaturen nachgewiesen worden sind. Auch scheint es insbesondere ForscherInnen mit anderen Ausbildungs-Schwerpunkten nicht immer gegeben, die Komplexität des Violinspiels zu überblicken und die klangphysikalischen und künstlerischen Nebenbedingungen mit ihren gesetzmäßigen Auswirkungen auf das Bewegungsverhalten einschätzen zu können.

Aufgrund nötiger Laborsituationen bei der Verwendung sehr teurer Geräte (z. B. Vicon oder Selspot Systeme) für die fundierte 3D-Bewegungsanalyse wurden bislang keine experimentellen Studien in Praxissituationen wie dem Instrumentalunterricht an Musikschulen oder Musikhochschulen durchgeführt. Um allerdings experimentelle Studien mit Hilfe einfacher 3D-Bewegungsanalysegeräte wie dem sehr robusten CMS-System der Firma Zebris durchführen zu können, bedarf es konkreter Hypothesen, um nach und nach sinnvoll Details überprüfen zu können. Bei Verwendung dieser auch für InstrumentalpädagogInnen leicht handhabbaren Technologie kann man keine umfassenden quantitativen Erfassungen erwarten, da nur 3 statt 30 oder gar 120 Marker zur Verfügung stehen. M. E. können somit jedoch in begrenztem Rahmen gezielt Forschungsfragen zur Qualität von Bewegungsarten und Bewegungsformen vor Ort, über längere Zeit und in großer Stichprobenzahl durchgeführt werden. Insbesondere das Forschungsfeld der experimentellen Evaluation von gezieltem methodischen Vorgehen in der Instrumentalausbildung, welches bestenfalls aus bisherigen Forschungsergebnissen abgeleitet ist, sollte von InstrumentalpädagogInnen initiativ bearbeitet werden, auch wenn es mit dem erhöhten Aufwand verbunden ist, sich mit empirischen Forschungsmethoden sowie ForscherkollegInnen aus anderen Disziplinen intensiv auseinanderzusetzen bzw. besser gesagt zusammenzusetzen, um sich gegenseitig über die Grenzzäune der eigenen Disziplinen hinauszuschauen zu helfen.

Ich möchte mit einem Zitat des Forscher- und Autorenteams aus dem Kinesiologen G. Shan, dem Geiger P. Visentin und dem Musikpädagogen E. B. Wasiak von der *University of Lethbridge/Canada* enden, das kürzlich im Rahmen eines Artikels im *International Journal of Music Education* die Situation treffend zusammenfasste:

"Most importantly, this study underscores the need for more systematic and multidisciplinary collaborative inquiry into music performance and pedagogy. It is an additional step toward performance pedagogy informed in part by science and suggests a number of potentialities. For this to occur, more systematic and collaborative research is necessary. Truly collaborative work does not

adopt one disciplinary approach, but engages in interpretive discussions that ultimately transcend the viewpoint of any single discipline. Music education as a profession must continue to encourage and support such endeavors." (Visentin et al. 2008, S. 85)

Literatur

Berque, Patrice; Gray, Heather (2002): The Influence of Neck-Shoulder Pain on Trapezius Muscle Activity among Professional Violin and Viola Players. An Electromyographic Study. In: Medical Problems of Performing Artists, H. 17, S. 68–75.

Blum, Jochen; Ahlers, Jürgen (1995): Medizinische Probleme bei Musikern. Stuttgart: Thieme.

Fishbein, M.; Middlestadt, S. E.; Ottati, V. et al (1988): Medical problems among ICSOM musicians: overview of a national survey. In: Medical Problems of Performing Artists, H. 3, S. 1–8.

Fry, H. J. H. (1988): Patterns of over-use seen in 658 affected instrumental musicians. In: International Journal of Music Education, H. 11, S. 3–16.

Hermsdörfer, J. (2002): Bewegungsmessung zur Analyse von Handfunktionen. Vorschlag einer standardisierten Untersuchung. EKN - Entwicklungsgruppe Klinische Neuropsychologie. München (EKN - Beiträge für die Rehabilitation).

Hopfer, Margarete (1941): Die Klanggestaltung auf Streichinstrumenten. Das Naturgesetz der Tonansprache ; kurze Einf. in "Die gestaltende Dynamik der Bogenmechanik" von August Eichhorn. Leipzig: Kistner & Siegel.

Kihira, Masayasu; Ryu, Jaiyoung; Han, JungSoo; Rowen, Bruce (1995): Wrist Motion Analysis in Violinists. In: Medical Problems of Performing Artists, H. 10, S. 79–85.

Meyer, Jürgen (1978): Physikalische Aspekte des Geigenspiels. Ein Beitrag zur modernen Spieltechnik u. Klanggestaltung für Berufsmusiker, Amateure u. Schüler. Siegburg: Schmitt.

Morrey, B. F.; Askew, L. J.; An, K.-N. (1981): A biomechanical Study of normal elbow motion. In: The Journal of Bone & Joint Surgery, H. 63 A, S. 872–877.

Palac, Judith Ann (1992): Violin Bowing Technique. An Analysis of Contemporary Pedagogical Literature According to Principles of Human Movement. In: Medical Problems of Performing Artists, H. 7, S. 30–34.

Sieber, R. E. (1969): Contraction-Movement Patterns of Violin Performance. Ann Arbor, MI: University Microfilms.

Shan, Gongbing; Visentin, Peter (2003): A Quantitative Three-dimensional Analysis of Arm Kinematics in Violin Performance. In: Medical Problems of Performing Artists, H. 18, S. 3–10.

Shan, Gongbing; Visentin, Peter; Schultz, Arlan (2004): Multidimensional Signal Analysis as a Means of Better Understanding Factors Associated with Repetitive Use in Violin Performance. In: Medical Problems of Performing Artists, H. 19, S. 129–139.

Steinhausen, Friedrich Adolf; Reuter, Florizel von (1928): Die Physiologie der Bogenführung auf den Streich-Instrumenten. 5. Aufl. Leipzig: Breitkopf & Härtel.

Steinmetz, Anke; Seidel, Wolfram; Niemier, Kay (2008): Shoulder Pain and Holding Position of the Violin. A Case Report. In: Medical Problems of Performing Artists, Jg. 23, H. 2, S. 79–81.

Trappe, Wolfgang; Katzenberger, Ulrich; Jabusch, Hans-Christian; Altenmüller, Eckart (2008): Expertise-related differences in cyclic motion patterns in drummers: A kinematic analysis. In: Medical Problems of Performing Artists (in revision).

Trendelenburg, Wilhelm (1925/1974): Die natürlichen Grundlagen der Kunst des Streichinstrumentspiels. Unveränd. photomechan. Nachdr. d. Ausg. 1925. Kassel: Hamecher.

Tulchinsky, Ellen; Riolo, Lisa (1994): A Biomechanical Motion Analysis of the Violinist's Bow Arm. In: Medical Problems of Performing Artists, H. 9, S. 125–130.

Visentin, Peter; Shan, Gongbing (2003): The Kinetic Characteristics of the Bow Arm During Violin Performance. In: Medical Problems of Performing Artists, H. 18, S. 91–97.

Visentin, Peter; Shan, Gongbing; Wasiak, Edwin B. (2008): Informing music teaching and learnig using movement analysis technology. In: International Journal of Music Education, Jg. 26, H. 1, S. 73–87.

Winold, Helga; Thelen, Esther; Feng, Jing (2002): On the rebound. How do you play spiccato, and how do you teach it to someone else. In: The Strad, H. May, S. 514–521.

Zaza, C. (1998): Playing-related musculoskeletal disorders in musicians: a systematic review of incidence and prevalence. In: Canadian Medical Association Journal, H. 158, S. 1019–1025.

FRANZISKA OLBERTZ

Musikalische Hochbegabung und ihre Beziehungen zu anderen Fähigkeitsbereichen

1 Einleitung

Musikalische Hochbegabung ist keine isolierte Eigenschaft eines Menschen, sondern sie resultiert aus dem komplexen Zusammenspiel von individuellen Persönlichkeitsmerkmalen, verschiedenen Fähigkeiten und den spezifischen Bedingungen, die die Umwelt bietet. Diese These nimmt einen zentralen Platz in der Auswertung dreier qualitativer Längsschnitt-Fallstudien ein, die ich in den Jahren von 2004 bis 2007 mit musikalisch hochbegabten Kindern durchgeführt habe. Sowohl in der wissenschaftlichen Literatur als auch in Biographien von Musiker/innen wird die Vernetzung musikalischer Begabung schon länger implizit oder explizit angenommen und auch z.t. empirisch untermauert (z.b. Kemp 2005; Lorek 2000; Bastian 1989; Moog 1968). Die schwierige Aufgabe bestand in meiner Untersuchung u.a. darin, diese Zusammenhänge auf qualitativer Ebene zu erheben und sie detailliert zu beschreiben. Interessant und weitgehend ungeklärt ist die Frage, ob sich Gesetzmäßigkeiten in diesem Zusammenspiel zwischen dem jeweils einzigartigen musikalischen Begabungsprofil und den genannten anderen individuellen Variablen finden lassen. Im folgenden Artikel werde ich mich nach einer knappen Darstellung der drei untersuchten Hochbegabungsfälle auf die Wechselbeziehungen musikalischer Hochbegabung mit anderen Fähigkeiten konzentrieren. Die übrigen untersuchten Aspekte (Persönlichkeit, Entwicklung und Umwelt) werden an anderer Stelle näher ausgeführt (Olbertz 2009a und 2009b, in Vorb.).

2 Hintergrund

Nach eindimensionalen Intelligenzmodellen in der Tradition von Charles Spearman sollte sich das geistige Potenzial in einem einzigen Wert fassen lassen, dem Faktor „g", der für alle Bereiche des Verstehens und Handelns relevant ist (z.B. Perleth 2008). Da Musik auch ein Bereich des Verstehens und

Handelns ist, müsste sie von dieser übergeordneten Größe ebenfalls abhängig sein. Dann wären die Beziehungen zwischen musikalischer Hochbegabung und anderen Fähigkeitsbereichen in diesem gemeinsamen Faktor begründet. Andere Modelle gehen in der Tradition von Louis Thurstone davon aus, dass Fähigkeitsdomänen, wie mathematische, sprachliche und musikalische „Intelligenzen" (Gardner 2005), eigenständig nebeneinander existieren. Eine wechselseitige Einflussnahme der verschiedenen Fähigkeitsbereiche wird zwar von Gardner nicht ausgeschlossen (ebd., 119ff., 158f.), ist aber in diesem Modell eher eine Randerscheinung. Die Theorie multibler Intelligenzen scheint durch die sog. „Idiots savants" bestätigt, die trotz geistiger Behinderung oder einer extrem niedrigen Intelligenz erstaunliche Fähigkeiten in der Musik entwickeln können. So sind bspw. die Kompositionen des japanischen Autisten Hikari Oe, der weder sprechen noch lesen und schreiben kann, zu einiger Berühmtheit gelangt. Vieles deutet darauf hin, dass solche Fälle extreme Ausnahmen darstellen. Wenn also eher die Vernetzung musikalischer Begabung mit anderen Fähigkeiten die Regel ist, wie sehen diese Beziehungen im Einzelfall aus?

In einigen Forschungsarbeiten wurde musikalische Hochbegabung systematisch in den Kontext anderer Fähigkeiten gestellt. Lorek untersuchte Schüler/innen des Musikgymnasiums „Schloss Belvedere" in Weimar u.a. mit einem Intelligenztest. Eine Korrelation zwischen musikpraktischen Leistungen und dem IQ fand sie nicht. Aber die Jugendlichen mit den höchsten Werten, übten nach eigenen Angaben am wenigsten. Demzufolge mussten sie mit weniger Aufwand die gleichen Leistungen an ihren Instrumenten erreicht haben wie die anderen (Lorek 2000, 145ff.). Bastian befragte Preisträger/innen bei „Jugend musiziert" nach ihren anderen Fähigkeiten. Er stellte fest, dass etwa die Hälfte der musikalisch hochbegabten Jugendlichen insgesamt auch gute bis sehr gute schulische Leistungen zeigte. Nebenher gewannen viele von ihnen zudem Wettbewerbe für Literatur oder Geschichte, oder konnten erstaunlich gut zeichnen (Bastian 1989, 286ff.). Nur wenige Untersuchungen haben bisher einzelne Fälle musikalischer Hochbegabung im Längsschnitt betrachtet. Längsschnittelemente finden sich bei den sehr frühen Fallstudien von Stern (1909) und Baumgarten (1930, 1932), die auch „außermusikalische" Fähigkeiten musikalisch hochbegabter Kinder in den Blick nahmen. Baumgarten kam bspw. zu dem Schluss, dass hohe musikalische Gedächtnisleistungen nicht mit einem guten Gedächtnis für andere Inhalte einhergehen. Logisches Denken und mathematische Begeisterung beobachtete sie bei mehreren musikalischen „Wunderkindern". Die Handmotorik ihrer Probanden war hingegen trotz beachtlicher Leistungen am Instrument nur durchschnittlich ausgeprägt, wenn es um Drahtbiegen, Zeichnen, Papierfalten oder Ausschneiden ging. In einem Fall bemerkte Baumgarten eine sehr hohe „Menschenkenntnis" bei Erwachsenen und ein ausgeprägtes Desinteresse an Gleichaltrigen, von denen die betroffene junge Pianistin nämlich „nichts lernen" konnte (Baumgarten 1930, 60f.).

Ein weiteres interessantes Arbeitsgebiet bilden in diesem Kontext die Forschungen zum langfristigen Transfer musikalischer Aktivitäten auf andere Fähigkeitsbereiche (zusammenfassend Schumacher 2006). Besonders populär ist im deutschsprachigen Raum die Berliner Grundschulstudie von Bastian. Durch Instrumentalunterricht und regelmäßiges Ensemblemusizieren soll sich in der sechsjährigen Längsschnittstudie das Klassenklima und das Sozialverhalten der Versuchsteilnehmer/innen in Relation zu einer Vergleichsgruppe signifikant verbessert haben (Bastian 2000, 303ff.). Schellenberg (2004) konnte bei Sechsjährigen sogar bereits nach einem Jahr Gruppenunterricht am Keyboard oder in Gesang einen Transfer auf die Intelligenzentwicklung messen. Anhand der „Wechsler Intelligence Scale for Children" (WISC-III) zeigte sich ein etwas größerer Anstieg des IQ im Vergleich zu einer Kontrollgruppe, die Theaterkurse oder nichts dergleichen besuchte. Andere Musikprogramme oder Formen musikalischer Förderung sollen eine langfristige Verbesserung sprachlicher (z.B. Johnson & Memmott 2006; Papoušek 1994) und mathematischer Fähigkeiten (z.B. Cheek & Smith 1999; Fitzpatrick 2006) zur Folge haben. Meist sind die gefundenen Effekte allerdings eher gering oder lassen sich in Folgeuntersuchungen nicht replizieren (für einen kritischen Überblick Spychiger 2001, 2006; Schumacher 2006).

3 Fragestellung

Ziel der eigenen Untersuchung war es zunächst, detaillierte Beschreibungen musikalischer Hochbegabungsfälle vorlegen zu können. Einen weiteren Schwerpunkt bildete neben anderen Themen die Frage, ob und inwiefern sich Wechselwirkungen zwischen musikalischer Hochbegabung und anderen Fähigkeitsdomänen zeigen. Näher betrachtet wurden dabei die Bereiche Intelligenz, Motorik, zeichnerische Fähigkeiten und soziale Kompetenzen.

4 Methoden

Die Untersuchung setzt sich aus drei Längsschnitt-Fallstudien mit musikalisch hochbegabten Kindern im Vor- und Grundschulalter zusammen. Die Herangehensweise kann zunächst als phänomenologisch bezeichnet werden. Das heißt, dass musikalische Hochbegabung als etwas erfasst wurde, was mehrere Personen auf verschiedene Weise wahrnehmen und interpretieren. Ein großer Anteil der drei Fallstudien „Martin", „Tadeus" und „Sarah" bestand daher in der Durchführung von leitfragenorientierten Interviews mit Eltern, Erzieherinnen, Schul- und Instrumentallehrer/innen und den Kindern selbst. Weiter ist die Untersuchung durch eine Methodenkombination charakterisiert, die einen Intelligenztest (HAWIK-III, Tewes et al. 2001), zwei Musikalitätstests („Wiener Test für Musikalität" von Preusche et al. 2003 und „Musik-Screening" von Jungbluth & Hafen 1997), qualitative Beobachtung, Verfahren zur Selbst- und Fremdeinschätzung, nicht standardisierte Aufgabenreihen und Analysen aufgenommener Instrumentaldarbietungen und weiterer Dokumente beinhaltet (ausführlich siehe Olbertz 2009a). Die jeweils zweijährige Begleitung der drei anfangs fünf- und am Ende siebenjährigen Kinder bestand in vierteljährlichen Besuchen, deren Verlauf zusammen mit den Beobachtungen in Forschungstagebüchern festgehalten wurde. Bei der Führung und Auswertung der Tagebücher kamen Prinzipien der „grounded theory" zum Tragen. Das heißt, dass bereits während des Erhebungsprozesses systematisch Schlussfolgerungen gezogen wurden, die im weiteren Untersuchungsverlauf anhand der nachfolgenden Daten bestätigt oder verworfen wurden (vgl. Creswell 2007). Zwei Vergleichskinder, die einen Großteil der Erhebungsstationen und Testverfahren über denselben Zeitraum ebenfalls durchlaufen haben, sollten helfen, die qualitativen Daten in Relation zum „unauffälligen" musikalischen Entwicklungsverläufen zu setzen. Am Ende dieser Arbeit stehen entlang der Leitfragen der Untersuchung zusammenfassende Schlussfolgerungen und Hypothesen, die musikalische Hochbegabung und ihre Beschaffenheit, Entwicklung und Vernetzung mit anderen Fähigkeiten, Persönlichkeitsmerkmalen und Umweltfaktoren neu beschreiben (Olbertz 2009a). Die hier in Kurzform dargestellten Ergebnisse beschränken sich, wie oben angekündigt, auf die ermittelten Erscheinungsformen musikalischer Hochbegabung und auf deren Beziehungen zu anderen Fähigkeitsbereichen.

5 Ergebnisse

5.1 Drei biographische Portraits

Martin ist der erste Sohn einer Musikschullehrerin für Oboe und eines Professors für Musiktheorie und Tonsatz. Mit 5.6 Jahren bekommt er noch einen Bruder. Als der 4.4jährige Martin mit dem Klavierunterricht beginnt, kann er bereits nach Gehör Musik am Klavier reproduzieren und harmonisch improvisieren. Noch vor dem Schuleintritt mit 6.3 Jahren lernt er nach Noten zu spielen, selbst Musik zu notieren und zu komponieren. Ab 6.7 Jahren singt er im städtischen Knabenchor mit.

Tadeus ist das erste Kind von inzwischen fünf Kindern. Seine Mutter hat Theater- und Medienwissenschaften studiert, sein Vater arbeitet als Computerspezialist. Beide Eltern sind an Pop-Musik interessiert, während Tadeus sich viel mehr für „Klassik" begeistert. Mit 2.9 Jahren besucht er seinen ersten Geigenunterricht. Ab 4.8 Jahren erhält er über ein Jahr hinweg Kompositionsunterricht. In die Schule kommt er bereits mit 5.4 Jahren und springt fünf Monate später in die zweite Klasse. Den Wunsch, das Geigenspiel aufzugeben äußert er allerdings zum ersten Mal mit 6.0 Jahren. Das Üben wird ihm zu aufwändig und der Mangel an Erfolg scheint ihn zu quälen. Im Anschluss an zwei Lehrerwechsel bricht er schließlich mit 7.10 Jahren (vier Monate nach dem Erhebungszeitraum) den Geigenunterricht ab.

Sarah ist das vierte Kind in ihrer Familie. Die Mutter unterrichtet privat Klavier und gibt musikalische Früherziehung. Sarahs musikbegeisterter und in Hardrock aktiver Vater ist von Beruf Koch. Das Mädchen beginnt mit 3.7 den ersten Geigenunterricht und mit 5.0 Jahren den Klavierunterricht. Mit 4.10 Jahren kommt sie bereits auf eigenen, dringenden Wunsch in die Schule. Aufgrund ihrer rasanten Fortschritte mit der Geige darf sie ab 6.8 Jahren bei einer renommierten Musikhochschuldozentin für Violine weiterlernen.

5.2 Drei musikalische Hochbegabungsfälle

Alle Eltern berichten von ersten Erfahrungen oder Erlebnissen mit ihren Kindern, die sie für deren musikalische Ausrichtung sensibilisiert haben. Bei Martin besteht eine solche „Schlüssel"-Erfahrung für die Mutter darin, dass er mit 1.4 Jahren komplette Kinderlieder intonationsrein summen kann. Der Vater erinnert sich vor allem daran, dass Martin mit 2.9 Jahren Kunstlieder von Schumann und Schubert an kurzen Gesangspassagen oder am Notenbild sicher wieder erkennt. Tadeus erstaunt mit 0.8 Jahren seine Mutter in einer Runde mit anderen Kindern und Müttern: Als einziges Kind krabbelt er immer wieder zu einer Box, aus der Musik ertönt, scheinbar um sie besser hören zu können. Mit 1.8 Jahren ruft er immer begeistert „Geige! Geige!", sobald er das Instrument hört oder sieht. Das verwundert die Eltern deshalb, weil sie selbst bisher nicht besonders an klassischer Musik interessiert sind. Sarahs Eltern erleben es als Schlüsselereignis, als das Mädchen mit 3.4 Jahren nach Gehör eine Etüde von Carl Czerny richtig am Klavier wiedergibt, die ihr älterer Bruder gerade für seinen Klavierunterricht übt. Die Eltern können sich nicht erinnern, dass Sarah sich vorher schon intensiver mit dem Instrument auseinandergesetzt hätte.

In den Interviews mit den Eltern, Instrumentallehrerinnen und bei Tadeus auch mit einem Kompositionslehrer wurden die Merkmale zusammengetragen, die die musikalischen Hochbegabungen der drei Kinder aus Sicht der Befragten beschreiben bzw. begründen. In sehr verkürzter Form sind diese Erläuterungen in Tabelle 1 wiedergegeben.

Tab. 1: In den Interviews beschriebene wesentliche Merkmale der musikalischen Hochbegabungen

Martin	Tadeus	Sarah
– anhaltende selbständige Beschäftigung mit Klängen u. Harmoniefolgen am Klavier ab 2.6 J.	– Anhaltendes, vertieftes imaginiertes Geigenspiel mit 2.7 J. auf einer Plastikgitarre	– rasche musikalische Auffassungsgabe, schnelles Abspeichern von Musik
– allgemein sehr frühe Entwicklung musikalischer Fähigkeiten	– intensive Beschäftigung mit Mozarts Biographie ab 3.0 J.	– Fähigkeit, Musikstücke komplett zu erfassen u. nachsingen zu können, stilübergreifend
– analytisches Hörvermögen, Interesse an der kompositorischen Struktur v. Musik	– allgemein stark vom Kopf ausgehende Auseinandersetzung und Ausübung von Musik	– Transpositionen von Melodien beliebig auf Klavier o. Geige
– intuitives Verständnis harmonischer Zusammenhänge	– extrem ausdauerndes, analytisches Musikhören	– sehr viel Fleiß, Interesse u. Unterstützung zu Hause
– Interesse an Harmonien stärker als an Melodien	– starke emotionale Empfänglichkeit für den Streicherklang	– „motorische Leichtigkeit" auf der Geige
– Intelligenz u. Abstraktionsvermögen als Grundlage seiner musikalischen Hochbegabung	– „noch nicht öffentlichkeitstaugliche Begabung"	– Verständnis für musikalische Phrasierung u. Erfassen des Rahmengerüstes von Stücken
	– „kombinatorische Begabung", Begeisterung und Sehnsucht im Kompositionsunterricht	– „ursprüngliche" Begabung, wie eine „wilde Pflanze"

Über diese Begabungsmerkmale im engeren Sinne hinaus werden in den Interviews zahlreiche weitere Fähigkeiten, Aktivitäten und Verhaltensweisen beschrieben, die die drei Begabungsprofile präzisieren. So wird von Martin berichtet, dass er Melodien zunächst nach Gehör und später auch nach Noten spontan am Klavier harmonisieren kann. Weiter kann er komplexe Musik nach Gehör am Klavier mehrstimmig reproduzieren (z.B. Teile des „Freischütz" von Weber). Das Notenlesen und das Singen oder Spielen vom Blatt beherrscht Martin mit fünf Jahren, nachdem er bereits mit viereinhalb bei Konzertbesuchen die Partitur mitverfolgt. Er kann auch beliebig am Klavier transponieren, kann kleine Stücke am Computer komponieren und souverän am

Klavier begleiten. Nur das Klavierüben für den Unterricht ist offenbar für alle Beteiligten recht mühsam, weil er erst nach und nach die Notwendigkeit des Übens einsieht. Die Eltern erläutern, dass das emotionale Austoben in seinem ersten eigenen Klavierspiel im Vordergrund steht und dass er sich in seine Improvisationen förmlich hineinsteigert und dann kaum ansprechbar ist. Auf der anderen Seite scheint er selten „ausdrucksstark" zu spielen. Er achtet, so die Klavierlehrerin, nicht auf die dynamische Differenzierung von Melodie und Begleitstimme und spielt auch nicht auf Höhepunkte zu. Von Tadeus berichten die Eltern, dass er mit 1.6 Jahren Kinderlieder intonationsrein singt und mit 2.7 Jahren die Orchesterinstrumente am Klang wieder erkennt. Ihm bekannte Melodien kann er nach Gehör auf der Geige spielen. Weiter wird von den Befragten erläutert, dass Tadeus sich sehr in Musik einfühlen kann, Musik tranceähnlich anhört und viel Sensibilität für die Geige zeigt. Mit drei Jahren versucht er erstmals Noten zu schreiben, was die Eltern als „Komponieren" verstehen. Der Kompositionslehrer hält allerdings fest, dass Tadeus noch nicht mit Zusammenhang komponieren kann. Tadeus selbst sieht sich bereits als Komponist. Er experimentiert schon früh am Synthesizer mit Terzen und Dreiklängen herum. Auf der Geige strebt er nach schwierigen Stücken, verzweifelt dann aber schnell an ihnen. Von seinem eigenen Geigenspiel ist er generell frustriert, so dass das Üben zur Qual wird. Er will am liebsten alleine üben, wobei er offenbar auch Fehler einübt. Von Sarah berichten die Eltern, dass sie bereits früh eigene musikalische Präferenzen ausprägt, meist für komplexe Musikstücke. Dabei versucht sie unabhängig von der Stilrichtung die beteiligten Instrumente herauszuhören. Sarahs Gesang ist von Anfang an intonationsrein, auf unreinen Gesang von anderen reagiert sie empfindlich, so die Eltern. Spontan erfundene Geschichten „vertont" sie manchmal spielerisch am Klavier oder an der Geige. Sarahs Geigenlehrerinnen und eine Klavierlehrerin erläutern, dass das Mädchen rasch nachmachen kann, was man ihr auf den Instrumenten vormacht. Um eine ausdifferenzierte Klanggestaltung auf der Geige bemüht sie sich bis zum Ende des Erhebungszeitraums nach Ansicht der Expertinnen noch wenig. Dennoch wird Sarahs enorme musikalische Ausdruckskraft von allen Befragten hervorgehoben. Das tägliche Üben initiiert, lenkt und begleitet die Mutter.

Die in den Forschungstagebüchern dokumentierten Beobachtungen und Schlussfolgerungen bestätigen die Interviewinhalte vielfach. Bei Martin laufen die Notizen in der Erkenntnis zusammen, dass er einen sehr analytischen Zugang zu Musik hat. Weiter komme ich während des Erhebungszeitraums zu dem Schluss, dass Martin sich besonders die Harmonik, aber auch Melodien und Rhythmen kreativ erarbeitet, indem er bei jeder sich bietenden Gelegenheit spontan und ungeniert am Klavier improvisiert. Diese Unbeschwertheit scheint im Laufe des Erhebungszeitraums etwas nachzulassen. Das Klavier versteht er offenbar in erster Linie als ein Werkzeug, mit dem er Musik zum Klingen bringen kann. An pianistischen oder gar virtuosen Leistungen scheint er nicht interessiert zu sein. Im Forschungstagebuch über Tadeus wird vor allem deutlich, dass er musiktheoretisches Wissen auf eigene Faust entdeckt bzw. entdecken will und dabei auf übergeordnete Prinzipien achtet. Weiter scheint er einmal erworbenes musikalisches Wissen (wie Bezeichnung, Klang und Tonspektrum der Orchesterinstrumente) auch leicht wieder zu vergessen, weil er es nur in einer bestimmten Phase der Erkenntnis und der Begeisterung „braucht" und dann nicht mehr anwendet. Die zentrale Schlussfolgerung über Sarahs musikalische Hochbegabung bezieht sich auf ihren Spaß und ihre Leichtigkeit im Zusammenhang mit der Geige. Auch die damit verbundenen zahlreichen Verpflichtungen (wie stundenlanges Üben, lange Autofahrten zum Unterricht, Konzentration und Disziplin) und Anforderungen können diese Unbeschwertheit offenbar nicht erschüttern.

Aus dem weiteren Datenmaterial lässt sich folgendes zusammenfassen: Bei den beiden verwendeten Musikalitätstests, dem „Wiener Test für Musikalität" (Preusche et al. 2003) und dem „Musik-Screening" (Jungbluth & Hafen 1997) erreichen Martin, Tadeus und Sarah erwartungsgemäß Spitzenwerte. Lediglich bei Aufgaben zum Metrum (Abweichungen erkennen) schneiden die Kinder interessanterweise „nur" durchschnittlich ab, wobei Sarah noch die sichersten Einschätzungen zu Veränderungen des Metrums gibt. Weiter haben besonders Martin und Tadeus offenbar Hemmungen, sich zur Musik mit dem ganzen Körper zu bewegen, was in einer Aufgabe des „Musik-Screenings" verlangt wird. Das weitere Datenmaterial, das aus Ton- und Filmaufzeichnungen, Aufgabenreihen und von den Kindern selbst verfasstem Notenmaterial besteht, hält die wohl anschaulichsten und überzeugendsten Informationen zu den drei Hochbegabungsfällen bereit. Zu diesem Material gehört u.a. die Aufzeichnung von einem polyphon zweistimmigen Stück, das Martin spontan anhand der Melodie von Oskar Riedings h-Moll-Violinkonzert (dritter Satz) am Klavier erfindet. Diese ausgedachte zweite Stimme zeugt von viel Erfahrung mit harmonischer und abwechslungsreicher Zweistimmigkeit, von tiefer Vertrautheit mit dem Klavier und von der kreativen Verarbeitung seiner Kenntnisse. Weiter sind auch eine originelle kleine Klavierkomposition von Martin, ein selbst geschriebener Chorsatz, sowie die Dokumentation seines auf Mehrstimmigkeit ausgelegten absoluten Gehörs Bestandteil dieses Materials. Von Tadeus gibt es Aufzeichnungen von seinem Geigenspiel und der fast untrennbar damit verbundenen Angst vor Fehlern und Äußerungen von Frustration. Zwei aufgenommene, notierte und analysierte Improvisationen auf der Geige verdeutlichen, dass Tadeus ausdrucksstarke Kontraste realisieren kann, aber nur vorübergehend tonal improvisiert. Ob dies tatsächlich seine musikalischen Ideen widerspiegelt oder ob er mit der Geige doch zu wenig vertraut ist, um seine Vorstellungen spontan umsetzen zu können, ist fraglich. Seine selbständige und „wissenschaftliche" Auseinandersetzung mit Tonleitern und Kadenzen ist ebenfalls in diesem Material in Form von Spielen und Zeichnungen auf Notenpapier festgehalten. Die Aufnahmen von Sarahs Geigenspiel dokumentieren enorme technische Fortschritte im Umgang mit der Geige und im Schwierigkeitsgrad des Repertoires über den Erhebungszeitraum hinweg. Bereits mit 7.2 Jahren beginnt Sarah den ersten Satz aus dem a-Moll-Violinkonzert N°9 von Charles de Bériot zu spielen. Dieses Konzert wird aufgrund seiner hohen technischen und musikalischen Anforderungen an Musikschulen bestenfalls gegen Ende der Schulzeit gespielt. Sarah erfasst schnell den wechselhaften Charakter des Stückes. Generell spielt sie mitreißend ausdrucksstark, sehr kontrastreich, selbstbewusst und temperamentvoll. In langsamen Sätzen beweist sie auch sehr viel Ruhe über lange Spannungsbögen hinweg und gestaltet mit allen ihr zur Verfügung stehenden Mitteln. Technische Hürden scheint sie fast nebenbei zu nehmen. Denn im Vordergrund steht scheinbar immer der Charakter der Musik, selbst dann, wenn sie ein Stück neu erarbeitet. Sarahs Geigenspiel ist allerdings von vielen Nebengeräuschen begleitet.

5.3 Wechselwirkungen mit anderen Fähigkeiten

a) Intelligenz

Allen drei Kindern wird von den interviewten Bezugspersonen neben der musikalischen Hochbegabung auch eine hohe Intelligenz zugesprochen. So wird von Martin berichtet, dass er mit 3.6 Jahren lesen kann und mit 5 Jahren bereits dicke Bücher, wie „Harry Potter" schnell und Sinn erfassend liest. Mit 2.3 Jahren erfragt er sich die Zahlen, lernt bald rechnen und entwickelt ein starkes mathematisches Interesse. Er erkennt Algorithmen, abstrahiert rasch und arbeitet mit Begeisterung Hans Magnus Enzensbergers „Zahlenteufel" durch (Enzensberger 2003). Sein enormes Allgemeinwissen erschließt er sich zu einem Großteil selbständig aus Büchern und Lernsoftware. Auch außerhalb der Mathematik ist für Martin charakteristisch, dass er Gesetzmäßigkeiten sucht und findet und dann penibel einhält. So schreibt er bspw. von Anfang an mit weitgehend richtiger Orthographie und legt darauf sehr viel Wert. Im Hamburg-Wechsler-Intelligenztest für Kinder (HAWIK, Tewes et al. 2001) erreicht Martin einen IQ im Bereich intellektueller Hochbegabung. Seine Höchstwerte liegen bei Wissens- und Wortschatzaufgaben. Unterdurchschnittliche Leistungen zeigt er in einem Testteil zur Beobachtungsgenauigkeit, in dem fehlende, aber wesentliche Elemente auf Abbildungen gefunden werden müssen (z.b. Löcher im Gürtel, Abfluss der Badewanne).

Tadeus lernt nach Auskunft der Eltern bereits mit 1.4 Jahren die ersten Buchstaben und bald darauf die Zahlen. Dank seines sehr guten Gedächtnisses kann er viele Kinderbuchtexte, Gedichte und Hörspiele auswendig. Tadeus kann sich Wissen und Zusammenhänge selbst erschließen, indem er sich stundenlang zurückzieht und „forscht". Wie bei Martin kann ich auch bei Tadeus beobachten, dass er komplexe Regelsysteme und eigene kleine Welten mag und dass er am liebsten selbst die Kontrolle über diese Spiel- oder Wissensgebiete hat. Auch nach dem Überspringen einer Schulklasse kommt er in den Augen seiner Lehrerinnen gut mit dem Schulstoff zurecht. Im HAWIK erreicht Tadeus insgesamt die höchsten Werte von den drei Kindern, darunter sehr hohe Werte bei Wissens- und Wortschatzaufgaben und extrem hohe Werte bei Aufgaben zum sprachlogischen und rechnerischen Denken. „Nur" durchschnittliche Ergebnisse zeigt er bei handlungsorientierten Aufgaben, bei denen Figuren gepuzzelt oder Bilder zu Geschichten angeordnet werden sollen.

Von Sarah berichten die Eltern, dass sie sich mit 2 Jahren die Buchstaben an einem Kindercomputer selbst beibringt. Mit 4 Jahren kann sie fließend lesen und beschäftigt sich seither mit Wissensbüchern und Comics. Nach ihrer Einschulung mit 4.11 Jahren kann sie mit den viel älteren Klassenkamerad/innen Schritt halten, so die Grundschullehrerin. Dabei scheint sie im sprachlichen Bereich stärker zu sein als im mathematischen. Ich beobachte bei der Ausführung von Hausaufgaben, beim Lesen und beim Umgang mit PC-Spielen, dass Sarah automatisierte Denkprozesse und Handlungen in einem enormen Tempo ausführen kann. Dies zeigt sich auch im Intelligenztest, in dem Sarah ganz anders als Martin und Tadeus extrem hohe Leistungen bei einer Aufgabe zum akustischen Kurzzeitgedächtnis zeigt, bei denen Zahlenreihen vorwärts und rückwärts nachgesprochen werden müssen. Einen weiteren Spitzenwert erreicht sie bei Aufgaben zum visumotorischen Arbeitsgedächtnis, in denen unter Zeitruck wechselnde Symbole gezeichnet werden müssen. Unterdurchschnittlich sind hingegen ihre Leistungen bei der oben beschriebenen Beobachtungsgenauigkeit und bei einem Testteil zur räumlichen Wahrnehmung und Koordination.

Im Vergleich mit den musikalischen Ausrichtungen der drei Kinder zeigen sich einige Parallelen. So erschließen sich Martin und Tadeus nicht nur mathematische Gesetzmäßigkeiten und andere Fachgebiete selbständig, sondern erarbeiten sich mit dem gleichen „Forscherdrang" auch Musik. Das begründet ihre fortgeschrittenen musiktheoretischen Kenntnisse und ihr intellektuelles Interesse an der Zusammensetzung von Musik. Während Martin im Intelligenztest ein großes Allgemeinwissen und einen breiten Wortschatz zeigt, ist Tadeus versierter bei spontaner Logik und Abstraktion. Auch auf musikalischer Ebene ist Martin scheinbar darauf eingerichtet, viele Erfahrungen zu sammeln und mit ihnen sein Wissen über Harmonik und Notation nach und nach aufzubauen. Für Tadeus scheint es bei der Beschäftigung mit Musik hingegen von Vornherein um „Entschlüsselung" zu gehen. Doch das Geigespielen lässt sich nicht „knacken" wie ein Code, auch wenn Tadeus schon sehr genaue Vorstellungen vom schönen Violinklang hat, muss er trotzdem noch unter Anleitung üben, was er nicht recht einzuplanen scheint. Sarahs Intelligenz scheint u.a. dadurch charakterisiert zu sein, dass sie bestimmte Informationen oder Abfolgen schnell erfassen und automatisieren kann. In den Intelligenztestaufgaben, die ein gutes Arbeitsgedächtnis und akustische Merkfähigkeit erfordern, hat sie die höchsten Werte. Diese Fähigkeiten scheinen den Interview- und Beobachtungsdaten zufolge auch zu ihrem raschen technischen Erfolg auf der Geige und zu ihrem mühelosen Erfassen und Einstudieren von Geigenliteratur beizutragen.

Fazit: Die drei Ausprägungen musikalischer Hochbegabung zeigen sich durchaus verbunden mit Intelligenz. Es soll daraus aber kein Zusammenhang abgeleitet werden, der besagt, dass musikalisch Hochbegabte immer auch hochintelligent sind. Vielmehr scheint es subtilere Zusammenhänge zu geben. Martin, Tadeus und Sarah haben gezeigt, dass sie auf ganz verschiedene Weise intelligent sind und dass sie auf ähnlich verschiedene Weise ihre musikalischen Schwerpunkte setzen. *Die Erscheinungsformen musikalischer Hochbegabung werden in den drei Fällen also von den individuellen geistigen Fähigkeiten und Herangehensweisen entschieden mitgeprägt.*

b) Motorik

Zu den grobmotorischen Fähigkeiten der drei Kinder ist zu sagen, dass sie alle als „nicht sportlich" beschrieben werden. Martin und Sarah besuchen sogar zeitweilig eine Physiotherapie um ihre Entwicklungsdefizite auf motorischem Gebiet auszugleichen. Bei Tadeus besteht zwar kein Behandlungsbedarf, er wird aber als immer schon sehr zartes Kind mit wenig Kraft beschrieben. Diese Beschreibung trifft auch auf Sarah zu, die so zierlich ist, dass sie eine Zeit lang ihren Schultornister auf einem Rollgestell transportieren muss. Im feinmotorischen Bereich gilt Tadeus als recht geschickt, was auch meinen Beobachtungen entspricht. Martin fällt hingegen bei handmotorischen Anforderungen besonders unter anderen Kindern im Kindergarten und in der Schule als überraschend ungeschickt und ungeübt auf. Diese „Ungeschicklichkeit" beobachte ich auch selbst in mehreren Alltagssituationen wie z.b. beim Eisessen oder beim Auspacken einer CD. Auch Sarah wird zumindest als unakkurat bei der Handhabung von Stiften oder Wassermalfarben erlebt. Ich beobachte darüber hinaus, dass sie im Umgang mit Computerspielen oder auch mit Stift auf Papier Bewegungsabläufe sehr rasch automatisiert.

Alle drei Kinder scheinen sich nicht auf grobmotorischer Ebene Musik anzunähern, denn in keinem Interview ist davon die Rede, dass Martin, Tadeus oder Sarah je verstärkt zu Musik getanzt oder sich mit dem ganzen Körper bewegt hätten. Bei Martin und Tadeus scheint die Aufgabe, sich zu Musik zu bewegen sogar Unbehagen auszulösen, wie ich im „Musik-Screening" beobachten kann. Auf feinmotorischer Ebene beobachte ich bei Martin, dass die Defizite, die sich im Alltag zeigen, auf dem Klavier viel schwächer in Erscheinung treten. Ab und zu fällt mir auf, dass er bspw. bei Tonrepetitionen an seine motorischen Grenzen kommt. Die Klavierlehrerin bemerkt solche Grenzen zwar häufiger, aber insgesamt sind seine Bewegungsabläufe am Klavier durchaus versiert bzw. bereits trainiert. Tadeus hat nach Ansicht der Geigenlehrerin ein gering ausgeprägtes „Körpergefühl". Dies äußert sich ihren Erläuterungen zufolge darin, dass er sich nicht auf sein Gespür für eine Bewegung verlässt, sondern Erklärungen der Zielbewegung verlangt, um diese dann über den Kopf in seine eigene Bewegung umzusetzen. Weiter fällt ihm offenbar die Vorstellung schwer, dass die komplexen Bewegungsabläufe an der Geige nur durch viel Übung realisierbar werden und nicht sofort „perfekt" sein können. In Sarahs Falle spiegelt sich gerade die fehlende Perfektion handmotorischer Abläufe wider. Ihre Spielbewegungen an der Geige wirken mutig und führen durchaus zu einigen Nebengeräuschen. Zum anderen findet sich die rasche Automatisierung von Bewegungen in der komplexen Technik auf der Geige deutlich wieder. Die Geigenlehrerin bezeichnet dies als „motorische Leichtigkeit". Am Klavier werden ihre Hände hingegen als etwas „zu schwach" beschrieben. Sowohl bei Sarah als auch bei Tadeus erleben die Instrumentallehrerinnen häufig Folgen körperlicher Schwäche im Unterricht.

Fazit: Grobmotorische Fähigkeiten scheinen bei den drei Kindern für die Ausführung von Musik nicht von zentraler Bedeutung zu sein. Vielleicht handelt es sich bei Martin, Tadeus und Sarah zufällig um nicht sehr „körperbetonte" Fälle musikalischer Hochbegabung. Feinmotorische Alltagsfähigkeiten scheinen sich nur begrenzt in der Handmotorik am Instrument niederzuschlagen. Offenbar sind die Anforderungen des Instrumentalspiels so speziell, dass sie für den Alltag kaum Relevanz besitzen. *Obwohl sich die alltägliche motorische Geschicklichkeit also nicht direkt am Instrument niederschlägt, lassen sich Präzision und Automatisierung von Bewegungsabläufen hier wie da beobachten. Auch die physiologische Eignung für das Instrument wird von den Instrumentallehrerinnen differenziert.*

c) Zeichnerische Fähigkeiten

Auch über die zeichnerischen Fähigkeiten der drei Kinder wurden die Bezugspersonen befragt. Von Martin wird übereinstimmend berichtet, dass er nicht gut zeichnen kann und es auch nur sehr selten tut. Seine wenigen Zeichnungen wirken, so die Eltern meist „abstrakt" und sind mit Buchstaben oder Zahlen durchmischt. Bei der Betrachtung einer Kindergartenmappe komme ich zu dem Schluss, dass Martin am liebsten technische Geräte oder Abläufe darstellt und diese mit Titeln oder Legenden erläutert. Bei Menschen und Tieren achtet Martin, so seine Grundschullehrerin, weniger als andere Kinder auf Körperproportionen. Tadeus zeichnet ebenfalls sehr wenig und bringt überwiegend Symbole, Buchstaben, Zahlen zu Papier. Menschen werden stark stilisiert. Gegen Ende des Erhebungszeitraums malt er ausgedachte Landkarten oder abstrakte Muster. Insgesamt ist die Ausführung seiner Zeichnungen sehr akkurat. Ganz anders ist das bei Sarah. Sie achtet nicht auf Perfektion bei ihren zahllosen Zeichnungen. Sie malt leidenschaftlich gern Katzen, andere Tiere, Märchendrachen und Menschen. Ihre Bilder sind kaum stilisiert und enthalten sogar schon viele Elemente räumlicher Darstellung. Dabei sind sie auf ganz eigenwillige Weise enorm ausdrucksstark. Einige Details wirken akzentuiert, als wollte Sarah etwas Bestimmtes mitteilen oder auf etwas Charakteristisches aufmerksam machen. Die Zeichnung „Papa am Computer" (Abb. 2) bringt bspw. sehr deutlich die nachdenkliche Stirn, die konzentrierte Schreibtischhaltung und den typischen Griff der rechten Hand zur Computer-Maus zum Ausdruck. Der Tisch, der Stuhl und die Beine des Vaters erschienen Sarah für diese Momentaufnahme offenbar verzichtbar.

Abb. 2: Sarah, 7.3 Jahre: „Papa am Computer"

Der Umgang mit Musik ist bei Martin und Tadeus ähnlich „wissenschaftlich" wie ihre Verwendung von Papier und Stift. In beiden Bereichen geht es bei ihnen vorrangig um Exploration und das Finden oder auch *Er*finden von Gesetzmäßigkeiten. Bei Tadeus spiegelt sich deutlich der Perfektionsdrang wieder, den er auch an der Geige zeigt und der in beiden Bereichen oft genug zum frustrierten Abbruch der Beschäftigung führt. Bei Sarah steht Perfektion wiederum im Hintergrund. Sie scheint beim Zeichnen wie beim Instrumentalspiel vor allem das Wesentliche darstellen zu wollen und sich dabei nicht zu sehr in Details zu verfangen. So wie sie in ihren Zeichnungen nicht die typischen Stilisierungen übernimmt, sondern einfach versucht, das darzustellen, was sie sieht, scheinen auch ihre musikalischen Darbietungen von sehr viel eigener Initiative geprägt zu sein. Ihre Unbeschwertheit und Ausdruckslust ist dabei hier wie da sehr auffällig.

Fazit: Expressivität ist sowohl Sarahs Zeichnungen als auch ihrem Geigenspiel eigen. In beiden Bereichen zeigt sie dabei wenig Interesse an Perfektion oder Vollständigkeit. Martin und Tadeus zeichnen weniger expressiv und dafür eher „technisch" und akribisch. Diese Herangehensweise lässt sich auch in ihren musikalischen Tätigkeitsfeldern wieder finden, da es auch hier eher um die Strukturen an sich geht als um deren Ausdrucksgehalt. *Insgesamt geht musikalische Hochbegabung also nicht mit herausragenden Fähigkeiten im Zeichnen einher. Aber eine eher expressive oder eher „wissenschaftliche" Art des Zeichnens findet sich bei den drei Fällen in einer entsprechenden Herangehensweise an Musik wieder.*

d) Soziale Kompetenzen

Auf der Ebene sozialer Kompetenzen ist besonders in Martins Falle zu sagen, dass er in seiner frühen Kindheit Gleichaltrigen distanziert gegenübersteht. Erst ab dem fünften Lebensjahr entwickeln sich Freundschaften. Spielgefährten gegenüber wird er als treu und gutmütig, aber auch als leicht verletzlich beschrieben. Weiter erläutern die Befragten, dass Martin Konflikte mit Kindern kaum lösen kann. Meist wirkt er dann unglücklich oder verzweifelt über das Verhalten der anderen. Tadeus kann den Eltern zufolge zwar auf Kinder zugehen, hat aber keine engeren Freundschaften. Er spielt vor allem mit seinen (jüngeren) Geschwistern, von denen eine allerdings auch viel Eifersucht bei ihm auslöst. Zu den Schüler/innen in seiner Klasse hat er offenbar kaum Kontakt, obwohl er von ihnen gemocht wird und bisweilen sogar „bemuttert", wenn er einmal Hilfe braucht. Ich bekomme bei den Erhebungen den Eindruck, dass Tadeus durchaus gern zu den anderen Jungen „dazugehören" würde. Andererseits scheint er sehr viel Zeit für sich allein zu brauchen. Sowohl Martin als auch Tadeus können sich gut mit Erwachsenen unterhalten. Sarah ist unter den Klassenkamerad/innen zwar beliebt und wird als Jüngste in der Klasse auch besonders umsorgt, hat aber kaum Freundschaften. Den Eltern zufolge scheint Sarah soziale Kontakte bereits verbindlicher aufzufassen als Gleichaltrige. Eine relativ enge Freundschaft verbindet sie daher mit einem fünf Jahre älteren Mädchen. Ich erlebe Sarah anderen Kindern gegenüber meist als kontaktscheu, während sie mit Erwachsenen sehr gut umgehen kann, indem sie z.B. ihren ganzen kindlichen Charme einsetzt. Von den Befragten wird sie auch als sehr einfühlsam beschrieben.

Auf musikalischem Gebiet lassen sich die sozialen Fähigkeiten der Kinder schwer nachzeichnen. Nur einige Parallelen sind festzustellen. So dürfte die Aufgeschlossenheit Erwachsenen gegenüber generell vorteilhaft für das Erlernen der Instrumente sein, das durch Erwachsene angeleitet wird. Die intensive Erwachsenen-Kind-Beziehung im Instrumentalunterricht und beim täglichen Üben kann umgekehrt auch die Selbstverständlichkeit im Umgang mit Erwachsenen gefördert haben. Die wenigen Kontakte zu Gleichaltrigen sind auch für intellektuell hochbegabte Kinder typisch (z.B. Stapf 2003). Denn die

Interessen solcher Kinder liegen weit von denen Gleichaltriger entfernt. Das trifft bei Martin, Tadeus und Sarah verstärkt auf musikalische Inhalte zu. Selbst wenn ein anderes Kind in der Klasse auch ein Instrument lernt, kann es längst nicht in die musikalischen Welten dieser kleinen Musiker/innen eintauchen. Bei Tadeus scheint das Bedürfnis, von den anderen Jungen akzeptiert zu werden, sogar in Konkurrenz mit dem Interesse an der Geige zu stehen. Bei Sarah führen die fehlenden freundschaftlichen Beziehungen in der Schule scheinbar umgekehrt dazu, dass sie sich stärker ins Geigenspiel vertieft und eben dort „ihr Glück sucht" und ihre Identität festigt. Bei ihr lassen sich zudem Kommunikativität, Charme und Einfühlungsvermögen sehr deutlich am Geigenspiel ablesen. Parallelen in der musikalischen und sozialen Entwicklung lassen sich ansatzweise bei Martin beobachten. Während er zu Beginn der Erhebungen kaum Freunde hat, sich mir gegenüber reserviert verhält, ist er auch im Klavierunterricht äußerst unkooperativ und im Zusammenspiel sehr eigenbrötlerisch. Ab etwa sechseinhalb Jahren entwickelt er engere Freundschaften, lässt mich immer mehr an seinen Interessen teilhaben, sucht den Austausch mit mir und wird nun an der Musikschule zunehmend als aufmerksamer Klavierbegleiter für andere Instrumentalschüler/innen geschätzt.

Fazit: Alle drei Kinder haben zumindest phasenweise wenig soziale Kontakte. Dies dürfte mit den altersfremden Interessen besonders auf musikalischem Gebiet zusammenhängen. Einfühlungsvermögen und Mitteilungsbedürfnis weisen zwischen musikalischen und außermusikalischen Kontexten einige Parallelen auf. *Musikalische Hochbegabung geht aber nicht automatisch mit hohen sozialen Kompetenzen einher. Wegen der altersuntypischen Interessen im frühen Kindesalter kann sie sich sogar nachteilig auf soziale Erfahrungsmöglichkeiten auswirken.*

6 Diskussion

Musikalische Hochbegabung äußert sich in den drei Fällen von Anfang an auf sehr unterschiedliche Weise. Bei Martin werten die Eltern die anhaltende selbständige Beschäftigung mit dem Klavier und mit den darauf erzeugbaren Harmonien, sowie das analytische und auch intuitive Musikverständnis als Anzeichen musikalischer Hochbegabung. Bei Tadeus werden das vertiefte, analytische Musikhören, die ungewöhnlich frühe, intensive Beschäftigung mit Mozarts Lebensgeschichte und das Interesse an Musiktheorie als Merkmale der musikalischen Hochbegabung angeführt. Sarahs Hochbegabung wird an die musikalische Auffassungsgabe und das analytische Hörvermögen geknüpft, und besonders auf die Leichtigkeit an der Geige und auf die Expressivität bezogen. Gemeinsam ist den drei Kindern eine starke Empfänglichkeit für Musik, die dem anhaltenden Interesse, der hohen Motivation und letztendlich auch dem Erwerb musikalischer Fähigkeiten voranzugehen scheint. Eltern und Instrumentallehrer/innen haben in diesem frühen Stadium der musikalischen Entwicklung einen weniger leistungsorientierten Hochbegabungsbegriff. Ihre Einschätzungen stützen sich dafür mehr auf die nachhaltige Begeisterung, die selbstinitiierte, intensive Auseinandersetzung mit Musik und die Leichtigkeit des Lernens. Auf diesen Gebieten werden die Kinder als extreme Ausnahmeerscheinungen wahrgenommen. Ist die musikalische Hochbegabung dann einmal „erkannt", wird sie von den Eltern und Instrumentallehrer/innen verstärkt aufgegriffen, gefördert und beobachtet. Musikalische Hochbegabung ist also ein Phänomen, das erst in Relation zu den Erwartungen einer Gesellschaft und somit in den Köpfen der Umwelt und der Betroffenen „konstruiert" wird. Diese Konstruktion ist dynamisch. Das heißt, wenn bestimmte Erwartungen wiederholt nicht erfüllt werden, nimmt die Sicherheit ab, dass es sich um eine musikalische Hochbegabung handelt. In der Folge lässt auch die musikalische Förderung nach und tatsächlich stagniert die musikalische Entwicklung. Dies lässt sich an dem Fall „Tadeus" genau nachvollziehen.

Die Ergebnisse aus der zweijährigen Begleitung von Martin, Tadeus und Sarah lassen auf einige Beziehungen zwischen musikalischer Hochbegabung und anderen Fähigkeiten, insbesondere geistigen Fähigkeiten und Herangehensweisen, schließen. Die Zusammenhänge werden in Grundzügen auch durch die oben erwähnten vorangegangen Arbeiten unterstützt. Die Annahme, dass Musikalität ein ganz eigenständiger Fähigkeitsbereich ist (Gardner 2005), muss vor diesem Hintergrund abgelehnt werden. Die gefundenen Parallelen sind allerdings auch so individuell und subtil, dass ein gemeinsamer Faktor „g" als Erklärung für musikalische Hochbegabung *und* andere Fähigkeiten nicht befriedigend erscheint. Besonders wenn man sich auf die Ebene der Expressivität, als eine gemeinsame Facette musikalischer und zeichnerischer Fähigkeiten, begibt, kann schwerlich mit einem kognitiven Faktor allein argumentiert werden. Das Phänomen „musikalische Hochbegabung" zeigt sich in der qualitativen Betrachtung als ein sensibles System, an dem viele Faktoren beteiligt sind. Die „außermusikalischen" Fähigkeiten und deren Entwicklung bilden dabei nur einen Teil der Einflüsse. An den hier ausgesparten Daten zu Persönlichkeitseigenschaften und Umweltfaktoren lassen sich noch weitere Beziehungen mit den verschiedenen Erscheinungsformen und Entwicklungsverläufen musikalischer Hochbegabung aufdecken.

Zu den musikpädagogischen Implikationen der Untersuchung gehört, dass auch und ganz besonders in der kleinen Gruppe musikalisch Hochbegabter differenziert werden muss. Betroffene Kinder entwickeln von Anfang an ein ganz eigenes musikalisches Profil, das individuell gefördert werden muss. Eine allzu starke Fokussierung auf das Instrument scheint dabei vor dem Hintergrund der Vernetzung mit anderen Fähigkeiten, Persönlichkeitseigenschaften und Umweltbedingungen langfristig nicht sinnvoll. Möglicherweise kann gerade eine „außermusikalische" Förderung zu einer gesunden Entfaltung der musikalischen Hochbegabung beitragen. Da die Instrumentallehrerinnen freilich keine so differenzierte Gesamtbetrachtung ihrer Schüler/innen leisten können und auch nicht sollen, sind hier besonders die Eltern, Kindergartenerzieher/innen und Klassenlehrer/innen gefragt. Sie können helfen, zu hohe Erwartungen abzubauen, den Kontakt zu Gleichaltrigen zu finden, das Gefühl von Verständnis, Zugehörigkeit, Normalität zu behalten oder ggf. auch Bewegungsdefiziten gezielt entgegenzuwirken.

Abschließend möchte ich daran erinnern, dass die Erforschung und Förderung von Hochleistungen einer Breitenbildung nicht entgegensteht. Denn indem Spitzenfiguren und ihre Geschichten und Fähigkeiten diskutiert werden, ist die Möglichkeit zu einer breiten Identifikation geboten, die Menschen dazu animieren kann, an den eigenen Fähigkeiten zu arbeiten (vgl. Bastian 1989). Forschungen über musikalische Hochbegabung können für Betroffene auch eine Hilfestellung sein. Bei der Frage, was musikalische Hochbegabung ist und welche Indikatoren sie anzeigen, gibt es nach wie vor einen großen Bedarf an qualitativer Forschung.

Literatur

Baumgarten, Franziska (1932): Der Werdegang eines Wunderkindes (nebst einem Beitrag über die Beziehungen des Gedächtnisses zur Begabung). In: William Stern & Otto Lipmann (Hg.), Zeitschrift für angewandte Psychologie, Bd. 41 (473-498).

Baumgarten, Franziska (1930): Wunderkinder. Psychologische Untersuchungen. Leipzig: Johann Ambrosius Barth.

Bastian, Hans Günther (2000). Musik(erziehung) und ihre Wirkung. Eine Langzeitstudie an Berliner Grundschulen. Mainz: Schott.

Bastian, Hans Günther (1991): Jugend am Instrument. Eine Repräsentativstudie. Mainz u.a.: Schott.

Bastian, Hans Günther (1989): Leben für Musik: eine Biographie-Studie über musikalische (Hoch-) Begabungen. Mainz u.a.: Schott.

Cheek, Joyce M. & Smith, Lyle R. (1999): Music training and mathematics achievement. In: Adolescence 34/136 (759-761).

Creswell, John (2007): Qualitative inquiry and research design. 2. Aufl. Thousand Oaks, London, New Delhi: SAGE.

Enzensberger, Hans Magnus (2003): Der Zahlenteufel. Ein Kopfkissenbuch für alle, die Angst vor der Mathematik haben, 5. Aufl. München: dtv.

Fitzpatrick, Kate R. (2006): The effect of instrumental music participation and socioeconomic status on Ohio fourth-, sixth- and ninth-grade proficiency test performance. In: Journal of research in music education 54/1 (73-84).

Gardner, Howard (2005): Abschied vom IQ. Die Rahmen-Theorie der vielfachen Intelligenzen. 4. Aufl. Stuttgart: Klett-Cotta.

Gembris, Heiner (2008): Begabung und Begabungsförderung in der Musik. In: Fischer, Christian; Mönks, Franz J.; Westphal, Ursel (Hg.), Individuelle Förderung. Begabung entfalten – Persönlichkeit entwickeln. Fachbezogene Forder- und Förderkonzepte (256-284). Berlin: LIT.

Johnson, Christopher M. & Memmott, Jenny E. (2006): Examination of relationships between participation in school music programs of differing quality and standardized test results. In: Journal of research in music education 54/4 (293-307).

Jungbluth, Armin & Hafen, Roland (1992/97): Musik-Screening Teil I (5-8;6 Jahre) und Teil II (8;7-11 Jahre), Testmaterial und Begleit-CD-Rom.

Lorek, Regina (2000): Musikalische Hochbegabung bei Jugendlichen. Empirische Untersuchung zur Persönlichkeit und zum Umgang mit Musik. Frankfurt a. M.: Europäischer Verlag der Wissenschaften.

Olbertz, Franziska (2009a, in Vorb.): Musikalische Hochbegabung: Frühe Erscheinungsformen und Einflussfaktoren anhand von drei Fallstudien. Münster: LIT.

Olbertz, Franziska (2009b, in Vorb.): Musikalische Hochbegabung im Kindesalter und ihre Beziehungen zu Merkmalen der Persönlichkeit. In: Tagungsband zur IBFM-Tagung „Begabungsförderung und Begabungsforschung in der Musik", 19.-20.09.2008, Liborianum Paderborn.

Papoušek, Mechthild (1994): Vom ersten Schrei zum ersten Wort. Anfänge der Sprachentwicklung in der vorsprachlichen Kommunikation. Bern: Huber.

Preusche, Ingrid; Längle, Heinz; Vanecek, Erich & Aßlaber, Markus (2003): Wiener Test für Musikalität. Weltweit erster computerbasierter Musikbegabungstest für Kinder im Vor- und Volksschulalter. CD-Rom und Handbuch. Wien: Seibersdorf Research.

Schumacher, Ralph (2006): Macht Mozart schlau? Die Förderung kognitiver Kompetenzen durch Musik. Bildungsforschung Bd. 18. Bonn, Berlin: Bundesministerium für Bildung und Forschung (BMBF).

Spychiger, Maria (2006): Ansätze zur Erklärung der kognitiven Effekte musikalischer Betätigung. In: Bildungsforschung Bd. 18. (113-130). Bonn, Berlin: Bundesministerium für Bildung und Forschung (BMBF).

Spychiger, Maria (2001): Was bewirkt Musik? Probleme der Validität, der Präsentation und der Interpretation bei Studien über außermusikalische Wirkungen musikalischer Aktivität. In: Gembris, Heiner et al. (Hg.), Macht Musik wirklich klüger? Musikalisches Lernen und Transfereffekte (13-37) Augsburg: Wißner.

Stapf, Aiga (2003): Hochbegabte Kinder. Persönlichkeit, Entwicklung, Förderung. München: C. H. Beck.

Stumpf, Carl (1909): Akustische Versuche mit Pepito Arriola. In: Zeitschrift für angewandte Psychologie und psychologische Sammelforschung, Bd. 2 (1-11).

Tewes, Uwe; Rossmann, Peter; Schallberger, Urs (2001): Hamburg-Wechsler-Intelligenztest für Kinder: HAWIK-III Manual. 3. üb. u. erg. Aufl. Bern: Hans Huber.

CHRISTIANE LIERMANN

Auswirkungen des Zentralabiturs auf die Individualkonzepte von Musiklehrerinnen und Musiklehrern

1 Einleitung

Die Einführung des Zentralabiturs nach Bekanntgabe der PISA-Ergebnisse 2001 in acht Bundesländern, in denen bislang ein dezentrales Abiturverfahren praktiziert wurde, ist ein Versuch, die Anforderungen für die Abiturjahrgänge in Deutschland auf ein einheitliches Niveau zu bringen und die Schulabschlüsse vergleichbar zu machen. Auch der Musikunterricht ist von diesen Reformbestrebungen betroffen. Lehrer und Schüler in abiturrelevanten Musikkursen müssen ihren Unterricht nun nach den Vorgaben (inhaltlicher und struktureller Art) der Ministerien ausrichten, um eine gute Vorbereitung auf die ebenfalls zentral gestellten Abiturprüfungen zu leisten. In Bezug auf den Musikunterricht ergeben sich dadurch nicht nur Modifikationen auf der Ebene der speziellen Unterrichtsinhalte, sondern vermutlich auch Veränderungen bei den Schülern und Lehrern in ihrem Denken über Unterricht, ihren Handlungsweisen und ihrer Kommunikation/Interaktion.

Im vorliegenden Forschungsprojekt wurde der Fokus auf die Musiklehrer[1] gerichtet. In ihrer Funktion als Vermittler zwischen ministerialen Richtlinien, musikpädagogischen Intentionen und den Schülern erschien eine genauere Betrachtung der Auswirkungen des Zentralabiturs auf ihre Unterrichtsplanung und –durchführung und auf ihr Denken über Musikunterricht besonders interessant. Dabei sollte es nicht darum gehen die Auswirkungen des Zentralabiturs auf ihren konkreten Unterricht mittels Unterrichtsbeobachtung zu untersuchen, sondern im Zentrum stand die subjektive Wahrnehmung von Veränderungen in Bezug auf ihre unterrichtsbezogenen Planungen und didaktischen Überlegungen.

---

1 Um eine leichtere Lesbarkeit zu gewährleisten wird im Folgenden die Formulierung Musiklehrer für die Gruppe von Musiklehrenden verwendet. Damit sind stets sowohl Musiklehrerinnen als auch Musiklehrer gemeint.

Erkenntnisinteresse

In dem vorliegenden Forschungsprojekt sollte es darum gehen die Veränderungen durch das Zentralabitur aus der Perspektive der Musiklehrer nachzuvollziehen. Die (Musik-)Lehrer befinden sich in der Position verschiedene Interessen vertreten zu müssen. Zum einen müssen sie sich mit den Zielen des Ministeriums auseinander setzen und diese mit den eigenen Vorstellungen von Musikunterricht vereinbaren. Zum anderen haben sie die Aufgabe, die neuen Vorschriften für einen Musikunterricht fruchtbar zu machen, in dem die Schüler nicht nur mit den vorgegebenen Inhalten konfrontiert werden, sondern in dem ihnen ein individuell angemessener Lernprozess ermöglicht wird. In einem solchen Unterricht sollten nicht nur die zu lernenden Sachverhalte eine Rolle spielen, sondern auch musikalische und musikbezogene Kompetenzen erworben werden können, die die Schüler zu einer möglichst selbstbestimmten Teilhabe an der Musikkultur befähigen.

Auch wenn Musikunterricht vor dem Zentralabitur bereits nach bestimmten „Rahmenrichtlinien"[2] zu gestalten war, so bestand durch die offenen Formulierungen noch eine große Freiheit bei der Auswahl der Musikwerke und Fragestellungen. Im Zentralabitur gelten nun verbindliche Inhalte. Diese werden den Lehrern in Form von „thematischen Schwerpunkten"[3] vorgelegt. Neu ist darüber hinaus das Prüfverfahren der zentralen Abschlussprüfungen. Die Lehrer stellen im Anschluss an den Unterricht nicht mehr selbst die Klausur, sondern diese wird vom Ministerium konzipiert. Somit müssen die Lehrer ihre Schüler auf eine landesweit einheitliche Klausur vorbereiten. Die thematischen Schwerpunkte dienen ihnen dabei als Orientierung für mögliche Klausurthemen.

Die Annahme des vorliegenden Forschungsprojektes bestand darin, dass sich die Bestimmungen zum Zentralabitur sowohl wesentlich auf die Inhalte, Methoden und Organisationsabläufe des Unterrichts auswirken würden, als auch auf die Schüler und Lehrer. Da eine Studie über die Auswirkungen des Zentralabiturs auf den Musikunterricht, die Schüler *und* die Lehrer im Rahmen einer Dissertation nicht zu bewältigen wäre, konzentrierte sich dieses Forschungsvorhaben auf die Gruppe der Musiklehrer.

---

2 Vgl. (Kultusminister 1985).
3 Vgl. (Niedersächsisches Kultusministerium 2008).

Im Vorfeld der Befragung waren Vorüberlegungen zu theoretisch denkbaren Veränderungen notiert worden, die den Forschungsgegenstand greifbar machen sollten. Da es sich bei der Untersuchung um eine qualitative Studie handelt, sind diese Vorüberlegungen nicht als zu überprüfende Hypothesen zu verstehen, sondern als Vorannahmen, die die Richtung der Forschungsfrage anzeigen. Ganz im Sinne Flicks[4] sollen diese theoretischen Vorannahmen als vorläufige Versionen des Verständnisses und der Sichtweise auf den untersuchten Gegenstand aufgestellt werden, um diese im Laufe des Forschungsprozesses weiter auszubauen und zu reformulieren. Unter folgenden Gesichtspunkten wurden die wahrgenommenen Veränderungen, neben den persönlich bedeutsamen und spontanen Äußerungen zu den Umstellungen durch das Zentralabitur, beleuchtet:

- *Inhaltlich*: Ein besonderes Wesensmerkmal beim niedersächsischen Zentralabitur im Fach Musik ist die Vorgabe von drei thematischen Schwerpunkten pro Abiturjahrgang, die nicht nur musikalische und musikbezogene Kompetenzen beschreiben, sondern auch geknüpft sind an ausgewählte Musikwerke[5]. Interessant erschienen deshalb Fragen wie: Wie stehen die Lehrer persönlich zu den gewählten Schwerpunkten? Können sie etwas mit den Themen anfangen? Sind die Vorgaben mit individuellen Präferenzen eventuell kompatibel? Sehen sie in ihnen ihre eigene Vorstellung von musikunterrichtrelevanten Lernzielen gut repräsentiert? Können sie die Schüler für die Schwerpunkte begeistern? Wie wird das Niveau der Inhalte eingeschätzt? u.a.m.

- *Methodisch*: Gibt es bei den Musiklehrern Veränderungen im methodischen Vorgehen?

- *Organisatorisch*: Welche Veränderungen werden auf organisatorischer Ebene wahrgenommen? Ergeben sich Modifikationen in der Unterrichtsvorbereitung und in der allgemeinen Organisation des Unterrichtsalltages?

- *Politisch*: Wie werden von den Musiklehren die hinter dem Zentralabitur stehende Idee des länderweiten Leistungsvergleichs und die Zentralisierung des Verfahrens wahrgenommen?

---

4   Vgl. (Flick 2007) S. 128.
5   Vgl. Thematische Schwerpunkte Zentralabitur Niedersachsen:
    http://www.nibis.de/nli1/gohrgs/zentralabitur/za09_uebersicht.htm

- **Strukturell**: Nehmen die Musiklehrer Umwälzungen im strukturellen Bereich, insbesondere in Bezug auf Rollenverteilung, Hierarchien und Funktionen sowohl im Unterricht als auch im Schulsystem wahr?

Als weiterer wichtiger Baustein für die Untersuchung wurde das „theoretische Modell über die Individualkonzepte von Lehrenden"[6] von Niessen hinzugezogen. Da es in der vorliegenden Studie darum gehen sollte, die Bedeutung eines neuen Systems für das Nachdenken der Lehrer über Unterricht und für die Durchführung von Unterricht zu erforschen, erschien ein Modell über die Planung von Musikunterricht als hilfreiches Mittel zur Verdeutlichung möglicher Veränderungen. In ihrem Forschungsprojekt zu den Individualkonzepten von Musiklehrern hatte Niessen untersucht, wie Musiklehrer über ihren Unterricht nachdenken, woran sie sich orientieren und welche Faktoren bei ihrer Planung und Vorbereitung von Unterricht eine Rolle spielen.[7] Sie entwickelte dabei auf Grundlage der erhobenen Daten ein Modell, in dem sie jene Faktoren identifiziert und in einem Beziehungsgefüge dargestellt, die von den Lehrern bei der Planung von Musikunterricht als entscheidend beschrieben werden. Der Wortbestandteil *Individual-* deutet darauf hin, dass die einzelnen Komponenten je nach Lehrkraft individuell inhaltlich besetzt sind. Nach Niessen gibt es kein Konzept, dem alle Lehrer gleichsam folgen, sondern es werden je nach Schule, Ausstattung, Schüler, etc. subjektive didaktische Theorien erstellt.

Niessen hat in ihrem theoretischen Modell zwischen veränderbaren und konstanten Faktoren unterschieden. Als konstant beschreibt sie die äußeren Bedingungen, die die Lehrer als wenig beeinflussbar empfinden, die sich aber dennoch stark auf den Unterricht auswirken (Schule, Schüler, Richtlinien/Abitur, Material, Zeitbudget). Als variabel werden von den Lehrern in Niessens Darstellung dagegen die Auswahl der Inhalte und der Methoden und darüber hinaus auch ihre Ziele wahrgenommen. An zentraler Stelle in diesem Modell befindet sich der Aspekt der Vermittlung. Dieser wird als Bindeglied zwischen den Konstanten und den eigenen didaktischen Überlegungen beschrieben. Die Lehrer lernen ständig Neues hinzu, sodass sie den Aspekt der Vermittlung als prozesshaft bezeichnen.

Neben den Variablen und Konstanten kommen in einem Individualkonzept auch wesentlich die biographischen Erfahrungen der Lehrer zum Tragen. In

---

6 (Niessen 2006b), S. 318
7 Vgl. (Niessen 2006a) S. 175.

Niessens Befragungen wurde deutlich, dass die didaktischen Überlegungen der Lehrer stark von den individuellen Erlebnissen geprägt sind. Dies wird besonders in den beeinflussbaren Bereichen des Unterrichts deutlich. In ihnen kommen das jeweilig Charakteristische der Lehrer und ihre Geschichte zum Ausdruck.

Folgendes Modell wurde von Niessen zur Veranschaulichung entwickelt. In Rechtecken werden die Bedingungen, in Ovalen die Variablen und in dem abgerundeten Rechteck die biographischen Erfahrungen dargestellt.

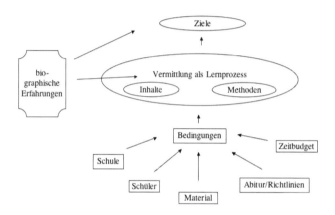

Abbildung 1: Theoretisches Modell über die Planung von Musikunterricht[8]

Bei der Beschäftigung mit den Auswirkungen des Zentralabiturs war das theoretische Modell zu den Individualkonzepten ein wichtiger Anhaltspunkt für mögliche wahrgenommene Veränderungen. Da dieses Forschungsprojekt nicht als Langzeitstudie angelegt war, in der die Situation vor und nach der Einführung des Zentralabiturs analysiert werden könnte, hat die persönliche Wahrnehmung von Umbrüchen eine besondere Relevanz. Legt man Niessens theoretische Modell den Nachforschungen zu Grunde, hat dies den Vorteil, dass sowohl subjektive Umstellungsprozesse zum Ausdruck kommen können, als auch für Erkenntnisse darüber, ob sich durch das Zentralabitur Modifikation für des gesamten Gefüges der Individualkonzepte ergeben. Würden die Auswertungen der Interviews auf solche Veränderungen hinweisen, wäre dies

---

8 (Niessen 2007), 28.

ein Indikator für ein bedeutsames Einwirken des Zentralabiturs auf die konzeptionellen Überlegungen der Musiklehrer.

Ziel der Untersuchung ist es demnach zu ergründen, ob die (befragten) Musiklehrer Veränderungen in ihren Individualkonzepten durch die Einführung des Zentralabiturs wahrnehmen, wie diese aussehen und welche Handlungsstrategien sie verfolgen, um mit den neuen Kontextbedingungen umzugehen.

Forschungsstand

Vor allem in den Bundesländern, in denen das Zentralabitur erst vor kurzem eingeführt wurde, weiß man bislang wenig über die tatsächlichen Auswirkungen des Zentralabiturs auf die Lehrenden und den konkreten Unterrichtsverlauf. Es existieren eher alltagstheoretische Überlegungen darüber, inwieweit das zentrale System den Schulalltag positiv oder negativ verändern könnte, bislang entbehren diese Überlegungen jedoch noch einer soliden Datengrundlage. Diskussionen über die Vor- und Nachteile des zentralen Systems sind zumeist in Zeitschriftenartikeln und in der Tagespresse zu finden. Sie stellen jedoch eher unterschiedliche Meinungsbilder dar und können kaum als wissenschaftliche Auseinandersetzung mit den neuen Strukturen bezeichnet werden.

In Bezug auf die Erforschung von subjektiven didaktischen Theorien von Musiklehrern sind die Publikationen von Niessen hervorzuheben. Mit der Entwicklung eines theoretischen Modells zu Individualkonzepten fokussiert sie die alltäglichen Belastungen der Lehrer, die Individualität der Schülergruppen und die Hintergründe der Lehrkräfte, in einer Weise, wie es ihrer Meinung nach noch von keinem anderen didaktischen Modell geleistet wird. Sie entwickelte das theoretische Modell zu den Individualkonzepten im Jahr 2006. Damit gehört die vorliegende Studie zu den ersten Reaktionen auf ihre Publikation.

Forschungsdesign

Methodische Grundlagen

Als qualitative Studie basiert das Projekt auf methodischen Grundsätzen der Grounded Theory Methodologie nach Strauss und Strauss/Corbin[9]. Bei der Grounded Theory Methodologie handelt es sich um einen Stil der qualitativen Datenanalyse, anhand der soziale Phänomene untersucht und erklärt werden sollen. Im Zuge des Analyseverfahrens soll eine Theorie nicht überprüft, sondern mittels der vorhandenen Phänomene generiert werden. Aus diesem Grund wird dem untersuchten Feld eine besondere Stellung und Priorität eingeräumt, während theoretische Vorannahmen zunächst zurück gestellt werden. Im Unterschied zu hypothesenprüfenden Untersuchungen geht man bei einer Theoriebildung, die gegenstandsbegründet ist, nicht von einem Basissatz aus, dessen Geltung auch für andere Sachverhalte überprüft werden soll. Stattdessen ergibt sich die theoretische Strukturierung des Forschungsgegenstandes erst im Verlaufe des Forschungsprozesses durch die Forschungssubjekte und soll zur Erklärung eines ausgewählten sozialen Phänomens dienen. „Die verzögerte Strukturierung bedeutet Verzicht auf Hypothesenbildung ex ante. Zwar wird die Fragestellung der Forschung unter theoretischen Aspekten umrissen (…), die Ausarbeitung der Fragestellung gipfelt jedoch nicht (…) im Hypothesensatz."[10]

Ziel der Theoriegenerierung ist die Darstellung einer Version von Welt, die sich ihrer Vorläufigkeit bewusst ist. Kommt es durch einen theoriegenerierenden Forschungsprozess zu einer Formulierung einer (neuen) Version von Weltdarstellung, so werden die Wahrnehmungen und sozialen Konstruktionen innerhalb dieses Feldes wiederum beeinflusst. Theorien bekommen nach Flick dadurch den Charakter der Vorläufigkeit und Relativität und tragen durch ihre Weiterentwicklung zu einer zunehmenden Gegenstandsbegründung bei. Doch trotz dieser Vorläufigkeit der Theorien und der Offenheit dieses Ansatzes ist der Forschungsprozess nicht unstrukturiert. Er beginnt nicht in einem luftleeren Raum, sondern hat als einen Ausgangspunkt ein Vor-Verständnis des zu untersuchenden Gegenstandes bzw. Feldes[11].

---

9 Vgl. u.a. (Strauss / Corbin 1996), (Strauss 1998).
10 (Hoffmann-Riem 1980), S. 345, zit. n. (Flick 2007) S. 124.
11 Vgl. (Flick 2000) S. 60.

An den Anfang wird nach dem Verfahren der Grounded Theory Methodology eine generative Frage gestellt, die den Forschungsprozess einleitet und die Offenheit des Vorgehens gewährleistet. Auf Grund der oben bereits erwähnten Vorannahmen können in der Anfangsphase interessante, zunächst auch sehr vorläufige Zusammenhänge erstellt werden. Durch das Kodieren in drei Phasen, werden diese Vorannahmen überprüft. Dabei kann das Kodieren stets mit der Erhebung von neuen Daten verknüpft sein. Nach und nach wird sich auf der Grundlage der erhobenen und kodierten Daten ein Netz von Kategorien ergeben, die es zu systematisieren und in einen Zusammenhang zu bringen gilt.[12]

Ablauf der Studie

Bei der Auswahl des Bundeslandes war die Forschungsfrage in Bezug auf die *Veränderungen* durch das Zentralabitur entscheidend. Die Untersuchung sollte in einem Bundesland durchgeführt werden, in dem die Musiklehrer in den letzten Jahren noch keine, bzw. erste Erfahrungen mit dem Zentralabitur sammeln konnten. Dies sollte gewährleisten, dass die Befragten etwas über die Auswirkungen des Wechsels auf sie selbst und ihren Unterricht berichten würden können. Niedersachsen bot sich deshalb für die Untersuchung an. Im Jahr 2006 wurden dort die ersten zentralen Abiturprüfungen in Musik durchgeführt.

Eine theoriegeleitete Datenerhebung nach der Grounded Theory Methodologie sieht vor, dass die relevanten Untersuchungsorte, Zeitpunkte und Personen nicht vor der Feldphase festgelegt werden, sondern dass die Untersuchungseinheit während der Analyse des Datenmaterials anhand der Kategorien der sich entwickelnden Theorie ausgewählt wird.[13] Die Phasen der Datenerhebung, Datenanalyse und die der Theoriebildung finden demnach nicht nacheinander statt, sondern parallel, wobei sie in einem Wechselverhältnis der funktionalen Abhängigkeit stehen. Nach Strübing geht damit die Vorstellung einer Steuerung des Prozesses aus sich selbst heraus einher, bei dem sich die Entscheidungskriterien der reflexiven Prozesssteuerung in den vorangegangenen Prozessetappen finden[14]. Auf der Grundlage der vorhergehenden Datenanalyse

---

12 Vgl. (Strauss 1998) S. 65 ff.
13 Vgl. (Kelle 1994) S. 296.
14 Vgl. (Strübing 2004) S. 14 f.

werden Kategorien ausgewählt, die für eine weitere Datenerhebung bestimmend sind. Dieses Vorgehen wird „theoretical sampling"[15] genannt.

Dieser Grundidee folgend ergab sich der Untersuchungsablauf:

- Besuch einer Evaluationsveranstaltung zum Zentralabitur (Juni 2006). Darüber konnten erste Kontakte zu Interviewpersonen hergestellt werden.
- Erste Phase der Datenerhebung (Juni/Juli 2006):
    - 6 Interviews mit Musiklehrerinnen und Musiklehrer (zusätzlich ein Telefoninterview mit einem niedersächsischen Ministerialrat über Hintergründe zum Zentralabitur)
    - Erste Datenauswertung und Suche nach weiteren Fällen
- Zweite Phase der Datenerhebung (Juni/Juli 2007)
    - 3 Interviews (Suche nach Zustimmung und Popmusikschwerpunkt)
    - Weitere Datenauswertung und Suche nach ergänzenden Fällen
    - Besuch einer Fortbildung zum Zentralabitur (November 2007)
- Dritte Phase der Datenerhebung (Oktober/Dezember 2007)
    - 2 Interviews (Suche nach Popmusikschwerpunkt)
    - Abschließende Datenauswertung/Theoriegenerierung/Ergebnisdarstellung

Die Lehrer wurden mittels eines halbstrukturierten Interviews befragt, dem ein offener Leitfaden zugrunde lag. Die Datenauswertung erfolgte, wie oben bereits beschrieben, im Sinne der Grounded Theory Methodologie nach Strauss.

Ergebnisse

Im Folgenden sollen Ergebnisse auf zwei Ebenen dargestellt werden. Zum einen sollen Veränderungen in Bezug auf das theoretische Modell zu den Individualkonzepten erläutert werden und zum anderen soll der Einfluss des Zentralabiturs auf einzelne Individualkonzepte verdeutlicht werden.

---

15 Vgl.(Strauss 1998), S. 70 ff.

Auswirkungen des Zentralabiturs auf die Faktoren innerhalb des Individualkonzeptmodells

Erweitert man dieses theoretische Modell um die Vorgaben zum Zentralabitur, so fällt auf, dass nahezu alle aufgeführten Faktoren in unterschiedlicher Weise davon beeinflusst werden. Nicht nur erhalten die veränderbaren Elemente eine neue Ausrichtung, sondern es ergeben sich auch für die vermeintlich unabänderlichen Bereiche Umwandlungen.

Einfluss des Zentralabiturs auf die **Bedingungen zur Unterrichtsplanung***:*

- *Abitur/Richtlinien*: Neue Vorgaben von thematischen Schwerpunkten sind verbindlicher Bezugsrahmen für den Musikunterricht in der Oberstufe.
- *Schule*: Durch die gestärkte Position des Kultusministeriums in Bezug auf die Vergabe von Unterrichtsinhalten verliert die Schule an Entscheidungsspielraum.
- *Material*: Die Auswahl des Materials bezieht sich nun auf die thematischen Schwerpunkte und muss zum Teil neu angeschafft werden.
- *Schüler:* Die neuen Voraussetzungen für den Unterricht verändern nach Einschätzung der Lehrer sowohl das Selbstverständnis der Schüler als auch ihr Engagement und ihre Motivation. Den Schülern sind die Vorgaben zum Zentralabitur in gleicher Weise zugänglich wie den Lehrern. Dies kann zum einen das selbstverantwortete Lernen und die Mitbestimmung im Unterricht fördern. Zum anderen ist die Möglichkeit eigene Musikpräferenzen zu thematisieren eingeschränkt. Insgesamt stellen die Lehrer bei den Schülern eine veränderte Motivation fest. Sowohl ein sinkender Antrieb durch die Enge der Vorgaben, als auch eine vermehrte Leistungsorientierung kamen in der Vorbereitung zum Abitur zum Tragen.
- *Zeitbudget*: Allein das zur Verfügung stehende Zeitbudget bleibt unverändert.

Einfluss des Zentralabiturs auf die veränderbaren Faktoren:

- *Inhalte:* Die Inhalte des Unterrichts sind nun durch die thematischen Schwerpunkte größtenteils vorgegeben. Die Reaktionen auf die vorgegebenen Inhalte sind vielfältig. In erster Linie fühlen sich die Lehrer eingeschränkt und würden eine freiere Gegenstandswahl dem Zentralabitur vorziehen. Die Auswahl der zu behandelnden Stücke wurde, mit Ausnahme eines Werkes (*Wozzeck* von Alban Berg), jedoch positiv bewertet. Eine Auseinandersetzung mit bisher unbekannten Inhalten nahmen die Lehrer im Nachhinein als Horizonterweiterung wahr. Dabei beanspruchte die Behandlung der vorgegebenen Schwerpunkte einen großen Teil der Unterrichtszeit, so dass darüber hinaus nur wenige Ergänzungen stattfinden konnten.

- **Methoden:** Bei der Auswahl der Methoden sind nur wenige Veränderungen festzustellen. In einigen Fällen wurde eine starke Methodenvielfalt beschrieben, die zu einer intensiven Auseinandersetzung mit dem Stoff beitragen sollte.
- **Ziele:** Die Ziele des Unterrichts werden durch die Vorgaben sehr genau definiert. Für die Lehrer besteht nun die Schwierigkeit diese Ziele mit ihren eigenen, musikdidaktisch begründeten und lerngruppenbezogenen Zielen zu vereinbaren.
- **Vermittlung als Lernprozess:** Die Vermittlung bleibt auch unter dem Zentralabitur prozesshaft. Dabei verändern sich jedoch die Voraussetzungen für die Vermittlung und lenken diese in neue Bahnen.

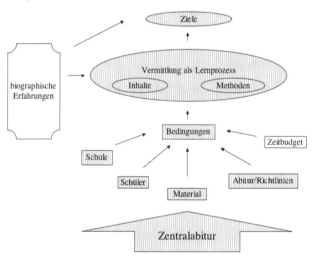

Abbildung 2: Modell über die Individualkonzepte der Lehrenden ergänzt durch den Zentralabitureinfluss.

Erweiterung des Modells

Bei der Auswertung der Interviews zu den wahrgenommenen Veränderungen durch das Zentralabitur wurden zwei Dinge deutlich. Zum einen konnte das Modell von Niessen in seinen Grundzügen bestätigt werden. Zum anderen erscheint es notwendig die biographischen Erfahrungen und ihre Auswirkungen auf den Planungsprozess noch zu präzisieren.

In den konzeptionellen Überlegungen der Lehrer spielen, wie bereits bei Niessen dargestellt hatte, sowohl eher unveränderbare, als auch veränderbare Faktoren eine Rolle. Diese können aufgeteilt werden in den Bereich der Kontextbedingungen und in den Prozess der Vermittlung. Weiterhin zeigte sich in den Interviews, dass biographisch geprägte Einstellungen eine wesentliche Funktion bei der Planung von Unterricht haben. Diese sind bei Niessen mit „biographische Erfahrungen"[16] bezeichnet. Durch die Befragungen zum Zentralabitur wurde deutlich, dass die biographischen Erfahrungen in dem Modell noch konkretisiert werden müssen. Niessen weist bereits darauf hin, dass Individualkonzepte nur im Kontext der jeweiligen Biographien zu verstehen sind. Welche Aspekte der biographischen Prägungen besonders wichtig für die Unterrichtsplanung und –gestaltung sind, soll in einer Erweiterung des Modells zum Ausdruck kommen.

Die zum Zentralabitur interviewten Lehrer beschreiben fünf Bereiche ihrer individuellen Einstellungen, die für ihre konzeptionellen Überlegungen wichtig sind.

Erfahrungen: In den Äußerungen zu den Erfahrungen werden unterschiedliche Ebenen von Erlebnissen und ihre Auswirkungen angesprochen. Zum einen greifen die Lehrer auf ihre musikalischen Prägungen in der Ausbildung zurück, wenn sie ihre eigenen Präferenzen oder Unterrichtsplanungen begründen. Dabei handelt es sich meist um Erfahrungen, die sie nachhaltig geprägt haben und die eine große Bedeutung für ihre individuellen Einstellungen besitzen. Zum anderen sprechen sie von konkreten Unterrichtserfahrungen, auf die sie bei ihren Unterrichtsplanungen zurückgreifen. Diese Erkenntnisse sind eher unterrichtspraktisch und sind auf einer anderen Ebene anzusiedeln als die biographischen Prägungen. Für das Individualkonzept spielt jegliche Art von Erfahrungen eine wichtige Rolle. Sie sind handlungsleitend für immer neue

---

16 Vgl. (Niessen 2007), S. 27.

Planungsprozesse und tragen zu einer stetigen Entwicklung des Individualkonzepts bei.[17]

Präferenzen: Bei der Auswahl der Unterrichtsthemen und –inhalte sind für die Lehrer die individuellen Musikpräferenzen von entscheidender Bedeutung. Obwohl bereits durch Rahmenrichtlinien die Behandlung einer möglichst großen Vielfalt an Musikstilen angeregt wird, so bestanden bislang dennoch große Freiheiten bei der Entscheidung über die Unterrichtsthemen. Diese wurde von den Lehrern gerne in Anspruch genommen. Durch das Zentralabitur wird die Entscheidungsfreiheit nun eingeschränkt. Dennoch ist zu erkennen, dass die individuellen Musikpräferenzen weiterhin einen wichtigen Stellenwert haben. Bei den befragten Lehrern stimmen die ausgewählten Inhalte der thematischen Schwerpunkte bislang größtenteils mit den eigenen Vorstellungen überein. Wäre dies nicht der Fall, würden die Lehrer nach eigener Einschätzung weniger gut mit den Bestimmungen zu Zentralabitur umgehen können.

Unterrichtsstrategien: Auf Grund ihrer unterrichtlichen Erfahrungen verfügen die Lehrer über Strategien, die ihnen bei der Unterrichtsplanung helfen. Diese gestalten sich je unterschiedliche und beziehen sich u.a. auf bevorzugte Methoden, Planungen von Unterrichtsabläufen und Maßnahmen, um bspw. Defizite bei den Schülern auszugleichen.

Lehrerrolle: Die Äußerungen über das Verständnis der eigenen Lehrerrolle betrifft zumeist die Beziehung zwischen Schülern und Lehrern. In den Gesprächen konnten unterschiedliche Auffassungen darüber identifiziert werden, in welcher Funktion sich die Befragten sehen. Die Spanne reicht dabei von verstärkt lehrerzentrierten bis zu schülerorientierteren Haltungen. Diese Sichtweisen wirken sich unmittelbar auf die Unterrichtsplanungen aus. Je nach Rollenverständnis werden Methoden und Herangehensweisen ausgewählt, die die Interaktionen im Unterricht wesentlich beeflussen.

Kriterien für guten Musikunterricht: Die Kriterien für guten Musikunterricht sind Teil der individuellen Einstellungen und nicht aus den Rahmenrichtlinien ablesbar. Sie können zwar von Vorgaben geprägt sein, sind aber vielmehr Ergebnis eigener Erfahrungen und eigener Wertmaßstäben. In ihnen werden individuelle Schwerpunktsetzungen deutlich.

---

17 Niessen beschreibt diese Entwicklung auch als einen Lernprozess und bezieht sich dabei auf den Lernbegriff von Holzkamp. Vgl. dazu u.a.(Niessen 2006a), S. 186 ff. und (Niessen 2007), 20 ff.

Zusammenhängend mit der Präzisierung der biographischen Erfahrungen wurde darüber hinaus deutlich, wie stark die Einschätzung von Konstanten und Variablen von der individuellen Wahrnehmung abhängen. So wurden in den Interviews Beispiele dafür genannt, wie Lehrer aktiv auf Kontextbedingungen eingewirkt haben, um sich und den Schülern eine bessere Ausgangslage zu schaffen, bspw. durch die Einrichtung von Streicherklassen, oder durch die Mitarbeit an den zentralen Abiturvorgaben.

Auf Grund dieser Erkenntnisse kann das theoretische Modell über die Planung von Unterricht wie folgt erweitert werden:

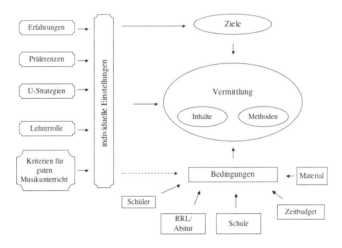

Abbildung 3: Erweitertes Modell zu den Individualkonzepten von Musiklehrern

Wie in der Abbildung oben zu erkennen ist, wurde über die Präzisierung der biographischen Erfahrungen hinaus in dem Modell noch eine weitere Veränderung vorgenommen. In den Interviews sprechen die Lehrer von individuellen Zielsetzungen, die in den Planungsprozess der Vermittlung mit einfließen. Demnach erscheint es sinnvoll die Richtung des Pfeils zwischen *Vermittlung* und *Ziele* umzukehren, so dass er auf die zentrale Stelle der Vermittlung weist. Der Einfluss einer bestimmten Zielvorstellung auf die Vermittlung wird dadurch meines Erachtens deutlicher.

Beispiel für ein stark beeinflusstes Individualkonzept durch das Zentralabitur

Herr K ist ein Lehrer mit achtjähriger Berufserfahrung. Die Grundstruktur seines Individualkonzepts kommt dem theoretischen Modell sehr nahe. Herr K beschreibt zunächst *gegebene Voraussetzungen*, wie z.b. die Richtlinien, die Interessen und Schwerpunkte seines Kurses, seine eigene Präferenzen und Ziele. Diese Bedingungen sind für ihn die Grundlage seiner didaktischen Überlegungen.

Ziel seines Unterrichts ist es, den Schülern ein Panorama der Musikwelt zu eröffnen. Indem er die Schüler anleitet, sich mit verschiedenen Formen von Musik auseinander zu setzen, möchte er ihnen Komponisten, Zeitstile und Epochen näher bringen. Dabei sollen auch die Übergänge von einer Epoche zur nächsten vor ihren historischen, sozialgeschichtlichen, philosophischen und kulturgeschichtlichen Hintergründen deutlich werden.

Auf Grund dieser Voraussetzungen und Zielen entwickelt Herr K *Strategien* für einen Unterricht, der den unterschiedlichen Ansprüchen möglichst gerecht wird. Zentral bei diesem Planungsprozess ist die Frage, anhand welcher Inhalte und Methoden eine Vermittlung stattfinden kann, die die differenten Interessen im Blick hat. Herr K orientiert sich als Antwort darauf bei der *Auswahl der Inhalte* an dem Kriterium der *Exemplarität*. Er legt Wert darauf, zentrale Werke mit exemplarischem Charakter bspw. für eine bestimmte Musikgattung oder Epoche, im Unterricht zu behandeln. Dabei greift er auch gerne auf Musikstücke zurück, mit denen er bereits unterrichtliche Erfahrungen sammeln konnte. *Seine methodische Herangehensweise* basiert auf dem Vorsatz, dass sich die Schüler dem Gegenstand selbsttätig nähern sollen. Herr K möchte sie dazu ermutigen Musik zu hören und gestalterisch mit Noten umzugehen. Seiner Meinung nach könne sich auf diese Weise ein Verständnis für musikalische Regeln entwickeln. Als Überbegriff für seine Unterrichtsmethode nennt er das problemorientierte Vorgehen. Seinen Unterricht beginnt er meist mit Fragen, wie: Was ist das? Was ist daran interessant? Was ist daran problematisch? In welche Richtung kann man das verfolgen?

Eine vereinfachte grafische Darstellung seines Individualkonzepts könnte wie folgt aussehen:

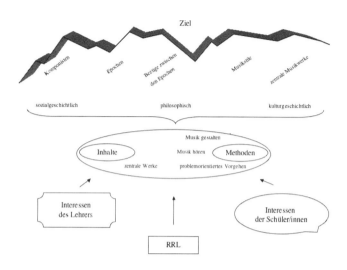

Abbildung 4: grafische Darstellung des Individualkonzepts von Herrn K

Durch die Einführung des Zentralabiturs ergeben sich nun Änderungen in den Voraussetzungen, die sich in Herrn K's Wahrnehmung massiv auf sein gesamtes Individualkonzept auswirken. Zunächst wurden die **Richtlinien**, die vorher Bezugspunkt für die Unterrichtsplanung und offizielle Grundlage waren, nun durch die Vorgaben zum Zentralabitur ergänzt. Da die zentralabiturrelevanten Themen inhaltlich sehr konkret gefasst sind und bestimmte Musikwerke in den Mittelpunkt stellen, wurden die Interessen des Kurses damit in den Hintergrund gedrängt. Obwohl die thematischen Schwerpunkte nur etwa für die Hälfte des Semesters vorgesehen sind, war es für Herrn K und seinen Kurs kaum möglich individuelle Interessen zu verfolgen. Die Vorgaben waren seiner Meinung nach so unkonkret formuliert, dass aus ihnen keine eindeutige Zielsetzung hervorging. Aus diesem Grund musste er sich in der Vorbereitung auf die Klausur ausschließlich auf die thematischen Schwerpunkte konzentrieren, um diese möglichst breit gefächert den Schülern näher zu bringen.

Die *individuellen Anliegen* der Schüler konnten dabei kaum berücksichtigt werden. Seine eigenen Präferenzen sah der Herr K dagegen durchaus in den Vorgaben aufgehoben. Die ausgewählten thematischen Schwerpunkte für das Abitur 2007 waren für ihn sogar ausschlaggebend dafür, dass er einen Abiturkurs übernehmen wollte. An dieser Stelle ist sein Individualkonzept mit dem Zentralabitur kompatibel.

Einschneidende Veränderungen nahm Herr K jedoch bei der *Auswahl der Methoden* und bei der Zielbestimmung wahr. Ein problemorientiertes Vorgehen ist seiner Erfahrung nach in dem zentralen Abiturverfahren kaum mehr möglich. Die Schüler empfanden diese Herangehensweise als zu umständlich und forderten einen stringenteren Unterricht.[18] Der große Zeitdruck führt seiner Meinung nach zu einem vermehrten Instruktionsunterricht. Diesen hält er zwar für kurzfristig effektiv, aber langfristig könne er dem spezifischen Anspruch von Musikunterricht nicht gerecht werden, bei dem es doch darum ginge Musik zu hören und zu gestalten.

Eine große Beeinträchtigung empfindet Herr K auch im Hinblick auf seine *individuelle Zielsetzung*, den Schülern ein Musikpanorama zu eröffnen. Die von außen vorgegebenen Unterrichtsthemen schränkten seiner Meinung nach die Entwicklungen im Kurs ein. Die Schwerpunkte hätten bei ihm dazu geführt, dass er sich im Unterricht sehr stark auf die thematischen Schwerpunkte konzentriert habe. Eine solche Tiefenbohrung halte er für diejenigen sinnvoll, die im Anschluss an die Schule Musik studieren wollten. Diese Schüler machten aber nur einen kleinen Teil eines Abiturkurses aus. Durch das Zentralabitur verliere der Unterricht demnach seinen allgemeinbildenden Charakter.

Kurz zusammengefasst lassen sich die wichtigsten Veränderungen bei Herrn K wie folgt beschreiben: Die Richtlinien werden durch die Thematischen Schwerpunkte ergänzt und bekommen ein größeres Gewicht. Dadurch geraten die Interessen des Lehrers und der Schüler in den Hintergrund. Während die Musikpräferenzen von Herrn K größtenteils in den vorgegebenen Musikwerken enthalten sind, verändern sich die Schülerinteresse dahingehend, dass sie eine effiziente Klausurvorbereitung wünschen. Somit werden ihre Ansichten von den Vorgaben zum Zentralabitur auf intentionaler Ebene bereits beeinflusst. Methodisch ist eine problemorientierte Herangehensweise durch die gewünschte stringente Vorbereitung auf die Klausur und durch den Zeit-

---

18 Herr K beschreibt das Verhalten der Schüler so: „Wenn es darum ging, Dinge selber zu erarbeiten, dann war das nach 'ner Weile so, dass die Schüler gesagt haben: „Wissen Sie, das dauert eigentlich immer so lange. Können wir das nicht so machen: Sie erklären und das und schreiben das an und wir schreiben das ab und dann lernen wir das."" (Herr K, 16:16)

druck kaum mehr möglich. Das individuell für wichtig erachtete Ziel der Eröffnung eines Musikpanoramas wird durch zentralabiturrelevante Ziele ersetzt. Diese beeinflussen den gesamten Unterrichts- und Planungsprozess.

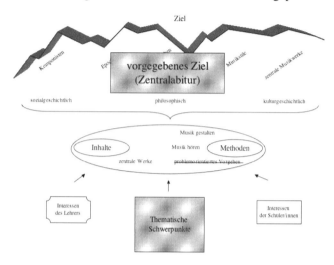

Abbildung 5: Einfluss des Zentralabiturs auf das Individualkonzept von Herrn K

Herr K empfindet den Zentralabituransatz als sehr „technizistisch"[19]. Vom Ministerium werden Lernziele für ein ganzes Bundesland vorgeschrieben und strukturiert. Herr K sieht dahinter den Gedanken: „Wenn die Schüler das Vorgegebene lernen, werden sie gebildete Leute."[20] Er hält dies jedoch für den falschen Ansatz, da Lernen eher Muße brauche und nicht immer punktuell sein könne. Seiner Meinung nach soll durch das Zentralabitur aus den Schülern „kleine Lernmaschinchen"[21] gemacht werden. Er selbst habe bei seinen Schülern ein rezeptives Lernverhalten festgestellt. Sie seien unsicher durch die zentralen Vorgaben und ihnen sei es wichtig, dass sie die Themen gründlich behandeln. Dies mache sie nicht selbstständig, sondern rufe bei ihnen vielmehr eine regressive Haltung hervor. „Sie sitzen da und sagen: „Bring mir das

---

19   Herr K, 55:48
20   Herr K, 56:01
21   Herr K, 56:23

bei.""[22] Demokratische und schülerorientierte Strukturen würden also beim Zentralabitur nicht angestrebt. Deshalb hält Herr K das neue System für einen großen Rückschritt. Über Verbesserungsvorschläge habe er sich noch keine Gedanken gemacht, weil er das Zentralabitur an sich für völlig verfehlt halte. Seine Entscheidung sehe so aus, dass er nur noch einen Abiturkurs übernähme, wenn er von oberster Stelle dazu aufgefordert würde. Er bezeichnet sich als einen motivierten Lehrer, dem das Unterrichten Spaß mache. Die äußerst negativen Erfahrungen mit dem Zentralabitur hätten ihn jedoch demotiviert und er vermute, dass auch eine Reihe seiner Schüler sich in Zukunft weniger für Musik interessieren werden. Seine Strategie bestehe demnach darin, dem Zentralabitur aus dem Weg zu gehen und darauf zu hoffen, dass man wieder zu einem in seiner Sicht sinnvolleren Verfahren zurückkehre. Sein Wunsch an das Zentralabitur lautet deshalb: „Zentralabi go home!"[23]

Beispiel für ein wenig beeinflusstes Individualkonzept

Frau H ist Beispiel dafür, dass sich Individualkonzepte trotz Zentralabitur nicht verändern müssen. Sie unterrichtet seit sieben Jahren als Musiklehrerin und übernahm von Beginn an Abiturkurse. Grundlage ihres Unterrichts sind die *Rahmenrichtlinien*. Diese beschreibt sie als Voraussetzung für ihre Unterrichtsplanung. Darüber hinaus formuliert sie zwei Arten von Zielen. Zum einen musikpädagogisch orientierte und zum anderen schülerorientierte. Ihre *musikpädagogischen Ziele* sind dabei so allgemein gehalten, dass man eher von einer musikpädagogischen Idee sprechen könnte. Sie spricht davon, dass Musik verändern und das Leben bereichern könne. Vor allem dann, wenn man sich auf Neues einlasse. Auch wenn dieser Gedanke zunächst sehr einfach erscheint, so wird er doch von Frau H betont und in den *schülerbezogenen Zielen* konkretisiert. Ihren Schülern möchte sie vermitteln, dass es Spaß macht, wenn man etwas Neues entdeckt und wenn man es sich zu Eigen macht. Bei der Planung des Unterrichts versucht sie die Inhalte und Methoden so zu wählen, dass sie im Rahmen der Richtlinien die Schüler mit unbekannten Dingen konfrontiert. Ihre Intention dabei ist es, neue Türen aufzustoßen. Dabei sollen die Schüler jedoch nicht in staunender Andacht verharren, sondern sich selbsttätig mit der Musik auseinander setzen. Einen besonderen Erfolg sieht sie da-

---

22 Herr K, 14:58
23 Herr K, 52:00

rin, wenn die Schüler ihre Liebe zu etwas entdecken, was sie vorher noch nicht kannten.

In Anlehnung an das theoretische Modell zu den Individualkonzepten könnte folgende Abbildung die Intentionen von Frau H darstellen.

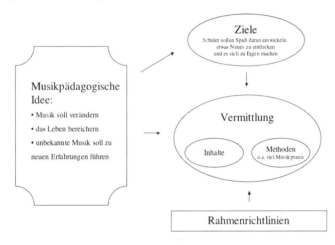

Abbildung 6: grafische Darstellung des Individualkonzepts von Frau H

Das Zentralabitur wirkt sich nach Frau H's Wahrnehmung nicht wesentlich auf ihre konzeptionellen Überlegungen aus. Sie spricht vielmehr von Verbesserungen durch das neue System. Sie fühlt sich durch die zentralabiturrelevanten Vorgaben in ihren Ansprüchen an Musikunterricht bestätigt. Die ausgewählten Inhalte der thematischen Schwerpunkte entsprechen ihren eigenen Präferenzen und Vorstellungen von gutem Musikunterricht. In der Unterrichtsplanung und –gestaltung sieht sie sich daher nicht wesentlich eingeschränkt. Durch die Ergänzung der Rahmenrichtlinien mit Schwerpunktthemen ändert sich für Frau H zwar die inhaltliche Ausrichtung ihrer Unterrichtsplanung, aber das Konstrukt ihres Individualkonzepts bleibt in seinen groben Zügen bestehen. Die Vermittlungsaspekte sind dabei durchaus vom Zentralabitur beeinflusst, aber ihre individuellen Ziele können mit den Zielsetzungen des Zentralabiturs vereinbart werden. Bei Frau H kommt es demnach zu einer Beeinflussung des Unterrichts auf einer inhaltlichen Ebene. Die Struktur ihres Individualkonzepts bleibt hingegen bestehen.

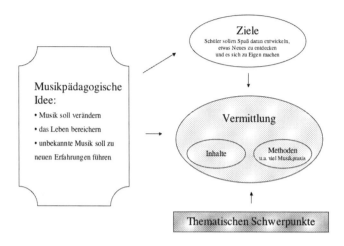

Abbildung 7: Einfluss des Zentralabiturs auf das Individualkonzept von Frau H

Typenbildung

Um komplexe Handlungsmuster zu strukturieren und um den Einfluss des Zentralabiturs auf die Individualkonzepte zu verdeutlichen ist es möglich, anhand der Daten eine Typenbildung vorzunehmen, wie sie Kluge[24] vorgeschlagen hat. Auf Grund des begrenzten Raumes kann diese hier nur angedeutet werden.[25]

Bei der Auswertung zeigte es sich, dass die befragten Lehrer in ihrer Einstellung dem Zentralabitur gegenüber grob in die Richtungen *zustimmend* und *ablehnend* eingeteilt werden konnten. Innerhalb der Gruppierungen wurden ähnliche Handlungsmuster deutlich, so dass ein Zusammenhang zwischen den Bewertungen und den Handlungsstrategien vermutet werden konnte. Die Bildung von Typen wird von Kluge als Strukturierungshilfe angesehen und beansprucht die Funktion eines Erklärungsmusters im Sinne einer vorläufigen Hypothese.

---

24 Vgl. (Kluge 1999).
25 Eine ausführliche Darstellung erfolgt in der Dissertationsschrift

Folgende Untersuchungskriterien waren für die Erarbeitung von Vergleichsdimensionen zentral:
- Wahrnehmung des Einflusses auf den Unterrichtsalltag
- Bewertung des Einflusses auf den Unterrichtsalltag

Diese Kriterien sind Ausgangspunkt für die Dimensionalisierung von Kategorien, die bei der Typenbildung in Beziehung gesetzt werden sollen. Die Interviewkodierungen ließen erkennen, dass der Einfluss des Zentralabiturs in drei unterschiedlichen Ausprägungen wahrgenommen wurde. Die Lehrer fühlten sich entweder stark, leicht oder kaum beeinflusst. Es zeigte sich jedoch auch, dass die Stärke des Einflusses nicht unmittelbar Rückschlüsse auf die Bewertungen zuließ. Zu jeder Ausprägung gab es sowohl positive als auch negative Äußerungen. Die Beurteilungen können in einer mehrdimensionalen Tabelle mit den Dimensionen *Wahrnehmung des (Zentralabitur-)Einflusses auf den Unterrichtsalltag* und *Bewertung des (Zentralabitur-)Einflusses auf den Unterrichtsalltag* mit jeweils zwei, bzw. drei Ausprägungen dargestellt werden:

Wahrnehmung des Einflusses auf den Unterrichtsalltag	Bewertung des Einflusses auf den Unterrichtsalltag			
	positiv		*negativ*	
starker Einfluss	Zentralabitur als positive Entwicklung		Ablehnung des Zentralabiturs	
leichter Einfluss	unflexible Haltung	flexible Haltung	unflexible Haltung	flexible Haltung
	wenig Einfluss ist gut; Lehrer haben Schlimmeres befürchtet	positive, neue Anregungen und Bestätigung des Unterrichts	leichte Veränderungen sind schon zu viel	zu wenig Veränderungen und an den falschen Stellen
kaum Einfluss	Bestätigung durch das Zentralabitur		zu wenig Veränderungen durch das Zentralabitur	

Es lässt sich also feststellen, dass das Zentralabitur in seinen Auswirkungen sehr unterschiedlich wahrgenommen wird und dass diese Wahrnehmungen darüber hinaus je individuell bewertet werden. Um die Gruppen der Reaktionen überschaubar zu halten, können diese zusammengefasst werden. Daraus ergeben sich folgende Reaktionen auf das Zentralabitur:

Wahrnehmung des Einflusses auf den Unterrichtsalltag	Bewertung des Einflusses auf den Unterrichtsalltag	
	positiv	*negativ*
starker Einfluss	Befürwortung	Ablehnung
leichter Einfluss	Akzeptanz	
kaum Einfluss	Einverständnis	Enttäuschung

Die Gruppe der Lehrer, die einen leichten Einfluss wahrnehmen, wird übergreifend mit der Reaktion *Akzeptanz* bezeichnet. Innerhalb dieser Gruppe gibt es positive, wie negative Bewertungen. Insgesamt zeichnen sich jedoch die Lehrer dieser Gruppe dadurch aus, dass sie das Zentralabitur akzeptieren und Handlungsstrategien für einen konstruktiven Umgang mit dem neuen System wählen.

Die Mehrzahl der befragten Lehrer bewegt sich im Feld der Akzeptanz. Sie empfinden eine leichte Beeinflussung ihres Unterrichts und bewerten dies eher negativ als positiv. Dennoch arrangieren sich mit den Verhältnissen und finden einen Weg die Vorgaben mit ihren eigenen Vorstellungen zu vereinbaren. Darüber hinaus gibt es Fälle, die Extrempole darstellen. Neben den Reaktionen wie *Befürwortung* und *Ablehnung* gibt es die Positionen *Einverständnis* und *Enttäuschung*, die in ihrer Ausrichtung ebenfalls befürwortend, bzw. ablehnend sind, die aber die unterschiedlichen Argumentationsmuster und Zielsetzungen der interviewten Lehrer deutlich machen. So stößt der geringe Einfluss des Zentralabiturs bei dem einen Lehrer auf Zustimmung, da er seinen Unterricht nicht umstellen muss und sich die Vorgaben mit seinen eigenen Vorstellungen decken. In einem anderen Fall führen die wenigen Veränderungen zu einer enttäuschten Haltung, da dieser Lehrer mit dem Schulsystem unzufrieden ist und auf Verbesserungen durch das Zentralabitur gehofft hatte.

Die oben beschriebenen Individualkonzepte sind Beispiele für zwei Extrempositionen. Das stark beeinflusste Individualkonzept von Herrn K mit seiner Unzufriedenheit über das Zentralabitur lässt darauf schließen, dass Herr K in die Gruppe der Ablehnung einzuordnen ist. Sein Individualkonzept ist mit dem Zentralabitur inkompatibel. Wohingegen Frau H sich kaum durch das Zentralabitur beeinflusst fühlt und diese Einflussnahme vielmehr als Bestätigung ihres bisherigen Unterrichts sieht. Ihre Reaktion wäre als Einverständnis zu bezeichnen und ihr Individualkonzept als kompatibel mit dem Zentralabitur. Darüber hinaus wären auf Grund der Daten zwei weitere Individualkonzeptcharakterisierungen vorzunehmen. Im Bereich der Befürwortung des Zentralabiturs bei gleichzeitig starker Beeinflussung ist ein Individualkonzept zu identifizieren, das auf der einen Seite mit dem Zentralabitur kompatibel ist, aber auch eine große Flexibilität aufweist. In diesem Fall muss sich die Lehrerin auf große Veränderungen in den Kontextbedingungen und somit auch in ihren Planungsabläufen einlassen. Dennoch kann sie diese neuen Impulse positiv bewerten und sieht das neue Verfahren als Herausforderung. Die Individualkonzepte der Lehrer im Bereich der Akzeptanz weisen sich dagegen darin aus, dass sie wenig beeinflusst werden und sich lediglich innerhalb der notwendigen Bereichen anpassen. Veränderungen finden bei diesen Lehrern zumeist in ihren unterrichspraktischen Handlungsstrategien statt. Ihre Grundeinstellungen bspw. in Bezug auf ihre Kriterien von gutem Musikunterricht, oder ihren individuellen Schwerpunktsetzungen werden kaum berührt. Diese Lehrer verfügen über ein anpassungsfähiges Individualkonzept mit stabiler Basis. Folgende Tabelle fasst die unterschiedlichen Individualkonzepttypen abschließend zusammen.

Bewertung	Individualkonzepttypen
Befürwortung	IK mit großer Flexibilität
Ablehnung	ZA-inkompatibles IK
Akzeptanz	anpassungsfähiges IK mit stabiler Basis
Bestätigung	ZA-kompatibles IK
Widerspruch	

Fazit und Ausblick

Die vorliegende Studie soll einen Beitrag dazu leisten, mögliche Veränderungen innerhalb von Individualkonzepten zu identifizieren, die sich durch bildungspolitisch motivierte Reformmaßnahmen ergeben. Die Befragungen konnten zeigen, an welchen Stellen sich die Lehrer durch die Einführung des Zentralabiturs besonders beeinflusst fühlen und in welchen Bereichen sie weiterhin Spielräume wahrnehmen.

Auf Grund der Äußerungen der Lehrer über ihre Erfahrungen im Umgang mit dem Zentralabitur ergeben sich Hinweise darauf, in welchen Bereichen die Chancen und Probleme des neuen Systems liegen. Auch wenn die Einschätzungen der Lehrer zum Teil sehr unterschiedlich sind, so werden einige Anforderungen einheitlich als gut, bzw. schlecht umsetzbar beschrieben. Verunsicherungen ergeben sich beispielsweise durch unklare Zielformulierungen in den thematischen Schwerpunkten bei gleichzeitig großer Materialfülle. Innerhalb eines Seminars an der Universität Bremen wurden die Aussagen der Lehrer hinsichtlich möglicher Verbesserungen untersucht. Die herausgearbeiteten Ergebnisse wurden durch konzeptionelle Vorschläge ergänzt und dem Kultusministerium Niedersachsen übermittelt. Diese Arbeit ist als Versuch zu verstehen, sich mit den Vorgaben auch auf struktureller Ebene auseinander zu setzen und in die Diskussion um verbesserte Kontextbedingungen mit einzutreten.

Auf der Ebene der Individualkonzepte wurde deutlich, dass der Grad der Beeinflussung durch das Zentralabitur von der je individuellen Wahrnehmung der Lehrer abhängt und nicht unmittelbar von äußeren Bedingungen abzuleiten ist. Daraus ergeben sich m.E. Konsequenzen für die Ausbildung von Lehrern, die sich an die Ergebnisse von Niessen anschließen. Niessen plädiert dafür, in der Musiklehrerausbildung biographische Einflussfaktoren zu thematisieren, um einen bewussten Umgang mit den individuellen Hintergründen einzuüben, Konstanten und Variablen zu unterscheiden, um Spielräume zu verdeutlichen und nutzbar werden zu lassen und abschließend Probleme in Lerndiskrepanzen umzudeuten, um Hindernisse als „produktive Irritationen"[26] verstehen zu können. Die Bewusstwerdung der Lehrer über individuelle Schwerpunktsetzungen und über Handlungsspielräume könnte helfen, sich nicht von äußeren Schwankungen abhängig zu machen, sondern reflektiert Entscheidungen treffen zu können.

Durch den ausgewählten Erhebungszeitraum kurz nach der Einführung des Zentralabiturs lassen sich durch diese Studie Ergebnisse in Bezug auf die unmittelbare Umstellung formulieren. Längerfristige Auswirkungen des zentral gesteuerten System auf das Nachdenken über und Planen von Musikunterricht sind erst zu einem späteren Zeitpunkt möglich. Die Ergebnisse dieser Studie zeigen exemplarisch, wie Lehrer mit jenen strukturellen Veränderungen umgehen, die in die Richtung einer Standardisierung von Lernzielen weisen. Es erscheint erstrebenswert, die vorliegenden Erkenntnisse für eine Lehrerbildung nutzbar zu machen, die die zukünftigen Lehrkräfte zu einer reflektierten Haltung gegenüber äußeren Bedingungen und subjektiven Handlungsspielräumen befähigt. Damit würde das Berufsbild der Lehrer als Pädagogen wieder gestärkt und ließe die Lehrkräfte nicht zu „Erfüllungsgehilfen" des Staates werden, wie sich Befragte durch das Zentralabitur bereits wahrgenommen haben.

---

26 (Niessen 2006a), S. 196

Literatur

FLICK, UWE (2007): Qualitative Sozialforschung: eine Einführung. Reinbek bei Hamburg: Rowohlt-Taschenbuch-Verl.

KELLE, UDO (1994): Empirisch begründete Theoriebildung. Weinheim: Deutscher Studien Verlag.

KLUGE, SUSANN (1999): Empirisch begründete Typenbildung: zur Konstruktion von Typen und Typologien in der qualitativen Sozialforschung. Opladen: Leske + Budrich.

NIEDERSÄCHSISCHES KULTUSMINISTERIUM. (2008): Thematische Schwerpunkte Zentralabitur. URL: http://www.nibis.de/nli1/gohrgs/zentralabitur/za09_uebersicht.htm (Datum des Zugriffs: 15.2.2009)

KULTUSMINISTER, NIEDERSÄCHSISCHER (Hg.) (1985): Rahmenrichtlinien für das Gymnasium: gymnasiale Oberstufe, Musik; gelten auch für Fachgymnasium, Abendgymnasium und Kolleg. Hannover: Berenberg.

NIESSEN, ANNE (2006a): Individualkonzepte von MusiklehrerInnen. Ein qualitativer Ansatz in der musikpädagogischen Lehr-/Lernforschung. In: KNOLLE, NIELS (Hg.): (Lehr- und Lernforschung in der Musikpädagogik), S. 175-200. Essen: Blaue Eule.

ders. (2006b): Individualkonzepte von Musiklehrern. Berlin [u.a.]: LIT.

ders. (2007): Individualkonzepte von Lehrenden – Subjektive didaktische Theorien im Fokus musikpädagogischer Lehr-/Lernforschung. Forum Qualitative Sozialforschung / Forum: Qualitative Social Research, 9(1), Art.7. URL: http://nbn-resolving.de/urn:nbn:de:0114-fqs080178 (Datum des Zugriffs: 15.02.2009)

STRAUSS, ANSELM L; CORBIN, JULIET (1996): Grounded theory: Grundlagen qualitativer Sozialforschung. Weinheim: Beltz.

STRAUSS, ANSELM L. (1998): Grundlagen qualitativer Sozialforschung. München: Wilhelm Fink Verlag.

STRÜBING, JÖRG (2004): Grounded theory: Zur sozialtheoretischen und epistemologischen Fundierung des Verfahrens der empirisch begründeten Theoriebildung. Wiesbaden: VS, Verl. für Sozialwiss.

CONSTANZE RORA

Erzähltheoretische Perspektiven auf das musikpädagogische Problem des Sprechens über Musik

Einleitung

Über Musik kann und wird bekannterweise in unterschiedlicher Weise gesprochen. Die musikwissenschaftliche Analyse, der nachgesagt wird, dass sie ihre Argumentation und Beschreibung besonders nahe am musikalischen Text entwickelt, ist eine unter verschiedenen Formen, Musik zur Sprache zu bringen. Für den Musikunterricht scheint sie - betrachtet man Schulbücher und Klausuraufgaben - nach wie vor eine Leitfunktion einzunehmen. Die Diskussion um den Begriff der Ästhetischen Erfahrung hat indes das Spektrum der Möglichkeiten im Unterricht sprachlich auf Musik Bezug zu nehmen um den Faktor subjektiver Betrachtungsweisen erweitert. Die Frage nach narrativen Zugängen zu Musik gehört in diesen Reflexionsbereich.

1 Erzählen als Alltagsphänomen

Erzählen ist eine Äußerungsform, die im Alltag einen großen Raum einnimmt. Ein Großteil unserer täglichen Kommunikation besteht darin, dass wir uns gegenseitig Geschichten erzählen. Diese Erzählungen übernehmen wichtige Aufgaben einerseits für die Gestaltung unserer sozialen Kontakte andererseits für unser Selbstverständnis und unsere Selbstvergewisserung. Indem wir von Ereignissen erzählen, werden diese erst zu erwähnenswerten Ereignissen gemacht. Alltagserzählungen schließen meist an Erzählthemen an, von denen wir glauben, dass sie auch für denjenigen, mit dem wir uns unterhalten, Relevanz besitzen. So bestehen Konversationen meist aus dem Austausch von Geschichten, die um ein gemeinsames Thema kreisen. Die Mitteilung eines Erlebnisses, eines Abenteuers, einer Erinnerung od. Ä. bringt es mit sich, dass sich der Erzählende zu der Sache, von der er erzählt, positioniert. Selbst wo ein Alltags-Erzähler z.B. von einer Reise erzählt und Darstellungen von Landschaften und Gebräuchen gibt, erzählt er zugleich und unüberhörbar davon, dass dies ihm selbst alles begegnet ist. Daraus ziehen die mitgeteilten Fakten ihre Glaubwürdigkeit. In diesem Sinne sind Alltagserzählungen immer zugleich auch Selbsterzählungen.

Das Faktum der Perspektivität von Erzähltem bedingt die Bedeutung, die das Erzählen für die Identität des Erzählers hat. Die Geschichten, die er erzählt, vergegenwärtigen Aspekte seines Selbst- und Weltbildes. Auf der anderen Seite nimmt aber auch die Biografie des Erzählers Form an und wird zur ‚Lebensgeschichte'. Indem jemand von seinen Eindrücken und Erlebnissen erzählt bekommen diese eine Form, ein Gesicht: „Stories happen to people who know how to tell them"[1] Jerome Bruner betrachtet folgerichtig autobiografische Texte als eine Form von ‚life making' und betont dabei, dass nicht nur die Erzählung dem Leben folgt, sondern in gleicher Weise, das Leben nach erzählten Mustern entworfen wird: „Narrative imitates life, life imitates narrative"[2]. Die Erzählungen, die wir zum Besten geben, ebenso wie die, die wir seit unseren frühesten Kindertagen zu hören bekommen, prägen unsere Weltwahrnehmung und lenken unsere Wünsche, Sehnsüchte und Interessen.

Eine wichtige Rolle spielt bei der Alltagserzählung die Mitteilungssituation. Die Zuhörenden haben in mehrerlei Hinsicht einen Einfluss auf die Erzählung, die als ein „Modus der sozialen Konstruktion von Wirklichkeit"[3] betrachtet werden kann. Zum einen verlangt die Mitteilungssituation, dass die Erzählung gewissen Regeln folgt. Ihre ‚Wohlgeformtheit' (Gergen) bildet eine Voraussetzung ihrer Glaubwürdigkeit. Glaubwürdigkeit wird aber auch dadurch hergestellt, dass der Alltagserzähler seine Geschichte seinen jeweiligen Zuhörern anpasst. Der Erzählinhalt sowie insbesondere die Rolle, die der Erzähler darin spielt, wird „sozial ausgehandelt"[4]. Damit ist verbunden, dass die Erzählung durch die Zuhörer kommentiert und ergänzt wird. „Die direkte Erzählung gewinnt ihre Lebendigkeit durch den wechselseitigen, flexiblen Austausch, so dass z.B. durch Nachfragen das Erzählererlebnis intensiviert und um etliche Details bereichert werden kann."[5] Aus diesem Grund ist es auch schwer, Alltagserzählungen zu Forschungszwecken aus ihrem Zusammenhang zu extrahieren.

---

[1] Henry James zit. in Bruner 691
[2] Bruner 692
[3] Kraus o.S.
[4] Kraus o.S.
[5] Kraimer 462

Es scheint folgerichtig, dass es neben den Alltagserzählungen, die der sozialen Kontrolle unterliegen, Erzählungen gibt, die nicht mitgeteilt werden und die sich dadurch der Kontrolle entziehen. Johannes Merkel betrachtet das Phänomen des Wach- oder Tagtraums aus dieser Perspektive: „Die Fähigkeit zum Wachträumen entsteht aus der Verinnerlichung des Erzählens, die ausgeführte Erzählung setzt die Norm, der die Tagtraumhandlungen nachempfunden sind."[6] Wachträume sind in der Jugendphase von besonderer Bedeutung und dienen wie die mitgeteilten Erzählungen der Selbstkonstruktion.

Ihre narrativen Vorbilder sind nicht selten der Jugendliteratur oder anderen Medien entnommen. Der Wachtraum braucht sich an keine Strukturregel zu halten, weil er sich nicht einer Außenwelt verständlich machen muss. Der Träumende wechselt zwischen den Rollen des Erzählers, des Helden oder auch des Hörers hin und her. „Indem der Erzähler sich nicht nur selbst zum Helden macht, sondern sich auch keinem Gegenüber mehr verständlich machen muss, darf er von den Gesetzen des Erzählens abweichen. Als Selbsterzähler kann sich der Tagträumer die Freiheit nehmen, die Gestaltung seines Traums ohne Rücksicht auf einen Zuhörer nach den erwünschten Zielen ausrichten, sie so anzulegen, dass sie die Gefühlslage erzeugt, auf die es ihm ankommt."[7]

Die Merkmale der Alltagserzählung sowie ihr verinnerlichtes, von Formzwängen freies Pendant, der Wachtraum, bilden für die folgende Betrachtung musikbezogener Erzählungen einen Hintergrund. Ich möchte zeigen, dass das Erzählen nicht nur Aufschlüsse zu der Wahrnehmung von Musik gibt, sondern dass es zugleich als ein musikpädagogisches Verfahren zur Annäherung an Musik aufgefasst werden kann. Als solches darf es nicht isoliert von den sozialen und interaktiven Prozessen des Unterrichts betrachtet werden.

2 Formen des Erzählens zu Musik

Wie gezeigt wurde, liegt eine Grundfunktion des Erzählens im Alltag darin, anderen unsere Erlebnisse und Erfahrungen mitzuteilen. Ebenso wie von anderen Erfahrungen erzählt wird, kann auch von Erfahrungen mit Musik erzählt werden. Erzählungen dieser Art können sogar in musikwissenschaftliche Analysen eingebettet sein, wie das folgende Beispiel beweist:

---

[6] Merkel 283

[7] Merkel 283

„Die erste Begegnung mit der Sonate [KV 332] hatte ich, kurz nachdem ich eine Schallplattenkassette mit den sieben großen Mozart-Opern geschenkt bekam und mich daraufhin zu einem wahren Mozart-Fan entwickelte. Meiner Klavierlehrerin teilte ich mit, Mozart sei der größte Komponist aller Zeiten und ich müsse jetzt unbedingt etwas von ihm spielen. Sie gab mir daraufhin den ersten Satz der Klaviersonate F-Dur KV 332 zum Studium mit nach Hause, und dieser Satz wurde zu meiner ersten musikalischen Enttäuschung. Wie konnte einer, der solche Opern schrieb, ein so fades und langweiliges Zeug komponieren, das nicht mal im Entferntesten an das herankam, was ich bisher von Haydn und Beethoven gespielt hatte? Anstatt eines Zusammenhangs, eines Spannungsbogens, konnte ich nur ein Potpourri netter Melodien erkennen."[8]

Diese ‚Selbst-Erzählung' ist in die Einleitung einer ausführlichen Analyse der betreffenden Sonate eingefügt. Sie hat dort u.a. die Funktion, die Fragestellung unter der sich der Autor der Analyse annähert, zu exponieren. Als Alltagserzählung erfüllt sie die Kriterien, die von einer wohlgeformten Erzählung erwartet werden[9]: Sie zielt auf einen sinnstiftenden Endpunkt, d.h. die Geschichte hat eine Pointe, der ihre Funktion für den Erzählkontext klarstellt; sie beschränkt sich auf die relevanten Ereignisse, hält eine narrative Ordnung ein und stellt Kausalverbindungen her.[10] Die Erzählung thematisiert einerseits das Verhältnis des Autors zu Musik und kommt andrerseits auf die Erfahrung mit einem konkreten Stückes zu sprechen.

Ganz anders verfährt die folgende Geschichte:

„Jemand der zwei Fliegen jagt - eine erwischt er"

Diese kurze Erzählung stammt aus einer Unterrichtssituation in einer Grundschulklasse und bezieht sich auf ein Geigenduett des zeitgenössischen Komponisten Dieter Acker. Trotz der Kürze erfüllen die beiden Aussagen die formalen Anforderungen an eine Erzählung wie Eco sie aufstellt[11]: Es ist ein Agent da, ein Anfangszustand und eine Veränderung, deren Ursache bekannt

---

[8] Holtmeier 109
[9] Zu den Kriterien vgl. Kraus o.S.
[10] Die für den Eintritt in die Geschichte wichtigen ‚Grenzzeichen' sind hier aus Platzgründen ausgespart.
[11] Vgl. Eco 163

ist. Als Selbst-Erzählung gibt sich diese Geschichte jedoch nicht zu erkennen. Ohne den genannten Kontext wäre auch eine Bezugnahme auf Musik nicht zu vermuten. Ist der Kontext allerdings genannt, zeigt sich die kleine Geschichte dazu geeignet bei der Leserin Überlegungen zu dem Verlauf und dem Charakter des Musikstückes in Gang zu setzen, auf das sie sich bezieht.

So führt mich meine Vorstellung von einer Fliegenjagd zu der Überlegung, dass die Musik mit einer wiederholten Abfolge ruhiger und schneller, abrupter Passagen beginnen könnte. Damit wäre ein Wechsel von Warten, Lauern und schnellem Agieren dargestellt. Die Anwesenheit von zwei Fliegen in der Geschichte könnte darauf deuten, dass die beiden Geigenstimmen in ähnlicher Weise spielen und dabei die Assoziation Insekt hervorrufen. Dass nur eine Fliege erwischt wird, lässt mich folgern, dass die Musik noch weiter geht, obwohl die Geschichte zu ende ist. Die letztgenannte Vermutung wird gestützt durch eine zweite Erzählung, die in der gleichen Unterrichtssituation entstand.

„Als die eine Fliege starb, wurde die andere traurig."

Ob hier das gleiche Kind seine Geschichte fortgesetzt hat oder ob ein anderes Kind das Bild von der Fliege aufgegriffen und weitergeführt hat, ist nicht überliefert. Genauer betrachtet setzt die zweite Geschichte die erste nicht nur fort, sondern verändert ihre Perspektive: anstelle des Fliegenjägers wird jetzt die überlebende Fliege zum Handlungsträger. Damit ändert sich schlagartig der vermutete Charakter der gemeinten Musik.

Im Unterschied zu der musikbezogenen Selbst-Erzählung Holtmeiers, sind die beiden Fliegen-Geschichten deutlich kürzer; sie haben nicht die Attribute einer wohlgeformten Alltagsgeschichte; es sind Erzählungen in der 3. Person; sie sind mündlich entstanden und wurden durch eine Beobachterin notiert; sie stehen in einem kommunikativen Kontext und nehmen aufeinander Bezug; sie haben eine musikbeschreibende Funktion, nehmen dabei aber nicht direkt, sondern metaphorisch Bezug auf die Musik; der Informationsgehalt bezüglich äußerer musikalischer Fakten bleibt unbestimmt.

Geschichten dieser Art sollen im Folgenden den Gegenstand der Betrachtung bilden. Es handelt sich um Formen musikbeschreibender Erzählungen wie sie oft entstehen, wenn Kinder sich zu ihren musikalischen Eindrücken äußern. Sie können aber auch von Jugendlichen und Erwachsenen erzählt werden, wenn diese Gelegenheit erhalten sich assoziativ zu Musik zu äußern. Welche Bedeutung haben musikbeschreibende Erzählungen für die Erzählenden und welche pädagogische Funktion erfüllen sie?

3 Funktionen ‚musikbeschreibender Erzählungen' am Beispiel eines musikpädagogischen Praxismodells

Die beiden Beispiele stammen aus der musikpädagogischen Praxis des schwedischen Geigenduos Gelland. Das Duo Gelland ist für seine Interpretationen zeitgenössischer Musik international bekannt. Neben ihrer künstlerischen Tätigkeit, die sie im Sommer jeden Jahres durch die Konzerthäuser Europas touren lässt, arbeiten Cecilia und Martin Gelland regelmäßig mit Grundschulklassen nach verschiedenen von ihnen selbst entwickelten Modellen. Ihre Arbeit stellt für die Schüler ein Zusatzangebot dar, das neben dem normalen Musikunterricht als Extraveranstaltungen zwei bis dreimal pro Halbjahr und Klasse durchgeführt wird. Anna Rudroff, eine Musik-Lehramtstudentin der Universität Leipzig, hat das Duo bei seiner pädagogischen Arbeit in Schweden von April bis Mai 2007 begleitet und beobachtet. Für die folgende Darstellung des von den Gellands praktizierten musikpädagogischen Modells greife ich auf ihre wissenschaftliche Abschlussarbeit[12] zurück, in der sie ihre Beobachtungen beschreibt. (Dieser Arbeit sind auch die beiden oben angeführten Erzählbeispiele entnommen.)

Möglichkeiten und Gelegenheiten, musikbeschreibendes Erzählen in den Unterricht einzubeziehen, gibt es sicher unzählige. Das Praxismodell der Gellands stellt eine sehr besondere Variante dar, die in ihrer Konsequenz geeignet scheint, um hier als Beispiel zu dienen. Am Anfang der Unterrichtsstunden spielen die Gellands den Kindern Ausschnitte aus Geigenduos vor und kommen mit den Kindern darüber ins Gespräch. Oft sind dies zeitgenössische Stücke, aber sie setzen auch Barockmusik in diesem Zusammenhang ein. In den jeweiligen Fortsetzungen der Stunden können die Schwerpunkte unterschiedlich sein. Während des genannten Beobachtungszeitraums ließen sich drei Modellvarianten unterscheiden. Aus Platzgründen soll hier nur auf eine Variante eingegangen werden, obwohl es kennzeichnend für die Arbeitsweise der Gellands ist, dass in allen Unterrichtsprojekten das Sprechen über Musik großen Raum einnimmt. In dieser Variante spielen die Gellands binnen 60 Min. meist vier Geigenduos vor und sprechen mit den Kindern darüber.

Sprechen über Musik wird dabei gleichgesetzt mit dem Erzählen von Bildern, Eindrücken, Gedanken, die durch die Musik hervorgerufen wurden. Die Kinder beteiligten sich in den von Rudroff beobachteten Situationen sehr leb-

---

[12] Rudroff

haft an den Gesprächen. Regelmäßig nach dem Verklingen gingen die Arme der Kinder nach oben, um zum Erzählen aufgerufen zu werden. Schwierigkeiten gab es also offenkundig nicht, die Musik in Sprache zu fassen - da es ja ausdrücklich gefordert war, die inneren Bilder und Geschichten wiederzugeben. Die Beobachterin hebt hervor, dass die Äußerungen der Kinder oft auf ganz konkrete Klangereignisse in der Musik Bezug nahmen. Dies war für die Gellands dann der Anlass nachzufragen, das angedeutete Bild zu präzisieren oder die gemeinte Stelle separat vorzuspielen. „Die Blitze im Gewitter, waren die so?" - und dann wird die vermutete Passage noch einmal gespielt.

Zur Verdeutlichung sei hier eine (gekürzte) Passage aus dem Bericht Anna Rudroffs wiedergegeben:

„Kaum hatten Cecilia und Martin Gelland die Geigen abgesetzt, waren die letzten Klänge verklungen, verkündeten die Schüler der Grundschule Hammerdal, welche Gedanken und Gefühle die Musik bei ihnen angeregt hatte. Aus sparsam eingesetzten Impulsfragen entwickelte sich bald eine lebendige Diskussion über die Musik. [...] Sie hörten die Geigen voneinander ‚wegspringen' oder berichteten, die beiden Geigen seine ‚ärgerlich' auf einander gewesen, hätten unterschiedlich ‚hoch' und ‚tief', ‚stark' und ‚schwach' gespielt. Weiter formulierten sie fein gegliederte Handlungsverläufe zwischen den beiden in Dialog tretenden Partnern, so wie dieses Kind: Es beschrieb, Cecilia hätte eine Tür geöffnet, Martin wiederum stünde im Hintergrund und erzähle - dabei wolle er seinen Satz noch zu Ende sprechen. [...] Das Geigenduo Dieter Ackers wirkte auf ein Kind wie ein „Gruselfilm". Erst am Ende hätte es sich angehört, ‚als würde alles besser werden'. [...] Den Verlauf des Stückes von Segerstam fasste ein Kind wie folgt zusammen: ‚erst fliegt jemandem etwas über den Kopf, dann gibt es eine Schlägerei (es wird laut). Diese Schlägerei endet schließlich im Grab, alle sterben.'[...]

Meist erinnerten die Beschreibungen der Kinder auch an einzelne Klangereignisse. Oft fragten Cecilia und Martin daraufhin nach: ;Die Blitze im Gewitter, waren die so?' und wiederholten die einzelnen Klänge. Mir fiel auf, dass sich die Schüler sehr genau über die Klänge verständigen konnten, sie tatsächlich wiedererkannten. Auffallend war außerdem, dass viele Bilder, die die Kinder mit der Musik in Verbindung brachten, ein Gefühl für Kräfteverhältnisse mit der Musik in Verbindung brachten, für schwer und leicht, Spannung und Entspannung, wie in den folgenden Beschreibungen: [...] ;Ein Ballon, der durch die Luft fliegt, geht erst hinauf, dann wieder herunter. Jemand sagt: ‚ruhig, ruhig!' Da steigt er wieder hinauf. Angst breitet sich aus.' Das Kind, welches diesen Vorgang beschrieb, ergänzte, dieses Ballonmotiv würde später wiederkehren, bis der Ballon schließlich platzte, auf einem Baum lande und alles Kopf stünde. Diese Bilder erinnern an Traumbilder. […] ‚Ja, den Ballon habe ich auch gehört' reagierte ein Kind auf die Beschreibung seines Mitschülers."[13]

Der Bericht zeigt die Bereitschaft der Gellands sich auch auf seltsam oder abstrus anmutende Vorstellungsbilder einzulassen. Offensichtlich erwerben sie sich damit nicht nur das Vertrauen der Kinder, sondern helfen ihnen konkret bei der Vergegenwärtigung ihrer Eindrücke. Es handelt sich um einen Dialog zwischen Lehrer und Schüler, in dem es nicht um Korrektur des Schülers und seiner Wahrnehmung geht, sondern in dem sich der Lehrer einfühlsam bemüht, das Bild, mit dem der Schüler seinen musikalischen Eindruck beschreibt, mit seiner eigenen Wahrnehmung der Musik in Verbindung zu bringen und darüber einen Konsens mit dem Schüler herzustellen. Doch nicht nur im Hin und Her zwischen Schülern und Unterrichtenden entfalten sich die Bilder und Geschichten eines jeden der vorgespielten Musikstücke, sondern auch die Kinder gehen aufeinander ein und spinnen ihre Geschichten aus: „Ja, den Ballon habe ich auch gehört".

Was haben diese Erzählungen zu Musik mit den oben beschriebenen sozialen und psychologischen Funktionen des Erzählens zu tun?

Die Schüler berichten mit den Erzählungen von ihren Eindrücke und Erfahrungen: „es hat sich angehört wie". Der Form nach betrachtet handelt es sich bei den Schülererzählungen um fiktionale Geschichten, die in der dritten Person erzählt werden. Indem die Kinder ihre Bilder zur Verfügung stellen, um die Musik zu beschreiben, teilen sie etwas aus ihrer inneren Vorstellungswelt mit. Der Vergleich mit Träumen, den die Beobachterin zieht, scheint angesichts der oft nicht einsehbaren Folgerichtigkeit der Erzählungen angemessen zu sein. Für die Qualität alltäglicher Selbst-Erzählungen wurde die Wichtigkeit der zeitlichen Ordnung der Ereignisse und des auf Kausalzusammenhänge basierenden Zusammenhang der Ereignisse hervorgehoben (s.o.). Die Erzählungen, die hier von den Schülern geäußert werden, erfüllen diese Kriterien eher nicht. Sie sind Zuhörern eigentlich nur bedingt zuzumuten in ihrer scheinbaren Zusammenhanglosigkeit, Sprunghaftigkeit sowie auch in der Absurdität ihrer Ereignisse. Es scheint, als führe das Bemühen narrative Ereignisse mit musikalischen in Übereinstimmung zu bringen dazu, dass die Geschich-

---

[13] Rudroff S.72ff

ten mit geringer Rücksicht auf ihre Nachvollziehbarkeit durch Zuhörer konstruiert werden. Dies bringt diese Erzählungen in eine Nähe zu den Wachträumen, deren Kennzeichen ja auch darin gesehen werden, dass sie Erzählinhalte unter Vernachlässigung einer narrativen für die Kommunikation mit anderen nachvollziehbaren Ordnung hervorzubringen.

Andrerseits werden diese ungeordneten Geschichten aber doch in einen kommunikativen Zusammenhang eingebracht, sie werden in der Gruppe erzählt und die Beobachterin hebt hervor, dass sich die Kinder aufeinander beziehen. Es hat den Eindruck, als sei hier die Gelegenheit gegeben, sich in einer Sprache der inneren Welt[14] auszutauschen. Eine Gelegenheit, die von den älteren Kindern, mit denen das Geigenduo auch arbeitet, weniger selbstverständlich ergriffen wird, wie die Beobachterin feststellt. Hier ist es offensichtlich hilfreich, die Schüler zunächst zur Musik malen zu lassen.

Die Funktion des musikbeschreibenden Erzählens, wie es die Gellands bei den Kindern ‚hervorlocken', lassen sich wie folgt zusammenfassen:

Erzählen zu Musik bringt Bilder aus dem individuellen Repertoire der Schüler mit der gehörten Musik in Zusammenhang. Dabei scheint das unmittelbare Eingehen auf die geäußerte Erzählung mit Nachfragen, Paraphrasierungen und Präzisierungen wichtig zu sein und stimulierend zu wirken. Im Dialog mit den Unterrichtenden sowohl als auch im Gespräch der Schüler miteinander werden die einzelnen Geschichten präzisiert und erweitert. Die Schüler sind angehalten, sich dabei auf die Musik zu beziehen, die von den Unterrichtenden immer wieder auszugsweise ins Gedächtnis gerufen wird. Durch das Hin- und Her zwischen Erzählen und Vorspielen geht beides eine Verbindung ein. ‚Die Blitze, waren die so', ist eine Frage, die erst durch das nicht zu übersetzende Klangzeichen vollständig wird. Der Klang wird im Sinne der Geschichte zu einem Zeichen.

4) Musikbeschreibende Erzählung als Umkodierung

Von der Faszination des Verfahrens der Gellands für Kinder und Erwachsene habe ich mich selbst bei ihrem Besuch in Leipzig 2006 überzeugen können. Sie ist nicht ablösbar von der Besonderheit, die es darstellt, wenn ein hervorragendes professionelles Musikensemble sein Können im Schulunterricht einsetzt. Welche Bedeutung hat nun aber das musikbeschreibende Erzählen für

---

[14] Vgl. Merkel

die Annäherung an Musik unabhängig von dieser besonderen Unterrichtssituation?

Gerade die letztgenannte Möglichkeit, dass durch das Hin und Her zwischen Erzählen und Musikwiedergabe musikalische Motive scheinbar zu denotierbaren Zeichen werden, irritiert. Musik erzählt nicht immer Geschichten, und Klangzeichen lassen sich nur in Fällen programmatischer Bezugnahme oder Textausdeutung mit außermusikalischen Gegenständen identifizieren. Werden Schüler nicht in die falsche Richtung gelenkt und wird ihnen nicht ein Missverständnis den Charakter musikalischer Zeichen betreffend nahegelegt, wenn sie Musik mit Geschichten gleichsetzen?

Um das Verhältnis zwischen Musik und Erzähltext genauer zu bestimmen, soll aus zwei Perspektiven, die von dem text- und erzähltheoretischen Ansatz Jurij Lotmans abgeleitet sind, die Übertragung von Musik in eine Erzählung als strukturellen Vorgang erläutert werden.

Die erste Perspektive nimmt auf die Unbestimmtheit und Offenheit als wesentlichem Merkmal des künstlerischen Textes Bezug; die zweite stellt das musikbeschreibende Erzählen in den Kontext der Unterscheidung zweier Strukturtypen narrativer Texte.

Zur ersten Perspektive:

Der künstlerische Text als Mitteilung setzt eine Unterscheidung zwischen Sender- und Empfängerrolle voraus. Um die Mitteilung verstehen zu können, muss der Empfänger ihre Sprache verstehen. Dies ist aber stets nur mit Einschränkungen der Fall, da die Sprache der Kunst - anders als die natürliche Sprache ein sekundäres semiotisches System darstellt und der Hörer sich meist den Code erst mit der Mitteilung aneignen muss.[15] Es ist also von einer Differenz zwischen Hörer- und Sender-Grammatik auszugehen. Demzufolge spricht Lotman bei der Entschlüsselung der Zeichen nicht von Decodierung, sondern von Umcodierung. Der Inhalt der Mitteilung ist für den Hörer ein anderer als für den Sender; der künstlerische Text verändert sich auf dem Weg vom Sender zum Empfänger. Diese Veränderung kann größer oder geringer ausfallen, je nachdem, ob der Empfänger bei der Umcodierung sich der Sprache des Senders annähert oder bei seiner eigenen bleibt. Die Änderungen des künstle-

---

[15] Einen Sonderfall aus der Perspektive des westlichen Kulturbegriffs bildet die ‚Ästhetik der Identität', vgl. Lotmann 1973.

rischen Textes können auf der Ebene der Zeichenstrukturierung ebenso wie auf der Ebene äußerer Entsprechungsverhältnisse liegen. Dadurch, dass der Empfänger Elemente des Textes mit Bedeutung versieht, die für den Sender möglicherweise zufälligen Charakter haben, kann „die Zahl der bedeutungshaltigen Strukturelemente wachsen"[16]

Lotman konstatiert, dass Unterschiede in der Interpretation von Kunstwerken eine „alltägliche Erscheinung" sind und erklärt sie zu einer „organische(n) Besonderheit der Kunst"[17]

Bezogen auf das Problem musikbeschreibender Erzählungen ergibt sich daraus, dass die Zuweisung von Bedeutungsinhalten (auch außermusikalischen)[18] zu einzelnen Elementen der Musik der Struktur künstlerischer Texte angemessen ist. Die musikbeschreibenden Erzählungen reichern den musikalischen Text mit Bedeutung an. Vermutlich dominiert hier der Hörercode den des Komponisten. Aber auch dies zerstört die Struktur des künstlerischen Textes nicht.

Indem die kommunikative Anlage des narrativen Unterrichts den Schülern vermittelt, dass viele unterschiedliche Bedeutungszuweisungen möglich sind, können sie ein Verständnis für die Unbestimmtheit und Offenheit künstlerischer Texte entwickeln.

Zur zweiten Perspektive:

Die Umcodierung eines Textes wird von Lotman als die Herstellung eines Ensprechungsverhältnisses zwischen zwei *Strukturketten* beschrieben. Nicht das einzelne Zeichen sondern nur das Zeichen in seinem Verknüpfungszusammenhang mit anderen Zeichen kann für die Untersuchung von Umcodierungen den Ausgangspunkt bilden. Auch die Zeicheninhalte können nur als „vermittels bestimmter Relationen verknüpfte strukturelle Ketten ge-

---

[16] Lotman 47

[17] Lotman 1973, S. 45

[18] Lotman weist darauf hin, dass auch außermusikalische Strukturen bei der Umkodierung musikalischer Texte beteiligt sind: „Die Frage der Bedeutung des musikalischen Zeichens ist natürlich komplex und schließt offenbar immer Beziehungen zu außermusikalischen realen und ideel-emotionalen Reihen ein, doch tragen diese Beziehungen unzweifelhaft einen bedeutend stärker fakultativen Charakter als z.B. in der Sprache (...)", Lotman 1973, S.64

dacht werden": „Ein Faktum, das mit nicht verglichen werden kann und keine Klasse zuzuordnen ist, kann nicht den Inhalt von Sprache bilden".[19] Für die Umcodierung - d.h. Bedeutungserschließung - künstlerischer Texte, insbesondere aber für die Musik gilt dabei, dass ein Entsprechungsverhältnis auch innerhalb einer Strukturkette gebildet werden kann. Bei der für Musik geltenden ‚inneren multiplen Umcodierung' verweisen die Zeichen nicht auf äußere Objekte, sondern gewinnen Bedeutung durch ihre internen Beziehungen.

Aus der Unterscheidung zwischen innerer und äußerer Umcodierung leitet Lotman zwei Strukturmodelle narrativer Texte ab. Bei dem einen handelt es sich um das Erzählen in natürlicher Sprache, das auf der Zuordnung diskreter Zeichen zu Objekten und Ereignissen der äußeren Welt basiert. Die Strukturketten der verbalen Zeichen und die der äußeren Dinge und Ereignisse stehen in einem Entsprechungsverhältnis und werden parallel verlängert. „Ein solches Erzählen ist immer Vergrößerung des Umfangs des Textes"[20]

Bei dem anderen Modell, dem die Musik (aber auch das Bild) zuzuordnen ist, handelt es sich um ein Erzählen, dass auf innere Umstellung der Elemente einer Strukturkette basiert. Lotman vergleicht dies mit dem Prinzip des Kaleidoskops, „dessen farbige Glasplättchen ein gewisses Erzählen schaffen, wenn man es schüttelt und es dann unzählige Variationen symmetrischer Figuren bildet"[21] Das Erzählen des Kaleidoskops beruht darauf, dass die gleichen Elemente in zeitlicher Folge neue Konstellationen bilden.

Mit dem verbalen Erzählen zu Musik wird Diskretheit in den Text hineingetragen - ein Vorgehen, das Lotman „als Resultat jener Gewohnheit betrachtet […], derzufolge eine verbale Mitteilung als grundlegende oder sogar einzige Form eines kommunikativen Kontaktes und der Assimilation eines darstellenden Textes an einen verbalen angesehen wird."[22] Da die Umcodierung eines musikalischen Textes verlangt, seine Bedeutung aus der Korrelation seiner Elemente abzulesen, scheint das Hineintragen von Diskretheit, d.h. die Isolierung von ‚Elementen' ein probates Mittel, um sich ihm anzunähern. Aus dieser Perspektive gewinnen musikbeschreibende Geschichten dadurch Bedeutung, dass in ihnen narrative Elemente exponiert werden, deren Verhältnis

---

[19] Lotmann 1973, S.62
[20] Lotman 1974, S. 24
[21] ebd.
[22] Lotman 1974, S. 23

(im besten Fall) isomorph zu Konstellationen musikalischer Elemente ist. Der Sinn der Frage ‚Die Blitze, waren die so?' liegt darin, dass die Schüler in ihrer Fähigkeit unterstützt werden, musikalische Elemente zu isolieren. Die Erzählungen bieten aus dieser Perspektive Gelegenheit, mit den Schülern die wahrgenommenen Elemente in ihren sich ändernden Konstellationen wahrzunehmen und zu verfolgen.

Fazit

Die erzähltheoretische Betrachtung musikbeschreibender Erzählungen stellt dieses Phänomen in den Schnittpunkt zweier gegenläufiger Perspektiven. Auf der einen Seite entfalten die Erzählungen subjektive Zugänge zu musikalischen Texten und geben Gelegenheit, sich über diese in der Sprache der inneren Welt auszutauschen. Auf der anderen Seite tragen die Erzählungen Diskretheit in Texte mit ikonischer Zeichenstruktur hinein und sind dadurch geeignet, auch äußere Merkmale musikalischer Texte zu erfassen. Die Vorgehensweise der Gellands ist ein Beispiel dafür, wie diese beiden Perspektiven in ein Gleichgewicht kommen können.

Literatur

Bruner, Jerome (2004): Life as Narrative. Social Research, vol 71: No 3: Fall 2004, S. 691-710.

Eco, Umberto (1990): Lector in fabula. Die Mitarbeit der Interpreten in erzählenden Texten. München: dtv.

Holtmeier, Ludwig (2000): Versuch über Mozart. Juxtaposition und analytische Collage: KV 332. In: Gruhn, W.: Wahrnehmung und Begriff. Kassel, S. 109.174.

Kraimer, Klaus (2003): Narratives als Erkenntnisquelle. In: Friebertshäuser, B. u.a.: Handbuch Qualitative Forschungsmethoden in der Erziehungswissenschaft. Weinheim: Juventa, S. 459-467.

Kraus, Wolfgang (2000): Identität als Narration: Die narrative Konstruktion von Identitätsprojekten. (Berichte aus dem Kolloquium Postmoderne und Psychologie 3), http://web.fu-berlin.de/postmoderne-psych/berichte3/kraus.htm.

Merkel, Johannes (2000): Spielen, Erzählen, Phantasieren. Die Sprache der inneren Welt. München: Kunstmann.

Lotman, Jurij M. (1973): Die Struktur des künstlerischen Textes. Frankfurt a.M.

Lotman, Jurij M. (1974): Aufsätze zur Theorie und Methodologie der Literatur und Kultur. Kronberg Ts.: Scriptor.

Rudroff, Anna (2008): Ästhetische Erfahrung als Ziel von Musikunterricht - Fragen an ein musikpädagogisches Praxiskonzept aus Schweden. Wiss. Arbeit zum 1. Staatsexamen. Universität Leipzig, Inst. f. Musikpädagogik

KERSTIN WILKE

„Jungen machen doch keine Mädchensachen!"

Musikpräferenzen von Grundschulkindern als Mittel zur Konstruktion von Geschlechtlichkeit

1. „Wenn meine Eltern wüssten, ..." – Über die vermeintliche Elternorientierung kindlicher Musikpräferenzen

Karim ist neun Jahre alt und geht ins vierte Schuljahr. Sein derzeitiger Lieblingssänger ist der amerikanische Gangsta Rapper 50 CENT. Der, so erzählt Karim in einem narrativen Interview, hat nämlich tolle Muskeln, coole Tätowierungen, ganz viel Geld und so eine geile, tiefe Stimme. Außerdem hat er bei Straßenkämpfen neun Schüsse überlebt und deshalb hört man auch in seinen Liedern immer wieder Schüsse und Schreie. Und was sagen Karims Eltern zu seiner Lieblingsmusik, die von Maschinengewehrsalven, Sirenengeheul und Angstschreien strotzt? Die wissen das natürlich nicht denn:

> *„Wenn meine Eltern wüssten, was ich höre, dann kriege ich vielleicht Ärger! Also, ich krieg nicht Ärger, aber die sagen dann ‚Hör das nicht mehr!'"* (Karim, narratives Interview)

Der hier geschilderte Fall steht im Widerspruch zu der auch in aktuellen musikpädagogisch relevanten Publikationen formulierten Annahme, dass sich musikalische Vorlieben von Kindern unter 10 Jahren noch sehr am Geschmack der Eltern orientieren und dass sich ein eigener stabiler Musikgeschmack erst später ausprägt.

Hargreaves prägt 1982 den Begriff der *„open-earedness"* (Offenohrigkeit), der Kindern eine Toleranz und Offenheit gegenüber jeglicher Art von Musik zuschreibt, die erst mit Beginn der Pubertät abnimmt (Hargreaves, 1982). Dollases Phasenmodell (1997) placiert die *Anstiegsphase*, in der das Interesse für Musik, insbesondere für Pop-Rock-Musik, steigt, nach dem 10. Lebensjahr:

"Vor dem Eintritt in die Anstiegsphase, also bei Kindern vom 8. bis zum 10. Lebensjahr, ist festzustellen, dass sie sich, belegt durch empirische Untersuchungen, doch noch sehr am Geschmack der Eltern orientieren. [...] Auch eine andere Studie1 stellt aufgrund einer Befragung fest, daß bis zum 12. Lebensjahr Musikgeschmack und Musizieren an der Erwachsenenwelt orientiert sind, repräsentiert durch die Institutionen Familie, Schule und Musikschule." (Dollase, 1997, S. 357)

In seiner jüngst publizierten Darstellung des Forschungsstands bezüglich musikalischer Präferenzen bestätigt Kloppenburg diese Annahme erneut. Er ordnet die Kindheit der ersten Phase der Entwicklung musikalischer Vorlieben zu, in der der Musikgeschmack der Eltern prägende Bedeutung hat. Erst in der zweiten Phase, dem Jugendalter, lasse die Orientierung an peers den Einfluss der Eltern in den Hintergrund treten (vgl. Kloppenburg 2006, S. 367).

Zwei Argumente aus benachbarten wissenschaftlichen Disziplinen lassen vermuten, dass Karim kein Einzelfall ist und verlangen eine kritische Auseinandersetzung mit der vermeintlichen Eltern- und Erwachsenenorientierung kindlicher Musikpräferenzen:

Entwicklungspsychologisches Argument: In der mittleren Kindheit (zwischen dem 6. und 10. Lebensjahr) wird die sekundäre Sozialisation als vorrangige Entwicklungsaufgabe angesehen: Der Einfluss der Eltern verringert sich, die Bedeutung von peers und außerfamiliären Leitfiguren nimmt für die Kinder zu. Mit der Einschulung beginnt das Kind, stetig selbständiger zu werden und gewissermaßen *"von den Eltern weg zu wachsen"* (Rendtorff 2003, S. 115).

Mediensoziologisches Argument: Die aktuellen repräsentativen Kinderstudien[2] konstatieren, dass bei Kindern eine hohe Nachfrage nach Geräten der Unterhaltungselektronik besteht. Viele Kinder können PC, Stereoanlage, CD-

---

[1] Rösing/Phleps (1993): Persönlichkeitsentwicklung. In: Bruhn/Oerter/Rösing: Musikpsychologie. Ein Handbuch. Reinbeck: Rowohlt.

[2] Vgl. Hurrelmann/Andresen: 1. World Vision Kinderstudie (2007), Kids-Verbraucheranalysen (Ehapa)
http://www.ehapa-media.de/pdf_download/Pressemitteilung_KVA07.pdf
http://www.ehapamedia.de/pdf_download/KVA06_Praesentation.pdf , S. 37,
(Zugriff jeweils: 02.08.2008)

Player oder MP3-Player selbständig nutzen. 85% der 8- bis 11-Jährigen besitzen in ihrem Kinderzimmer einen eigenen CD-Player oder Kassettenrekorder (vgl. Hurrelmann/Andresen 2007, S. 181), 46% der 6- bis 13-Jährigen sind regelmäßig online, 27% von diesen nutzten 2006 das Internet, um Musik herunter zu laden (vgl. Ehapa 2006).

Die Ergebnisse der unterschiedlichen Kinderstudien zeigen, dass Musik für Kinder in den letzten Jahren immer leichter verfügbar geworden ist – es ist *kinderleicht* und dazu auch noch kostenlos, mit dem Handy[3] via Bluetooth Musik auszutauschen. Musik kann heute wesentlich selbstbestimmter und elternunabhängiger genutzt werden als noch vor 10-15 Jahren. Warum sollte dieser veränderte Umgang mit Musik nicht auch Einfluss auf die musikalischen Präferenzen haben? Der Erziehungswissenschaftler Burkhard Fuhs, der seit Mitte der 1980er Jahre Kindheitsforschung betreibt und sich speziell mit der *„Kindheit im Wandel"* beschäftigt, schreibt:

„Neben dem Erlernen eines eigenen Instruments kommt dem Musikkonsum, der Hitparade und der Musik-Fan-Kultur in den letzten Jahren auch für 10- bis 12-jährige eine wachsende Bedeutung zu. Elemente früherer Jugendkultur finden sich damit auch schon in der späten Kindheit. Viele Kinder gestalten offensichtlich ihre Kindheit schon durch einen individuellen Musikgeschmack, der im Austausch mit anderen gleichaltrigen Kindern der eigenen Identitätsbildung und der Abgrenzung von anderen dient. Das Musikhören wird im Übergang zur Jugend immer wichtiger und zu einem dominanten Merkmal der Jugendkultur." (Fuhs, 2002, S. 643)

Es ist also an der Zeit, dass sich die Musikpädagogik der veränderten Medienumwelt stellt, die musikalischen Umgangsweisen und Präferenzen von Kindern im Grundschulalter erneut prüft und den musikpädagogischen Umgang mit dieser Situation überdenkt.

Daher untersuche ich im Rahmen meines Promotionsvorhabens unter Nutzung quantitativer und qualitativer Methoden der Sozialforschung die Musikpräferenzen von Grundschulkindern des dritten und vierten Schuljahrs. Die Analyse der quantitativen Daten dient in meiner Studie zur Exploration und generiert Fragestellungen; die sich anschließende qualitative Studie erarbeitet

---

[3] Immerhin 36% der 8-11jährigen besitzen ein eigenes Handy (vgl. Hurrelmann/Andresen, 2007, S. 190)

Interpretationen für die quantitativen Daten. Der vorliegende Aufsatz gewährt Einblicke in beide Teilstudien, der quantitative Teil kann als Bestandsaufnahme der Musikpräferenzen von Kindern im Grundschulalter gelesen werden. Bei der Darstellung der qualitativen Studie liegt der Fokus in diesem Aufsatz auf der Aushandlung von Männlichkeits- und Weiblichkeitskonzepten über Musikpräferenzen, da sich diese Kategorie bei der Analyse der Daten als sehr wichtig erwiesen hat.

2. Musikalische Präferenzen von Grundschulkindern – Eine Bestandsaufnahme

Im Kontext der von der Bertelsmann Stiftung in Auftrag gegebenen Evaluation des hessischen Modellprojekts „Musikalische Grundschule" durch das Institut für Musik der Universität Kassel hat eine Analyse von über 1500 Schülerfragebögen ergeben, dass aktuelle Popmusik bereits für Grundschulkinder der dritten und vierten Klasse einen hohen Stellenwert einnimmt. Diese Einsicht bildet den Ausgangspunkt meiner Überlegungen.

Befragt nach ihren Lieblingsliedern zu zwei Befragungszeitpunkten im Abstand eines Jahres, nennen die Kinder sehr häufig nationale und internationale Popstars oder diverse Popsongs: Medial Vermitteltes nimmt im Vergleich zum Klassenrepertoire, das überwiegend aus traditionellen und Neuen Kinderliedern besteht, einen sehr hohen Stellenwert ein.

Was ist Dein Lieblingslied? (Von zu Hause oder aus der Schule)

Kategorie	Herbst 2005 – 3. Schuljahr	Sommer 2006 – 4. Schuljahr
Medial vermittelt	43,3%	45,0%
Klassenrepertoire	19,3%	21,3%
Medial vermittelt + Klassenrepertoire	9,3%	7,2%
Sonstiges	6,7%	7,2%
Fehlender Wert	21,4%	19,8%

Tabelle 1: Medial Vermitteltes oder Klassenrepertoire?

Die von den Kindern genannten medial vermittelten Lieder stammen größtenteils aus dem Bereich der *Popmusik*[4]. Obwohl nach den Lieblingsliedern gefragt wurde, geben die Kinder häufig auch Interpretennamen oder seltener Genrebezeichnungen (z.B. *Techno, HipHop* oder *Rock*) an. Insgesamt besteht das Datenmaterial aus mehr als 350 verschiedenen freien Nennungen (Lieder, Interpreten, Komponisten und Genrebezeichnungen); in den allermeisten Fällen wird ein Lied/Interpret/Genre ein- bis fünfmal genannt. Sucht man *das* Lieblingslied des ersten Befragungszeitraums (Herbst 2005), so kann man zwar das ‚Lied' „Candy Shop" des amerikanischen Rappers 50 CENT mit 20 Nennungen ausfindig machen, auf den Rängen darunter zeigen sich aber keine klaren Tendenzen. Da in der Popmusik der Interpret auch gleichzeitig als Repräsentant für eine bestimmte Stilistik steht, die möglicherweise eine wesentlich höhere Aussagekraft über die jeweilige Musikpräferenz besitzt als ein einzelner Song, ist es sinnvoll, Lieder und ihre Interpreten zusammengefasst zu betrachten. Auf diese Weise entsteht ein klareres Bild. Die Lieblingsmusik – repräsentiert durch den Interpreten – lässt sich so in einer Liste der *Top 5* darstellen.

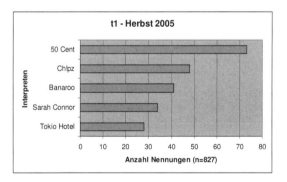

---

4   Ich verwende den Begriff Popmusik hier nicht als Genrebezeichnung – dafür ist er aufgrund seiner sehr unterschiedlichen Verwendungsformen in journalistischen, musikpädagogischen oder soziologischen Kontexten sowie sich ständig verändernder Erscheinungsformen völlig ungeeignet. Vielmehr soll er als deskriptive Oberkategorie verwendet werden, unter der sämtliche Stilrichtungen – wie z.B. Rock, Punk, HipHop, House, Blues, etc. – subsumiert werden.

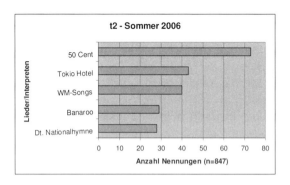

Abbildung 1: Top 5 der hessischen Grundschüler im Zeitverlauf

Auffällig ist zu beiden Befragungszeitpunkten die hohe Beliebtheit des Rappers 50 CENT, die Plätze 2 bis 5 sind beeinflusst vom medialen Umfeld zum jeweiligen Befragungszeitpunkt, dies wird besonders an der Sommerbefragung 2006 deutlich. Hier zeigt sich eindeutig der Einfluss der Fußball-Weltmeisterschaft in Deutschland. Die außerordentliche Beliebtheit des Rappers 50 CENT kann durch seine Präsenz in den Medien jedoch nicht erklärt werden. Die Zeitschrift BRAVO beispielsweise berücksichtigt ihn in den Jahren 2005-2006 nur selten.

Welche anderen Deutungsmuster bieten sich für die Beliebtheit 50 CENTS unter 8- bis 10-jährigen Kindern an, die sicher nicht zu seiner Zielgruppe gehören?

„Musikalische Präferenzen fungieren als eine Art Ausweis oder Abzeichen der Identität, durch das normative Erwartungen, Einstellungen, Werthaltungen oder andere Aspekte des Lebensstils symbolisch ausgedrückt und zur Schau gestellt werden." (Gembris 2005, S. 295)

Da der Interpret auch zugleich ein *Star* ist und in den Medien ein gewisses Image verkörpert, stellt sich bei Präferenzen immer die Frage, ob es wirklich die Musik des bevorzugten Interpreten ist, die den Kindern einfach gut gefällt, oder ob die Figur und das Image des Stars die Präferenz begründen. Man könnte sogar die Hypothese aufstellen, dass ein Fußball-Star oder ein Hollywood-Schauspieler die gleiche Funktion haben könnte wie der genannte Lieblingssänger. Helga Theunert, die sich auf die KIM-Studie 2002[5] bezieht, bestätigt die Hypothese, dass die Vorliebe für bestimmte Interpreten nicht zwangsläufig mit musikalischen Kriterien einhergeht: Kinder nutzen Medienangebote zur Orientierung. Medienfiguren fungieren als Folie zur Auseinandersetzung mit Geschlechterrollen. In den medialen Angeboten finden Mädchen Weiblichkeitskonzepte und Jungen Männlichkeitskonzepte, mit denen sie experimentieren können.

"Kinder halten Ausschau nach personalen Vorbildern. Die Suche erstreckt sich auf äußere Merkmale wie Aussehen, Outfit und Lebensstil und auf Eigenschaften und Verhaltensweisen. In den Blick geraten fiktive Personen aus Serien und Filmen oder Avatare aus Computerspielen und darüber hinaus Medienstars. [...] In die medialen Heldinnen und Helden projizieren die Kinder ihre Wünsche und Träume. An ihnen überprüfen sie ihr Selbstkonzept und ihre bereits entwickelten Vorstellungen." (Theunert 2005, S. 201)

Geht man davon aus, dass die in den Fragebögen genannten Lieblingslieder und Lieblingsstars nicht nur Ausdruck musikalischer Präferenzen sind, sondern in ebenso hohem – oder vielleicht sogar höherem Maße – mit dem Prozess der Identitätssuche oder Identitätsbildung zu tun haben, dann ist es sinnvoll, neue Kategorien und Genres zu benennen, um damit bestimmte Interpreten, die einander in ihrem identitätsbildenden Angebot ähnlich sind, zusammenzufassen. Aus dem Datenmaterial lassen sich Typen herausbilden, die als Identifikationsfiguren gesehen werden können. Im Folgenden sollen die fünf wichtigsten – weil am häufigsten vorkommenden – Identifikationsfiguren vorgestellt werden.

Die Sängerinnen SARAH CONNOR, YVONNE CATTERFELD, SHAKIRA und einige mehr werden der Identifikationsfigur *Barbie* zugeordnet. Die unter dieser Kategorie subsumierten Sängerinnen repräsentieren ein Weiblichkeitsbild, das von Schönheit, Anmut, Unabhängigkeit, perfekten Körpermaßen sowie einem extravaganten aber ‚schönem' Kleidungsstil geprägt ist. Es ist ein idealisiertes Frauenbild, das mit Frauenfiguren der Realität (Mütter, Lehrerinnen etc.) wenig verwandt ist.

---

[5] Abkürzung für **Kinder**- und **Medien**-Studie, eine jährliche Basisstudie des Medienpädagogischen Forschungsverbunds Südwest zum Stellenwert der Medien im Alltag von Kindern

Dementsprechend sind unter der Identifikationsfigur **Ken** alle Boygroups (z.B. US5, O-ZONE, etc.) sowie Mädchenschwärme auf Solopfaden kategorisiert (z.B. ALEXANDER[6], MARC TERENZI, etc.). Bei diesem Männerbild handelt es sich um meist junge, attraktive, anmutige Männer, die in der Regel gut tanzen und singen können.

Die Identifikationsfigur **Teenies** (TOKIO HOTEL, DIE KILLERPILZE) entspricht weder musikalisch noch äußerlich dem Boygroup-Ideal. Dennoch bietet auch diese Figur genügend Raum für Identifikation. Die Sänger sind selbst noch im Teenager-Alter, aber heben sich von ihren Altersgenossen durch Unangepasstheit und Extrovertiertheit ab. Sie besingen Themen, die Heranwachsende bewegen (z.B. Liebeskummer, Rebellion gegen die Erwachsenengeneration, ...).

Unter der Kategorie **Kinder-Dancefloor** sind Castingprodukte aus der Sendung „Das Star-Tagebuch" des Fernsehsenders RTL2 (CH!PZ, BANAROO, YOOMIII) zusammengefasst. Im journalistischen Sprachgebrauch werden die Bands auch als „Kinder-Pop", „Dance-Pop-Acts" oder abwertend als „Euro-Trash" bezeichnet. Die Melodien sind einfach, glatt und spannungslos – aber sehr eingängig und fröhlich. Die Texte sind in englischer Sprache und charakteristisch ist der schnelle Beat eines Drumcomputers, der die Lieder sehr ‚tanzbar' macht.

50 CENT, SIDO, BUSHIDO, EMINEM und weitere Gangsta Rapper sind der Figur des **Rappers** zugeordnet. Der *Rapper* repräsentiert ein Männlichkeitsbild, das geprägt ist von Stärke, Überlegenheit, Macht und Gewalt. Deutsche Rapformationen wie DIE FANTASTISCHEN VIER oder FETTES BROT, deren Musik man in den Neunziger Jahren als *„Spaßrap mit gelegentlich spielerischen Anflügen von Sozialkritik"* (Hartmann, 2007) bezeichnete und die zum Zeitpunkt der Untersuchung neue Alben veröffentlicht hatten, sind jedoch nicht unter der Kategorie *Rapper* zusammengefasst, da sie bezüglich Kleidungsstil, Textinhalten und Männlichkeitsbild nicht mit den *Gangsta Rappern* vergleichbar sind. Allerdings wurden sie zu keinem Befragungszeitpunkt häufiger als fünfmal genannt.

Analysiert man das Datenmaterial nach den vermuteten Identifikationsfiguren, so zeigt sich ein deutlicheres Bild musikalischer Präferenzen.

---

[6] Sieger der ersten Staffel von Deutschland sucht den Superstar

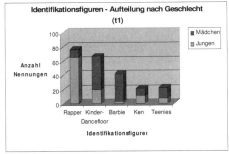
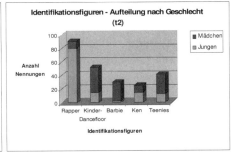

Abbildung 2: Identifikationsfiguren - Aufteilung nach Geschlecht

Die Grafiken zeigen bereits bei den 8- bis 10-jährigen Grundschulkindern deutliche geschlechtertypische musikalische Präferenzen. Die Vorliebe der Jungen für *Rapper* und die Vorliebe der Mädchen für *Barbie, Kinder-Dancefloor* und *Teenies* scheinen sich dabei mit zunehmendem Alter tendenziell zu verfestigen. Die unter der Kategorie „*Ken*" subsumierten „Boy(group)s" fallen überraschend geschlechtsneutral aus. Die Beliebtheit von *Kinder-Dancefloors* nimmt mit zunehmendem Alter ab – „*Das ist Baby-Musik*"; „*Das ist albern!*" heißt es dazu später in qualitativen Interviews.

Durch diese Analyse wird folgendes deutlich:

1. Dass die musikalischen Präferenzen nicht zufällig oder situativ bedingt sind, zeigt die erneute Befragung nach einem Jahr. Beide Ergebnisse ähneln einander in der Grundausrichtung, die Tendenzen haben sich verstärkt.

2. Es zeigen sich bereits bei Grundschulkindern deutliche geschlechtertypische Unterschiede.

3. Von einer Elternorientierung kann nur zum Teil ausgegangen werden – es ist zwar möglich, dass manches Kind die Vorliebe für SARAH CONNOR, US5 oder vielleicht sogar TOKIO HOTEL mit seinen Eltern teilt, im Falle der Rap-Musik halte ich dies aber für eher unwahrscheinlich.

4. Die Vorliebe für Rap zeigt sich als Konstante. Das Genre gewinnt im Verlauf des Jahres weiter an Beliebtheit und führt die „Hitliste" an. Im zweiten Jahr nennen 93 von 847 Kindern einen Gangsta Rapper bzw. ein Rap-Stück als Lieblingslied.

3. Musikpräferenzen als Mittel zur Inszenierung von Geschlechtlichkeit

Wodurch bilden sich die Präferenzen aus? Was bedeuten Popmusik sowie die jeweiligen Lieblingsstars *für die Kinder* und was bedeuten sie *den Kindern*? Inwieweit sind die musikalischen Präferenzen musikbedingt oder spielen andere Faktoren – wie etwa das Image des Interpreten oder das durch ihn repräsentierte Genre – eine Rolle für die Vorlieben? Und schließlich: Welche Funktion nimmt die Popmusik im Leben der Kinder ein?

Diesen Fragen gehe ich nach, indem ich mich in einer qualitativen Studie dem Phänomen der hohen Beliebtheit von Gangsta Rap bei Jungen mit Migrationshintergrund zuwende. Dazu wurden die Daten im Rahmen eines Unterrichtsprojekts zur Popmusik in einer vierten Klasse einer Kasseler Brennpunktschule (ca. 80% Migration) erhoben. Das Datenmaterial, bestehend aus narrativen Interviews, Beobachtungsprotokollen und von den Kindern im Unterricht erarbeiteten Collagen und Texten, wurde vorannahmefrei erhoben und inhaltsanalytisch ausgewertet.

Das Motto „Vorbereitung einer Abschlussfeier" diente als Aufhänger für die Projektarbeit, die Klasse arbeitete in Gruppen an der Planung für diese Feier. Hier ging es v.a. darum, herauszufinden, welche Musik gehört werden soll, wie man sich zur Feier kleidet, welche Freizeitaktivitäten (Singen, Tanzen, Spielen etc.) im Vordergrund stehen. Am Ende der Stunde folgte eine Präsentation der einzelnen Gruppen. Anschließend fanden sich die Kinder in Neigungsgruppen (BUSHIDO-Fans, MONROSE-Fans, etc.) zusammen, die die Aufgabe hatten, sich zunächst über Poster-Collagen mit ihrer Lieblingsmusik bzw. ihren Lieblingsinterpreten auseinanderzusetzen und schließlich Plädoyers für ihre Lieblingsmusik zu schreiben („Warum soll ausgerechnet 50 CENT auf der Feier gespielt werden?"). Nach jeder Schulstunde wurde das Datenmaterial ausgewertet und die nächsten Erhebungsschritte geplant, die im Einzelnen aufzuzählen den Rahmen dieses Aufsatzes sprengen würde. Das Projekt und damit die Phase der Datenerhebung endeten nach drei Monaten mit der teilnehmenden Beobachtung der Abschlussfeier der Klasse in der letzten Schulwoche vor den Sommerferien. Die Klasse hatte sich entschieden, nachmittags eine Disco im Klassenzimmer zu veranstalten.

Die – oft implizite, teilweise auch explizite - Thematisierung von Geschlechtlichkeit durchzieht nahezu alle Kategorien des qualitativen Datenmaterials. Da die Unterscheidung zwischen *Jungen- und Mädchensachen* den befragten Kindern – vor allem den Jungen - sehr wichtig zu sein scheint und diese Unterscheidung auch bezüglich der musikalischen Präferenzen immer wieder betont wird, konzentriere ich mich in diesem Aufsatz auf Aushandlungsprozesse von Männlichkeits- und Weiblichkeitskonzepten, die ich anhand einiger exemplarischer Kategorien darstellen werde.

„Eher so ein bisschen ruhiger und langsamer" - Theorien zu geschlechtstypischen Präferenzen

Als Begründung für die präferierte Musik wird von den Kindern häufig die Unterscheidung zwischen *„Rhythmus"* und *„ruhiger Musik"* benutzt. Das Wort *„Rhythmus"* mag verwirren, wenn man es in diesem Zusammenhang ausschließlich in seiner musiktheoretischen Wortbedeutung als musikalischen Parameter versteht. Die von mir untersuchten Kinder assoziieren – wie vermutlich ein Großteil musikalischer Laien – mit dem Begriff *„Rhythmus"* schnelle, bewegte Musik und fassen ihn als Antonym zu *„ruhigerer Musik"* auf.

Die These, dass Kinder tendenziell eher schnellere Musik bevorzugen, weil schnellere Musik den physisch-motorischen Bedürfnissen eher entspreche als langsamere, wie einige ältere Studien aus dem angelsächsischen Raum konstatieren (z.B. LeBlanc et al. 1983 und 1988, Montgomery 1996 und Brittin 2000 zusammengefasst in Gembris 2005), können die qualitativen Daten meiner Studie nicht bestätigen. Mädchen und Jungen bevorzugen sowohl Musik, die *„schön ruhig und nicht so laut ist"*, bei der man *„gut einschlafen kann"*, als auch *„coole Musik"*, die *„Schwung"* gibt oder *„rockig, sexy und fetzig"* ist. Sprechen die Kinder über ihre eigenen Präferenzen, so lassen sich bezüglich Tempo und Dynamik keine geschlechtsspezifischen Unterschiede beobachten.

Anders sieht es allerdings aus, wenn Jungen über die Präferenzen der Mädchen mutmaßen: Alexander[7] stellt die Hypothese auf, dass Mädchen eher ruhigere, langsamere Musik, Jungen eher rhythmische, bewegte Musik präferieren:

I.:   Und warum denkst Du, dass die Mädchen EMINEM nicht mögen?

---

[7] Alle Namen sind anonymisiert worden, allerdings soll durch die Wahl der Kunstnamen die Herkunft der Kinder erkennbar bleiben.

A.:	*Also der Text/ der Rhythmus ist auch nicht besonders/ bei Sarah Connor ist das ja ganz anders und das mögen ja die meisten Mädchen. [...]*
I.:	*Und warum glaubst Du, mögen die Mädchen* EMINEM *jetzt nicht so?*
A.:	*Wegen dem Rhythmus, denke ich, also* SARAH CONNOR *is'n bisschen ruhiger eigentlich.*
I.:	*Und wie ist der Rhythmus bei* EMIMEN*?*
A.:	*Also eigentlich ein bisschen verschieden/ also schon verschieden. Nur der ist nicht ganz so ruhig wie bei* SARAH CONNOR*.*
I.:	*Und du meinst, die Mädchen mögen eher so ruhigere Rhythmen?*
A.:	*Ja, eher so ein bisschen ruhiger und dann halt auch langsamer gesungen.*

Alexanders Alltagstheorien werden nicht nur von anderen befragten Jungen geteilt, sie decken sich darüber hinaus mit Forschungsergebnissen zu geschlechtsspezifischen Präferenzen. Gembris (2005, S.316-318) fasst den Forschungsstand über geschlechterspezifische Einflüsse zusammen und resümiert, dass man eine Neigung von Jungen zu *„härterer"* oder *„tougher"* Musik und von Mädchen zu *„weicherer"* oder *„romantischer"* Musik als allgemeine Tendenz annehmen könne. Diese Tendenz setzt sich bis ins Erwachsenenalter fort, wie eine repräsentativ angelegte Personenstichprobe des Allensbacher Instituts[8] bezogen auf die Grundgesamtheit der Bevölkerung ab 14 Jahren in der Bundesrepublik zeigt. Demnach werden musikalische Genres wie Deutsche Schlager, Blues/Spirituals/Gospels, Chansons, Musicals, Oper/Operrette/Gesang, Klassik/Konzerte/Sinfonien deutlich stärker von Frauen präferiert. Männer bevorzugen indes Englische Rock- und Popmusik, Dance/HipHop, Techno/House, Hardrock/Heavy Metal.

An Alexanders Äußerung zeigt sich ein Bewusstsein für vermeintlich geschlechtstypische Unterschiede musikalischer Präferenzen. Langsame, ruhige Musik ist weiblich konnotiert, *„Rhythmus"* und Lautstärke männlich. Dies ist möglicherweise die Erklärung, warum Cem im geschützten Raum des narrati-

---

[8] (Vgl. www.miz.org.intern/uploads/statistik38.pdf, 24.07.2007)

ven Interviews erklärt, die Musik des Gangsta Rappers MASSIV „*zum Angeben auf der Straße*" zu hören – nicht jedoch in seinem „*Kinderzimmer*", wie er sein Zimmer selbst bezeichnet:

I.:   *Würdest Du das im Kinderzimmer hören?*
C.:   *Nein!*
I.:   *Und welche Musik hörst Du im Kinderzimmer?*
C.:   BEYONCE, USHER, AKON[9], ...
I.:   *Wie würdest Du die diese Musik beschreiben?*
C.:   *Die ist eher ruhig, ... also so halb-ruhig. (Narratives Einzelinterview)*

Dies „*draußen*" öffentlich zuzugeben, könnte für Cem heikel sein und männlichen Statusverlust bewirken. Die Relativierung seiner Aussage durch den Zusatz „*so halb-ruhig*", den er nach kurzem Zögern einfügt, kann als Hinweis, dass seine privaten Wünsche in einem Konflikt mit seinem selbst gemachten Image stehen, interpretiert werden.

Mutmaßungen der Mädchen über männliche Präferenzen, gibt es im Datenmaterial wesentlich seltener. Dies mag daran liegen, dass es für ein Mädchen weniger heikel ist, „*Jungensachen*" zu präferieren. Es würde für sie – anders als im umgekehrten Fall – keinen Statusverlust bedeuten. Deshalb sind die Vorlieben der Jungen eben keine reinen „*Jungensachen*", sondern werden auch von Mädchen *genutzt*.

„Die singt immer so hoch!" - Die Stimme des Interpreten

Die Aushandlung von Männlichkeits- und Weiblichkeitskonzepten wird auch an Aussagen über die Stimme des Sängers oder der Sängerin deutlich. Die befragten Jungen geben an, dunkle/tiefe Stimmen zu präferieren und lehnen hohe Stimmen ab. Die Mädchen hingegen mögen eher helle/hohe Stimmen, schätzen Männerstimmen besonders dann, wenn sie verhältnismäßig hell klingen.

Auf die Frage, was den Jungen an den Rappern BUSHIDO, 50 CENT und MASSIV besonders gut gefalle, erwähnen diese immer wieder die „*geile*", „*tie-*

---

[9] Dem Genre Soul/R'n'B zuzuordnen

fe", *„dunkele"* Stimme. Dabei gilt offensichtlich die Formel *je tiefer desto besser:*

I.: Was ist denn an MASSIV anders oder besser als an BUSHIDO?

Florian: Der hat tiefere Stimme und ist fast so breit wie eine Tür.

I.: Hat so viele Muskeln oder was?

Florian: Ja!

Die tiefe Stimme wird hier einem Atemzug mit dem breiten Kreuz des Rappers erwähnt und kann somit als Attribut für Männlichkeit interpretiert werden. Hohe, weibliche bzw. unmännlich klingende Stimmen werden von den Jungen abgelehnt. Neben dem extrovertierten und androgynen Erscheinungsbild wird die Band TOKIO HOTEL gerade auch wegen der unmännlichen, mädchenhaft klingenden Stimme des Leadsängers abgelehnt: *„Die schreien immer so. Das mag ich nicht!"* Ähnlich urteilen die Jungen über SARAH CONNOR und YVONNE CATTERFELD:

„Mir gefällt es nicht, weil die SARAH CONNOR so hoch singt!"

„Die SARAH CONNOR schreit nur und singt nicht!"

„YVONNE CATTERFELD singt immer so hoch und tut immer so [äfft nach]"

Malayna und Ayşe, zwei türkische Mädchen, schätzen an dem türkischen Popstar ISMAIL YK gerade, dass er nicht so tief klingt wie andere Männer und beschreiben seine Stimme als *„fein":*

„Wir wollen ihn hören, weil er nicht so eine brummige Stimme hat, sondern eine feine Stimme hat. [...] und weil er nicht so schlimme bedrohliche Lieder wie Bushido singt."

Die hohe Stimme SARAH CONNORS wird von vielen Mädchen geschätzt und sogar mit dem Attribut *„hammergeil"* belegt.

Über Stimmpräferenzen grenzen sich beide Geschlechter offensichtlich voneinander ab und scheinen jeweils typisch für ihr Geschlecht zu urteilen. Dabei werden die Merkmale des eigenen Geschlechts bevorzugt, die des anderen abgelehnt.

Hier zeigt sich, dass musikalische Präferenzen eine Funktion im Sozialisations- und Identitätsbildungsprozess erfüllen.

"Cool und Geil"

Die Worte "cool" und "geil" sind die am häufigsten verwendeten Begriffe der Kinder, wenn sie über Musik, aber v.a. auch über Interpreten, Outfits und Images sprechen. Die Textsuche ermittelt für das Wort *cool* 89 und für das Wort *geil* 30 Fundstellen im gesamten Datenmaterial, diese Zahlen beziehen sich ausschließlich auf Kinder-Äußerungen. Was bedeuten diese Begriffe aber? Sind sie von einander zu trennen oder handelt es sich um Synonyme? Ein methodischer Vorteil qualitativer Forschungsmethoden ist, dass Datenerhebung und Auswertung fortwährend ineinander greifen. So konnte der häufigen Verwendung der Worte im Verlauf der Studie begegnet werden. Die Schulklasse wurde auf die häufige Begriffsverwendung aufmerksam gemacht und gemeinsam wurde nach Synonymen und Begriffsdefinitionen gesucht. Hierbei zeigte sich bald, dass die Meinungen von Jungen und Mädchen hinsichtlich der Wortbedeutung divergieren. Während die Jungen das Wort *cool* für stärker und gewichtiger als *geil* halten, empfinden die Mädchen umgekehrt *geil* als Steigerung von *cool*.

Da vor allem die Jungen durch Synonyme allein nicht erklären können, was *cool* ist, greifen sie häufig auch auf Gegenstände oder Zustände zurück, die diese Bezeichnung ihrer Meinung nach tragen. Halil hält seinen Arm hoch, damit seine Uhr für alle sichtbar wird und sagt: *"Meine Delphin-Uhr ist z.B. nicht cool! Glitzerarmbänder sind cool!"* Ferner werden in diesem Zusammenhang *"50 CENTS Kette", "sein Capy", "coole Anzüge"* als Träger der Bezeichnung *cool* gesammelt. Florian definiert *cool* als Beschreibungskategorie für Gegenstände: *"Cool nennt man Gegenstände, geil nimmt man, wenn man über Menschen spricht!"* Betrachtet man das als *cool* Bezeichnete, so handelt es sich um Gegenstände, die Menschen schmücken oder *"stylen"*. Die erwähnten Beispiele – Glitzerarmbänder, Ketten, Capys, Anzüge – können ausnahmslos als typische ,Insignien' der HipHop-Kultur bezeichnet werden.

Die Mädchen haben weniger Schwierigkeiten, Synonyme zu finden. Für das Wort *geil* sammeln sie folgende Adjektive: *"sexy, hübsch, perfekt, schön, hot, heiß, herausstechend und hammermäßig"*. Es ist ein Junge, der noch hinzufügt, dass *"Ruhm, Reichtum und Besitz"* geil sei. Die von den Mädchen genannten Synonyme sind z.T. konnotiert mit Sex-Appeal und Attraktivität und stehen damit im drastischen Gegensatz zur Kindlichkeit. Dieses Ideal sehen die Mädchen auch für sich selbst. Als es um die Planung der Klassenabschlussfeier geht, schreiben sie, dass sie sich „*sexy, cool, glamourös und auf jeden Fall geil*" anziehen wollen. Auch wenn auf diese Weise ein Wunschbild nach weiblicher Attraktivität, Sex-Appeal und Glamour ausgedrückt wird, wird dies in der Realität nicht eingelöst: Die Mädchen hatten sich – anders als die Jungen – nicht eigens für die Feier umgezogen oder besonders gestylt. Die für sich erwünschten Attribute schreiben die Mädchen der Mädchenband MONROSE zu:

> „*Wir lieben* MONROSE, *weil sie so hübsch, sexy und perfekt sind. Sie haben einen schönen Style und können gut singen. Die Mädels sind eine Gang, sie sind frech, hipp, glamourös und kreativ."* (aus einer Gruppenarbeit zum Lieblingsstar)

Hier zeigt sich eindrücklich, dass die Lieblingsstars den Mädchen als Projektionsfläche dienen. Der Wunsch nach eigener sexueller Weiblichkeit wird über mediale Vorbilder ausgelebt, die damit als Identifikationsfiguren fungieren.

Mit den Begriffen cool und geil ist ein Konzept verbunden, das allem Kindlichen, oder dem, was die Jungen und Mädchen unter Kindlichkeit verstehen, entgegengesetzt ist. Die mit Delphinen bedruckte Kinderuhr ist nicht cool – elegante Anzüge, wie Erwachsene sie tragen, schwere Ketten, Capys und Markenartikel sind es hingegen sehr! So unscharf die Begriffe sein mögen, so wenig sie die Musik oder den Interpreten konkret beschreiben und die Präferenz begründen mögen, so sehr sind sie als Gütekriterium zu verstehen. Coole/geile Lieder oder Interpreten tragen das ‚Unkindlichkeits'-Prädikat. Mit dem Präferenzurteil für diese Musik bzw. der damit verbundenen Teilkultur kann sich der Heranwachsende von Kindlichkeit distanzieren.

Abgrenzung und Zugehörigkeit

Dass Jugendliche ihre Musikpräferenzen zur „*Abgrenzung von anderen Jugendkulturen*" und zur „*Grenzziehung gegenüber Erwachsenen*" funktionalisieren, ist in der Musikpädagogik und Musiksoziologie häufig thematisiert worden (z.B. Abel-Struth 1985, S. 241, Baacke, 1998, S. 232); gleiches gilt für den Ausdruck von Zugehörigkeit durch gemeinsame Musikpräferenzen. In der Musikpräferenzforschung ist der Zusammenhang von peergruppenorientiertem Musikgeschmack und gleichzeitiger Loslösung von der Elternmeinung hinlänglich thematisiert und z.T. nachgewiesen worden (z.B. Troué/Bruhn 2000, S. 77ff; Müller 2000, S. 87ff.; Knobloch/Vorderer/Zillmann 2000, S. 18-30). Diese Funktionalisierung von musikalischen Präferenzen wurde bislang Jugendlichen – nicht aber Kindern – zugeschrieben. Die Auseinandersetzung mit „*Cool und Geil*" zeigt, dass Grundschulkinder Musikpräferenzen zur Abgrenzung von Kindlichkeit nutzen. Im Folgenden soll an weiteren Beispielen gezeigt werden, wie Grundschulkinder musikalische Präferenzen als Zeichen der Abgrenzung und Zugehörigkeit gebrauchen.

Musikpräferenzen werden von den Jungen auf zweierlei Weise zur Abgrenzung genutzt: Mit ihrer Vorliebe für das sehr umstrittene Genre Gangsta Rap gelingt es den Jungen, sich sowohl von den besorgten Eltern, als auch von den Mädchen, die v.a. die „*bösen Wörter*", d.h. die vulgäre, sexistische und Gewalt verherrlichende Sprache des Gangsta Rap verurteilen, abzugrenzen.

Da in narrativen Interviews von zwei Jungen Mutmaßungen über die Meinung ihrer Eltern bezüglich ihrer Musikpräferenzen angestellt wurden, wurde dieser Aspekt in der weiteren Datenerhebung intensiver verfolgt: Alle Kinder der untersuchten Schulklasse wurden aufgefordert sich in ihre Eltern hineinversetzen („*Wenn ich mein Vater/meine Mutter wäre…*") und ihren eigenen Musikgeschmack aus dieser Perspektive beurteilen. Auf einem Arbeitsblatt sollten sie den Satz „*Ich finde gut, dass mein Kind [z.B. BUSHIDO] hört, weil …*" bzw. „*Ich finde nicht gut, dass mein Kind [z.B. BUSHIDO] hört, weil …*" ergänzen. Bis auf eine Ausnahme vermuteten alle Jungen, dass ihre Eltern ihre Vorliebe für Gangsta Rap nicht teilen und darüber hinaus nicht gutheißen.

„*Ich finde nicht gut, dass mein Kind BUSHIDO hört, weil er [BUSHIDO] mich und meine Frau beleidigt und mein Sohn, wegen er schlimme Wörter sagt, wie z.B. Hurensohn und Nutte.*" *(Florian)*

„*Ich finde es nicht gut, dass mein Kind BUSHIDO hört, weil der so viele schlimme Wörter sagt und es fast immer um Vergewaltigungen geht.*" *(Tarek)*

Karim konnte sich im narrativen Interview konkrete Gründe vorstellen, warum seine Eltern seine Vorliebe für 50 CENT nicht gutheißen würden – wenn sie davon wüssten:

„*Wenn meine Eltern das verstehen würden, dann sagen sie ‚Hör das nicht mehr', weil ich lerne das vielleicht, … vielleicht rutscht es mir einmal heraus, wenn ich mich mit jemandem streite."* (Karim, narratives Interview)

Den Jungen ist also die Befürchtung der Erwachsenengeneration bewusst, dass sich das Hören der „schlimmen" Texte auf konkrete Verhaltensweisen übertragen könnte. Faruk gesteht sogar: *„Eigentlich haben meine Eltern ja recht, dass das nicht gut ist!"* Sie halten auch BUSHIDO eher für einen „Bösen"; auf jeden Fall sei er *„kein guter Moslem!"*, weil er sogar sein eigenes Land beleidige. Warum hören die Jungen die Musik dennoch? Florian sagt dazu: *„Weil das so geil ist, dass das so geheim ist, man wird irgendwie süchtig!"* Aus dieser Äußerung lässt sich eine gewisse Lust am Verbotenen, Geheimen erahnen. Mit der Vorliebe für Gangsta Rap setzen sich die Jungen über die elterlichen Vorbehalte und Verbote hinweg. Damit funktioniert die musikalische Präferenz als – zunächst heimliche – Grenzziehung gegenüber Erwachsenen. Diese Grenzziehung wird (noch) nicht als offene Provokation gegen die Eltern ausgespielt, sie wird vielmehr im Geheimen genossen.

Anders verhält es sich mit der Abgrenzung der Jungen von den Mädchen, die im Übrigen ausnahmslos glauben, dass ihre Eltern ihren Musikgeschmack tolerieren und sogar teilen. Die Abgrenzung wird hier in der Interaktion offen inszeniert. Als die vulgären Rap-Texte in einer Klassendiskussion über Rapmusik zur Sprache kommen, entwickelt sich die bis dahin sachliche Diskussion in ausgelassenes Gekicher der Jungen, das sich nach und nach steigert. Die Mädchen hingegen können die Albernheit der Jungen nicht tolerieren, was wiederum die Stimmung der Jungen nur noch weiter ‚anheizt':

Saladin: *Bei einem Lied, da war so ein schlimmes Wort, das wollte ich nicht mehr hören. [...]*

Halil: *Was sagt er denn da?*

Saladin: *(grinst verschämt) Na, du weißt schon ...*

Nadine: *Sagt mal, welches Wort das war!*

Saladin: *Er hat gesagt „Ich ficke Dich bis zum Urinblase"*

(Gekicher unter den Jungen)

Suleika: *Das ist nicht lustig!*

Steven: *Ich hätte da mal eine Frage: Gibt es das Wort Urinblase? Was ist Urinblase?*

Lehrerin: *Die Blase ist ein Organ im Unterleib, wo der Urin, also das Pipi, sich bildet.*

(Erneutes Gekicher unter den Jungen)

Edina: *SIDO hat auch bei ein so'n Lied gesagt: „Ich hab eine für die Küche und 15 für das Bett"*

(Gekicher der Jungen steigert sich)

Yaren: *W a s?! (sehr gedehnt)*

I.: *Wie findet ihr das, wenn ihr so etwas hört?*

Ahmet: *Geil!*

(Gekicher der Jungen)

Die Reaktion beider Geschlechter wirkt hier etwas übertrieben und ‚künstlich': Suleikas tadelnde Ermahnung an die Jungen und Yarens scheinbar ungläubiges Entsetzen wegen des von Edina angebrachten Textzitats wirken ‚gespielt'. Die Mädchen übernehmen die Rolle der Vernünftigen, ihre Äußerungen sind sozial erwünscht. Sie spielen dennoch den Jungen die Bälle zu. Edina ist es, die ein weiteres herausforderndes Textzitat ins Spiel bringt. Die Jungen reagieren darauf zuverlässig: Der vermeintlichen Ernsthaftigkeit setzen sie kollektives Kichern entgegen. Ahmet geht noch einen Schritt weiter und findet Edinas Textzitat *„geil"*, dafür bekommt er kicherndes ‚Beifall' seiner Geschlechtsgenossen.

Gerade an dem Schauspielcharakter dieser Situation wird deutlich, dass Mädchen wie Jungen Geschlechterrollen ausprobieren. Die *„bösen Wörter"* im Gangsta Rap polarisieren die Geschlechter. Diese Polarität wird von beiden Seiten angesteuert und genossen.

Zur Abgrenzung von den Mädchen erscheint das umstrittene Genre Gangsta Rap mit seinen *„schlimmen Wörtern"* und streitbaren Interpreten als ein Mittel, das im wahrsten Wortsinn ‚sondergleichen' ist. Dies zeigt ein weiterer Ausschnitt aus der Klassendiskussion:

Friederike: Ich versteh das nicht: Jungs hassen rosa und Ballett und so und die spielen gerne Fußball. Mädchen mögen blau, spielen auch Fußball und die Jungs mögen nicht Ballett. Die Jungs blamieren sich dann, wenn die Freunde kommen und die Ballett machen.

I.: Willst Du damit sagen, dass Jungen nicht auf Mädchensachen stehen, Mädchen aber sehr wohl auch auf Jungensachen?

Karim: Ihr habt gesagt, Jungen machen doch nicht so Mädchensachen. Okay, dann hab ich so ne Frage: Mögt ihr auch so Capys?

Mädchen: Ja!!!!

Jale: Ich zieh auch immer so eine Mütze von mein Bruder an, die ist voll schön, so Totenkopf, so, dann hat er auch noch solche Schuhe, die will ich mir auch holen, in meiner Größe, er hat ja größere Füße. Und so ein Halstuch hat mein Bruder auch, das ziehe ich auch an.

Welche Mittel bleiben den Jungen noch, um sich von den Mädchen abzugrenzen? Fußball funktioniert offensichtlich nicht mehr, denn das spielen nun auch die Mädchen gern. Und welche Wirkung hat ein Totenkopf-Capy noch, wenn es von der Schwester angezogen und „*voll schön*" gefunden wird? Umgekehrt funktioniert diese Vereinnahmung jedoch nicht: Mädchensachen sind für Jungen tabu, sie sind mit Verweiblichung, Unmännlichkeit und Homosexualität konnotiert und würden möglicherweise einen Statusverlust verursachen. Im Zusammenhang mit vermeintlicher Mädchenmusik – in diesem Fall der Band MONROSE – sagt Faruk:

„*Das ginge nicht, das passt irgendwie nicht, er zieht sich so geil an und dann hört er Mädchenmusik. Da blamiert man sich irgendwie, so helle Stimme und so, was will man mit Mädchen schon machen?!*"

Bei den Jungen scheint sowohl das Bedürfnis nach Abgrenzung gegenüber dem anderen Geschlecht als auch von den Eltern tendenziell stärker ausgeprägt zu sein als bei Mädchen. Diese Beobachtung wird von der Genderforschung bestätigt (vgl. hierzu Rendtorff, 2003, S.147ff.)

Den befragten Kindern ist darüber hinaus auch bewusst, dass gemeinsame Musikpräferenzen auch als Zeichen der Zugehörigkeit funktionalisiert werden können. Dies kann die Zugehörigkeit zu anderen Kindern/Freunden bedeuten („*Man will ja auch dazugehören, wenn jemand Rap-Musik hört, den man mag, dann hört man das auch!*"), die Zugehörigkeit kann sich aber auch auf kulturelle Szenen oder Personengruppen beziehen.

„JUNGEN MACHEN DOCH KEINE MÄDCHENSACHEN"

Gerade die Mädchen fallen diesbezüglich durch ein scheinbar großes Selbstbewusstsein auf. Äußerungen wie die folgende finden sich bei Mädchen der untersuchten Schulklasse häufiger:

> „Die Meinung, also wenn Freunde sagen, ‚das ist scheiße', das ist mir schnurzegal, ich mach mein Weg und wenn ich MONROSE mag, dann mag ich sie auch. Und wenn manche sagen „Ich hasse die", dann hasse ich die auch nicht. Wenn ich „Even Heaven cries" mag, dann mag ich das halt, man kann es doch nicht ändern."
> (Edina)

Edinas Statement wirkt ein wenig ‚eingeübt', als hätte sie vorher jemand darin bestärkt, ihren „Weg" zu gehen, egal, was andere sagen oder denken. Es ist nicht ganz auszuschließen, dass Edina hier sozial erwünscht antwortet, dennoch ist diese Haltung typisch für die Mädchen dieser Schulklasse. Sie beharren darauf, auch dann noch zu ihren Vorlieben zu stehen, *„wenn andere darüber lachen"* oder diese *„doof"* finden: *„Es ist doch nicht schlimm, wenn meine Freundinnen sagen, ich mag das nicht! Ich finde ein paar Lieder schön, die vielleicht andere nicht schön finden!"*

Ein ähnliches Selbstbewusstsein können sich die Jungen jedoch nicht risikolos leisten. Es ist eben nicht *„schnurzegal"*, wenn sie z.B. *„Mädchenmusik"* hören: *„Das ginge nicht, das passt irgendwie nicht [...] da blamiert man sich irgendwie"*. Saladin berichtet über konkrete Ausgrenzungserfahrungen aufgrund abweichender Musikpräferenzen:

> *„Also, ich hab einen Freund aus der Türkei, er hört nur ISMAIL YK. Er fragt, welche Lieder ich höre. Ich sag ‚50 CENT' und so weiter. Er sagt ‚Ich hasse 50 CENT', ich sag ‚Ich höre 50 CENT' und er sagt ‚Ich bin nicht mehr dein Freund."* (Saladin)

Hier wird deutlich, dass die Kinder um Funktionen von Musikpräferenzen wissen und diese für sich nutzen: Musikpräferenzen sind nicht (nur) Ausdruck persönlichen Gefallens und Genusses, sondern fungieren als ‚Etikett' oder ‚Ausweis'. Dies kann der folgende Gesprächsausschnitt eindrucksvoll illustrieren:

I.:	Bei welchen Situationen hört man denn z.B. Rap-Musik? Oder kann man das immer hören?
Faruk:	Mit Handy auf der Straße.
Adnan:	Ja, <u>cool sein</u>. [...]

Karim: Manchmal nehmen die so einen <u>MP3-Player</u>, damit die so zeigen, dass die so cool sind, die <u>BUSHIDO-Seite</u>. [...]

I.: Warum hört ihr, wenn ihr auf der Straße lauft Rap-Musik?

Faruk: Man möchte cool sein, <u>auch dass die Leute so hören</u>, <u>so</u>.

Halil: Manchmal macht der auch die Hose so hoch und dann hat der hier <u>iPod</u>, z.B. aber die meisten haben das draußen, damit man das sieht, so hier macht der <u>iPod</u> dann hin, die machen dann so hier, <u>damit jeder sieht</u>.

Friederike: Manchmal, wenn so jugendliche Jungen laufen (kichert), dann/ wie heißt das? Dann haben die immer so <u>Riesen-Hosen an, so XXL,</u> (kichert), wo man den Hosen/ bei das ... (zeigt auf ihre Gürtelschnalle)

I.: Gürtelschnalle?

Friederike: Ja, an die Gürtelschnalle, da machen die den MP3-Player dran und dann hängt die Hose immer ganz unten, <u>dass man die Unterhose sehen kann</u>.

I.: Wie fühlt man sich denn, wenn man mit dem Handy, das BUSHIDO oder MASSIV spielt, durch die Stadt läuft?

Florian: <u>Ich fühl mich dann einfach cool</u>!

Dank iPod, Walkman-Handy und Mp3-Player ist es nun möglich geworden, sich die präferierte Musik auch physisch anzuheften. Der von der Präferenzforschung oftmals metaphorisch verwendete Begriff des „klingenden Abzeichens" bekommt so eine neue Bedeutung. Die Rap-Musik aus dem Handy hat in der beschriebenen Situation mehrere Funktionen und Wirkungen: Sie weist ihre ‚Träger' nach außen als „*cool*" aus, was nach Möglichkeit alle sehen und hören sollen. Auf diese Weise kann man(n) die BUSHIDO-Seite ausleben und sich dabei auch „*cool fühlen*". Mp3-Player, Handys oder iPods fungieren wie die charakteristische Kleidung als Statussymbole. Dieser Kleidungsstil ist wiederum selbst Teil der HipHop-Kultur und besitzt ebenfalls eine ausweisende Funktion. Die aus dem Handy ertönende Musik fungiert als Abzeichen oder Accessoire. Die Träger dieses Zeichens *gehören dazu*: Zum einen zu den „*großen*", „*coolen*" Jungen, sie sind eben keine Kinder, keine

„*Babys*" mehr, über die man sich lustig machen kann; zum anderen zeigen sie sich damit als Teil einer globalen Jugendkultur.

Die Musik wird also genutzt, um sich „*cool*" zu fühlen und sich dementsprechend zu inszenieren. Jeder soll es sehen! Im Kinderzimmer, wie oben im Zusammenhang mit „*ruhiger Musik*" bereits beschrieben, wird Rap nicht gebraucht. Es muss also unterschieden werden zwischen dem privaten Musikgeschmack, der innen im stillen Kämmerlein zur Bedürfnisbefriedigung genutzt wird und dem öffentlichen Präferenzurteil, das zur Außendarstellung genutzt wird.

Die Vorliebe für Gangsta Rap ist Teil einer Inszenierungspraxis, der sich vor allem die Jungen bedienen. Sie wird von ihnen genutzt, um ein männliches Image zu konstruieren. Dieser Vorgang ist nicht gleichbedeutend mit Identifikation: Das „*schlechte Vorbild*" des Rappers wird von Mädchen und Jungen problematisiert. Sie machen sich beispielsweise darüber Gedanken, welche Auswirkungen die bösen Wörter im Gangsta Rap auf „*die kleinen Kinder*" haben könnten. Möglicherweise „*lernen die Kinder das ja*" und eignen sich die negativen Verhaltensweisen an!

Obwohl sie „*cool*" sind, möchte eigentlich keines der befragten Kinder so sein wie die Rapper:

Karim: *Nein, das dürfen wir nicht, sich tätowieren, das dürfen die Muslime nicht. Das steht im Koran.*

I.: *Ist Bushido tätowiert?*

Karim: *Ja, am Hals glaube ich.*

I.: *Aber ist der nicht auch Muslim?*

Karim: *Ja, das interessiert den nicht, der beleidigt auch sein Land.*

I.: *Ist der kein guter Muslim?*

Karim: *Nein!*

Karim wählt aus dem Identifikationsangebot, das der *Rapper* ihm bietet, die Dinge aus, die er benötigt, um sich „*cool*" zu fühlen und darzustellen – ohne sich dabei jedoch unkritisch und bedingungslos mit der Medienfigur zu identifizieren. Die vermeintlichen Gebote des Korans sind als Verhaltensregel in diesem Fall gewichtiger als die Affinität mit dem Rapper. Die Statussymbole, die er sich wünscht, sind nicht bleibend, man kann sie ablegen oder wieder

345

verlieren und sie zeichnen seinen Körper nicht für immer, wie z.B. eine Tätowierung. Dies unterstützt den Inszenierungscharakter, den die Präferenz für Gangsta Rap besitzt.

Dass eine Affinität mit einem Popstar nicht gleichbedeutend mit Identifikation ist, kann durch eine Studie Renate Müllers bestätigt werden. Müller untersuchte im Januar 2006 das *„sozialästhetische Umgehen von Grundschülern mit der Band Tokio Hotel"* (Müller, 2006). Schüler und Schülerinnen einer 3. und 4. Klasse wurden mit dem Multimedia-Computer zur Musik, zum Video und zur Person des Leadsängers Bill der Band TOKIO HOTEL befragt. Obwohl die Kinder den Sänger Bill in hohem Maße *„aufregend, echt, außergewöhnlich und mutig"* finden, stimmen sie den beiden Identifikations-Items *„Mit dieser Person würde ich gerne gehen"/ „So wäre ich auch gern!"* nicht zu (Müller, 2006, S.15). Obwohl sich die Kinder für die Musik, das Video und gewisse Charaktereigenschaften der Medienfigur begeistern können, wird ihr nicht einmal in Gedanken ein Platz in ihrem Leben eingeräumt.

Was heißt dies im Falle der Vorliebe für Gangsta Rap? Eine Präferenz für Gangsta Rap bedeutet nicht zwingend absolute Identifikation; Jungen nutzen für sich bestimmte Eigenschaften für ihre Selbstinszenierung. Man kann sich cool, männlich und weniger kindlich fühlen, wenn man sich dem Genre entsprechend kleidet und sich die Musik via Mp3-Player als klingendes Abzeichen ‚anheftet' – dies ist jedoch nicht gleichbedeutend mit der Übertragung von allen Verhaltensweisen des als durchaus negativ beurteilten Vorbilds.

4. Resümee

Die Daten meiner Studie zeigen, dass auch schon Grundschulkinder einen eigenen Musikgeschmack ausbilden. Die geäußerten Musikpräferenzen sind weder zufällig noch eltern- oder erwachsenenorientiert. Schon zu Beginn des dritten Schuljahrs zeichnet sich ein eigener Musikgeschmack bei den Kindern ab, der im Zeitverlauf gefestigt wird. Es muss also davon ausgegangen werden, dass es im Hinblick auf elternunabhängige Präferenzen eine Vorverlagerung gibt. Dies zeigt sich bereits in der Bestandsaufnahme. Dollases Phasenmodell (1997) scheint zumindest in seinen Altersangaben nicht mehr mit aktuellen Entwicklungen zusammenzufallen.

Musik wird auch von Grundschulkindern für unterschiedliche Bedürfnisse funktionalisiert. Dabei muss unterschieden werden zwischen dem öffentlichen Präferenzurteil, das zur Selbstinszenierung – hier zur Inszenierung männlicher

Coolness – und dem privaten Musikgeschmack, der im Kinderzimmer vielleicht eher zum Wohlfühlen genutzt wird. Die Kinder bilden ihre eigenen musikkulturellen Praxen aus, die auch als solche verstanden und respektiert werden müssen. Musik wird von Grundschülern dazu genutzt, die eigene Zugehörigkeit zu kulturellen Szenen, Gruppen, Freunden auszuweisen und sich gleichzeitig vom anderen Geschlecht oder der Erwachsenengeneration abzugrenzen.

Heutige Grundschulkinder wachsen in einer von Unterhaltungsmedien geprägten Welt auf, der sie sich kaum entziehen können. Es liegt auf der Hand, dass sie von den sie umgebenden Medien in mehr oder weniger hohem Ausmaß beeinflusst sind. Aber sie sind dieser Beeinflussung nicht als passive Opfer ausgeliefert. Die Daten zeigen, dass die Kinder durchaus in der Lage sind, in Distanz zu sich und ihren Vorlieben zu treten. Sie haben beispielsweise eine konkrete Vorstellung davon, wie Erwachsene, in diesem Fall ihre Eltern, ihre Musik beurteilen. Dies zeigt sich sowohl an den Äußerungen zur mutmaßlichen Meinung ihrer Eltern als auch an der Abgrenzung von den *„Kleinen"*. Die vermeintliche Gefahr, die von dem Genre Gangsta Rap ausgeht, betrifft die untersuchten Kinder gar nicht – denn sie halten sich selbst nicht für *„kleine Kinder"*.

Der Berliner Gangsta Rapper MASSIV sagte im Januar 2008 im Interview mit dem Spiegel: *„Meine Texte sind von der Welt, in der ich lebe geprägt, aber sie sind Kunst. Einen Rambo-Film hält doch auch keiner für echt!"* (Der Spiegel, 4/2008, S.136). Kann man den Kindern vielleicht sogar zutrauen, das Genre Gangsta Rap auf diese Weise zu lesen?

Im Umgang mit dem medialen Angebot sind Kinder keine passiven Marionettenfiguren, sondern zumindest in Grenzen ihre eigenen Regisseure: Sie wählen aus dem Angebot, das der favorisierte Interpret bzw. das Genre ihnen bietet, die Dinge aus, die sie zur Selbstinszenierung und dem Spiel mit Identitäten und Geschlechterrollen benötigen.

Literatur

Dollase, Rainer (1997): Musikpräferenzen und Musikgeschmack Jugendlicher. In: Baacke, Dieter (Hg.): Handbuch Jugend und Musik. Opladen: Leske & Budrich. S. 341-368.

Fuhs, Burkhard (2002): Kindheit, Freizeit, Medien. In: Grunert, Cathleen/Krüger, Heinz-Hermann (Hg.): Handbuch Kindheits- und Jugendforschung. Opladen: Leske & Budrich. S. 637-652.

Gembris, Heiner (2005): Musikalische Präferenzen. In: Stoffer, Thomas/ Oerter, Rolf (Hg.): Enzyklopädie der Psychologie. Bd. 2, Spezielle Musikpsychologie. Göttingen: Hofgrefe. S. 279-342.

Hargreaves, Adrian (1982): The Development of aesthetic reactions to music. In: Psychology of Music, Special Issue, S. 51-54

Hartmann, Andreas (2007): HipHop in Deutschland. Goethe-Institut: http://www.goethe.de/kue/mus/thm/prh/de2621937.htm (09.02.2009)

Hemming, Jan/Heß, Frauke/Wilke, Kerstin (2007): Abschlussbericht zur Evaluation des Modellversuchs Musikalische Grundschule im Auftrag der Bertelsmann Stiftung.
Online: http://www.bertelsmann-stiftung.de/cps/rde/xbcr/SID-0A000F14-B4DFB9E4/bst/AbschlussberichtMGS_freigegebene%20Endversion.pdf (20.04.2008)

Hurrelmann, Klaus/Andresen, Sabine (2007): Kinder in Deutschland 2007. 1. World Vision Kinderstudie. Frankfurt am Main: Fischer Taschenbuch.

Kloppenburg, Joseph (2005): Musikpräferenzen, Einstellungen, Vorurteile, Einstellungsänderung. In: de la Motte-Haber, Helga: Handbuch der Systematischen Musikwissenschaft. Bd.3, Musikpsychologie. S. 357-393.

Knobloch, Silvia/Vorderer, Peter/Zillmann, Dolf (2000): Der Einfluss des Musikgeschmacks auf die Wahrnehmung möglicher Freunde im Jugendalter. In: Zeitschrift für Sozialpsychologie, 31, S. 18-30.

Müller, Renate (2000): Die feinen Unterschiede zwischen verbalen und klingenden Musikpräferenzen Jugendlicher. In: Behne, Klaus-Ernst et al. (Hg.): Die Musikerpersönlichkeit. Göttingen: Hofgrefe. S. 87-98.

Müller, Renate (2006): „Sieht aus wie ein Mädchen – ist ein Junge". Sozialästhetisches Umgehen von Grundschülern mit der Band Tokio Hotel. In: Ludwigsburger Beiträge zur Medienpädagogik, Bd. 9. S.13-17. Online: http://www.ph-ludwigsburg.de/fileadmin/subsites/1b-mpxx-t-01/user_files/Online-Magazin/Ausgabe9/Mueller9.pdf (20.04.2008)

Medienpädagogischer Forschungsverband Südwest: KIM-Studie 2006. Online: http://www.mpfs.de/fileadmin/KIM-pdf06/KIM2006.pdf (28.08.08)

North, Adrian/Hargreaves, David (2008): The Social and Applied Psychology of Music. New York, Oxford: Oxford University Press.

Rendtorff, Barbara (2003): Kindheit, Jugend und Geschlecht. Einführung in die Psychologie der Geschlechter. Weinheim, Basel, Berlin: Beltz Taschenbuch.

Schellberg, Gabriele/Gembris, Heiner (2003): Was Grundschüler (nicht) hören wollen. Eine neue Studie über Musikpräferenzen von Kindern der 1. bis 4. Klasse. In: Musik in der Grundschule; H. 4, S. 48-52.

Theunert, Helga (2005): Kinder und Medien. In: Hüther, Jürgen/Schorb, Bernd (Hg.): Grundbegriffe Medienpädagogik. München: Kopaed. S. 195-202.

Troué, Nicole/Bruhn, Herbert (2000): Musikpräferenzen in der Vorpubertät. Wandel von der Elternorientierung zur Peergruppenorientierung. In: Behne, Klaus-Ernst et al. (Hg.): Die Musikerpersönlichkeit. Göttingen: Hofgrefe. S. 77-86.

HERBERT BRUHN

Einsatz von Musiktests in der empirischen Forschung

1 Einleitung

Testverfahren, die musikalische Fähigkeiten untersuchen, werden in der deutschen musikpädagogischen Forschung kaum eingesetzt. Dies ist auf die Methodenkritik der 1970er Jahre an Testverfahren im allgemeinen zurückzuführen: Allzu oft sind Testverfahren nur unzulänglich mit dem zu testenden Kriterium verbunden – ebenso wie manche Intelligenztests und Persönlichkeitstests muss man negativ bewerten, dass immer nur Teilaspekte dessen erfasst werden, was sie eigentlich messen sollen, nämlich Musikalität (ausführlich und kritisch zur Inhalts- und Kriteriumsvalidität siehe Gembris, 1998).

Andere Vorbehalte gegen die Anwendung von Testverfahren beziehen darauf, dass alle Ergebnisse nur mit einer gewissen Wahrscheinlichkeit zutrefen (meist um die 95 %). Fünf Prozent mögliche Fehlentscheidung scheint gering zu sein. Stellt man sich allerdings einen einziger Schüler vor, der sein Testergebnis erhält, so erhalten die fünf Prozent subjektiv eine wesentliche größere Bedeutung: Man hat versagt und erhält keine musikalische Förderung (subjektive Wahrscheinlichkeit, siehe Grubitsch, 1999): „aussortiert, nicht tauglich!"

Deshalb scheint Widerstand gegen Leistungsmessung zunächst pädagogisch sinnvoll. Es muss allerdings leider erwähnt werden, dass sich gerade die gesellschaftskritischen Forscher mit ihrer Abneigung gegenüber Testverfahren in schlechter Gemeinschaft mit nationalsozialistischen Praktiken befinden. Die Ablehnung von empirischen Methoden und von Inferenzstatistik gehörte zu einer Pädagogik, die empirisch begründeten Widerspruch gegen emotionale oder ideologische Entscheidung nicht brauchen konnte. Entscheidungen nach dem sogenannten „gesunden Menschenverstand" wurden bevorzugt, die nicht hinterfragt werden durften (Bruhn, 1991).

Hinzu kommt, dass sich auch im besten denkbaren Gesellschaftssystem spätestens mit Ende der Schulzeit niemand mehr dem Druck entziehen kann,

Leistungen für sich, seine Familie, seine Umwelt oder für anonyme Arbeitgeber zu zeigen. Im täglichen Leben steht jeder Einzelne gewissermaßen im persönlichen Einzeltestverfahren zum Beispiel gegenüber dem Arbeitgeber.

Musiktests als Einzeltestverfahren zur Eingruppierung nach Fähigkeiten stehen aber in diesem Aufsatz nicht zur Diskussion. Die normorientierten Testverfahren haben in empirischen Untersuchungen den besonderen Wert, dass man kleine Stichproben einem Gesamtspektrum zuordnen kann (Bruhn, 1994; siehe dazu ausführlich Kormann, 2005). Es würde sich also lohnen, valide Testverfahren zu entwickeln, um Forschungsergebnisse besser werten zu können.

2. Primary Measures of Music Audiation

Der bekannteste Testentwickler ist Edwin E. Gordon in Philadelphia. Von ihm stammen die Primary Measures of Music Audiation (PMMA), die Intermediate Measures of Music Audiation (IMMA) und die Advance Measures of Music Audiation (AMMA), die alle aus den 1950er Jahren stammen, sowie das MAP (Musical Aptitude Profile), das etwas später entstand (Gordon 1986). Hinter der Testkonstruktion steckt die Entwicklungstheorie von Gordon, der davon ausgeht, dass die musikalischen Fähigkeiten auf Grund von angeborenen Begabungskomponenten erlernt und entwickelt werden (im Überblick Gembris, 1998, S. 118 ff). Gordons Testverfahren messen gewissermaßen die Fähigkeit, kleine musikalische Gestalten zu erfassen und sie im Gedächtnis miteinander zu vergleichen. Die angeborenen Fähigkeiten zur Mustererkennung interagieren dabei mit dem kulturellen Umfeld, dem das Individuum ausgesetzt ist.

In Flensburg wurde im Rahmen von zwei Staatsexamensarbeiten der PMMA bearbeitet (Wollmann, 2005 und Bonn, 2007). Die beiden Skalen Melodie und Rhythmus des PMMA wurden als MIDI-Datei hergestellt, mit anderen Klängen als den originalen ausprobiert und mit einer empirischen Fragestellung verknüpft. Für den Melodietest wurden Klavierklänge verwendet, der Rhythmustest wurde mit Holzblocksound, Klanghölzern und großer Trommel realisiert.

Zunächst soll auf die Auswertung von Testverfahren im Allgemeinen eingegangen und die Gütekriterien an Hand der Beispielstudien erklärt werden. Danach wird ein Schlaglicht auf die Ergebnisse der beiden Forschungsarbeiten geworfen und eine Perspektive für weitere Arbeit entworfen.

3 Auswertung des Test und Gütekriterien

3.1 Rohdaten

Die ersten Daten, die man berechnet, sind die Rohdaten, die Anzahl der richtigen bzw. falschen Antworten. In Abbildung 1 bis 3 sieht man, dass die Werte der Skalen ganz offensichtlich weit streuen. Das ist gut für weitere Berechnungen: Der Test differenziert gut zwischen hoher und niedriger Leistung. Außerdem werden die Höchstpunktzahlen (40) selten oder gar nicht erreicht. Der Test zeigt keine Deckeneffekte.

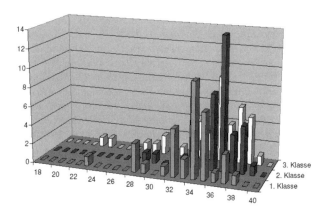

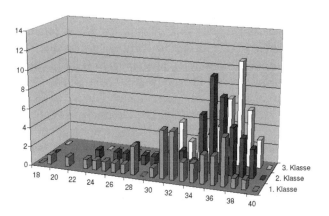

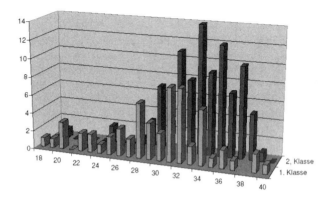

Abbildung 1: Oben: Rohdaten von Wollmann (2005) für die Melodieskala – Anzahl der richtig beantworteten Items. Erwartungsgemäß streuen die Werte in der 1. Klasse stärker als in der 2. Klasse. Dafür werden in der zweiten Klasse sehr viel mehr richtige Antworten gegeben. Mitte: Die Rohdaten der Melodieskala von Bonn (2007), Anzahl der richtig beantworteten Fragen (Rohdaten). Die Unterschiede zwischen den Klassenstufen sind von der Streuung her nicht so deutlich wie bei Wollmann (2005). Unten: Rohdaten der Rhythmusskala von Bonn (2007). Die meisten Schüler und Schülerinnen erreichen Punktzahlen im oberen Drittel. In der ersten Klasse streuen die Ergebnisse weit. In der 2. und der 3. Klasse verschiebt sich das Maximum schnell in Richtung auf den Höchstwert. Aber auch hier: keine Deckeneffekte.

3.2 Prozentrang

Für die Beurteilung der aktuellen Stichprobe in einem eigenen Versuch sind die Prozentränge wertvoll. Dies soll anhand der Werte für die Melodieskala bei Wollmann gezeigt werden. Zunächst vergleicht man die Prozentrangwerte der eigenen Vpn mit den kumulierten prozentualen Häufigkeiten. In der Studie von Wollmann entspricht der Prozentrang 50 von Gordon einem Wert von 42,5 bei Wollmann. Ca. 50 % der untersuchten Kinder erreicht eine Prozentrang nach Gordon zwischen 57 und 58. Die Gruppe von Wollmann ist also geringfügig besser im Melodietest als die Normstichprobe, bei ihr erreichen ca. 57 % den Wert, den Gordon als Wert für den Bevölkerungsdurchschnitt angab. Teilt man die Gruppe der getesteten Schüler, so sieht man, dass die Kinder mit musikalischer Frühförderung wesentlich besser sind als die Normstichprobe: Der 50 % Wert der geförderten Versuchteilnehmer liegt beim Musiktests zwischen Prozentrang 64 und 71. Das heißt in Worten: Die Hälfte der Schüler hatten in Wollmanns Stichprobe hatten mindestens einen Wert, der in Gordons Normstichprobe nur von ungefähr 30 % erreicht oder überschritten werden konnte. Der Vergleich der Prozentränge zeigt nicht nur, dass die untersuchte Schule ein gehobenes musikalisches Niveau hat. Hinzu kommt, dass die geförderten Kinder sowohl der Normstichprobe und als der Stichprobe der nicht geförderten Kinder überlegen sind (Tabelle 1).

Prozentrang Musik			Kumulierte Prozente			
		Kumulierte Prozente			Musikalische Frühförderung	
					nein	ja
Gültig	0	3,1	PR Musik	0	3,7	
	2	3,8		2	4,4	
	3	4,4		3	5,2	
	5	5,0		5	5,9	
	7	6,9		7	7,4	4,8
	11	8,1		11	8,9	
	14	9,4		14	10,4	
	18	10,6		18	11,9	
	20	11,3		20	12,6	
	22	11,9		22	13,3	
	24	13,8		24	14,8	9,5
	26	15,0		26	16,3	
	29	19,4		29	21,5	
	31	21,3		31	23,7	
	35	23,1		35	25,2	14,3
	37	24,4		37	26,7	
	42	31,3		42	32,6	28,6
	43	35,0		43	36,3	33,3
	50	42,5		50	43,7	38,1
	57	44,4		57	45,9	
	58	53,1		58	55,6	42,9
	64	58,1		64	60,7	47,6
	66	63,8		66	65,9	
	71	68,8		71	71,1	52,4
	74	76,3		74	77,8	61,9
	77	77,5		77	79,3	
	81	81,9		81	83,0	71,4
	83	85,6		83	85,9	81,0
	87	91,9		87	91,1	95,2
	88	92,5		88	91,9	
	92	93,8		92	93,3	
	93	96,9		93	97,0	
	96	97,5		96		100,0
	99	98,1		99	97,8	
	100	100,0		100	100,0	

Tabelle 1: Links die Prozentrangwerte und die prozentale Verteilung der untersuchten Klasse von Wollmann (2005), rechts die Werte derselben Stichprobe, jedoch differenziert nach Teilnahme an einem Programm musikalischer Frühförderung.

3.3 Mittelwerte der Items

Eine besondere Bedeutung haben die Mittelwerte der Items, obwohl eine Mittelwertberechnung bei Alternative-Antworten nicht sinnvoll zu sein scheint (Mittelwerte aus nominalskalierten Daten). Kodiert man jedoch die negative Variante (falsch beantwortet) mit 0 und die richtige Antwort mit 1, so erhält man mit dem Mittelwert die relative Wahrscheinlichkeit, dass das Item gelöst wird. Diesen Wert nennt man auch „Schwierigkeit" des Items, obwohl man von der Richtung des Koeffizienten her eher von „Leichtigkeit" (ease) sprechen sollte (Tabelle 2).

Die Itemauswahl von Gordon ist beeindruckend, denn es gibt breit gestreut schwierige und weniger schwierige Items. Dies ist selbst für einen Musikfachmann aus den Noten nicht sofort zu erkennen. Interessant ist auch, wie deutlich der Unterschied zwischen dem Erkennen von Abweichungen (bei zwei unterschiedlichen Tonfolgen) und dem Erkennen von Gleichsein ist (*Tabelle 2, siehe am Ende des Beitrags*).

3.4 Reliabilität der Skalen: Cronbachs Alpha

Für beide Studien wurde eine vollständige Skalenanalyse nach SPSS-Reliability durchgeführt. Die Reliabilität eines Tests beschreibt, wie konsistent sich die Skala verhält – bzw. wie gut die einzelnen Items in der betreffenden Skala zum Gesamtergebnis beitragen. Ein Maß für die Reliabilität ist das Alpha von Cronbach, das Werte von null bis plus eins annehmen kann. Die Melodieskalen der beiden Studien ergeben einen Wert von alpha = .917 bei Wollmann (2005) und alpha = .807 bei Bonn (2007).

Teilt man die Melodieskala in die Subskalen „Erkennen von Gleichheit" und „Erkennen von Unterschiedlichkeit", so erkennt man, dass es schwieriger ist, Unterschiedlichkeit zu erkennen (Daten von Wollmann, 2005, Tabelle 3).

Tabelle 3: Mittelwert der Trefferzahl je Vpn, Melodieskala bei Wollmann (2005)

für gleiche Tonfolgen	M = 17,54	s = 4,30	alpha = ,831
für ungleiche Tonfolgen	M = 13,14	s = 3,99	alpha = ,931
Gesamtwert	M = 30,68	s = 4,15	alpha = ,911

Die Rhythmusskala erwies sich für die Stichprobe von Bonn teilweise als zu leicht, drei Items wurden zum Beispiel immer richtig angekreuzt, Der Skalenzusammenhang erwies sich dennoch als ausreichend. Wert um alpha = .8

gelten als gut, Werte bis zu alpha = .6 sind tolerierbar (unter diesem Wert würde man nur in Ausnahmefällen von konsistenten Skalen sprechen).

Tabelle 4:Daten von Bonn (2007)

Rhythmus	M = 34,16	s = 3,15	alpha = ,635
Melodie	M = 33,78	s = 4,07	alpha = ,807
Alle Items (Gesamtwert)	M = 68,55	s = 6,22	alpha = ,803

4. Kriteriumsvalidität

Unter Kriteriumsvalidität versteht man die Aussage, ob der Test überhaupt das testet, was er zu messen vorgibt. Ein Test zur Musikalität soll also eine Aussage über das Kriterium Musikalität ermöglichen. Zu diesem Zweck wurden in beiden Studien zusätzliche Variablen eingeführt.

4.1Instrumentalspiel und musikalische Früherziehung

Bonn (2007) und Wollmann (2005) erhoben beide, ob die Kinder ein Musikinstrument spielen. Bei Bonn ergaben sich signifikante Unterschiede zwischen den Testwerten von Kindern mit und ohne Musikinstrument (Tabelle 5). Bei Wollmann unterschieden sich die Kinder mit und ohne Musikinstrument, allerdings so geringfügig, dass es sich nicht lohnt, die Daten wiederzugeben.

Tabelle 5: Vergleich der Skalenwerte von Kindern, die ein Musikinstrument spielen und solchen, die keines spielen, in der Studie von Bonn (2007). Die Unterschiede sind auf 5 % Niveau signifikant (T-Test für unabhängige Stichproben mit unterschiedlichen Varianzen).

	INSTR Das Kind spielt ein Instrument	N	Mittelwert	Standardabweichung	Sig. Level
MELBO	nein	93	33,5376	4,16392	
	ja	23	35,3043	3,36337	.038
RHYBO	nein	89	34,0112	3,18196	
	ja	22	35,1364	2,00702	.044

Ebenfalls signifikant sind bei Wollmann die Unterschiede in der Melodieskala, wenn man die Kinder mit und ohne musikalische Vorschulerfahrungen vergleicht (Tabelle 6).

Tabelle 6: Vergleich der Werte in der Melodieskala bei Kinder mit und ohne musikalischer Früherziehung – die Unterschiede zu den geförderten Kindern sind ebenfalls signifikant (Studie von Wollmann, 2007).

Musikalische Früherziehung	N	Mittelwert	Standard-abweichung	Sig.-Level
nein	130	31,48	4,563	
ja	19	33,21	3,155	.045

4.2 Soziale Kompetenz

In der ersten Studie, die die Tonalitätsskala von Gordon in der neuen Form verwendete, zeigen, dass Kinder aus der musikalischen Früherziehung ihren Gleichaltrigen nach der Einschulung nicht nur in musikalischer Hinsicht überlegen waren, sondern sozial kompetenter auftraten (Katharina Wollmann, 2005). Gemessen wurde die soziale Kompetenz mit dem BSSK (Langfeldt & Prücher, 2004), einem speziell auf die ersten Grundschuljahre ausgerichteten Verfahren, dass Situation in Bildern darstellt und die Kinder zu vorgegebenen Handlungsalternativen befragt. Die Unterschiede zwischen den Gruppen treten erst zutage, wenn man die Klassenstufen getrennt auswertet (Tabelle 7).

Tabelle 7: Vergleich der Werte für den Musiktest (PMMA) und den Test für soziale Kompetenzen (BSSK) für die Kinder mit und ohne musikalische Früherziehung (MFE). Nur für die ersten Klassen sind Unterschiede erkennbar, jedoch nicht signifikant.

Wollmann 2004

STUFE		WOLLJA_MFE	N	Mittelwert	Standard-abweichung	Sig.-Level
1. Klasse	PMMA	nein	53	29,40	5,043	
		MFE normal	7	32,14	3,132	.071 (n. s.)
	BSSK	nein	58	9,84	5,254	
		MFE normal	7	12,86	3,532	.074 (n.s.)
2. Klasse	PMMA	nein	77	32,92	3,579	
		MFE normal	12	33,83	3,129	n. s.
	BSSK	nein	77	11,57	3,962	
		MFE normal	12	11,17	4,448	n. s.

Zwischen den Tests PMMA und BSSK besteht eine Korrelation von $r = .169$ (**). Wie bereits in der Auswertung der Beziehung zur musikalischen Früherziehung ist diese Korrelation ausschließlich auf die Testergebnisse der ersten Klassen zurückzuführen (s. Tabelle 8). Die Vermutung liegt nahe, dass musikalische Früherziehung einen Vorteil für die Kinder bringt, der aber im Verlauf des ersten Schuljahres bereits wieder verschwindet.

Tabelle 8: Ebenfalls aufgeteilt nach der Klassenstufe findet sich eine kleine, aber signifikante Korrelation zwischen den beiden Testverfahren PMMA und BSSK für die ersten Klassen, aber nicht für die zweiten Klassen (Daten von Wollmann, 2005).

STUFE			PMMA
1. Klasse	BSSK	Korrelation nach Pearson	,252
		Signifikanz (2-seitig)	,050
		N	61
2. Klasse	BSSK	Korrelation nach Pearson	,081
		Signifikanz (2-seitig)	,440
		N	94

4.3 Lehrer- und Elternurteil

In der Studie von Bonn (2007), in der die Rhythmusskala erneuert und somit der Gesamttest eingesetzt werden konnte, ist die Auswertung des PMMA mit der subjektiven Beurteilung der Musikalität der Kinder durch die Eltern und die Lehrer verbunden. Es zeigt sich, dass die Musiklehrer dazu tendieren, den Kindern eine durchschnittliche (82 %) oder unterdurchschnittliche (12 %) Begabung zuzuschreiben. Die Eltern beurteilten ihre Kinder besser: Begabte Kinder wurden zu 75 % erkannt. Weniger begabte Kinder wurden dafür von ihren Eltern deutlich überschätzt.

Tabelle 9: Knapp die Hälfte der Eltern (45,5 %) halten ihr Kind prinzipiell für musikalisch begabt (Daten von Bonn, die Eltern, die hier keine Angabe gemacht haben, werden den Eltern zugerechnet, die ihr Kind nicht für musikalisch halten).

ELTBEGAB Die Eltern halten das Kind für musikalisch begabt

		Häufigkeit	Prozent	Gültige Prozente	Kumulierte Prozente
Gültig	ja	61	45,5	60,4	60,4
	nein	40	29,9	39,6	100,0
	Gesamt	101	75,4	100,0	
Fehlend	keine Angabe	33	24,6		
Gesamt		134	100,0		

Tabelle 10: An den Mittelwerten der beiden Skalen zeigt sich kein Unterschied zwischen den von den Eltern als musikalisch bzw. nicht musikalisch bezeichneten Kindern.

Statistiken

	ELTBEGAB Die Eltern halten das Kind für	N Gültig	Fehlend	Mittelwert	Standardabweichung
MELBO	ja	61	0	34,02	3,985
	nein	40	0	34,08	3,832
	keine Angabe	33	0	32,97	4,496
RHYBO	ja	59	2	33,95	3,126
	nein	39	1	34,21	3,079
	keine Angabe	28	5	34,54	3,350
GESAMT Gesamter gebnis	ja	61	0	68,74	5,977
	nein	40	0	69,05	6,139
	keine Angabe	33	0	67,61	6,823

Tabelle 11: Wer von den Lehrern als begabt bezeichnet wird, hat im Melodietest tatsächlich bessere Werte. Der Rhythmustest ist dagegen schlechter (Daten von Bonn, 2007).

Statistiken

	LEHRER Lehrerurteil	N Gültig	Fehlend	Mittelwert	Standardabweichung
MELBO	besonders begabt	8	0	36,75	2,375
	durchschnittlich	110	0	33,56	3,906
	weniger begabt	16	0	33,75	5,310
RHYBO	besonders begabt	8	0	33,63	4,838
	durchschnittlich	104	6	34,12	3,076
	weniger begabt	14	2	34,79	2,636
GESAMT Gesamter gebnis	besonders begabt	8	0	71,38	5,370
	durchschnittlich	110	0	68,27	6,080
	weniger begabt	16	0	69,06	7,470

Tabelle 12: Das Lehrerurteil stimmt zu 43,3 Prozent mit dem Ergebnis des Musiktests überein – 25,4 Prozent der Kinder wurden zu schlecht eingestuft.

			BEGABU Begabungskategorien		
			hoch	durch-schnittlich	niedrig	Gesamt
zu gut beurteilt	Anzahl			1	36	37
	%			,7%	26,9%	27,6%
richtig beurteilt	Anzahl		6	47	5	58
	%		4,5%	35,1%	3,7%	43,3%
zu schlecht beurteilt	Anzahl		34	5		39
	%		25,4%	3,7%		29,1%
Gesamt	Anzahl		40	53	41	134
	%		29,9%	39,6%	30,6%	100,0%

Tabelle 13: Das Elternurteil stimmte in 77,9 Prozent der Fälle mit dem Musiktest überein.

		BEGABU Begabungskategorien			
		hoch	durch-. schnittlich	niedrig	Gesamt
zu gut beurteilt	Anzahl		4		4
	%		3,5%		3,5%
richtig beurteilt	Anzahl	19	49	20	88
	%	16,8%	43,4%	17,7%	77,9%
zu schlecht beurteilt	Anzahl	21			21
	%	18,6%			18,6%
Gesamt	Anzahl	40	53	20	113
	%	35,4%	46,9%	17,7%	100,0%

5. Zusammenfassung und Ausblick

Es erweist sich, dass der PMMA in der Grundschule sinnvoll eingesetzt werden kann, wenn es darum geht, eine Beziehung zwischen musikalischen Fähigkeiten und anderen, durch Messverfahren erfassbare Einstellung, Fähigkeiten oder Dispositionen herzustellen. Die Skalen des PMMA sind sehr konsistent, reliabel und valide.

Dennoch wird geraten, beide Skalen schwieriger zu gestalten und die Normen neu zu bestimmen. In den vierzig Jahren seit Bestehen des Testverfahrens scheinen die Fähigkeiten der Kinder sich schneller entwickelt zu haben. Dies ist durchaus aus der höheren Verbreitung von Musikmedien wie auch einfachen Musikinstrumenten wie Synthesizern und Keyboards zu erklären und muss bedingungslos als positiv angesehen werden.

Musik ist untrennbarer Bestandteil des täglichen Lebens von Kindern und Jugendlichen und erfüllt eine unschätzbare Katalysatorenfunktion in der Entwicklung erwachsener sozialer Kompetenzen. Das Testverfahren von Gordon kann im Rahmen empirischer Untersuchungen über die Entwicklung große Verdienste erringen.

Anmerkung:

Die berichteten Ergebnisse beruhen auf den Daten der Staatsexamensarbeiten von Katharina Wollmann, 2005 und Janine Bonn, 2007. Für ihre engagierte Mitarbeit im damals nicht inspirierenden Umfeld der Ausbildung an der Universität Flensburg sei ihnen besonders gedankt.

SPSS-Dateien mit Daten und Syntax finden sich bei www.herbertbruhn.de (unter der Überschrift Forschung/PMMA).

Literatur

Bonn, J. (2007). Musikalische Begabung: Weiterentwicklung eines Tests für die Grundschule und Validierung der Daten am Lehrerurteil. Universität Flensburg: Institut für Musik (Hausarbeit zum 1. Staatsexamen).

Bruhn, H. (1991). Aus dem Bauch heraus: New Age Ratio, Emotion und deutsche Traditionen. In: Rösing, H. (Hg.), Musik als Droge? (S. 61-72). Mainz: Stiftung Villa Musica (Parlando, Band 1).

Bruhn, H. (1994). Test. In: Helms, S., Schneider, R. & Weber, R. (Hg.), Neues Lexikon der Musikpädagogik: Sachteil (S. 274-276). Regensburg: Bosse.

Gembris, H. (1998). Grundlagen musikalischer Begabung und Entwicklung. Augsburg: Wißner.

Gordon, E. E. (1986). Primary measures of music audiation PMMA. Chicago: GIA Publications (original 1979).

Grubitsch, S. (1999). Tests im diagnostischen Prozess: Grenzen und Probleme. Eschborn: Klotz (Lizenzausgabe von Rowohlt 1978).

Kormann, A. (2005). Musiktests. In: Oerter, R. & Stoffer, T. H. (Hg.), Spezielle Musikpsychologie. Enzyklopädie der Psychologie: Musikpsychologie Bd. 2 (S. 369-405). Göttingen: Hogrefe.

Langfeldt, H.-P. & Prücher, F. (2004). BSSK Bildertest zum sozialen Selbstkonzept (hg. von M. Hasselhorn, H. Marx und W. Schneider). Göttingen: Hogrefe.

Wollmann, K. (2005). Universität Flensburg: Institut für Musik, schriftliche Hausarbeit zum 1. Staatsexamen.

EINSATZ VON MUSIKTEXTS IN DER EMPIRISCHEN FORSCHUNG

Tabelle 2: Mittelwerte als Schwierigkeitsindex der Items aus den Daten von Wollmann (2005)

	N				Schwierigkeit des Items	
	richtig		falsch			
	1. Klasse	2. Klasse	1. Klasse	2. Klasse	1. Klasse	2. Klasse
U1	57	92	9	2	,8636	,9787
G2	51	94	15	0	,7727	1,0000
U3	55	90	11	4	,8333	,9574
G4	51	92	15	2	,7727	,9787
G5	54	91	12	3	,8182	,9681
U6	57	92	9	2	,8636	,9787
U7	50	85	16	9	,7576	,9043
G8	50	94	16	0	,7576	1,0000
U9	44	85	22	9	,6667	,9043
G10	55	91	11	3	,8333	,9681
G11	50	88	16	6	,7576	,9362
U12	47	88	19	6	,7121	,9362
U13	38	68	28	26	,5758	,7234
G14	52	92	14	2	,7879	,9787
U15	50	80	16	14	,7576	,8511
G16	54	86	12	8	,8182	,9149
G17	49	93	17	1	,7424	,9894
U18	49	88	17	6	,7424	,9362
U19	16	17	50	77	,2424	,1809
G20	53	90	13	4	,8030	,9574
U21	16	18	50	76	,2424	,1915
G22	56	86	10	8	,8485	,9149
G23	57	90	9	4	,8636	,9574
U24	27	36	39	58	,4091	,3830
G25	54	90	12	4	,8182	,9574
U26	17	36	49	58	,2576	,3830
G27	50	90	16	4	,7576	,9574
G28	55	82	11	12	,8333	,8723
U29	21	36	45	58	,3182	,3830
U30	48	82	18	12	,7273	,8723
G31	51	91	15	3	,7727	,9681
U32	17	45	49	49	,2576	,4787
G33	52	82	14	12	,7879	,8723
G34	51	80	15	14	,7727	,8511
U35	38	84	28	10	,5758	,8936
U36	30	71	36	23	,4545	,7553
G37	50	85	16	9	,7576	,9043
U38	36	64	30	30	,5455	,6809
U39	48	85	18	9	,7273	,9043
G40	47	78	19	16	,7121	,8298

Musikpädagogische Forschung

Herausgegeben vom Arbeitskreis Musikpädagogische Forschung e.V.

Band 11 *Werner Pütz (Hrsg.)*
Musik und Körper
Essen 1990, 2. unveränderte Aufl. 1997,
231 Seiten, 30,50 € [D]   ISBN 978-3-89206-795-5

Band 15 *Günter Olias (Hrsg.)*
**Musiklernen –
Aneignung des Unbekannten**
Essen 1994, 208 Seiten, 30,50 € [D]   ISBN 978-3-89206-602-6

Band 16 *Georg Maas (Hrsg.)*
**Musiklernen und
Neue (Unterrichts-)Technologien**
Essen 1995, 260 Seiten, 35,00 € [D]   ISBN 978-3-89206-680-4

Band 17 *Hermann J. Kaiser (Hrsg.)*
**Geschlechtsspezifische Aspekte
des Musiklernens**
Essen 1996, 284 Seiten, 39,00 € [D]   ISBN 978-3-89206-767-2

Band 19 *Mechthild von Schoenebeck (Hrsg.)*
**Entwicklung und Sozialisation
aus musikpädagogischer Perspektive**
Essen 1998, 208 Seiten, 24,00 € [D]   ISBN 978-3-89206-907-2

Band 20 *Niels Knolle (Hrsg.)*
**Musikpädagogik vor
neuen Forschungsaufgaben**
Essen 1999, 248 Seiten, 25,50 € [D]   ISBN 978-3-89206-949-2

Band 21 *Niels Knolle (Hrsg.)*
Kultureller Wandel und Musikpädagogik
Essen 2000, 300 Seiten, 28,00 € [D]   ISBN 978-3-89206-095-6

Band 22 *Mechthild von Schoenebeck (Hrsg.)*
**Vom Umgang des Faches Musikpädagogik
mit seiner Geschichte**
Essen 2001, 328 Seiten, 33,00 € [D]   ISBN 978-3-89206-046-8

Band 23 *Rudolf-Dieter Kraemer (Hrsg.)*
**Multimedia als Gegenstand
musikpädagogischer Forschung**
Essen 2002, 262 Seiten, 28,00 € [D]   ISBN 978-3-89924-015-3

Band 24 *Hermann J. Kaiser (Hrsg.)*
**Musikpädagogische Forschung in Deutschland
Dimensionen und Strategien**
Essen 2004, 368 Seiten, 42,00 € [D]   ISBN 978-3-89924-089-4

Band 25 *Bernhard Hofmann (Hrsg.)*
**Was heißt methodisches Arbeiten
in der Musikpädagogik**
Essen 2004, 220 Seiten, 28,00 € [D]   ISBN 978-3-89924-105-1

Band 26 *Jürgen Vogt (Hrsg.)*
Musiklernen im Vor- und Grundschulalter
Essen 2005, 200 Seiten, 28,00 € [D]   ISBN 978-3-89924-145-7

Band 27 *Niels Knolle (Hrsg.)*
**Lehr- und Lernforschung
in der Musikpädagogik**
Essen 2006, 336 Seiten, 39,00 € [D]   ISBN 978-3-89206-166-2

Band 28 *Norbert Schläbitz (Hrsg.)*
**Interkulturalität
als Gegenstand der Musikpädagogik**
Essen 2007, 312 Seiten, 39,00 € [D]   ISBN 978-3-89206-202-7

Band 29 *Andreas C. Lehmann / Martin Weber (Hrsg.)*
**Musizieren
innerhalb und außerhalb der Schule**
Essen 2008, 288 Seiten, 39,00 € [D]   ISBN 978-3-89206-231-7

Band 30 *Norbert Schläbitz (Hrsg.)*
**Interdisziplinarität als Herausforderung
musikpädagogischer Forschung**
Essen 2009, 366 Seiten, 46,00 € [D]   ISBN 978-3-89206-270-6

Verlag DIE BLAUE EULE
Annastraße 74 • D - 45130 Essen • Tel. 0201/ 8776963 • Fax 8776964
http://www.die-blaue-eule.de